150 Jahre
Wissen für die Zukunft
Oldenbourg Verlag

Wissensmanagement heute

Strategische Konzepte und erfolgreiche Umsetzung

herausgegeben von
Prof. Dr. Wolfgang Jaspers
und
Gerrit Fischer

Oldenbourg Verlag München

Bibliografische Information der Deutschen Nationalbibliothek

Die Deutsche Nationalbibliothek verzeichnet diese Publikation in der Deutschen
Nationalbibliografie; detaillierte bibliografische Daten sind im Internet über
<http://dnb.d-nb.de> abrufbar.

© 2008 Oldenbourg Wissenschaftsverlag GmbH
Rosenheimer Straße 145, D-81671 München
Telefon: (089) 4 50 51-0
oldenbourg.de

Lektorat: Wirtschafts- und Sozialwissenschaften, wiso@oldenbourg.de
Herstellung: Anna Grosser
Coverentwurf: Kochan & Partner, München
Gedruckt auf säure- und chlorfreiem Papier
Gesamtherstellung: Druckhaus „Thomas Müntzer" GmbH, Bad Langensalza

ISBN 978-3-486-58746-3

Inhaltsübersicht

Inhaltsverzeichnis

Abbildungsverzeichnis

Tabellenverzeichnis

1 Wissensmanagement – ein Erfolgsfaktor für die Zukunft

Wolfgang Jaspers

„Alles Wissen und alle Vermehrung unseres Wissens endet nicht mit einem Schlusspunkt, sondern mit einem Fragezeichen." (Hermann Hesse)

Globalisierung und steigender Konkurrenzdruck einerseits, zunehmende Kundenerwartungen, komplexere und technisch anspruchsvollere Produkte und Dienstleistungen sowie immer kürzer werdende Produktlebenszyklen andererseits stellen Unternehmen heutzutage vor enorme Herausforderungen. Ihnen wird in diesem Zusammenhang deutlich, dass sie nur dann ihre Wettbewerbsfähigkeit nachhaltig steigern bzw. sichern können, wenn sie die Ressource „Wissen" zukünftig besser nutzen. Wissen wird heutzutage in zunehmendem Maße als vierter Produktionsfaktor neben Arbeit, Boden und Kapital bezeichnet und ist bereits in vielen Unternehmen (hauptsächlich in Industrieländern) zu mindestens 60 Prozent für die Gesamtwertschöpfung eines Unternehmens verantwortlich.[1] Dabei beschränkt sich das systematische Management dieses kritischen Produktionsfaktors Wissen nicht nur auf spezielle Branchen oder Unternehmensgrößen, sondern es wird für alle Unternehmen zunehmend wichtiger. Ein weiterer wesentlicher Einflussfaktor für die Bedeutung von Wissensmanagement ergibt sich durch die „Halbwertzeit des Wissens". Sie sagt aus, nach welcher Zeitspanne erworbenes Wissen nur noch die Hälfte wert ist. Abb. 1.1 zeigt bspw. dass Schulwissen eine Halbwertzeit von ca. 20 Jahren besitzt und IT-Wissen hingegen lediglich eine Halbwertzeit von ca. zwei Jahren aufweist.[2] Unternehmen sind somit gefordert, ständig neues Wissen aufzubauen, innovativ und kreativ zu sein, ihre Mitarbeiter konsequent weiter zu bilden etc.

---

[1] Vgl. KPMG (2001), S. 1.

[2] Vgl. Schüppel (1997), S. 78.

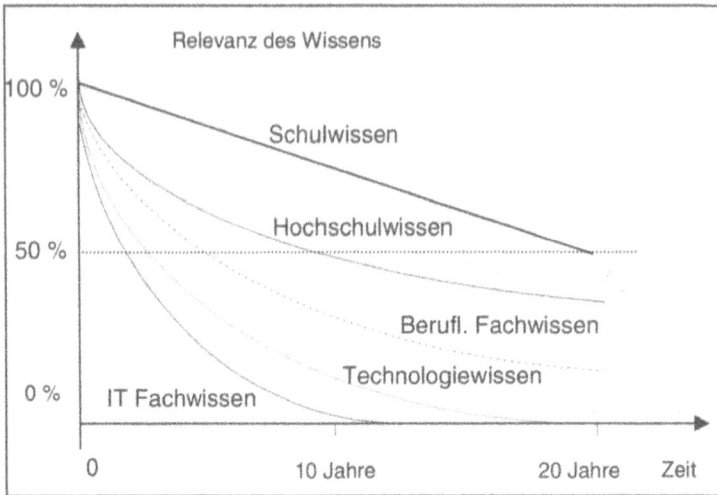

Abb. 1.1   Halbwertzeit des Wissens

2001 beauftragte das Bundesministerium für Wissenschaft und Technik (BMWT) die KPMG Consulting AG eine Untersuchung zum Thema Wissensmanagement durchzuführen. Im Rahmen der „Studie zur Untersuchung der Bedeutung von Wissensmanagement für die mittelständische Wirtschaft" wurden 277 kleine und mittelständische Unternehmen (KMUs) u.a. danach befragt, ob sie Wissensmanagement betreiben. Hiernach haben 20 Prozent der befragten Unternehmen Wissensmanagement im (gesamten) Unternehmen eingeführt und 10 Prozent in Teilbereichen. 26 Prozent der Unternehmen, die an der Befragung teilgenommen hatten, planten Wissensmanagement einzuführen, 24 Prozent waren informiert und interessiert und 16 Prozent hatten sich mit dem Thema bisher noch nicht beschäftigt[3] (siehe hierzu Abb. 1.2).

---

[3] Vgl. KPMG (2001), S. 15.

Antworten von Unternehmen in %

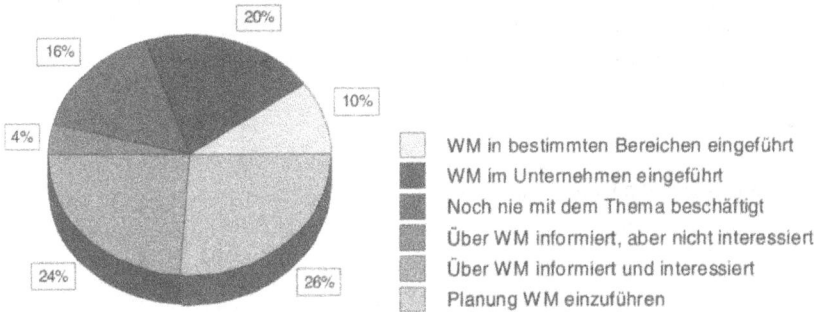

Abb. 1.2   *Stand der Wissensmanagement-Einführung (KPMG-Studie 2001)*

In der KPMG-Studie werden die folgenden Hauptgründe für den Einsatz von Wissensmanagement genannt[4] (Abb. 1.3).

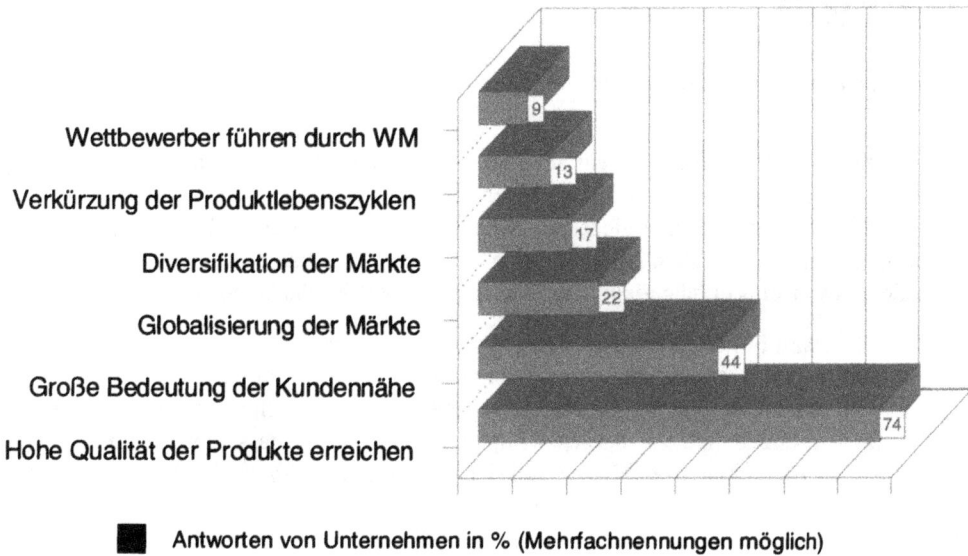

Abb. 1.3   *Motivation für Wissensmanagement (KPMG-Studie 2001)*

---

[4] Vgl. KPMG (2001), S. 16.

Eine am IFWM-Institut für Wissensmanagement[5] in 2005 durchgeführte Studie, in deren Rahmen 872 Unternehmen – unabhängig von ihrer Größe – bundesweit befragt wurden, zeigt eine ähnliche Situation auf. Ca. 57 Prozent der Unternehmen, die an der Studie teilgenommen hatten, gaben an, sich mit Wissensmanagement zu beschäftigen, ca. 24 Prozent planten, Wissensmanagement einzuführen und 19 Prozent der Probanden enthielten sich hier einer Stimme[6] (siehe Abb. 1.4).

Antworten von Unternehmen in %

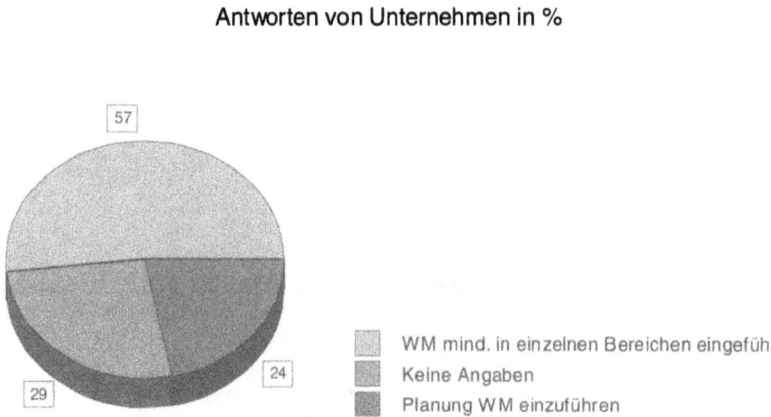

WM mind. in einzelnen Bereichen eingefüh
Keine Angaben
Planung WM einzuführen

Abb. 1.4   *Motivation für Wissensmanagement (IFWM-Studie 2005)*

Das Ergebnis der IFWM-Studie belegt aber auch, dass die Einführung von Wissensmanagement nicht unproblematisch ist. Ca. 51 Prozent der befragten Unternehmen gaben hier als wesentliche Einführungsbarriere nicht ausreichend vorhandenes Personal an und jeweils ca. 33 Prozent der Probanten sahen Hindernisse in der fehlenden Akzeptanz sowie der schweren Messbarkeit des Erfolgs durchgeführter Wissensmanagement-Maßnahmen[7] (siehe Abb. 1.5).

Für den Mittelstand besitzt Wissensmanagement aus mehreren Gründen eine besondere Bedeutung. Unternehmen weisen hier oftmals eine starke Spezialisierung auf und Wissen wird zu einem entscheidenden Wettbewerbsfaktor, der wesentlichen Einfluss auf die Bildung von Kompetenzvorsprüngen hat. Zu berücksichtigen ist aber auch, dass Unternehmen dieser Größe in vielen Bereichen vom Wissen und den Erfahrungen weniger Schlüsselmitarbeiter abhängig sind. Verlassen diese Mitarbeiter geplant oder auch ungeplant das Unternehmen, entstehen hierdurch in vielen Fällen große „Wissenslücken", die für das Unternehmen existenzbedrohend sein können. Gleichzeitig werden diese Unternehmen aber auch oftmals von Informationen überflutet. In diesem Fall ist es wichtig, hier den Überblick zu behalten, die wesentlichen Informationen zu erkennen und richtige (Wissens-)Prioritäten festzulegen.

---

[5] Das IFWM ist ein an der Business and Information Technology School (BiTS), Iserlohn angesiedeltes Institut.

[6] Vgl. Jaspers (2005), S. 18.

[7] Vgl. Jaspers (2005), S. 18f.

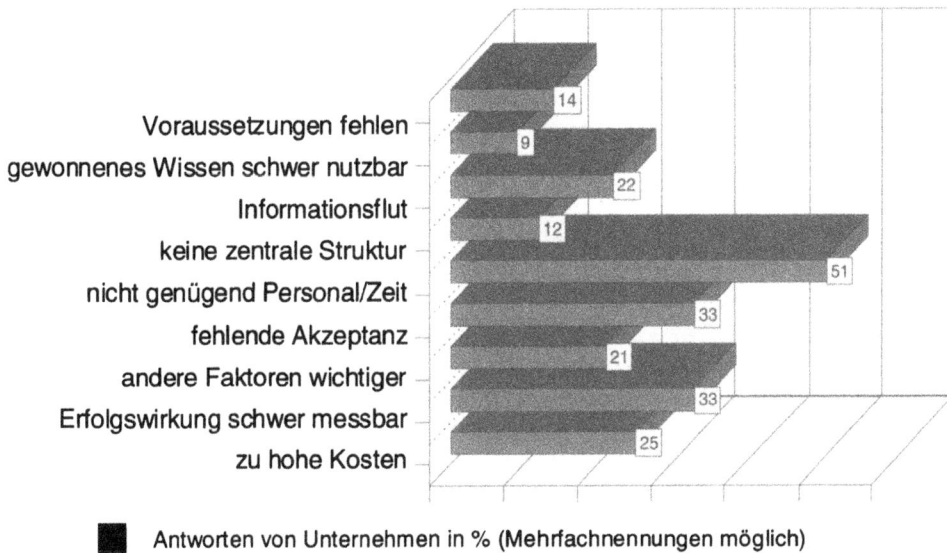

Voraussetzungen fehlen — 14
gewonnenes Wissen schwer nutzbar — 9
Informationsflut — 22
keine zentrale Struktur — 12
nicht genügend Personal/Zeit — 51
fehlende Akzeptanz — 33
andere Faktoren wichtiger — 21
Erfolgswirkung schwer messbar — 33
zu hohe Kosten — 25

■ Antworten von Unternehmen in % (Mehrfachnennungen möglich)

Abb. 1.5 *Hindernisse bei der Einführung von Wissensmanagement (IFWM-Studie 2005)*

Wichtige Unternehmensdaten müssen hier zielgerichtet analysiert, selektiert, aufbereitet, gespeichert und an die richtigen Stellen im Unternehmen weitergeleitet werden. In vielen Unternehmen dieser Größe wird die Einführung von Wissensmanagement aber auch durch fehlende Unternehmensstrategien erschwert. Anstelle von langfristigen Unternehmens- und Wissensstrategien sind eher kurzfristige und situative Planungen vorzufinden.

Will ein Unternehmen zukünftig erfolgreich am Markt agieren, bleibt ihm heutzutage gar nichts anderes übrig, als sich mit Wissensmanagement zu beschäftigen. Schlagworte wie „lebenslanges Lernen" (der Mitarbeiter) und „lernende Organisation" finden hier ihre Begründung. Auf dieser Grundlage ist das vorliegende Werk entstanden. Es ist als Handbuch zu verstehen, das auf der einen Seite theoretische Grundlagen des Wissensmanagements darlegt und auf der anderen Seite auch Fragestellungen beantwortet, die sich in der Praxis des Wissensmanagements ergeben.

Literatur

Jaspers, W.: Wissensmanagement in Deutschland. Ermittlung des aktuellen Stands im Juli 2005. In: Schriftenreihe der Business and Information Technology School, Iserlohn (2005).

KPMG Consulting: Bedeutung und Entwicklung des multimediabasierten Wissensmanagements in der mittelständischen Wirtschaft. Schlussbericht Projekt-Nummer 41/00. Studie im Auftrag des Bundesministeriums für Wirtschaft und Technologie. Eigenverlag (2001).

Schüppel, J.: Wissensmanagement: organisationales Lernen im Spannungsfeld von Wissens- und Lerntheorie. Wiesbaden (1979).

2 Einführungsstrategie für Wissensmanagement – das Konzept des „erweiterten Wissenstetraeders"

Wolfgang Jaspers

2.1   Einleitung

Die erfolgreiche Einführung von Wissensmanagement basiert auf drei entscheidenden Faktoren. Wichtigste Voraussetzung ist hierbei, im Vorfeld der Wissensmanagementeinführung eine entsprechende wissensmanagementfreundliche Unternehmenskultur zu schaffen, die von der Unternehmensführung vorgelebt wird und die die Mitarbeiter eines Unternehmens motiviert, ihr eigenes Wissen ohne Angst vor einem sich jetzt „Überflüssigmachen" abzugeben und fremdes Wissen ohne „Gesichtsverlust" zu nutzen. Denn erst dann haben die mit der Einführung von Wissensmanagement verbundenen umfassenden und unter Umständen ressourcenintensiven Arbeitsschritte Aussicht auf Erfolg. Des Weiteren ist wie bei jedem Reorganisationsprojekt den Beteiligten zu verdeutlichen, welchen Vorteil sie persönlich durch das Neue (in diesem Fall das Wissensmanagement und seine Ausprägungen) haben werden und dass es in der heutigen Zeit für ein erfolgreich agierendes Unternehmen eine unbedingte Voraussetzung ist, Wissensmanagement effektiv und effizient einzusetzen. Und letztendlich erfordert Wissensmanagement eine strukturierte Vorgehensweise, die nicht nur seine umfassende Einführung sicherstellt, sondern diese auch schrittweise, gezielt und „behutsam" ermöglicht und dabei die im Unternehmen vorhandenen Ressourcen berücksichtigt.

Neben den bekannten „Einführungsstrategien" für Wissensmanagement wurde am IFWM-Institut für Wissensmanagement[1] eine praxiserprobte Vorgehensweise zur Einführung von Wissensmanagement entwickelt. Ergänzend zu konkreten Realisierungsvorschlägen legt die Konzeption besonderen Wert auf das Vorhandensein von Implementierungsvoraussetzungen und Rahmenbedingungen, deren Umsetzung zum einen bereits vor einer eigentlichen Umsetzung von Wissensmanagement dessen Vorteile deutlich machen und zum anderen die effiziente und effektive Einführung von Wissensmanagement erst ermöglicht.[2]

Ausgangsgrundlage für die darzustellende Verfahrensweise ist das in Abb. 2.1 dargestellte „erweiterte Wissenstetraeder". Bei dieser Konzeption besteht jede Wissensmanagementeinführung aus den Phasen „Wissensbedarf festlegen", „Wissensbedarf beschaffen", „Wissensbedarf befriedigen" und „Wissen bewerten", die zusammen die Hülle eines Tetraeders formen. Die einzelnen Eckpunkte der Grundfläche des Tetraeders bilden im Uhrzeigersinn eine Ablauffolge für eine Vorgehensweise, die für jeden neuen oder sich ändernden „Wissensbedarf" zu durchlaufen ist. In der Spitze des Tetraeders und oberhalb der Grundfläche befindet sich der Eckpunkt „Wissen bewerten". Diese Phase beinhaltet Methoden, die aus gesamtorganisatorischer Sicht das vorhandene Wissen qualitativ oder quantitativ bewerten.

Das „Wissenstetraeder" ist in diesem Modell in einer Kugel positioniert, die symbolisch ein Umfeld mit (notwendigen) Implementierungsvoraussetzungen und organisatorischen Rahmenbedingungen darstellt, das eine schnelle und flexible Anpassung des erforderlichen Unternehmenswissens an veränderte Umweltbedingungen ermöglichen soll. Das um die Rah-

---

[1] Das IFWM-Institut für Wissensmanagement ist ein an der Business and Information Technology School (BiTS), Iserlohn angesiedeltes Hochschulinstitut.

[2] Vgl. hierzu den Beitrag von *Jaspers/Westerink: Implementierungsvoraussetzungen und Rahmenbedingungen für eine erfolgreiche Wissensmanagement-Einführung* in diesem Werk.

menbedingungen erweiterte Wissenstetraeder stellt somit zum einen sicher, dass der ganz-heitliche Einsatz von Wissensmanagement in einem Unternehmen erst möglich wird und ist zum anderen die Grundlage für die zielgerichtete Umsetzung der Bestandteile der einzelnen Eckpunkte des Wissenstetraeders.

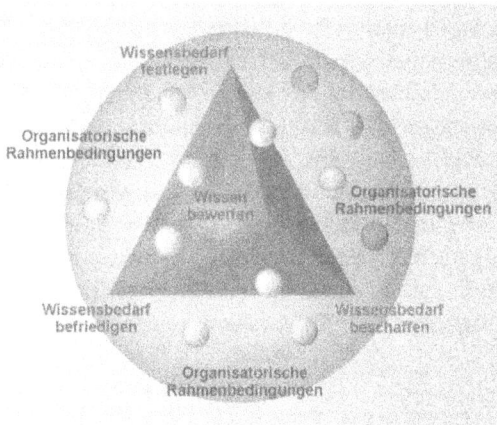

Abb. 2.1 *Das erweiterte Wissenstetraeder nach Jaspers/Fischer*

2.2 Herstellen organisatorischer Rahmenbedingungen

Das effektive Managen und die effektive Nutzung von Wissen zeigen sich in der Praxis spe-ziell für kleine und mittelständische Unternehmen (nachfolgend als KMU bezeichnet) meist schwieriger als erwartet. Hier sind knappe zeitliche, finanzielle und personelle Ressourcen sowie das Fehlen von notwendigen Rahmenbedingungen zu berücksichtigen, die die Einfüh-rung von Wissensmanagement erschweren. Da den Mitarbeitern in vielen Fällen die Vorteile von Wissensmanagement erst nach der Einführung bewusst werden, führt eine lange Einfüh-rungsphase oftmals zu Motivationsverlusten.

Somit ist es sinnvoll, bereits im Vorfeld der eigentlichen Wissensmanagement-Einführung hierfür Rahmenbedingungen zu schaffen und Implementierungsvoraussetzungen sicher zu stellen. Zu den **Rahmenbedingungen** gehört bspw. die Schaffung einer wissensmanage-mentfreundlichen Unternehmenskultur, bei der Mitarbeiter keine Angst um ihren Arbeits-platz haben müssen, wenn sie ihr Wissen preisgeben und die Nutzung fremden Wissens nicht als Schwäche angesehen wird. **Implementierungsvoraussetzungen** stellen einfache und kostengünstig durchführbare Maßnahmen dar, die unabhängig von einer späteren Einführung den Mitarbeitern den Nutzen von Wissensmanagement aufzeigen.

2.3   Wissensbedarf festlegen

2.3.1   Vorgehensweise

Die Bedarffestlegung des „notwendigen" Wissens eines Unternehmens erfolgt in drei Verfahrensschritten. In der Phase „Wissensbedarf festlegen" wird bestimmt, in welchen Bereichen ein Unternehmen in den nächsten Jahren überhaupt Wissen aufbauen will. Das bedeutet, dass ein Unternehmen in einem ersten Schritt erst einmal seine Unternehmensstrategie überprüfen und an aktuelle „Umweltbedingungen" anpassen sollte. Im zweiten Schritt sind dann das zur Umsetzung dieser Strategie erforderliche Wissen abzuleiten und hieraus lang-, mittel- und kurzfristige Wissensziele zu formulieren. Erforderliches und notwendiges Wissen kann zu diesem Zeitpunkt bereits im Unternehmen vorhanden sein. In diesem Fall ist es im dritten Schritt entsprechend „wissensmanagementfreundlich" zu dokumentieren. Andernfalls muss es in der Phase des nächsten Eckpunktes des Tetraeders beschafft werden („Wissensbeschaffung"), was entweder Wissensentwicklung im Unternehmen oder Wissenszukauf bedeutet.

2.3.2   Voraussetzungen zur Aufstellung einer Unternehmensstrategie

Die Literatur bietet eine Vielzahl von Möglichkeiten, eine Unternehmensstrategie aufzustellen. Für die praktische Anwendbarkeit gerade im Mittelstand ist jedoch entscheidend, dass der verwendete Ansatz einfach und pragmatisch durchgeführt werden kann.[3]

Ausgangspunkt für eine Strategiefestlegung ist die Beantwortung der Fragen:

- was denn eigentlich die aktuellen oder zukünftigen Stärken für ein Unternehmen sind und
- was die Kunden eines Unternehmens eigentlich „wollen".

Denn ein Unternehmen ist nicht automatisch erfolgreich, wenn es etwas besser kann als seine Konkurrenten. Entscheidend für den Erfolg ist, dass es Kunden gibt, die dieses „besser können" auch nachfragen und abnehmen. Hieraus ist abzuleiten, dass die Stärken des Unternehmens nur dann auch Erfolgsfaktoren darstellen, wenn sie aus Kundensicht wichtig sind, dort auch als Stärken empfunden werden und ein Kunde ebenso bereit ist, hierfür einen angemessenen Preis zu zahlen.

Damit ein Erfolgsfaktor auch zu einem Wettbewerbsvorteil für ein Unternehmen führt, muss er für längere Zeit Gültigkeit besitzen und sich zu einem Alleinstellungsmerkmal entwickeln. Denn nur dann lohnt es sich, hierauf aufbauend eine mittel- und langfristige Strategie aufzustellen und hieraus Wissensziele abzuleiten. Um das zu gewährleisten, haben ein Alleinstel-

---

[3] Weiterführende Literatur zum Thema Unternehmensstrategie ist zu finden bei: Becker; Fallgatter (2005). Simon; van der Gathen (2002). Welge; Al-Laham (2003).

lungsmerkmal oder eine Kernkompetenz bestimmte Charakteristika zu erfüllen. Kernkompetenzen sind[4]

- wissensbasiert,
- beschränkt handelbar,
- unternehmensspezifisch (d.h. einmalig durch unternehmensspezifische Nutzung von Ressourcen = Mitarbeiter, Ausstattung, Know-How),
- schwer imitierbar,
- schwer substituierbar,
- erschließen neue Produkte und Märkte und
- bewirken für einen Kunden einen wahrnehmbaren, geldwerten Nutzen.

Eine gute Möglichkeit, herauszufinden, was Kunden eigentlich „wollen", bieten Kundenzufriedenheitsbefragungen. Um den Stand des eigenen Unternehmens im Vergleich zur Konkurrenz zu beurteilen, sind hingegen Konkurrenzanalysen sinnvoll.

2.3.3   Kundenzufriedenheitsbefragung

Die Messung der Kundenzufriedenheit erfolgt grundsätzlich durch einen Soll-Ist-Vergleich. In die Sollkomponente gehen zum einen die vorhandenen Kundenbedürfnisse, zum anderen die bereits gemachten Erfahrungen mit einem Unternehmen oder einem Produkt ein. Werden Kundenerwartungen und die von ihnen tatsächlich erlebten Leistungen gegenübergestellt, ist hieraus die wahrgenommene Kundzufriedenheit bzw. -unzufriedenheit ablesbar.[5]

Kundenerwartungen an ein Produkt, eine Dienstleistung oder ein Unternehmen lassen sich nach dem KANO-Modell in drei Kategorien oder Anforderungen unterteilen: Basiseigenschaften, Leistungseigenschaften und Begeisterungseigenschaften. Basiseigenschaften werden als selbstverständlich vorausgesetzt. Sind sie vorhanden, steigern sie nicht die Zufriedenheit, wogegen ein Nichtvorhandensein zu großer Unzufriedenheit führt. Leistungseigenschaften werden vom Kunden ausdrücklich gefordert, so dass durch Erfüllung oder Nicht-Erfüllung Zufriedenheit oder Nicht-Zufriedenheit proportional steigen. Um im Konkurrenzkampf mithalten zu können, muss ein Unternehmen hier mindestens genauso gut sein, wie seine stärksten Mitbewerber. Vorhandene Begeisterungseigenschaften steigern die Zufriedenheit eines Kunden überproportional und werden von einem Kunden nicht unbedingt erwartet. Somit können sie bei Nicht-Vorhandensein auch nicht zu Unzufriedenheit führen. Sie erhöhen aber deutlich den wahrgenommenen Nutzen und stellen die Basis für eine effektive Differenzierung dar. Somit können sich für ein Unternehmen „unschlagbare" Wettbewerbsvorteile ergeben, wenn es Kernkompetenzen besitzt, die bei aktuellen oder potentiellen Kunden Begeisterung erzeugen oder generieren können. Die Trennung und den Übergang zwischen den einzelnen Eigenschaften soll folgendes Beispiel verdeutlichen.[6]

---

[4] Vgl. Osterloh; Frost, S. 162.

[5] Weiterführende Literatur zum Thema Kundenzufriedenheitsbefragung ist zu finden bei: **Fehler! Nur HauptdokumentB**eutin (2001), S. 87 - 122. Kaiser (2002).

[6] Vgl. Matzler; Stahl; Hinterhuber (2004), S. 19ff.

Kaffeekochen setzt als Mindestes voraus, dass der Kaffee heiß ist und dass das Kaffeewasser auf einfache Weise erhitzt werden kann. Durch einen Wasserkocher, der das „komfortable„ Erhitzen von Wasser erlaubt, würden Basiseigenschaften erfüllt, die den Markteintritt ermöglichen (Abb. 2.2).

Abb. 2.2   *Kaffeekochen mit dem Wasserkocher*

Normal ist heutzutage jedoch eine schnellere Zubereitung einer Tasse Kaffee. Die Bedienung eines Geräts sollte hier einfach sein, eine automatische Entkalkungsfunktion ist wünschenswert, Warmhalteplatte oder Thermoskanne erhöhen den Komfort und eine leichte Reinigung begünstigen die Pflege des Geräts. Die aufgeführten Merkmale stellen Leistungseigenschaften dar und ermöglichen in einen Wettbewerb zu Konkurrenten zu treten (Abb. 2.3).

Abb. 2.3   *Kaffeekochen mit einer Kaffeemaschine*

Begeisterung wird jedoch dann erst erzeugt, wenn jede Tasse einzeln und frisch zubereitet wird, der Kaffee eine „Cremehaube" besitzt und Genießen und Design neben dem Geschmack eine wichtige Bedeutung zukommen. Nicht umsonst verzeichnen Coffee-Shops im Moment einen enormen Zulauf, wie z.B. zu beobachten bei den Unternehmen Starbucks oder McDonald's (McCafé®) (Abb. 2.4).

Abb. 2.4 *Kaffeezubereiten mit PHILIPS Senseo®*

Für die Durchführung einer Kundenbefragung stehen vier Möglichkeiten zur Verfügung. Hierbei ist zwischen

- persönlicher,
- telefonischer,
- schriftlicher Befragung oder
- Internet-/Online-Befragung

zu unterscheiden.[7]

Die persönliche Befragung kann in Form von standardisierten, teilweise strukturierten oder unstrukturierten Interviews durchgeführt werden. Diese Varianten ermöglichen dem Interviewer Freiheiten bei der Durchführung eines Interviews. Die qualitativ hochwertigsten Ergebnisse lassen nicht standardisierte Befragungen erwarten. Da sie aber auch mit höheren Kosten verbunden sind, ist in der Praxis die standardisierte Befragung verbreiteter. Eine telefonische Befragung findet in der Regel auf der gleichen Datenbasis wie eine persönliche Befragung statt. Sie ist jedoch unkomplizierter durchzuführen und kostengünstiger als die persönliche Variante. Bei einer schriftlichen Befragung wird ein vorbereiteter Fragebogen an eine ausgewählte Kundengruppe versendet. Sind entsprechende Adressen vorhanden, zeichnet sich diese Art der Befragung durch geringe Kosten aus. Jedoch sind die Rücklaufquoten oftmals sehr gering (ca. zwei bis max. fünf Prozent). Eine interessante Alternative ist in der heutigen Zeit die Online-Befragung. Hierbei werden in elektronischer Form vorliegende Fragebögen oder ein Link zu einem Fragebogen per E-Mail an die zu befragenden Kunden verschickt. Da für das Ausfüllen weniger Zeit als für einen Papierfragebogen benötigt wird und diese Art der Befragung noch relativ neu ist, liegen die Rücklaufquoten bei bis zu 20 Prozent. Die Anfertigung eines Online-Fragebogens kann in Eigenerstellung oder mit Hilfe eines Dienstleisters erfolgen, der zum einen Webspace und zum anderen Werkzeuge zu Erstellung der Fragebögen zur Verfügung stellt. Als Dienstleister oder Programmanbieter sind hier z.B. das Unternehmen equestionnaire (www.equestionnaire.de) oder das von der Bundesanstalt für politische Bildung geförderte Programm grafstat (www.grafstat.de) zu nennen.

Kundenbefragungen (Kundenzufriedenheits- wie auch Kundenbedarfsbefragung) erfordern einen hohen Aufwand. Ihre Durchführung setzt detaillierte Kenntnisse in der Erstellung

---

[7] Vgl. zu den verschiedenen Befragungsmöglichkeiten: Homburg (2002), S. 99.

von Fragebögen, der Durchführung von Interviews, das Wissen über die verschiedenen Auswertungsmöglichkeiten und eventuell auch über die Anwendung statistischer Verfahren voraus.

2.3.4   Konkurrenzanalyse

Mithilfe der Konkurrenzanalyse kann ein Unternehmen seine Position im Vergleich zu den Konkurrenten der eigenen Branche feststellen. Sie ist ein systematischer Prozess, bei dem Informationen beschafft, archiviert, ausgewertet und weitergegeben werden. Das Unternehmen hat hierdurch die Möglichkeit, zukünftige Chancen zu erkennen und anstehende Bedrohungen abzuwehren. Bei den hier verwendeten Daten kommt es jedoch weniger auf Quantität, sondern vielmehr auf Qualität und vor allem auf Relevanz an. Informationen zur Durchführung einer Konkurrenzanalyse können aus zwei Quellen entstammen. Wogegen die „Primärforschung" ihre Daten aus speziell hierfür durchgeführten Studien und Befragungen erhält, verwendet die „Sekundärforschung" Informationen aus bereits vorhandenen Datenpools und richtet diese auf die eigenen Bedürfnisse aus. Quellen der Sekundärforschung können z.B. Stellenanzeigen, Pressemitteilungen, Produktbroschüren, Messeauftritte, Werbeanzeigen, Vorträge, Veröffentlichungen, Geschäftsberichte, Test- und Erfahrungsberichte Dritter etc. sein. Die Primärforschung liefert hierbei konzentriertere Ergebnisse, da sie bspw. direkte Befragungen mit den bereits geschilderten Vorteilen zum Inhalt hat. Jedoch wird auch die Sekundärforschung einem Unternehmen Hinweise darüber geben können, wo ein Unternehmen im Vergleich zu seinen Konkurrenten steht.[8]

2.3.5   Aufstellen einer Unternehmensstrategie

2.3.5.1   Ausgangssituation

Liegen dann die Ergebnisse der Kundenzufriedenheitsbefragung und der Konkurrenzanalyse vor, lassen sich die Erfolgsfaktoren für ein Unternehmen übersichtlich in einer Kundenzufriedenheits-/Kompetenzmatrix einzeichnen. Die Kundenzufriedenheits-/Kompetenzmatrix[9] ist eine zweidimensionale Matrix, bei der auf der vertikalen Achse die Erfolgsfaktoren und auf der horizontalen Achse die Beherrschung der Erfolgsfaktoren gegenüber der Konkurrenz eingezeichnet werden.

Abb. 2.5 zeigt die Kundenzufriedenheits-/Kompetenzmatrix am Beispiel eines produzierenden Unternehmens, das Fachhändler beliefert und hier auch die Funktionen Regalpflege, Disposition etc. übernimmt.

---

[8] Vgl. Graumann; Weissmann (1998). Kairies (2002). Leibfried; McNair (1993).

[9] Vgl. Hinterhuber; Handlbauer; Matzler (1997), S. 114f.

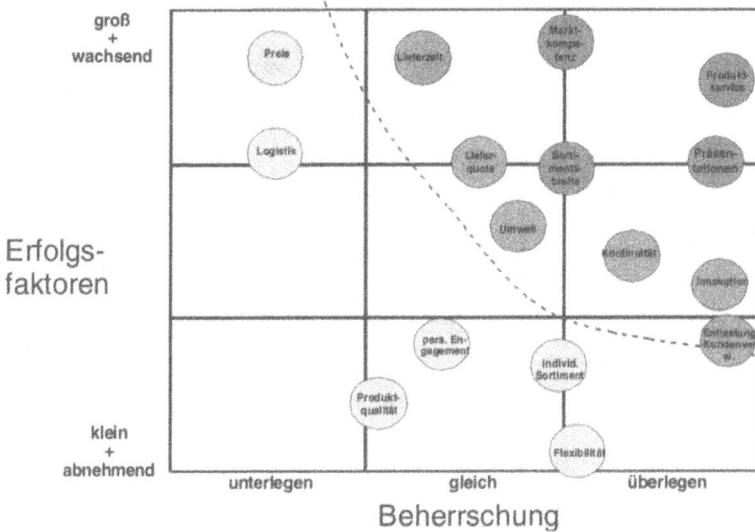

Abb. 2.5   *Anwendung der Kundenzufriedenheits-/Kompetenzmatrix am Beispiel eines produzierenden und vertreibenden Unternehmens*

2.3.5.2   Zukünftige Unternehmensstrategie und Ableiten von Wissenszielen

Aus der Kundenzufriedenheits-/Kompetenzmatrix ist zu entnehmen, dass die im oberen Drittel befindlichen Faktoren Preis, Logistik, Lieferzeit, Lieferquote, Marktkompetenz, Sortimentsbreite, Produktservice und Präsentation aus Kundensicht eine besondere Bedeutung besitzen. Die dargestellten Faktoren Marktkompetenz, Sortimentsbreite, Produktservice und Präsentation stellen aus Unternehmenssicht Erfolgsfaktoren dar. Diese gilt es zukünftig aufrecht zu erhalten bzw. weiter auszubauen und die Unternehmensstrategie auch hierauf auszurichten. Aus der Abbildung wird aber auch deutlich, dass mindestens zwei weitere Erfolgsfaktoren (Lieferzeit und Lieferquote) in die Formulierung der Unternehmenstrategie mit aufgenommen werden sollten. Diese Faktoren sind aus Kundensicht bedeutend, werden allerdings durch das Unternehmen und im Vergleich zur Konkurrenz nur unzureichend beherrscht (Abb. 2.6).

Damit die bisherige Sortimentsbreite auch weiterhin angeboten und ggf. ausgedehnt werden kann, ist es sicherlich sinnvoll dafür zu sorgen, dass neue und innovative Produkte das vorhandene Sortiment ergänzen. Maßnahmen hierzu können eine Überprüfung und Forcierung des Innovationsmanagements und der Einsatz eines Ideenmanagements oder betrieblichen Vorschlagwesens sein. Beide Maßnahmen können durch das Vermitteln über den Gebrauch von Kreativitätstechniken unterstützt werden. Allerdings müssen neu in das Sortiment aufzunehmende Produkte nicht ausschließlich eigenentwickelt werden. So kann es auch sinnvoll sein, eine intensive Marktanalyse zu betreiben und dann durch Zukauf neue Produkte in das Sortiment aufzunehmen. Diese Marktanalyse sollte sich allerdings nicht nur auf die heimische Region konzentrieren sondern unter Umständen weltweit ausgerichtet sein.

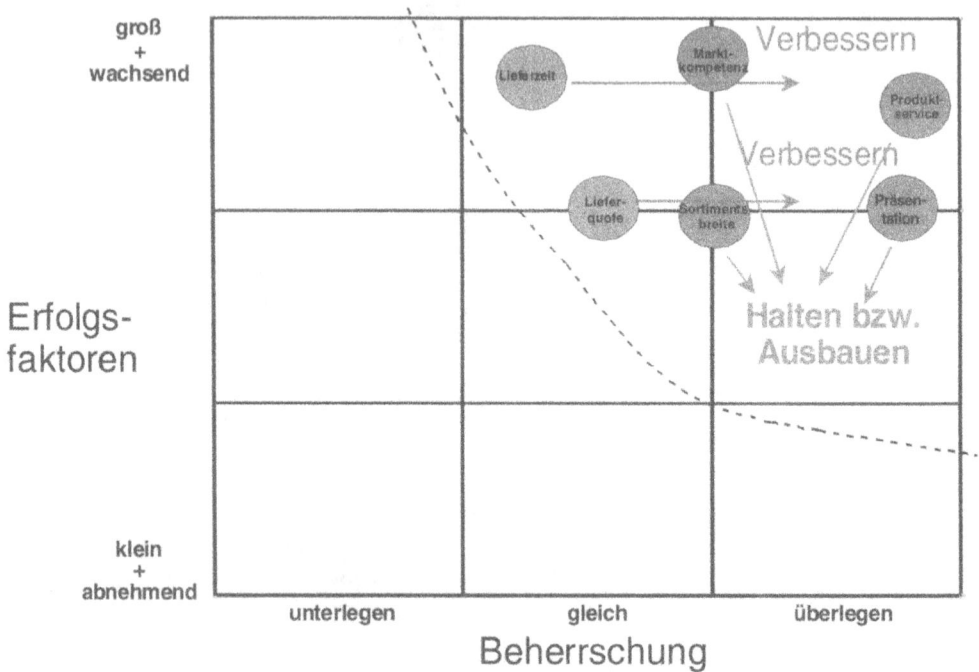

Abb. 2.6   *Darstellung der Erfolgsfaktoren in der Kundenzufriedenheits-/ Kompetenzmatrix*

Der Erfolgsfaktor Produktservice lässt erkennen, dass Kunden neben Produkten auch den Wunsch nach Problemlösungen haben. So verkaufen Autohäuser nicht nur Autos, sondern sie bieten mittlerweile „All-inklusive-Pakete" (z.B. die „FORD Flatrate"[10]) an, die günstige Ratenkredite, Garantieverlängerung, Mobilitätsgarantie und alle Wartungsarbeiten für einen bestimmten Zeitraum, der bis zu vier Jahren reichen kann, enthalten. Um diese „Strategien" umsetzen zu können, werden oftmals Kooperationen mit anderen Unternehmen eingegangen, die dann beispielsweise Serviceaufgaben übernehmen. Bezogen auf das in den Abb. 2.5 und 2.6 aufgezeigte Beispiel, gehört sicherlich auch die Regalpflege bei den Fachhändlern in den Bereich des Produktservice. Diese kann entweder durch Mitarbeiter des Unternehmens oder aber auch durch externe Unternehmen, die die Regalpflege im Auftrag durchführen, realisiert werden. Hier sollte das Unternehmen entweder nach Kooperationsmöglichkeiten Ausschau halten oder externes Wissen „einkaufen".

Mittel- und langfristig ist in verschiedenen Bereichen Wissen aufzubauen oder einzukaufen. Damit der Erfolgsfaktor Marktkompetenz weiterhin Bestand hat, ist es sicherlich notwendig, das Instrument der Kundenzufriedenheitsmessung und auch der Konkurrenzanalyse konsequent einzuführen und zu nutzen. Denn nur hierdurch wird es einem Unternehmen langfristig möglich sein, mit seinen Produkten und Dienstleistungen die Kundenanforderungen erfüllen zu können. Ist das (umfangreiche) Wissen zur Durchführung dieser Maßnahmen nicht vor-

---

[10] Vgl. www.presseportal.de/pm/6955/918841/ford_werke_gmbh/ [17.8.2007].

handen, kann es extern (von Unternehmen, die sich hierauf spezialisiert haben oder durch die Einstellung eines Mitarbeiters) erworben oder intern (durch Schulung) aufgebaut werden.

Die Produktpräsentation erfordert als Erfolgsfaktor, dass ein wesentliches Augenmerk auf den „Auftritt" des Unternehmens gelegt wird. Hierzu zählen neben einem einheitlichen Corporate Identity (darunter fällt z.B. auch die Beantwortung der Frage, ob das vorhandene Firmenlogo noch zeitgemäß ist), ein zum Unternehmen passender Internet-Auftritt, die Durchführung von umfassenden Produktschulungen und auch eine kritische Prüfung der vorhandenen Produktunterlagen und Kataloge.

Lieferzeit und Lieferquote stellen zwei Erfolgsfaktoren dar, die aus Kundensicht ebenfalls eine hohe Bedeutung besitzen. Da dieses zwei Faktoren sind, bei denen die Konkurrenz bedeutend besser abschneidet als das aufgeführte Beispielunternehmen, ist hier eine detaillierte Analyse erforderlich. Im Rahmen z.B. eines Benchmarkings kann herausgearbeitet werden, was die Konkurrenz anders macht und was das Unternehmen tun muss, um hier mit seinen Leistungen mindestens gleichzuziehen. Benchmarking[11] ist ein Prozess, bei dem Teilbereiche eines Unternehmens in der Regel branchenübergreifend mit anderen Unternehmen verglichen werden. Hierbei ist es wichtig, dass die anderen Unternehmen als national oder international führend gelten. Normalerweise wird hiermit das Ziel verfolgt, Orientierungspunkte (Benchmarks) zu finden, um die eigene Wettbewerbsfähigkeit zu verbessern. Ist das zur Verbesserung dieser Erfolgsfaktoren erforderliche Wissen im Unternehmen nicht vorhanden, ist in diesem Fall zu prüfen, ob beispielsweise ein ausgebildeter Speditionskaufmann die hier existierende Wissenslücke schließen kann.

Ergänzend zu den aus der Unternehmensstrategie abgeleiteten Wissenszielen ist es sicherlich sinnvoll, zusätzlich „allgemeine" und nicht direkt für die Umsetzung der Erfolgsfaktoren notwendige Wissensbedarfe festzustellen. So hat sich ein am IFWM entwickelter Ansatz für den praktischen Einsatz als sehr hilfreich erwiesen, zum einen das hier zusätzlich aufzubauende Wissen zu bestimmen und zum anderen Wissensmanagement schrittweise in einem Unternehmen einzuführen. Der Ansatz ermöglicht es Unternehmen eigene Wissensstärken und -schwächen zu identifizieren und Lösungen, Meilensteine und Ziele zu definieren. Ein geplantes Einführungsvorhaben wird somit transparent und überschaubar und erlaubt die stufenweise Einführung von Wissensmanagement.

An dieser Stelle sei hier auf den Beitrag von Hildebrand/Droege in diesem Werk sowie auf Jaspers, W.; Hildebrand, D.: Wissensmanagement effizient einführen. In: io new Management (9/2007), S. 33-36, verwiesen.

2.3.6   Dokumentation des vorhandenen Wissens

Nach der Festlegung der Strategie und der Ableitung von Wissenszielen beinhaltet der dritte Verfahrensschritt die Dokumentation des bereits vorhandenen Wissens und zeigt aber auch schon auf, an welchen Stellen großer „Wissensbedarf" besteht. Im Vordergrund steht hier

---

[11] Weiterführende Literatur zum Benchmarking ist z.B. zu finden bei: Carl; Kiesel (2002), S. 344ff. Rau (1996).

die Anfertigung einer allgemeinen Übersicht, die aufzeigen soll, wer was im Unternehmen weiß und wie diese Wissensträger (oder auch Wissensressourcen) am besten zu erreichen (oder zu nutzen) sind. Gleichzeitig bietet diese Vorgehensweise auch eine gute Möglichkeit, vorhandene Wissenslücken aufzudecken.

Die Aufgabe des Wissensmanagements besteht also an dieser Stelle darin, das im Unternehmen vorhandene Wissen zu identifizieren und entsprechend nutzerfreundlich zu strukturieren. Hierbei gelten allerdings die Restriktionen, den zur Umsetzung erforderlichen Aufwand in einem vertretbaren Rahmen zu halten aber dennoch die „Visualisierung" so effizient und nutzerfreundlich wie möglich vorzunehmen. Wogegen Zahlen und andere „strukturierte" Informationen in Tabellen, Diagrammen, Listen, Organigrammen, Ablaufdiagrammen oder Netzplänen „einfach" dargestellt werden können, erfordert die Abbildung „unstrukturierter" Informationen oder das in Texten, Projektberichten, Protokollen, Verzeichnissen etc. vorhandene „Wissen" eine andere Darstellungsform.

Werkzeuge, die dieses ermöglichen werden unter dem Begriff „Knowledge Maps" (Wissenskarten) zusammengefasst. Wissenskarten machen zum einen durch die „Dokumentation" des vorhandenen Wissens eine Organisation transparenter und unterstützen zum anderen den Such- und Findevorgang für dieses Wissen. Des Weiteren ermöglichen sie, Lücken und Schwächen im Wissensbestand aufzuzeigen und Wissensträger miteinander zu verknüpfen.[12]

Mit Hilfe von Wissenskarten sollen also vornehmlich die Fragen geklärt werden,

- über welche Kompetenzen die Mitarbeiter eines Unternehmens zum aktuellen Zeitpunkt verfügen,
- wer die Experten zu den unternehmensrelevanten Themen sind,
- wie zu ihnen eine einfache Kontaktaufnahme möglich ist und
- wie für wichtige Entscheidungen Wissen möglichst zeitnah und richtig zur Verfügung gestellt werden kann.

In der Literatur gibt es eine Vielzahl von Ausprägungen und unterschiedliche Strukturdarstellungen für die einzelnen Verfahren. Der folgende Überblick stellt die verschiedenen Verfahrensgruppierungen dar. Zu den wichtigsten Wissenskarten zählen:

- Wissensträgerkarten
- Wissensbestandskarten
- Wissensstrukturkarten
- Wissensanwendungskarten
- Wissensbeschaffungs- und Wissenserwerbskarten

Wissensträgerkarten[13] zeigen auf, wo die Experten in einem Unternehmen für ein bestimmtes Thema zu finden sind und wie umfangreich und detailliert das Wissen dieser Experten ist. Die hier enthaltenen Informationen gehen weit über die in den Personalakten der Mitarbeiter gespeicherten Daten hinaus. Werden Wissensträgerkarten erstellt, ist darauf zu achten, dass

---

[12] Vgl. Plüss (2002), S. 90. Roehl (2001), S. 163.

[13] Vgl. Oelsnitz, von der; Hahmann (2003), S. 104.

hier Datenschutzbestimmungen eingehalten werden und dass der betroffene Wissensträger mit der Veröffentlichung „seiner" Daten einverstanden ist. Zu den Wissensträgerkarten gehören

- Wissenstopografien,
- Wissensquellenkarten und
- gelbe Seiten.

Wissenstopografien[14] veranschaulichen, welche Art von Wissen in welcher Form bei welchem Wissensträger und mit welchem Detaillierungsgrad vorhanden ist. Wissensträger können neben Personen auch Organisationseinheiten, Projekte oder Ähnliches sein. Gleichzeitig ermöglichen Wissenstopographien zusätzlich den Detaillierungsgrad des vorhandenen Wissens zu quantifizieren. Eine Wissensquellenkarte[15] zeigt auf, welche Mitarbeiter innerhalb eines Teams bzw. dem Unternehmen oder welche externen Spezialisten über wichtiges Wissen zu einer konkreten Aufgabe verfügen. Um Kosten einzusparen sind sicherlich die Mitarbeiter innerhalb eines Teams oder des Unternehmens vor den externen Spezialisten anzusprechen. Eine effektive, aber relativ unaufwendige Ausprägung der Wissensträgerkarten sind die sogenannten Gelben Seiten (Yellow Pages),[16] die von ihrem Aufbau her mit Branchenfernsprechbüchern zu vergleichen sind. Gelbe Seiten zeigen auf, welcher Mitarbeiter über welches Wissen verfügt und wie dieser zu erreichen ist. Wie die Brancheneinteilung in Branchenfernsprechbüchern ermöglicht hier eine Einteilung in Klassifikationsbegriffe einen schnellen Zugriff auf relevante Wissensquellen. Die Umsetzung der Gelben Seiten kann mit (Intranet oder als PDF-Dateien) und ohne (papierbasierend) IT-Unterstützung realisiert werden. Untersuchungen haben hier gezeigt, dass durch Gelbe Seiten die Suchzeiten nach unternehmensinterner Expertise um bis zu 40 Prozent reduziert werden können.[17] Ein Beispiel für einen Eintrag in den Gelben Seiten zeigt Abb. 2.7.

Wissensbestandskarten[18] helfen die Wissensbestände eines Unternehmens zu dokumentieren. Hierbei beschränken sich diese Karten auf bereits „kodiertes" Wissen, das in irgendeiner Form abgelegt ist und stellen dessen Speicherort und seine Speicherungsform dar. Die Wissensbestandskarte zeigt neben dem vorhandenen Wissen auch Wissensdefizite oder Probleme für einzelne Wissensarten auf. Hieraus können dann Konsequenzen für die weitere Wissensentwicklung abgeleitet werden.

Wissensstrukturkarten[19] strukturieren ein bestimmtes Themen- oder Fachgebiet und machen hier Zusammenhänge deutlich. Zu den Strukturkarten gehören bspw. Concept- und Mindmaps. Mindmaps eignen sich besonders für die Darstellung von Sachverhalten und ihren Zusammenhängen, die durch eine klare Begriffshierarchie visualisiert werden können. Sie

---

[14] Vgl. Lehner (2006), S. 190.

[15] Vgl. Probst; Raub; Romhardt (2003), S. 69.

[16] Vgl. Haun (2002), S. 309. Pawlowsky; Reinhardt (2002), S. 10.

[17] Vgl. Siemann (1999), S. 18f.

[18] Vgl. Lucko; Trauner (2005), S. 42.

[19] Vgl. Eppler (2002), S. 43. Lehner (2006), S. 192. Nohr (2000), S. 41ff.

Heiko Mertins

Anwendungsmanager

02357/907-470

heiko.mertins@gah.de
Zusatzinformationen

Fachkompetenz AWM	
Marketing	Expertenwissen
Marktforschung	Expertenwissen
Strategie	Expertenwissen
Methodenkompetenz	
Befragung	Expertenwissen
Kommunikation	Expertenwissen
Präsentationen	Expertenwissen
Sprachkenntnisse	
Deutsch	Expertenwissen
Englisch	Expertenwissen
Spanisch	erweiterte Kenntnisse
EDV-Kenntnisse	
Access (Datenbank)	Expertenwissen
Excel (Tabellenkalkulation)	Expertenwissen
PowerPoint (Präsentation)	Expertenwissen
Word (Textverarbeitung)	Expertenwissen

Abb. 2.7   *Beispiel für einen Gelbe-Seiten-Eintrag*

besitzen ihren Vorteil im Verdeutlichen und Hervorheben von groben Strukturen, sind aber bei der Verwendung vieler Darstellungsebenen aufgrund einer schnell entstehenden Unübersichtlichkeit nicht geeignet, große Informationsbestände zu strukturieren. Conceptmaps, die auch als Netzwerke oder Wissensnetze bezeichnet werden, sind Begriffs-Landkarten, die als Erweiterung von Mindmaps fungieren. Sie bestehen aus den zwei Elementen Knoten und Relationen. Abb. 2.8 stellt das Beispiel einer Mindmap dar.

Ihre Bedeutung erlangen Wissensanwendungskarten[20] dadurch, dass das Wissen über betriebliche Prozesse und deren Beherrschung essentiell zum Erfolg eines Unternehmens beitragen. Sie zeigen auf, welche Methoden und Vorgehensweisen angewendet werden können, um bestimmte Aufgabenstellungen „besser" lösen zu können. Dabei illustrieren sie Unternehmensprozesse, stellen Verbindungen zwischen Wissensträgern und einzelnen Prozessschrit-

---

[20] Vgl. Eppler (2002), S. 48. Lehner (2006), S. 193.

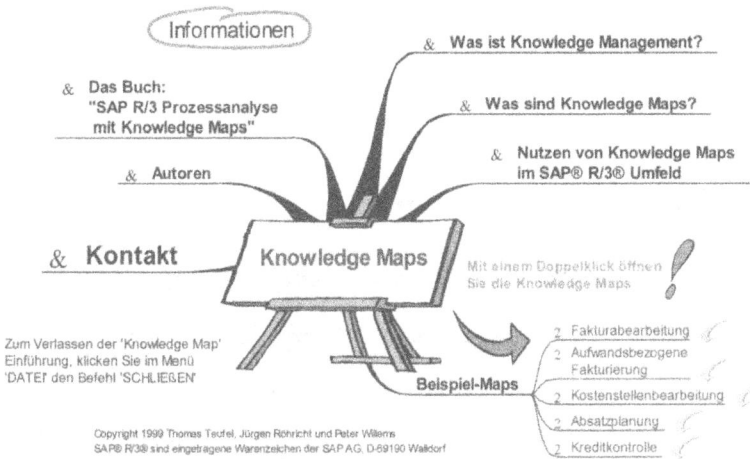

Abb. 2.8   *Beispiel für eine Mindmap*

ten her und ermöglichen somit einen Überblick über einen vollständigen Unternehmensablauf. Wissensanwendungskarten eignen sich besonders für Prozesse und Projekte, da sie hierzu das benötigte Wissen in der Reihenfolge der jeweiligen Arbeitsschritte aufzeichnen. Zusätzlich geben sie Hinweise, wie Wissensexperten oder Wissensressourcen zu erreichen bzw. zu finden sind.

Wissensbeschaffungs- und Wissenserwerbskarten[21] ermöglichen, im Unternehmen fehlendes Wissen zu kartografieren. Mit ihrer Anwendung wird das Ziel verfolgt, Wissenslücken in einem Unternehmen systematisch schließen zu können.

Wissenskarten stellen eine gute Möglichkeit dar, das Know-how eines Unternehmens aufzuspüren, zu visualisieren und eine Steigerung der organisatorischen Wissenstransparenz zu erlangen. Erfahrungen aus der Vergangenheit, Experten und nützliche Informationen können so von jedem Organisationsmitglied schnell gefunden werden. Auch decken sie Wissensdefizite auf und ermöglichen hierdurch gezielte Beschaffungsmaßnahmen zu initiieren. Bei ihrer Verwendung ist jedoch zu beachten, dass die Verantwortung für die Wissensidentifikation feststehen muss, dass der Aufbau der Wissenskarten einer allgemein bekannten Struktur folgt und dass mit ihrem Einsatz die strategischen Wissensziele des Unternehmens auch erfüllt werden.

Neben lukrativen Chancen ist der Einsatz von Wissenskarten auch mit Risiken verbunden. Diese entstehen unter Umständen dann, wenn Karteninhalte unklar formuliert sind und zu Fehlinterpretationen führen und zum anderen durch den hiermit verbundenen Zwang, ihre Inhalte permanent aktualisieren zu müssen. Eine gute Möglichkeit, Letzteres zu realisieren besteht darin, dass bspw. Wissensträger ihre Einträge selber pflegen und hierdurch eindeutige Verantwortlichkeiten festgelegt werden. Auch ist die Gefahr, die durch eine Transparenz

---

[21] Vgl. Nohr (2000), S. 41ff.

entsteht, nicht zu unterschätzen. Unberechtigten (z.B. Headhunter, Konkurrenz) bieten sich hierdurch Angriffspunkte, Mitarbeiter abzuwerben oder sich unternehmensinternes Wissen widerrechtlich anzueignen.

2.4   Wissensbedarf beschaffen

2.4.1   Einflussfaktoren auf die „make-or-buy"-Entscheidung

Weiß ein Unternehmen, was es weiß bzw. was es nicht weiß, besteht die Aufgabe des Wissensmanagers darin, das nicht vorhandene aber benötigte Wissen in irgendeiner Art und Weise zu beschaffen. Für ein Unternehmen existieren grundsätzlich zwei Möglichkeiten, dieses zu tun. Wogegen die interne Wissensentwicklung neues Wissen innerhalb des Unternehmens aufbaut, verfolgt die externe Wissensbeschaffung außerhalb des Unternehmens angebotenes Wissen zu erwerben. Hierbei hängt die auszuwählende Alternative der Wissensbeschaffung von verschiedenen Faktoren ab und ist eine klassische „make-or-buy"-Entscheidung.

Das wesentliche Entscheidungskriterium für die eine oder andere Alternative stellt die Verwendung des zu beschaffenden Wissens dar. Handelt es sich um Kernwissen, das zum Ausbau von Alleinstellungsmerkmalen bzw. Erfolgsfaktoren notwendig ist und das seinen Einsatz in Kernprozessen findet, sollte das benötigte Wissen prinzipiell intern, also im Unternehmen und von den Mitarbeitern eines Unternehmens entwickelt werden. Hierbei ist es zum einen möglich, Mitarbeiter „aufzuqualifizieren" aber zum anderen ist hierunter auch die Einstellung neuer Mitarbeiter zu verstehen. Würde dieses Wissen extern bezogen werden, wäre nicht sichergestellt, dass nicht auch Konkurrenten hierzu Zugang erlangen könnten. Eine Ausnahme gilt für diese grundlegende Regel dann, wenn eine interne Entwicklung nicht möglich, zu teuer, zu aufwendig oder zu zeitintensiv ist. In einem solchen Fall kann benötigtes Wissen auch extern eingekauft werden. Bedarf ein Unternehmen jedoch Wissen für Unterstützungsprozesse, sollten grundsätzlich organisatorische, zeitliche oder auch Kostengründe die Entscheidung für die Art der Wissensbeschaffung beeinflussen. Hier ist sonst auch eine externe Wissensbeschaffung denkbar. Ist benötigtes Wissen von außerhalb des Unternehmens nicht zu beziehen, z.B. weil dieses Wissen überhaupt noch nicht existiert, stellt sich für ein Unternehmen die Frage nach der Beschaffungsquelle erst gar nicht. In einem solchen Fall ist der unternehmensinterne Wissensaufbau die einzige Alternative.

2.4.2   Interne Wissensbeschaffung

Grundsätzlich kann das Lernen oder der Wissensaufbau im Unternehmen in eine individuelle und eine kollektive Form unterschieden werden. Die kollektive Form als Wissensbasis eines Unternehmens besteht aus der Summe aller Einzelwissen seiner Mitarbeiter. Denn alleine aus der Kombination der Wissensbestände einzelner Teammitglieder kann schon neues und zusätzliches Wissen entstehen. Generell bietet die Team- und Gruppenbildung aus Mitarbeitern unterschiedlicher Hierarchieebenen und (Funktions-)Abteilungen eine gute Grundlage für die Ideenentwicklung und somit zur Generierung neuen Wissens. Einerseits wird hierdurch Wissen von einem zum anderen Mitarbeiter übertragen, andererseits ergänzen sich die verschiedenen Wissensbestände und ermöglichen so die Schaffung innovativer Lösungswege und neuer Denkmuster.[22]

Der Einsatz des Betrieblichen Vorschlagswesens (heutzutage als Ideenmanagement bezeichnet) bietet eine weitere Möglichkeit, Wissen für das Unternehmen zu generieren. Hierbei wird versucht, die Ideen der Mitarbeiter für unternehmerische Abläufe wie auch für die Produktverbesserung oder -entwicklung zu nutzen. Anreizsysteme sollen hier die Mitarbeiter zur Teilnahme am Ideenmanagement motivieren. Im Ergebnis wird eine „win-win"-Situation für das Unternehmen und auch die teilnehmenden Mitarbeiter angestrebt, denn eines der Hauptgedanken des Ideenmanagements ist die Partizipation der Mitarbeiter an den dem Unternehmen hieraus entstehenden Vorteilen.[23]

Selten entstehen neue Ideen selten ungeplant (als sogenannter „Geistesblitz"), sondern sie sind oftmals das Ergebnis einer strukturierten Vorgehensweise. Kreativität als die Fähigkeit, neue und bis dahin oftmals unübliche Lösungswege für vorhandene Aufgabenstellungen zu finden, ist bei jedem Individuum mehr oder weniger begrenzt und unterschiedlich ausgeprägt. Obwohl Kreativität nur in Ansätzen erlernbar ist, helfen Kreativitätstechniken diese zu trainieren oder zumindest anzuregen. Einsetzbare Kreativitätstechniken können in diskursive Methoden und in intuitive Methoden unterschieden werden. Diskursive Methoden verfolgen die Lösungsfindung durch logische, festgelegte Schritte und erarbeiten eine Lösung „strukturiert", intuitive Methoden fördern im Gegensatz hierzu Gedankenassoziationen und versuchen, Ideen aus dem Unbewussten entstehen zu lassen. Zu den diskursiven Methoden zählen bspw. die morphologische Methode und die Delphimethode, Beispielverfahren für die intuitive Methode sind Brainstorming, Synektik und das Analogieverfahren. Die Methode der Sechs Hüte enthält Merkmale sowohl der diskursiven wie auch der intuitiven Methode.[24]

Innovationsbarrieren[25] entstehen dadurch, dass neues Wissen oftmals zu veränderten Abläufen führt und diese im Unternehmen neue „Ordnungen" zur Folge haben. Viele Mitarbeiter scheuen sich vor solchen Veränderungen, da sie die Befürchtung haben, nach der Veränderung schlechter dazustehen als vorher. Eine Abwehrhaltung dem Neuen gegenüber ist die Konsequenz, die dann zu Handlungen gegen das Projekt führt. Oftmals ist auch hier die Situation vorzufinden, dass Innovationsbarrieren objektbezogene oder umfeldbezogene Ausprägungen aufweisen. Bei objektbezogenen Innovationsbarrieren passt z.B. das neue Produkt nicht in alte Strukturen des Unternehmens oder ein Produkt „kanibalisiert„ ein anderes Produkt (wie geschehen beim FORD KA, der dem FORD FIESTA das Leben schwer machte). Umfeldbezogene Innovationsbarrieren basieren hingegen auf der Tatsache, dass im Unternehmen nicht die richtigen Rahmenbedingungen (z.B. unzureichende Maschinenausstattung oder zu gering qualifizierte Mitarbeiter) vorliegen.

---

[22] Vgl. Probst; Raub; Romhardt (2003), S. 72, 124f.

[23] Zum Thema „Ideenmanagement" siehe auch den Beitrag von Klebon/ Jaspers in diesem Werk.

[24] Vgl. Fey; Weichbrodt (2005). Weiler (1997).

[25] Vgl. Probst; Raub; Romhardt (2003), S. 115.

Die geringe Planbarkeit neuer Ideen stellt eine weitere Barriere bei der Einführung von Wissensmanagement dar, da viele Innovationen erst aus einem Prozess der Selbstorganisation im Unternehmen entstehen und sich das Entstehen neuer Ideen und vor allen Dingen ihr späterer Markterfolg nur in beschränktem Maße planen lassen.

Aber auch die Verfolgung unterschiedlicher Ziele des Unternehmens und der Wissensnutzer im Unternehmen kann zu einem Konflikt und somit zu einer Barriere bei der Wissensentwicklung führen. So kann es durchaus möglich sein, dass Mitarbeiter bei der Entwicklung neuen Wissens ihre persönlichen Ziele gegenüber den Unternehmenszielen in den Vordergrund stellen. Als Beispiel könnte hier die Geschichte des Fahrrads „itera" aufgeführt werden. Hier hatten sich 1982 die Mitarbeiter des Autoherstellers Volvo in die „fixe" Idee versteift, ein Plastikfahrrad zu konstruieren, das sich durch geringes Gewicht, hohe Lebensdauer sowie geringem Herstellungspreis auszeichnen sollte. Trotz vollendeter Konstruktion wurde das Fahrrad vom Markt nicht angenommen, da es auf Grund des Materials eine dickere Bauform aufwies und in den Augen der potentiellen Käufer so zu altmodisch aussah. Entwicklungsmitarbeiter hatten sich hier von ihrer eigenen Begeisterung leiten und beeinflussen lassen und mit dieser Innovation eher das Ziel verfolgt, sich selber zu verwirklichen als für das Unternehmen Geld zu verdienen.[26]

Abschließend ist noch anzumerken, dass viele in Eigenentwicklung erarbeitete Wissensvorsprünge sehr schwer zu verteidigen sind. Dort, wo Wissen durch Patente und Gebrauchsmusterschutze geschützt werden kann, nimmt die Wissensentwicklung sicherlich zu. Auf der anderen Seite ist jedoch die Gefahr nicht zu unterschätzen, dass gute Ideen und neues Wissen illegal kopiert und weiter verwendet werden. Produkte aus China sind hier als ein sehr gutes Beispiel zu nennen.

2.4.3   Externe Wissensbeschaffung

Anbieter und Nachfrager von Wissen werden auf so genannten Wissensmärkten zusammengeführt. Da die hier angebotenen Wissensprodukte oftmals nicht vergleichbar und auch die Mechanismen der Wissensmärkte schwer durchschaubar sind, zeichnen sich Wissensmärkte durch eine geringe Transparenz aus. Viele interessante Wissensangebote werden auch über „Nebenkanäle" vertrieben und nicht öffentlich gehandelt.[27] Ein Beispiel hierfür sind gute Hochschulabsolventen, die von führenden Unternehmen direkt an der Hochschule angeworben werden und somit gar nicht den öffentlichen Stellenmarkt betreten.

Gegenstand der externen Wissensbeschaffung ist der Wissenserwerb von außerhalb des Unternehmens. Das Angebot ist hier, wie bereits aufgeführt, vielfältig und oft unübersichtlich. Aufgabe des Wissensmanagers ist es deshalb, die richtige Beschaffungsquelle auszuwählen. Mögliche Beschaffungsquellen können in die vier Gruppierungen Expertenwissen, Stakeholderwissen, Organisationswissen und Produktwissen unterteilt werden.

---

[26] http://www.freitag.de/2004/43/04431801.php [08.05.5008].

[27] Vgl. Probst; Raub; Romhardt (2003), S. 93.f.

Expertenwissen einzukaufen bedeutet, neue Mitarbeiter zu rekrutieren und diese dauerhaft in das Unternehmen einzubinden. Damit diese neuen Mitarbeiter ihr Wissen dem Unternehmen zur Verfügung stellen können, ist im Vorfeld die Aufstellung eines detaillierten Anforderungsprofils notwendig. Nur so kann erreicht werden, dass neue Mitarbeiter auch vorhandene Wissensdefizite mit ihrem Wissen füllen können. Bei diesem Auswahlprozess ist es sinnvoll, wenn Personalabteilung und Wissensmanager eng zusammenarbeiten. Nicht nur die gemeinsame Aufstellung des Suchprofils, sondern auch eine Zusammenarbeit bei Auswahl, Bewerbungsgespräch, Vertragsgestaltung etc. sind hier sehr hilfreich.[28]

In Abhängigkeit von der jeweiligen Aufgabenstellung kann es auch sinnvoll sein, externe Mitarbeiter nicht permanent an das Unternehmen zu binden, sondern diese nur temporär „einzukaufen". Experten in Form von Beratern stellen hierbei dem Unternehmen ihr Wissen und ihre Arbeitskraft für einen festgelegten Zeitraum zur Verfügung. So ist es bspw. bei Reorganisationsprojekten, bei denen Methoden- und Fachwissen nur für die Projektdauer benötigt werden, für viele Unternehmen kostengünstiger, externe Berater einzusetzen, als hier einen Spezialisten einzustellen. Das Unternehmen muss sich hierbei allerdings der Gefahr bewusst sein, dass ein Berater nicht nur Wissen mitbringt, sondern auch Wissen aus dem Unternehmen mitnimmt. Somit eignen sich Berater grundsätzlich nicht, „Kernwissen" aufzubauen, da hierdurch eine Alleinstellung des Unternehmens in diesen Bereichen nicht sichergestellt werden kann.[29]

Stakeholder befinden sich im sozialökonomischen Umfeld des Unternehmens, haben Interesse am Unternehmen und richten Ansprüche an seine Tätigkeit. Zu ihnen zählen Eigentümer, Mitarbeiter, Lieferanten, Kunden, politische Gruppen, Medien, Gläubiger, Finanzwelt und die Öffentlichkeit, die jeweils zu Stakeholdergruppen zusammengefasst werden. So kann bspw. das Kundenwissen für Marketingstrategien, Produktverbesserungen oder Neuentwicklungen genutzt werden (Einsatz von „Schlüsselkunden", bei denen Häufigkeit und Intensität einer Produktnutzung überdurchschnittlich sind), um durch ein konzentriertes Beschwerdemanagement Produkt- und Prozessschwachstellen zu identifizieren und gleichzeitig Voraussetzungen für eine zukünftige Kundenbindung zu schaffen.[30]

Organisationswissen wird dann erworben, wenn Unternehmen entweder temporär oder dauerhaft eine Zusammenarbeit vereinbaren (Kooperationen, Netzwerke, Allianzen) oder sich rechtlich zusammenschließen (Akquisition, Fusion).[31]

Die erste dieser Formen, externes Wissen zu erwerben, bietet die Möglichkeit der Unternehmenskooperation. Hierdurch kann ein Unternehmen das Wissen eines fremden Unternehmens auch für sich nutzbar machen. Bei der fallweisen Information erfolgt lediglich ein Informationsaustausch zu einem bestimmten und begrenzten Thema. Hingegen werden bei der fallweisen Kooperation Projektteams unternehmensübergreifend gebildet, die bspw.

---

[28] Vgl. Probst; Raub; Romhardt (2003), S. 97ff.

[29] Vgl. Herbst (2000), S. 110. Probst; Raub; Romhardt (2003), S. 97ff.

[30] Vgl. Gehle; Mülder (2001), S. 49. Probst; Raub; Romhardt (2003), S. 103ff.

[31] Vgl. Probst; Raub; Romhardt (2003), S. 100ff.

gemeinsam eine Innovation (z.B. die Weiterentwicklung „alternativer Antriebsformen")
forcieren. Die Kooperation ist auf das Projekt selbst beschränkt und bezieht sich auch nur auf
Informationen und Tätigkeiten, die mit dem Projekt im direkten Zusammenhang stehen. Da
in solchen Bereichen der Ressourceneinsatz sehr hoch ist, reduziert hier eine Kooperation die
damit verbundenen Risiken für jedes Unternehmen. Bei strategischen Netzwerken versuchen
mehrere Unternehmen ebenfalls durch Teambildung ihre Wissensressourcen zu bündeln. Die
eher kooperative statt hierarchische Struktur beschränkt den Zusammenschluss nicht auf
spezielle Projekte, sondern lässt ihn auf unbeschränkte Zeit bestehen. Strategische Allianzen
(Joint Ventures) gehen hier noch einen Schritt weiter und beschränken sich nicht nur auf den
konzentrierten Wissensaustausch, sondern betreffen auch physische Ressourcen, Absatz-
märkte sowie die Kapitale der beteiligten Unternehmen.[32]

Durch Minder- oder Mehrheitsbeteiligung[33] entsteht eine Form der Kooperation, bei der sich
die Unternehmen wirtschaftlich verflechten und hierdurch die wirtschaftliche Eigenständig-
keit der beteiligten Unternehmen aufgehoben wird. Akquisitionen (einseitig) und Fusionen
(beidseitig) führen zwei Unternehmen zu einem neuen Unternehmen zusammen. Sie stellen
die radikalste Form des Wissenserwerbs externen Organisationswissens dar. Die Übernahme
und Eingliederung des kompletten Unternehmens lassen die verschiedenen einzelnen Wissensbasen zu einer neuen, größeren Wissensbasis verschmelzen. Gerade in Branchen mit
einer geringen „Halbwertzeit des Wissens" (z.B. im Informations- und Kommunikationsbe-
reich) nutzen Marktführer oftmals diese Möglichkeit, hierdurch schnell neues Wissen zu
erlangen, deren Eigenentwicklung zeitlich zu aufwendig wäre. Ein aktuelles Beispiel hierfür
ist der Kauf von YouTube (www.youtube.de) durch den Suchmaschinenbetreiber Google für
umgerechnet 1,31 Milliarden Euro im Oktober 2006, wodurch sich Google Wissen über ein
und sogar ein funktionierendes Videoportal verschafft hat.

Die letzte Gruppe der externen Wissensträger stellen Wissensprodukte (Produktwissen) dar.[34]
Ihr Markt boomt in den letzten Jahren und besitzt mittlerweile ein hohes Angebotspotential
für Unternehmen. Für ein Unternehmen ist die Beschaffung von Wissensprodukten hier mit
geringem Aufwand verbunden. Wissensprodukte können Wissenskonserven, immateriell-
rechtliche Güter sowie Blaupausen und ähnliche Konstruktionen sein. Zu den Wissenskonserven, die in erster Linie personenunabhängige Informationen enthalten, zählen Bücher,
CDs, Datenbanken sowie Videos und auch Softwareprodukte. Ihre Beschaffung ist im Gegensatz zur Eigenentwicklung einfach und kostengünstig, jedoch entsteht erst durch den
zielgerichteten Einsatz dieser Wissenskonserven eine nachhaltige und feststellbare Verbesserung der Wissensbasis des Unternehmens. Die im Rahmen des Wissenserwerbs am häufigsten genutzten Produkte sind immateriell-rechtliche Güter. Hierzu gehören Patente, Lizenzen
und Franchiseverträge. Patente schließen nicht nur Wissenslücken im Unternehmen sondern
ermöglichen grundsätzlich erst die Nutzung geschützten Wissens. Verfügt ein Unternehmen
über beschränkte Technologie-, Kapazitäts-, Zeit- und Kapitalressourcen, eignet sich diese
Form des Wissenserwerbs. Franchiseverträge bringen externes Wissen über erprobte Ver-

---

[32] Vgl. Gehle; Mülder (2001), S. 22f., 57. Prange (2002), S. 81.

[33] Vgl. Schierenbeck (2000), S. 50.

[34] Vgl. allgemein zu Wissenskonserven: Gehle; Mülder (2001), S. 59. Probst; Raub; Romhardt (2003), S. 106f.

triebsmethoden ins Unternehmen, die mit relativ geringem Aufwand genutzt werden können. So muss sich ein Gründer einer neuen McDonald's-Filiale keine Gedanken über die Produkte, den Namen, das Design des Restaurants und die allgemeine Werbung machen.[35]

Blaupausen und ähnliche Konstruktionen sind „codierte" Wissenspakete, die durch allgemein gültige Codierungsnormen für Werkstattzeichnungen, Computercodes oder chemische Zusammensetzungen in einem Unternehmen mit geringem Ressourceneinsatz genutzt werden können. Allerdings führt die standardisierte Darstellung dieser Wissenspakete dazu, dass die Gefahr der illegalen Weitergabe oder des illegalen Verkaufs sehr groß ist. Das reverse engineering stellt eine spezielle Form des Wissensankaufs dar. Es verfolgt das Ziel, Konkurrenzprodukte legal zu erwerben und diese dann anschließend zu „zerlegen„ und zu analysieren. Hierdurch wird versucht, detaillierte Kenntnisse über Konstruktion, verwendete Bauteile und Materialien etc. zu erhalten und diese für eigene Produkte nutzbar zu machen. Ein prägnantes Beispiel hierfür ist in der Modebranche zu finden. Sogenannte „Fast-Fashion-Unternehmen", wie H&M oder Zara leben davon, Modekreationen aus Paris zu kopieren und in den eigenen Filialen zu vertreiben.[36]

2.5 Wissensbedarf befriedigen

In der Phase der „Wissensbefriedigung" wird festgelegt,

- welcher Mitarbeiter wann, welches Wissen und in welchem Umfang benötigt (Wissensverteilung),
- wie das benötigte Wissen nutzerfreundlich aufgearbeitet werden kann (Wissensnutzung) und
- welches Wissen wie gespeichert werden muss (Wissensbewahrung).

2.5.1 Wissensverteilung

Grundsätzlich ist die kollektive Wissensbasis eines Teams größer als die Summe der Wissensbestände ihrer einzelnen Mitglieder. Ein Team ist somit besser und schneller in der Lage, Aufgaben und Probleme zu lösen, als es die Mitglieder alleine könnten. Eine Studie der Unternehmensberatung McKinsey zeigt auf, dass der häufigste Entstehungsort kollektiven Wissens in modernen Organisationen das Team oder die Arbeitsgruppe sind.[37] Voraussetzung für erfolgreiche Teams sind komplementäre Fähigkeiten innerhalb des Teams, sinnvolle und realistische Wissensziele, Offenheit der Teammitglieder untereinander und eine hohe Kommunikationsintensität. Teams können physisch zusammenarbeiten, aber auch in Zeiten mo-

---

[35] Vgl. http://www.mcdonalds.de/html.php?&nt=Zahlen%20%26%20Fakten [08.05.2008].

[36] Vgl. Probst; Raub; Romhardt (2003), S. 107f.

[37] Vgl. Katzenbach; Smith (2003).

derner Informations- und Kommunikationstechnologie (Telefon, Videokonferenz, Chat, Datenbanken etc.) virtuell ihre Arbeit erledigen. Hierdurch wird es Unternehmen mit weit verstreuten Standorten oder bei Arbeitsgruppen, in die Kunden bzw. Lieferanten mit einbezogen werden, möglich, effizient zusammen zu arbeiten und die Vorteile der Team- und Gruppenarbeit zu nutzen, ohne dass dieses bspw. mit langen Reisezeiten verbunden ist.

Erfolgt die Wissensverteilung in einem Unternehmen suboptimal, können entweder Stellen ihre Arbeit nicht bestmöglich erfüllen, da ihnen das erforderliche Wissen fehlt oder es werden Ressourcen für zu beschaffendes Wissen aufgebracht, obwohl dieses Wissen bereits im Unternehmen vorhanden ist. Organisationale Rahmenbedingungen sollen an dieser Stelle gewährleisten, dass durch eine Einordnung des Wissensmanagers oder der Wissensmanagementabteilung in die Organisationsstruktur eines Unternehmens eine reibungslose Wissensweitergabe unterstützt wird. Nur durch diese „Instanzierung" kann sichergestellt werden, das der Ablauf der Wissensweitergabe „funktioniert" und die richtige Allokation, also Zuordnung, wer welches Wissen wann benötigt, auch stattfindet.

Damit Wissenstransfer und generell eine effiziente Kommunikation möglich wird, ist das Vorhandensein technischer Rahmenbedingungen erforderlich. E-Mails, zentrale Datenbanken und andere elektronische Hilfsmittel (wie groupware-Systeme,[38] die z.B. das Arbeiten in virtuellen Teams erleichtern) bilden hierzu die notwendige Grundlage. Zu den räumlichen Rahmenbedingungen für eine effiziente Wissensverteilung gehört, dass die Mitglieder einer Arbeitsgruppe (wenn es sich nicht um ein virtuelles Team handelt) auch räumlich zusammen sitzen. Die hierdurch mögliche direkte Kommunikation unterstützt eine effektive und effiziente Wissensweitergabe. Wichtig ist hier, dass keine räumlichen Distanzen aufgebaut werden, die Mitarbeiter aber trotzdem die Möglichkeit besitzen, ungestört zu arbeiten und auch die Privatsphäre nicht zu kurz kommt.

Für ein funktionierendes Wissensmanagement ist es entscheidend, welchem Mitarbeiter wann welches Wissen zur Verfügung gestellt wird. Hierbei ist es genauso ineffektiv, wenn einem Mitarbeiter Wissen für seine Aufgabenbewältigung fehlt, wie auch, wenn er mit (unnötigem) Wissen überhäuft wird. In diesem Fall müsste ein Mitarbeiter erst einmal viel Zeit aufwenden, diese „Wissensüberflutung" zu handhaben und das für ihn wichtige Wissen zu selektieren. Einer umfangreichen Wissensweitergabe stehen jedoch auch ökonomische Grenzen gegenüber, die ihre Begründung in einer Ressourcenbeschränkung (finanziell, organisatorisch und auch zeitlich) finden. Grundsätzlich ist für jedes Wissen zu prüfen, ob sich seine Weitergabe im Unternehmen auch lohnt. Einer allgemeinen Wissensweitergabe steht jedoch die Vertraulichkeit bestimmter Daten gegenüber. Ein Unternehmen muss Vorkehrungen treffen, dass aus Datenschutzgründen nicht jeder Mitarbeiter alles wissen darf oder aber auch durch eine zu extensive Wissensweitergabe die Alleinstellungsmerkmale des Unternehmens nicht gefährdet werden. In diesem Zusammenhang ist auch auf die Gefahr hinzuweisen, die dadurch entsteht, dass Mitarbeiter bei einem Arbeitsplatzwechsel wertvolles Wissen mitnehmen. Je intensiver Wissen im Unternehmen verteilt wurde und je mehr Wissen Mitarbei-

---

[38] Vgl. Prange (2002), S. 106f.

ter aufbauen können, desto mehr Wissen geht auch verloren, wenn ein Mitarbeiter das Unternehmen verlässt.

Wissen in einem Unternehmen zu verbreiten, kann nach zwei Strategien erfolgen. Bei der push-Strategie wird die Wissensweitergabe von der Unternehmensleitung ausgehend gezielt gesteuert. Die pull-Strategie hingegen ermöglicht dem Mitarbeiter die gezielte Abfrage von Wissen für den Zeitpunkt, wo er dieses Wissen benötigt. Der Mitarbeiter wird also generell nicht mit unnötigem Wissen überhäuft, sondern erhält es sozusagen „just-in-time". Wesentlicher Bestandteil der pull-Strategie ist das Vorhandensein von Wissensnetzwerken. Diese sind kein Bestandteil einer formalen Organisation, sondern haben ihren Ursprung oftmals in informalen Beziehungen ihrer Mitglieder zueinander. Auch kommunizieren in vielen Unternehmen verschiedene Abteilungen nicht oder nur selten miteinander, da die Hierarchie diesen Informationsfluss nicht vorsieht und unterstützt.[39] Kompetenzzentren[40] oder Lernarenen,[41] die Methoden eines Wissensnetzwerks sind, sollen hier Abhilfe schaffen.

In Kompetenzzentren[40] werden Mitarbeiter zusammengefasst, die als Experten für ein bestimmtes Wissensgebiet gelten. Sie führen hier Tätigkeiten parallel zu ihren üblichen Arbeitsinhalten und unabhängig von ihrer Position in der Unternehmenshierarchie durch. Der Erfolg von Kompetenzzentren hängt stark von der Unterstützung der Zentren durch die Mitarbeiter und das Top Management ab. Nur wenn die Mitglieder im Unternehmen als Experten angesehen sind und Freiräume wie auch Ressourcen für ihre Tätigkeiten in den Kompetenzzentren erhalten, wird hierdurch eine effektive Wissensverteilung möglich sein. Lernarenen sind im Gegensatz zu Kompetenzzentren der normalen Hierarchie und Organisation vorgelagert und ersetzen bestehende Strukturen. Zu einer Lernarena[41] gehören Verantwortliche (Lernarenamanager), Teilnehmer (Lernträger), zugewiesene Ressourcen, definierte Methoden und ein Lernziel. Lernarenen arbeiten erfolgsorientiert und unterliegen einer ständigen Kontrolle. Sie befassen sich mit Themen, die direkt den Unternehmenserfolg beeinflussen und setzen hierbei auf Anpassungslernen, haben die Verbesserung von Potenzialzielen zur Aufgabe (Veränderungslernen) oder konzentrieren sich auf das Prozesslernen.

Best Practice Verfahren bieten eine weitere Möglichkeit, Unternehmenswissen gezielt zu verteilen. Sie versuchen, in Unternehmensbereichen funktionierende Prozesse und Strukturen auf andere Teile des Unternehmens zu übertragen und dort effizient einzusetzen. Best Practice Verfahren werden oftmals auch als internes Benchmarking bezeichnet. Sie liefern einen wertvollen Beitrag zur Wissensidentifikation und erhöhen die Wissenstransparenz in einem Unternehmen. Mit Best Practice Verfahren wird die Strategie verfolgt, nicht die beste neue, sondern die beste bereits in anderen Bereichen umgesetzte Lösung zu finden und anzuwenden. Hierdurch können zeit- und kostenaufwendige Entwicklungsarbeiten vermieden und auf aufwendige Praxistests verzichtet werden.[42]

---

[39] Vgl. Gentsch (1999), S. 109ff.

[40] Vgl. Hack (2006), S. 155ff.

[41] Vgl. Prange (2002), S. 84f.

[42] Vgl. Lehner (2006), S. 188. Kleinfeld (1997), S. 105f.

Wogegen der Best Practice Wissenstransfer als bewusstes (und angeordnetes) Steuerungs-
instrument eingesetzt wird, finden sich bei dem System der Communities of Practice Arbeitsgruppen aus Mitgliedern zusammen, die gleiche Interessen an bestimmten Sachgebieten
ihrer Arbeit besitzen. Der Wissenstransfer innerhalb dieser Gruppe erfolgt ungeplant. Jedes
Gruppenmitglied bringt Wissen in das Team ein und nimmt Wissen aus dem Team auf. Im
Gegensatz zum Best Practice können solche Gruppen auch neues Wissen entwickeln.[43]

Ist der Prozess der Wissensverteilung optimiert, so steht die Frage der Wissensnutzung an.
Der Kernaspekt ist dabei die Aufbereitung des Wissens für andere Nutzer.

2.5.2   Wissensnutzung

Damit Unternehmen Wissensvorsprünge aufbauen können, ist es nicht nur entscheidend,
Wissensbedarfe zu identifizieren, Wissen zu beschaffen und Wissen zu verteilen, sondern es
ist ebenfalls sicherzustellen, dass Mitarbeiter das Wissen für ihre Arbeit auch anwenden.
Gründe, warum Mitarbeiter Wissen nicht oder nicht ausreichend nutzen sind vielfältig: sie
können sowohl auf individueller als auch kollektiver Ebene angesiedelt sein.

Liegt in einem Unternehmen Betriebsblindheit vor, stellen Mitarbeiter Vertrautes nicht in
Frage und nehmen auch Nachteile praktizierter Arbeitsweisen in Kauf. Das kann zum einen
in Unkenntnis effizienterer Verfahrensweisen aber auch wegen der grundsätzlichen Skepsis
Neuem gegenüber geschehen. Auch führen Selbstüberschätzung („Wir sind die Besten!")
wie auch das sogenannte „not-invented-here"-Syndrom, bei dem angenommen wird, dass
alles nicht aus dem eigenen Unternehmen stammende Wissen grundsätzlich schlecht sein
muss, dazu, dass fremdes Wissen „kollektiv" abgelehnt wird. Ein anschauliches Beispiel
hierfür lieferte die deutsche Automobilindustrie. Hier wurden japanische Managementansätze lange Zeit und auch noch dann abgelehnt, als deren Methoden bereits eindeutige Verbesserungen gegenüber der traditionellen Vorgehensweise aufzeigten.[44]

Die Nutzung fremden und neuen Wissens wird erleichtert, wenn dieses Wissen nutzungsori-
entiert und nutzergerecht gestaltet und aufbereitet ist. Kein Mitarbeiter will sich erst durch
einen unter Umständen mehrere hundert Seiten dicken Projektbericht „quälen", um dann
nach Stunden der Lektüre feststellen zu müssen, dass ihm sein Inhalt doch nicht weiterhilft.
Wissen muss prägnant, übersichtlich und visuell ansprechend präsentiert werden. Erst dann
ist die Chance gegeben, dass neues Wissen genutzt und in den täglichen Arbeitsablauf
integriert wird.

2.5.3   Wissensbewahrung

Die ständig voranschreitende Globalisierung, das Internet und Kunden, deren Wünsche und
Bedürfnisse immer komplexer werden, lassen die Rahmenbedingungen für ein Unternehmen
sich ständig ändern. Gerade in dieser Situation ist die gezielte Wissensbewahrung eine we-

---

[43] Vgl. Zboralski (2007).

[44] Vgl. Womack; Jones; Ross (1991).

sentliche Voraussetzung dafür, dass ein Unternehmen die Vorteile einer vorhandenen Wissensbasis langfristig nutzen kann. Kommen hier noch ergänzend die Auswirkungen der „Halbwertzeit des Wissens" hinzu, wird die Bedeutung von lebenslangem Lernen eines Einzelnen und auch die für eine „lernende Organisation" noch ersichtlicher.[45]

Der Prozess der Wissensbewahrung besteht aus drei aufeinander aufbauenden Phasen. In der ersten Phase – der Selektion – ist die schwierige Entscheidung zu treffen, welches gespeicherte Wissen zukünftig Verwendung findet. Grundsätzlich kann selbstverständlich alles Wissen bewahrt werden. Je mehr Daten ein Unternehmen jedoch speichert, desto unübersichtlicher wird das gespeicherte Wissen und umso schwieriger wird es, benötigtes Wissen schnell und einfach zu finden. In Phase zwei wird das in Phase eins selektierte Wissen gespeichert. Entscheidend sind hier die Art der Speicherung (Detaillierungsgrad, wie viele Informationen zu einem Sachverhalt gespeichert werden etc.), das verwendete Speichermedium (papierbasierend oder elektronisch) und der gewählte Speicherort (zentral für alle zugreifbar oder dezentral auf einzelnen Arbeitsplätzen). Inhalt der dritten Phase ist die (permanente) Aktualisierung der gespeicherten Wissensbestände. Zu beachten ist hierbei, dass sich Wissen über bestimmte Sachverhalte nicht nur im Zeitablauf verändern und weiterentwickeln wird, sondern auch seine Bedeutung kann sich für ein Unternehmen im Zeitablauf ändern. Prozesswissen und Produktwissen können hier als Beispiele dienen. Durch Reorganisationen und Innovationen ändert sich hier (Anwendungs-)Wissen, das dann auch entsprechend zeitnah aktualisiert werden muss.[46]

Eine wesentliche Strategie bei der Wissensbewahrung verfolgt das Ziel, Schlüssel-Wissensträger langfristig an ein Unternehmen zu binden. Möglichkeiten ergeben sich hierzu durch die Schaffung von Anreizsystemen und durch den Aufbau von Austrittsbarrieren. Wogegen Anreizsysteme Mitarbeiter durch positive Effekte (materieller oder immaterieller Art) an das Unternehmen binden sollen, bauen Austrittsbarrieren Hindernisse auf, die es dem Mitarbeiter schwer machen, das Unternehmen zu verlassen. Austrittsbarrieren können emotionaler Art sein, indem sie bspw. bei einem Mitarbeiter ein schlechtes Gewissen verursachen, weil er seine Arbeitskollegen im Stich lässt. Auch ist ein Arbeitsplatzwechsel gut zu überlegen, wenn Kinder den firmeneigenen Kindergarten verlassen müssen, in dem sie sich sehr wohl gefühlt haben. Austrittsbarrieren können aber auch mit finanziellen Nachteilen verbunden sein, wenn z.B. ein vergünstigtes Mitarbeiterdarlehen mit dem Verlassen des Unternehmens zurück zu zahlen ist.[47]

Unerwähnt bleiben darf an dieser Stelle auch nicht das sogenannte „Debriefing" als eine Methode der Wissensbewahrung. Die Verfahrensweise versucht, wertvolles Wissen auf Dauer im Unternehmen zu erhalten, indem Mitarbeiterwissen gezielt erkannt, gespeichert und wieder in das Unternehmen zurückgeführt wird. Der Debriefingprozess verfolgt also das Ziel, implizites Wissen explizit zu machen, dieses wissensmanagementfreundlich zu dokumentieren und den übrigen Mitarbeitern des Unternehmens zur Verfügung zu stellen. Der Erfolg

---

[45] Vgl. Prange (2002), S. 18. Schüppel (1979), S. 78.

[46] Vgl. Probst; Raub; Romhardt (2003), S. 193ff.

[47] Vgl. z. B. Zaunmüller (2005).

des Debriefing hängt von der Teilnahme der Mitarbeiter an dieser Verfahrensweise ab. Eine „gute" Unternehmenskultur, Anreizsysteme und ein Verdeutlichen des Sinns von Debriefing müssen seine Teilnehmer überzeugen, ihr Wissen dem Unternehmen zur Verfügung zu stellen.[48]

2.6   Zusammenfassung

Wissensmanagement wird für jede Art von Unternehmen zunehmend bedeutender. Viele Unternehmen führen ihren Erfolg heutzutage bereits auf wissensintensive Tätigkeiten zurück. Literatur und Praxis zeigen jedoch auf, dass besonders die Einführung von Wissensmanagement in KMUs heutzutage viele Unternehmen noch vor große Probleme stellt. Hier werden Konzepte benötigt, die pragmatisch angewendet werden können und die die bei dieser Unternehmensgröße gegebenen knappen Ressourcen finanzieller, zeitlicher und auch personeller Art berücksichtigen. Der dargestellte Ansatz greift diese Voraussetzungen auf und stellt die systematische Vorgehensweise bei der Einführung von Wissensmanagement am Beispiel des „erweiterten Wissenstetraeders" dar. Die praxiserprobte Konzeption ermöglicht die ganzheitliche Einführung von Wissensmanagement, die zum einen die Schaffung notwendiger Implementierungsvoraussetzungen beinhaltet und zum anderen Wissensmanagement stufenweise einführt.

Literatur

Becker, F. G.; Fallgatter, M. J.: Strategische Unternehmensführung. Berlin (2005).

Beutin, N.: Verfahren zur Messung der Kundenzufriedenheit im Überblick. In: Homburg, C. (Hrsg.): Kundenzufriedenheit. Konzepte – Methoden – Erfahrungen. Wiesbaden (2001), S. 87–122.

Carl, N.; Kiesel, M.: Unternehmensführung. Methoden – Instrumente – Managementkonzepte. München (2002).

Eppler, M. J.: Wissen sichtbar machen: Erfahrungen mit Intranet-basierten Wissenskarten. In: Pawlowski, P.; Reinhardt, R. (Hrsg.): Wissensmanagement für die Praxis. Methoden und Instrumente zur erfolgreichen Umsetzung. Neuwied, Kriftel (2002), S. 37–60.

Fey, H.-J.; Weichbrodt, R.: Sechs Hüte sorgen für frischen Wind im Ideen- und Wissensmanagement. In: wissensmanagement (1/2005). S. 38–41.

Gehle, M.; Mülder, W.: Wissensmanagement in der Praxis. Frechen (2001).

Gentsch, P.: Wissen managen mit innovativer Informationstechnologie. Strategien – Werkzeuge, Praxisbeispiele. Wiesbaden (1999).

---

[48] Vgl. North (2005), S. 18.

Graumann, J.; Weissmann, A.: Konkurrenzanalyse und Marktforschung preiswert selbst gemacht. Landsberg/Lech (1998).

Hack, L.: Wissensformen zum Anfassen und zum Abgreifen. In: Bittlingmayer, U. H.; Bauer, U. (Hrsg.): Die „Wissensgesellschaft": Mythos, Ideologie oder Realität? Wiesbaden (2006), S. 109–172.

Haun, M.: Handbuch Wissensmanagement. Grundlagen und Umsetzung, Systeme und Praxisbeispiele. Berlin u.a. (2002).

Herbst, D.: Erfolgsfaktor Wissensmanagement. Berlin (2000).

Hinterhuber, H. H.; Handlbauer, G.; Matzler, K.: Kundenzufriedenheit durch Kernkompetenzen. München, Wien (1997).

Homburg, C.: Kundenzufriedenheit. Konzepte – Methoden – Erfahrungen. Wiesbaden (2002).

Kairies, P.: So analysieren Sie Ihre Konkurrenz. Renningen (2002).

Kaiser, M. O.: Erfolgsfaktor Kundenzufriedenheit. Dimensionen und Messmöglichkeiten. Berlin (2002).

Katzenbach, J. R.; Smith, D. K.: Teams – Der Schlüssel zur Hochleistungsorganisation. Landsberg (2003).

Kleinfeld, K.: Benchmarking: Startpunkt einer vollumfänglichen Produktivitätssteigerung. In: Töpfer, A. (Hrsg.): Benchmarking. Der Weg zu Best Practice. Berlin, Heidelberg (1997), S. 105–123.

Lehner, F.: Wissensmanagement. Grundlagen, Methoden und technische Unterstützung. München, Wien (2006).

Leibfried, K.; McNair, C.: Benchmarking – Von der Konkurrenz lernen, die Konkurrenz überholen. Freiburg (1993).

Lucko, S.; Trauner, B.: Wissensmanagement. 7 Bausteine für die Umsetzung in der Praxis. München, Wien (2005).

Matzler, K.; Stahl, H. K.; Hinterhuber, H. H.: Die Customer-based View der Unternehmung. In: Hinterhuber, H. H.; Matzler, K. (Hrsg): Kundenorientierte Unternehmensführung. Wiesbaden (2004), S. 4–31.

Nohr, H.: Wissensmanagement: Wie Unternehmen ihre wichtigste Ressource erschließen und teilen. Göttingen (2000).

North, K.: Wo geht's lang zur wissensorientierten Unternehmensführung? In: wissensmanagement (1/2005), S. 16–19.

Oelsnitz, von der, D.; Hahmann, M.: Wissensmanagement. Strategie und Lernen in wissensbasierten Unternehmen. Stuttgart (2003).

Osterloh, M.; Frost, J.: Prozessmanagement als dynamische Kernkompetenz. In: Liebmann, H.-P. (Hrsg.): Vom Business Process Reengineering zum Change Management. Wiesbaden (1997), S. 155–179.

Pawlowski, P.; Reinhardt, R.: Instrumente Organisationalen Lernens. Die Verknüpfung zwischen Theorie und Praxis. In: Pawlowski, P.; Reinhardt, R. (Hrsg.): Wissensmanagement für die Praxis. Methoden und Instrumente zur erfolgreichen Umsetzung. Neuwied, Kriftel (2002), S. 1–35.

Plüss, A.: Wissensidentifikation und -darstellung. In: Lüthy, W.; Voit, E.; Wehner, T. (Hrsg.): Wissensmanagement – Praxis. Einführung, Handlungsfelder und Fallbeispiele. Zürich (2002), S. 85–96.

Prange, C.: Organisationales Lernen und Wissensmanagement. Wiesbaden (2002).

Probst, G. J. B.; Raub, S.; Romhardt, K.: Wissen managen. Wie Unternehmen ihre wertvollste Ressource optimal nutzen. Wiesbaden (2003).

Rau, H.: Mit Benchmarking an die Spitze. Von den Besten lernen. Wiesbaden (1996).

Roehl, H.: Instrumente der Wissensorganisation. Perspektiven für eine differenzierende Interventionspraxis. Wiesbaden (2001).

Schierenbeck, H.: Grundzüge der Betriebswirtschaftslehre. München, Wien (2000).

Schüppel, J.: Wissensmanagement: organisationales Lernen im Spannungsfeld von Wissens und Lerntheorie. Wiesbaden (1979).

Siemann, C.: Der Mittelstand entdeckt das Wissensmanagement: Ran an das tote Kapital. In: Antoni, C. H.; Sommerlatte, T. (Hrsg.): Spezialreport Wissensmanagement. Wie deutsche Firmen ihr Wissen profitabel machen. Düsseldorf (1999), S. 15–24.

Simon, H.; van der Gathen, A.: Das große Handbuch der Strategieinstrumente. Werkzeuge für eine erfolgreiche Unternehmung. Frankfurt am Main (2002).

Weiler, P.: Kreativitätstraining. München (1997).

Welge, M. K.; Al-Laham, A.: Strategisches Management. Wiesbaden (2003).

Womack, J. P.; Jones, D. T.; Ross, D.: Die zweite Revolution in der Automobilindustrie. Konsequenzen aus der weltweiten Studie des Massachusetts Institut of Technology. Frankfurt a. M., New York (1991).

Zaunmüller, H.: Anreizsysteme für das Wissensmanagement in KMU. Wiesbaden (2005).

Zboralski, K.: Wissensmanagement durch Communities of Practice. Wiesbaden (2007).

http://www.freitag.de

http://www.mcdonalds.de

www.presseportal.de

3 Knowledge Performance Measurement

Ein ganzheitlicher, prozessorientierter Ansatz zur Ermittlung des Wissenspotenzials in Unternehmen

Dagmar Hildebrand / Henning Dröge

3.1   Einleitung

Seit über zehn Jahren zieht das Thema Wissen in der betriebswirtschaftlichen Literatur und in der Unternehmenspraxis eine wachsende Aufmerksamkeit auf sich.[1] Zurückzuführen ist dies auf die gestiegene Relevanz von Wissen zur Erzielung strategischer Wettbewerbsvorteile in einem sich intensivierenden Wettbewerb, in dem der Wert von Wirtschaftstätigkeiten vermehrt durch die Qualität von Dienstleistungen und intelligenten, kundenzentrierten Produktlösungen bestimmt wird.[2] Vor diesem Hintergrund wird Wissen in zunehmendem Maße als vierter Produktionsfaktor neben Boden, Kapital und Arbeit betrachtet und nimmt zum aktuellen Zeitpunkt mindestens einen 60-prozentigen Anteil an der Gesamtwertschöpfung eines Unternehmens ein.[3] Das systematische Management dieses kritischen Produktionsfaktors darf hierbei nicht auf spezifische Branchen, Hierarchie- und Größengrenzen beschränkt werden. Vielmehr sind Führungskräfte und Mitarbeiter im Industrie- und Dienstleistungssektor ebenso tangiert wie international agierende Konzerne oder kleine und mittelständische Unternehmen.

In Unternehmen entwickelt sich jedoch zunehmend eine Unsicherheit angesichts der Frage, welche Erfolgspotenziale durch die Einführung von Wissensmanagement realisiert werden können. Die Ursache liegt darin begründet, dass bisher keine Analyseinstrumente vorliegen, die unternehmensspezifische Stärken und Schwächen bereits vor einer Reorganisationsmaßnahme im Bereich Wissensmanagement ganzheitlich identifizieren. Viele bestehende Ansätze forcieren eine starre, standardisierte Implementierung und vernachlässigen somit die zielgerichtete Potenzialanalyse der spezifischen organisationalen Wissensbasis.[4] Darüber hinaus berücksichtigen die bisherigen Modelle keine ganzheitliche, prozessorientierte Betrachtung des Wissensmanagements, sondern oftmals nur eine einseitige Vorgehensweise.[5] Dieser Missstand führt zu einer mangelnden Transparenz, die sich dahingehend auswirken kann, dass sich Unternehmen gegen Wissensmanagementmaßnahmen entscheiden oder nur Teilbereiche optimieren.[6]

Vor diesem Hintergrund wird ein ganzheitliches, prozessfokussiertes Modell (GPA-Modell) zur Analyse der individuellen Wissensbasis eines betrachteten Unternehmens vorgestellt. Die diesem Konzept zu Grunde liegende Systematik ist hierbei branchen- und unternehmensgrößenindependent und gewährleistet eine Analyse unabhängig von dem aktuellen Wissensstand der Unternehmung. Um eine gute Verständlichkeit sowie einheitliche Struktur zu gewährleisten, erfolgt die Analyse entlang einer modulsystematischen Vorgehensweise. Hierbei werden

---

[1] Vgl. Al-Laham (2003), S. 1. Davenport; Prusak (1999), S. 13. Willke (1998), S. 1.

[2] Vgl. Drucker (1993), S. 19ff. Götz; Schmid (2004), S. 38. North; Papp (1999), S. 18. Probst; Raub; Romhardt (2003), S. 7.

[3] Vgl. Bullinger u.a. (1999), S. 54. Hammermeister (2004), S.162. Kluge u.a. (2003), S.14. KPMG (2003), S.1. von der Oelsnitz; Hahmann (2003), S. 16.

[4] Vgl. Haun (2002), S. 323f. North; Pöschl (2002), S. 59.

[5] Vgl. North (2005), S. 188f.

[6] Vgl. Katenkamp (2003), S. 24f.

die Kernaspekte einer wissensorientierten Unternehmensführung in ihren Ausprägungen und in ihrem Zusammenwirken evaluiert und ausgewertet. Abschließend wird das GPA-Modell anhand eines Praxisbeispiels verifiziert und die Analyseergebnisse werden vorgestellt.

3.2 Bedeutung des Themas und Handlungsnotwendigkeit

Wissensmanagement stellt ein elementares Thema für Unternehmen im heutigen Wettbewerbsumfeld dar.[7] Ergebnisse einer aktuellen Studie der Fraunhofer Wissensmanagement Community im Jahre 2005, bei der 540 Teilnehmer zur Thematik Entwicklung und Trends im Wissensmanagement befragt wurden, bestätigten die gegenwärtige und zukünftige Bedeutung von Wissensmanagement. Den Befunden zufolge halten 91 Prozent der befragten Unternehmungen die Thematik für „wichtig" beziehungsweise „sehr wichtig". Im Vergleich zu der Studie aus dem Jahr 1997 stellt dieses eine Abnahme von 5 Prozent dar.[8] Demnach handelt es sich bei Wissensmanagement nicht um eine kurzlebige „Management-Mode", sondern stellt eine grundlegende Herausforderung an Organisationen dar.[9]

Ungeachtet dieses beträchtlichen und kontinuierlichen Zuspruchs ist das erfolgreiche Management von Wissen im Unternehmen nicht selbstverständlich. Ergebnisse verschiedener Studien stellen die Unzufriedenheit der Unternehmen mit der gegenwärtigen Umsetzung von Wissensmanagement dar.[10] Lediglich 24 Prozent der befragten Unternehmen gaben bei der Fraunhofer Wissensmanagement Community Studie an, mit der gegenwärtigen Nutzung des vorhandenen Wissens „zufrieden" zu sein und 28 Prozent bewerteten den unternehmensinternen Wissenstransfer als „zufrieden stellend".[11] Gleichzeitig wird die Notwendigkeit, wissensbezogene Aktivitäten in dem Zeitraum zwischen 2005 bis 2008 zu verstärken, unter den Befragten als hoch eingestuft. Diese Bewertung des Handlungsbedarfs impliziert die gegenwärtige Unzufriedenheit der Organisationen mit den Ergebnissen, die durch Wissensmanagement bisher erreicht wurden.

Ein weiterer Mangel bei der Implementierung von Wissensmanagement lässt sich aus der allgemeinen Problematik von Reorganisationsmaßnahmen ableiten. Reorganisationsprojekte sind durch einen hohen Grad an Unsicherheit gekennzeichnet. Die Input-Output Relation kann zu Beginn eines Projektes nur ansatzweise berechnet werden.[12] Demnach ist die Renta-

---

[7] Vgl. Al-Laham (2003), S. 5. Kluge u.a. (2003), S. 232.

[8] Vgl. Decker u.a. (2005), S. 97.

[9] Vgl. Bullinger; Prieto (1998), S. 117. S. 97. Niedereichholz (1999), S. 53. Wesoly; Schnalzer (2005), S. 11.

[10] Vgl. Decker u.a. (2005), S. 97.

[11] Vgl. Wesoly; Schnalzer (2005), S. 30.

[12] Vgl. Dörler (1988), S. 67f. Müller (2005), S. 36.

bilität sowie die zukünftige Amortisation eines solchen Projektes zu Beginn der Veränderung kaum zu bestimmen.[13]

Häufig genannte Ziele von Reorganisationsmaßnahmen sind die Optimierung von Durchlaufzeiten und Prozesskosten.[14] Derartige Messgrößen können bei der Implementierung von Wissensmanagement nur ansatzweise definiert werden. Insbesondere der Erfolg und die Durchschlagkraft der Dimensionen Mensch und Organisation eines ganzheitlichen Wissensmanagementansatzes sind schwierig zu beweisen beziehungsweise zu quantifizieren.[15] Wenn Ergebnisse verzeichnet werden, sind diese häufig über längere Zeiträume oder mehrere Bereiche verteilt und lassen sich nicht eindeutig auf Wissensmanagementaktivitäten zurückführen.[16]

Um diesem hohen Unsicherheitsgrad von Reorganisationsmaßnahmen im Bereich des Wissensmanagements entgegenzuwirken, ist es hilfreich, ein Analyseinstrument einzusetzen, welches bereits vor der eigentlichen Reorganisationsmaßnahme erste Einschätzungen über den Wissensstand der betrachteten Organisation liefert. Die Motivation für die Konzeption basiert auf der Erkenntnis, dass zum aktuellen Stand kein pragmatisches Analyseinstrument existiert, das Wissensmanagement aus der ganzheitlichen sowie prozessfokussierten Perspektive betrachtet. Bei bestehenden Modellen wird in vielen Fällen eine einseitige Analyse vorgenommen.[17] Zudem richten sich diese Modelle häufig auf eine spätere Implementierung aus und verfolgen somit nicht das primäre Ziel, den Status der aktuellen Wissensbasis zu bewerten. Aufgrund dieses Mangels bleiben ebenfalls die Probleme von Reorganisationsmaßnahmen unberücksichtigt, da diese Modelle nicht vorsehen, den Nutzen einer Wissensmanagementeinführung vor der Implementierung zu erkennen.

Mit Hilfe des entwickelten Bewertungsmodells steigt die Transparenz der organisatorischen Wissensbasis, und Missstände werden aufgezeigt. Wie bei der Prioritätenbildung im Rahmen einer ABC-Analyse kann sich das Unternehmen bei der Einführung von Wissensmanagement auf die Schließung der wesentlichen Wissenslücken konzentrieren und hierdurch eine erhebliche Reduktion der anzusetzenden Kosten durch die selektive Schwerpunktverlagerung für das Einführungsprojekt erreichen. Darüber hinaus wird die Organisation befähigt, selbstständig erste Lösungsmöglichkeiten, Meilensteine und Ziele für Reorganisationsmaßnahmen zu definieren. Zudem erfüllt die Potenzialanalyse eine politische Dimension. Dieses Instrument steigert die Transparenz des geplanten Vorhabens. Durch das gezielte Aufzeigen der Missstände innerhalb der organisatorischen Wissensbasis wächst die Akzeptanz und Motivation der Mitarbeiter, welches für eine erfolgreiche Veränderung als unverzichtbar gilt.[18]

---

[13] Vgl. Grinda u.a. (1997), S. 15.

[14] Vgl. Best; Weth (2005), S. 72. Dörler (1988), S. 53f. Morris; Brandon (1994), S. 73. Reichwald; Höfer; Weichselbaumer (1996), S. 31. Staud (1999), S. 5.

[15] Vgl. Hippner (2001), S. 203. Romhardt (1998), S. 285.

[16] Vgl. Schneider (2001), S. 27.

[17] Vgl. North; Pöschl (2002), S. 55. North (2005), S. 259.

[18] Vgl. Frigge (2004), S. 66. Wörl (2004), S. 46.

Neben der Allokation von Schwachstellen ermöglicht das entwickelte Analysetool ebenfalls, die Qualität eines bereits existierenden Wissensmanagements zu identifizieren. Diese neutrale Betrachtung erweitert den Anwendungsbereich des Instruments, da in einer Vielzahl von Unternehmungen Wissensmanagementansätze bereits durchgeführt werden, eine Beurteilung des Wissensmanagements jedoch oftmals nicht vorliegt.[19] Stellt sich heraus, dass Wissensmanagement im Unternehmen bereits erfolgreich operationalisiert wurde, kann das Analysetool hier helfen, die bisherigen Erfolge sichtbar zu machen.

3.3 Ganzheitlicher, prozessorientierter Ansatz zur Ermittlung des Wissenspotenzials

Zu Beginn dieses Abschnitts werden zwei führende Wissensmanagementansätze – die Bausteine des Wissensmanagements und das Knowledge-Management-Assessment Tool (KMAT) – kurz erläutert und die jeweiligen Stärken und Schwächen herausgestellt.[20] Auf der Basis dieser Erkenntnisse erfolgt die Entwicklung eines ganzheitlichen, prozessorientierten Analyseinstruments (GPA-Modell) zur Ermittlung des Wissenspotenzials in der Organisation. Jeder Prozessschritt des Analyseinstruments wird in Form von Wissensmodulen beschrieben und die wesentlichen Kerngesichtspunkte werden identifiziert. Diese Hauptaspekte bilden die Grundlage für die Bewertungskriterien des Analyseinstruments sowie für den entwickelten Fragebogen. Abschließend wird das Analyseinstrument bezüglich seines Aufbaus, der Durchführung und des Bewertungsverfahrens erläutert.

3.3.1 Bausteine des Wissensmanagements

Das von Probst, Raub und Romhardt entwickelte Konzept des Wissensmanagementkreislaufs verfolgt die Zielsetzung, Unternehmen ein Vorgehensmodell zur Verfügung zu stellen, um bestehende Wissensprobleme besser beschreiben und verstehen zu können.[21]

Die Anordnung der einzelnen Bausteine erfolgt nach zwei grundlegenden Prinzipien (siehe Abb. 3.1). Zu dem inneren operativen Kreislauf zählen die Aktivitäten Wissensidentifikation, Wissenserwerb, Wissensentwicklung, Wissens(ver)teilung, Wissensbewahrung und Wissensnutzung. Die strategische Steuerung des Wissensprozesses erfolgt durch den äußeren Kreislauf, der die Bausteine Wissensziele und Wissensbewertung beinhaltet und sich demnach an den traditionellen Managementprozess anlehnt.[22]

---

[19] Vgl. Schneider (2001), S. 29.

[20] Vgl. North (2005), S. 174ff.

[21] Vgl. Romhardt (1998), S. 52. Pfeiffer; Kimmich (2002), S. 80. Probst; Romhardt (1997), S. 7. Probst; Raub; Romhardt (2003), S. 27.

[22] Vgl. North (2005), S. 174.

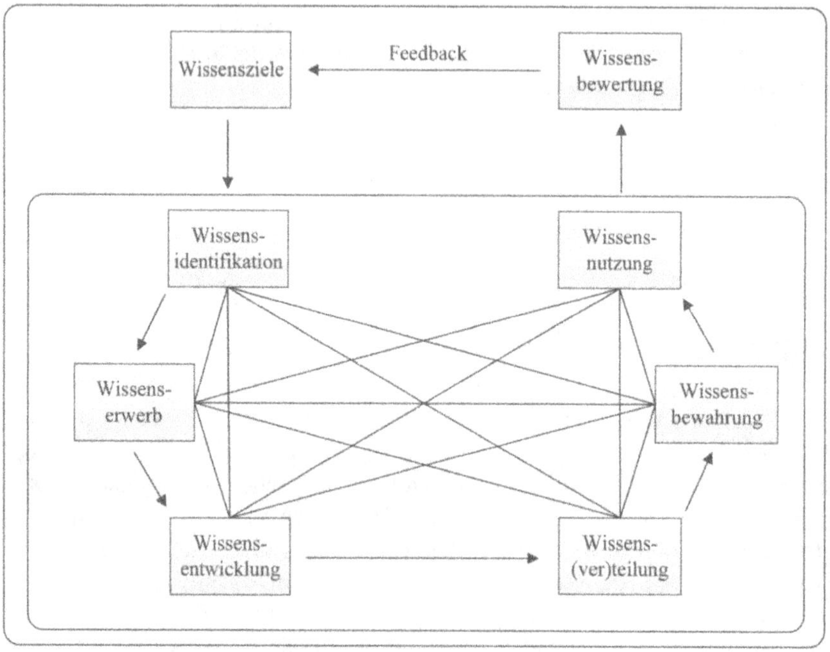

Abb. 3.1 *Bausteine des Wissensmanagements*[23]

3.3.2   Knowledge-Management-Assessment Tool

Das Knowledge Management Assessment Tool (KMAT) stellt ein Wissensmanagement-konzept dar, das insbesondere zur Diagnose und Beschreibung der Unternehmung als ler-nende Organisation beziehungsweise zur Ermittlung der Voraussetzungen eines Wissensma-nagements eingesetzt wird (siehe Abb. 3.2).[24] Gleichzeitig wurde dieses Konzept als Grund-lage für eine Wissensmanagement Benchmarkingstudie des American Productivity & Quali-ty Centers (APQC) verwendet.[25]

---

[23] Eigene Darstellung in Anlehnung an Probst; Raub; Romhardt (2003), S. 32.

[24] Vgl. Schomann (2001), S. 176.

[25] Vgl. Palass; Servatius (2001), S. 78.

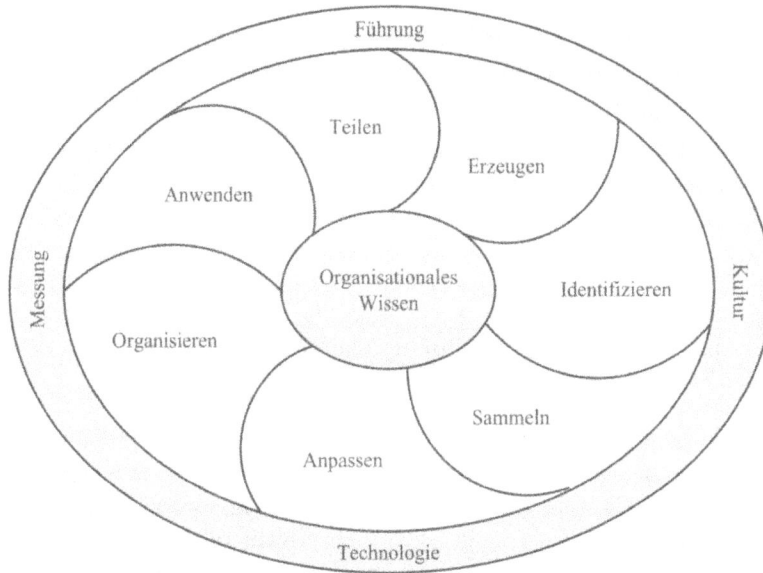

Abb. 3.2   *Knowledge-Management-Assessment Tool*[26]

Der Ansatz beinhaltet ein an dem Managementprozess angelehntes Phasenkonzept,[27] welches die Prozesse „Teilen", „Erzeugen", „Identifizieren", „Sammeln", „Anpassen", „Organisieren" und „Anwenden" des Wissens beinhaltet.[28] Unterstützt werden diese Kernprozesse durch vier Katalysatoren, die als „Enabler" bezeichnet werden.[29] Hierbei handelt es sich um Führung, Kultur, Technologie und Messung. Dieser Wissensmanagementansatz verbindet die sieben Prozesse und vier Katalysatoren zu einem dynamischen System.[30]

Die vier „Enabler" werden in harte (Technik, Messung) und weiche Katalysatoren (Kultur, Führung) unterschieden.[31] Die Aufgabe des Wissensmanagements nach diesem Ansatz umfasst die Identifizierung, Gewinnung, Bereitstellung und Pflege des für den Geschäftserfolg kritischen Wissens. Die Bearbeitung der beschriebenen Aufgaben erfordert die stetige Berücksichtigung der bereits erläuterten Katalysatoren, da diese die Effizienz der Aktivitäten beeinflussen.[32]

---

[26] Eigene Darstellung in Anlehnung an North (2005), S. 186.

[27] Vgl. Probst; Raub; Romhardt (1999), S. 273.

[28] Vgl. O'Dell; Grayson (1998), S. 7.

[29] Vgl. Probst; Raub (1998), S. 133.

[30] Vgl. North (2005), S. 186.

[31] Vgl. Schomann (2001), S. 178.

[32] Vgl. Schomann (2001), S. 178.

3.3.3   Vergleichende Beurteilung der Wissensmanagementkonzepte

Sowohl der Ansatz der Bausteine des Wissensmanagements als auch das Knowledge-Management-Assessment Tool integrieren in ihrer Konzeption einen *Managementprozess*, der solche Aktivitäten miteinander verbindet, die im Rahmen von Wissensmanagement erfolgen, um Wissen zu erzeugen, zu sammeln, zu teilen oder zu nutzen. Beide Ansätze bilden den Geschäftsprozess des Wissens in einem vergleichbaren Ablauf ab.[33] Neben der lediglich einfachen Abbildung der Prozessschritte im Knowledge-Management-Assessment Tool werden in dem Wissensmanagementansatz nach Probst, Raub und Romhardt Kriterien definiert, die jeden einzelnen Prozessschritt näher charakterisieren.

Ein weiteres Element in der vergleichenden Beurteilung stellt die Berücksichtigung der *Rahmenbedingungen* dar. Die Bausteine des Wissensmanagements schließen die Rahmenbedingungen lediglich implizit ein. So werden beispielsweise im Baustein „Wissensziele" strategische, operative sowie normative Ziele aufgestellt. Eine direkte Berücksichtigung der Rahmenbedingungen findet somit nicht statt. Das Knowledge-Management-Assessment Tool hingegen bezieht die Rahmenbedingungen vollständig und direkt in die Bewertung mit ein. Die Katalysatoren bilden die Rahmenbedingungen eines erfolgreichen Wissensmanagements.[34]

Werden die beiden Wissensmanagementansätze auf ihre Eignung als Analyseinstrument zur Ermittlung der Wissensstärken und -schwächen überprüft, ergibt sich folgendes Bild: Das Modell der Bausteine des Wissensmanagements kann aufgrund der Entwicklung von Prüfkriterien als Analyseinstrument herangezogen werden.[35] Für jeden Baustein wurden Leitfragen entwickelt, die zur Bewertung der organisatorischen Wissensbasis verwendet werden können.[36] Auch das Knowledge-Management-Assessment Tool stellt Prüfkriterien bereit. Diese beziehen sich auf die bereits erläuterten „Enabler".[37] Aufgrund dieser Möglichkeit ist das Modell als Diagnoseinstrument ebenfalls geeignet.[38] Abb. 3.3 fasst die Ergebnisse der Gegenüberstellung noch einmal zusammen.

---

[33] Vgl. O'Dell; Grayson (1998), S. 25f. Romhardt (1998), S. 45.

[34] Vgl. O'Dell; Grayson (1998), S. 24.

[35] Vgl. Probst; Raub; Romhardt (2003), S. 27.

[36] Vgl. Romhardt (1998), S. 356ff.

[37] Vgl. O'Dell; Grayson (1998), S. 227ff.

[38] Vgl. North (2005), S. 189.

Beurteilungs-kriterien / Konzept	Orientierung am Management-prozess	Berück-sichtigung der Rahmen-bedingungen	Eignung als Analyse-instrument
Bausteine des Wissens-managements	✓	✓	✓
Knowledge Management Assessment Tool	✓	✓	✓

Abb. 3.3   Vergleich der Wissensmanagementkonzepte

3.3.4   Anforderungen an das GPA-Modell

Bei der Konzeption des GPA-Modells war es erforderlich die Anforderungen vor der Entwicklung des Analyseinstruments zu präzisieren, um einerseits die Schwachstellen existierender Konzepte zu vermeiden und andererseits eine möglichst praktikable Ausgestaltung zu gewährleisten. Dieser Anforderungskatalog gliedert sich wiederum in zwei Bereiche. Im Rahmen der allgemeinen Anforderungen wurden die grundsätzlichen Voraussetzungen definiert, die für die Verwendbarkeit des Instruments von großer Bedeutung sind. Neben den allgemeinen Voraussetzungen wurden spezifische Ziele formuliert, die bei einer Analyse des Wissenspotenzials einer Unternehmung Berücksichtigung finden sollen (siehe Abb. 3.4).

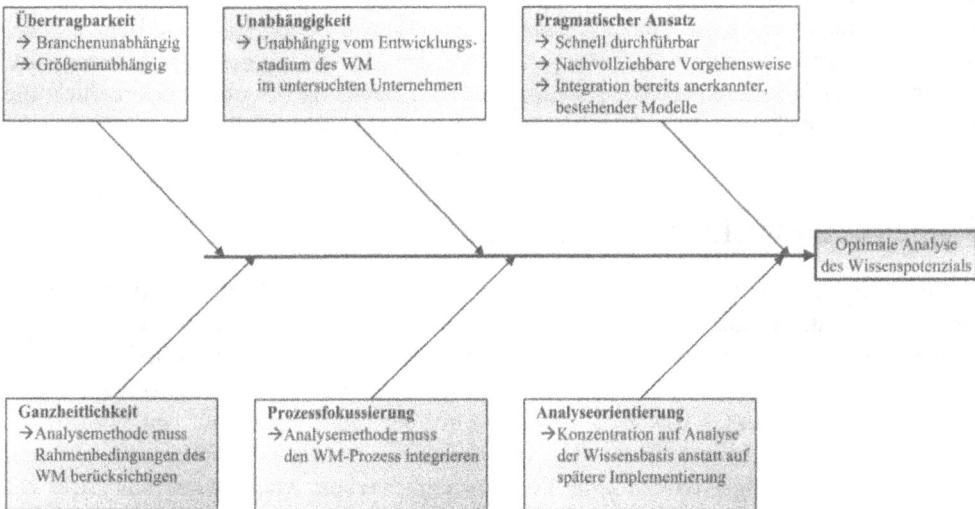

Übertragbarkeit
→ Branchenunabhängig
→ Größenunabhängig

Unabhängigkeit
→ Unabhängig vom Entwicklungs-stadium des WM im untersuchten Unternehmen

Pragmatischer Ansatz
→ Schnell durchführbar
→ Nachvollziehbare Vorgehensweise
→ Integration bereits anerkannter, bestehender Modelle

Ganzheitlichkeit
→Analysemethode muss Rahmenbedingungen des WM berücksichtigen

Prozessfokussierung
→Analysemethode muss den WM-Prozess integrieren

Analyseorientierung
→Konzentration auf Analyse der Wissensbasis anstatt auf spätere Implementierung

Optimale Analyse des Wissenspotenzials

Abb. 3.4   Anforderungen an ein Analyseinstrument

Die allgemeinen Anforderungen gliedern sich in die Bereiche Übertragbarkeit, Unabhängigkeit sowie in die pragmatische Vorgehensweise. Unter der Übertragbarkeit des Analyseschemas wird die Branchenunabhängigkeit des Analyseinstruments verstanden. Des Weiteren ist es erforderlich, ein Instrument bereitzustellen, das sowohl in kleinen, mittleren und großen Unternehmungen sowie in Konzernen einsatzfähig ist. Den zweiten Aspekt stellt die Unabhängigkeit dar. Diese Anforderung fokussiert im Besonderen die Anwendbarkeit des Analyseschemas unabhängig von der aktuellen Unternehmenssituation. Beispielsweise darf es für die Einführung des Instruments nicht von Bedeutung sein, ob zum Analysezeitpunkt bereits Wissensmanagement oder Ansätze des Wissensmanagements in der Organisation implementiert wurden. Der dritte Aspekt der allgemeinen Anforderungen berücksichtigt einen pragmatischen Aufbau des Analyseinstruments. Hierunter wird eine zügige, effiziente Durchführbarkeit ohne zeitintensive Voranalysen verstanden. Zusätzlich erfordert das Analyseschema eine intuitiv nachvollziehbare, modulare Struktur, um ein besseres Verständnis und hieraus resultierend eine höhere Akzeptanz der Analyseergebnisse beim Anwender zu gewährleisten. Darüber hinaus soll sich das Analyseinstrument an anerkannte, bestehende Modelle anschließen und existierende Lösungsansätze integrieren. Diese Aspekte fördern sowohl die Akzeptanz als auch die Erfolgswahrscheinlichkeit, da Erfahrungen aus vorherigen Modellen in dieses Analyseinstrument einfließen können.

Eine optimale Analyse der Wissensbasis wird neben den allgemeinen Anforderungen durch eine spezifische Berücksichtigung der Aspekte Ganzheitlichkeit, Prozessfokussierung und Analyseorientierung gewährleistet. Das Analyseinstrument erfordert die Integration der Ganzheitlichkeit in die Analyse der Wissensbasis. Nur unter Berücksichtigung der Unternehmenskultur, Führung, Informationstechnologie und Messung kann die Wissensbasis adäquat beurteilt werden. Neben den Rahmenbedingungen ist es erforderlich, die tatsächlichen Wissensaktivitäten mit Hilfe eines Managementprozesses zu analysieren. Die Prozessfokussierung unterstützt einen modularen Aufbau der Analyse und gewährleistet die Berücksichtigung aller wissensrelevanten Aktivitäten. Aufgrund der Ausrichtung des Analyseinstruments auf eine ex ante Diagnose der Wissensbasis einer Unternehmung ist es nicht erforderlich, die Struktur des Modells auf eine spätere Implementierung auszurichten.

3.3.5   Entwicklung des GPA-Modells

Vor dem Hintergrund der definierten Anforderungen wird im Folgenden ein Analyseinstrument vorgestellt, das die Wissensbasis eines Unternehmens vollständig und unter Berücksichtigung aller wissensbezogenen Aktivitäten beurteilt und demnach das Wissenspotenzial eines zu betrachtenden Unternehmens aus einem *ganzheitlichen, prozessfokussierten* Blickwinkel *analysiert*. Das GPA-Modell wird somit vor der Implementierung von Wissensmanagement eingesetzt und befähigt das Unternehmen, die eigenen Wissensstärken und -schwächen zu identifizieren und erste Lösungsmöglichkeiten, Meilensteine und Ziele vor der Einführung von Wissensmanagement zu definieren.

Die Gegenüberstellung der Ansätze nach Probst sowie das Knowledge-Management-Assessment Tool zeigen die grundsätzliche Eignung der Konzepte als Analyseinstrumente. Die Anforderungen, die an ein zu entwickelndes Konzept gestellt wurden, erfüllen jedoch beide Analyseinstrumente nicht.[39] Dennoch sollen die Vorteile der beiden Ansätze in die Konzeption des GPA-Modells mit einfließen.

Der Vergleich der Wissensmanagementkonzepte stellt die Vorzüge des Managementprozesses nach Probst sowie die ganzheitliche Perspektive des Knowledge-Management-Assessment Tools heraus.[40] Ziel der Entwicklung des GPA-Modells war es demnach, ein Analyseinstrument zu entwickeln, das einerseits einen an den Bausteinen des Wissensmanagements angelehnten Managementprozess integriert und andererseits die ganzheitliche Berücksichtigung der Rahmenbedingungen betrachtet (siehe Abb. 3.5).

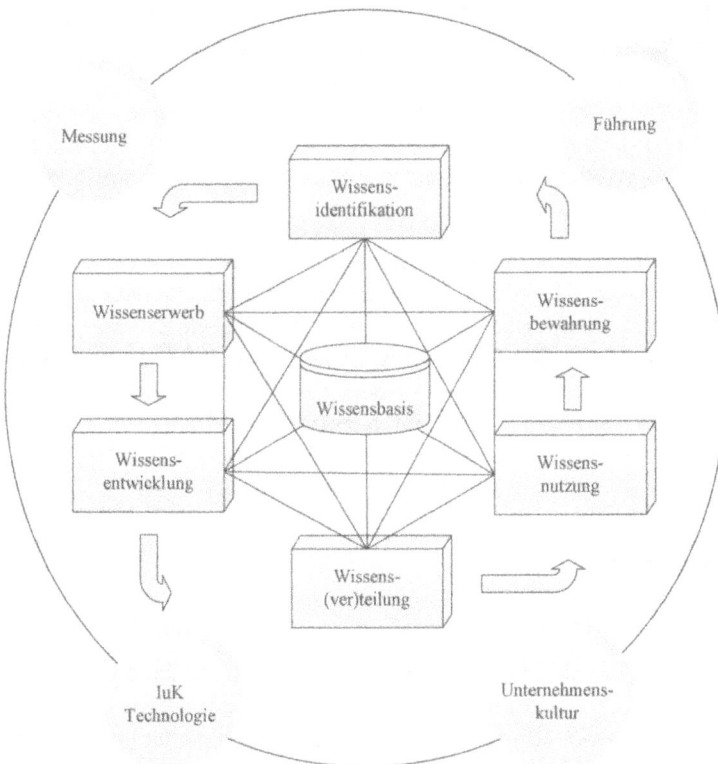

Messung

Führung

Wissens-
identifikation

Wissenserwerb

Wissens-
bewahrung

Wissensbasis

Wissens-
entwicklung

Wissens-
nutzung

Wissens-
(ver)teilung

IuK
Technologie

Unternehmens-
kultur

Abb. 3.5   Ganzheitliches, prozessfokussiertes Analyseinstrument (GPA-Modell)

---

[39] So werden bei dem Ansatz nach Probst die Rahmenbedingungen sowie die ganzheitliche Perspektive nur implizit in den Bausteinen berücksichtigt. Parallel hierzu wird im Knowledge-Management-Assessment Tool der Managementprozess lediglich ansatzweise beschrieben.

[40] Vgl. North (2005), S. 189.

Das GPA-Modell gliedert sich in einen operativen sowie in einen strategischen Kreislauf. Der operative, wissensprozessorientierte Kreislauf kann in die Wissensmodule Wissensidentifikation, -erwerb, -entwicklung, -verteilung, -nutzung und -bewahrung untergliedert werden und bildet den inneren Wissensmanagementkreislauf nach Probst.[41] Jedes dieser sechs operativen Module beeinflusst die organisatorische Wissensbasis der Unternehmung.

In der Konzeption des Analyseinstruments erweitert sich der operative Kreislauf um einen strategischen Rahmen, der durch die Katalysatoren Informations- und Kommunikationstechnologie, Messung, Unternehmenskultur und Führung aufgebaut wird. Demnach finden die im Modell von Probst erläuterten Wissensbausteine Wissensziele und -bewertung in Form der Katalysatoren Messung, Unternehmenskultur und Führung Berücksichtigung, denn die Wissensziele definieren unter anderem die in der Organisation angestrebte Unternehmenskultur sowie die zu identifizierenden Kernkompetenzen.[42] Diese werden also nicht aus dem Wissensmanagementprozess eliminiert, sondern mit Hilfe des strategischen Rahmens stärker fokussiert und weiterentwickelt. Der innere wissensprozessorientierte Kreislauf sowie der äußere Rahmen des Instruments erfüllen somit hinreichend die Anforderungen der Prozessfokussierung und Ganzheitlichkeit.

Um einen pragmatischen Aufbau des Analyseinstruments zu gewährleisten, werden die Managementprozesse sowie deren Katalysatoren in Form von Modulen in intuitiv nachvollziehbaren Phasen dargestellt. Diese Elemente werden anhand von spezifischen Kriterien beziehungsweise Fragestellungen überprüft. Die Evaluierung dieser Kriterien findet mit Hilfe eines strukturierten Interviews auf Geschäftsführungs- oder Geschäftsleitungsebene in der Unternehmung statt. Auf Basis dieser Ergebnisse erfolgt daraufhin eine detaillierte Schwachstellenanalyse in Bezug auf die Wissensbasis des untersuchten Unternehmens.

3.3.6   Struktur des GPA-Modells

Modul Wissensidentifikation

Insbesondere für international agierende Großunternehmen ist es beinahe unmöglich, sich einen umfassenden Überblick über das intern und extern verfügbare Wissen zu beschaffen.[43] Diese mangelnde Transparenz stellt sich als Problem aller Hierarchieebenen dar und führt zu Ineffizienz, uninformierten Entscheidungen oder redundanten Entwicklungen. So besitzen die Führungskräfte keinen Überblick über vorhandene interne Experten oder „das Rad" wird im eigenen Unternehmen neu erfunden, da die Verantwortlichen existierende externe Problemlösungen nicht kennen.[44]

---

[41] Vgl. Probst; Raub; Romhardt (2003), S. 28.

[42] Vgl. von der Oelsnitz; Hahmann (2003), S. 109.

[43] Vgl. von der Oelsnitz; Hahmann (2003), S. 103.

[44] Vgl. Bullinger; Prieto (1998), S. 98.

Vor diesem Hintergrund muss es als zentrale Aufgabe des Wissensmanagements angesehen werden, vorhandene Wissensquellen im Unternehmen sowie in der Unternehmensumwelt zu kartografieren und somit allen Organisationsmitgliedern bei Bedarf einen schnellen Zugriff auf das benötigte Wissen zu ermöglichen. Daher können Unternehmungen durch gezielte Wissensidentifikation ihre Wissenslücken schließen. Hierbei muss jedoch berücksichtigt werden, dass einer Vielzahl an Unternehmungen eher zuviel als zuwenig an Informationen zur Verfügung stehen. Aufgrund dieser Informationsflut entsteht jedoch beim Entscheider häufig ein Mangel an denjenigen Informationen, die er in der spezifischen Situation benötigt.[45]

Die im Rahmen der Wissensidentifizierung verfolgte Transparenzerzeugung erstreckt sich dabei über zwei Dimensionen. Bei der internen Wissensidentifizierung erfolgt eine Kartografierung des bestehenden Wissens, beispielsweise durch Instrumente wie Expertenverzeichnisse, „Gelbe Seiten" oder Wissenskarten.[46] Expertenverzeichnisse beziehungsweise „Gelbe Seiten" geben einen Überblick über diejenigen Personen, die sich innerhalb des Unternehmens mit bestimmten Problemen befassen oder befasst haben.[47] Wissenskarten dagegen stellen grafische Verzeichnisse des Wissens dar, die auf Datenbanken gespeichert und zeit- und raumunabhängig einem größeren Personenkreis zugänglich sind. Da eine Organisation nicht über das gesamte Wissen verfügt, das sie gegenwärtig beziehungsweise zukünftig benötigt, muss sie über eine externe Wissensidentifizierung auch das vorhandene Wissen in der Unternehmensumwelt, beispielsweise von Experten, Professoren, Beratern, Lieferanten oder Kunden, aufdecken. Besonders das World Wide Web wird zur Identifizierung von Wissen herangezogen.[48] Um diesen Prozess zu optimieren, werden so genannte Wissensbroker in vielen wissensorientierten Organisationen etabliert.[49] Aufgabe eines Wissensbrokers ist es, Wissenswertes zu identifizieren und zu multiplizieren und die Barrieren zur Nutzung vorhandenen Wissens zu eliminieren.[50] Des Weiteren dienen sowohl interne als auch externe Netzwerke zur schnellen und qualitativ hochwertigen Identifikation von Informationen und Wissensträgern.[51]

Modul Wissenserwerb

Eine Vielzahl an Organisationen ist nicht in der Lage, das erfolgsrelevante und erforderliche Know-how intern zu entwickeln.[52] Durch das Outsourcen von Wertschöpfungsaktivitäten an leistungsstarke Marktpartner werden die Kernfähigkeiten und die organisatorische Wissens-

---

[45] Vgl. Probst; Raub; Romhadt (2003), S. 63. Romhardt (1998), S. 112.

[46] Vgl. Davenport; Prusak (1999), S. 152.

[47] Vgl. Lucko; Trauner (2005), S. 122. North (2005), S. 280.

[48] Vgl. Gehle; Mülder (2001), S. 40.

[49] Vgl. Probst; Raub; Romhardt (2003), S. 81.

[50] Vgl. Bullinger; Prieto (1998), S. 101. Schüppel (1997), S. 205.

[51] Vgl. Probst; Raub; Romhardt (2003), S. 89. Zucker; Schmitz (2000), S. 143.

[52] Vgl. Gehle; Mülder (2001), S. 40.

basis der jeweiligen Unternehmung stark geschwächt.[53] Um diesem Wissensdefizit entgegenzuwirken, müssen Organisationen auf den Wissensmärkten externe Wissensquellen akquirieren.[54]

Organisationen können Expertenwissen einerseits über die Rekrutierung neuer Mitarbeiter und andererseits über die Auswahl externer Berater erwerben. Die Personalbeschaffung qualifizierter Mitarbeiter nimmt aus der Perspektive des Wissenserwerbs eine zentrale Bedeutung ein. So sollte die inhaltliche Abschätzung der individuellen Wissensbasis bereits vor der Einstellung über die ausdifferenzierten Instrumentarien der Personalselektion erfolgen.[55] Darüber hinaus ist es neben der personellen Wissensbeschaffung möglich, auch eine organisatorische Wissensakquisition zu etablieren, deren Ziel es ist, durch strategische Netzwerke und Allianzen, Beteiligungen oder Fusionen organisatorisches Wissen zu erwerben.[56] Eine weitere Möglichkeit zur Schließung von Wissenslücken liegt in einem systematisch organisierten Stakeholder-Management.[57] So können die Stakeholder durch ihre eigenen Sichtweisen auf Produkte, Prozesse und Kundenbedürfnisse einen entscheidenden Beitrag zur Entwicklung neuer Ideen, Produkte und damit des organisationsinternen Wissens leisten.[58] Eine weitere Alternative liegt in der Beschaffung von Wissensprodukten in Form von Speichermedien wie zum Beispiel CD-ROMs, Datenbanken oder Lernsoftwares.[59] Der Erwerb von Wissensprodukten kann ferner in Form von immateriell rechtlichen Wissensträgern wie Patenten, Mustern oder Marken erfolgen. Auch eine starke Orientierung an konkurrierenden Erzeugnissen, beispielsweise durch die direkte Imitation fremder Konzepte oder das „Reverse Engineering", kann zum Erwerb externen Wissens führen.[60]

Modul Wissensentwicklung

Während sich die traditionelle Auffassung von Wissensentwicklung hauptsächlich an der Erzeugung neuer natur- und ingenieurwissenschaftlicher Forschungsergebnisse orientiert, umfasst der ganzheitliche Wissensmanagementansatz sämtliche Lernprozesse im eigenen Unternehmen.[61] Wissensentwicklung beinhaltet demnach alle Managementanstrengungen, mit denen sich die Unternehmung bewusst um die Produktion bisher noch nicht existierender oder um die Kreierung intern noch nicht bestehender Fähigkeiten bemüht.[62] Der Wissensentwicklungsprozess wird durch die Schaffung eines positiven, lernfreundlichen Kontextes

---

[53] Vgl. Probst; Raub; Romhardt (2003), S. 96.

[54] Vgl. Schüppel (1997), S. 219f.

[55] Vgl. Probst; Raub; Romhardt (2003), S. 97.

[56] Vgl. Davenport; Prusak (1999), S. 128f. von der Oelsnitz; Hahmann (2003), S. 127f.

[57] Vgl. von Felbert (1998), S. 138.

[58] Vgl. Bullinger; Prieto (1998), S. 102. Stein (2005), S. 946f.

[59] Vgl. Schüppel (1997), S. 224.

[60] Vgl. von der Oelsnitz; Hahmann (2003), S. 125.

[61] Vgl. Probst; Raub; Romhardt (2003), S. 113.

[62] Vgl. Romhardt (1998), S. 164.

gestärkt. Ziel der Wissensentwicklung ist es, neue Fähigkeiten und Erkenntnisse, neue Produkte, Ideen und leistungsfähigere Prozesse hervorzubringen.[63]

Der Wissensentwicklungsprozess findet auf individueller sowie auf kollektiver Ebene statt. Der individuelle Entwicklungsprozess lässt sich in eine chaotische und in eine systematische Komponente untergliedern. Die systematische Vorgehensweise beschreibt einen mehrstufigen Prozess zur Lösung komplexer Probleme. Dagegen wird die chaotische Komponente als ein einmaliger, kreativer Schöpfungsprozess angesehen.[64] Daher ist es die Aufgabe des Wissensmanagements, geeignete Rahmenbedingungen für die Entfaltung eines kreativen Umfelds in der Organisation zu schaffen. Hierunter wird die Konstituierung struktureller und individueller Freiräume, die Harmonisierung individueller und organisatorischer Entwicklungsinteressen, die Implementierung von Kreativitätstechniken und ein Unternehmensklima der Fehlerfreundlichkeit subsumiert.[65]

Voraussetzung für eine positive, kollektive Wissensentwicklung ist die Interaktion beziehungsweise Kommunikation zwischen den Mitgliedern, die durch ein Klima der Offenheit und des Vertrauens untereinander unterstützt wird.[66] Hierbei steht das Team im Mittelpunkt der Betrachtung. Durch die Einrichtung von „Think-Tanks" oder den Aufbau interner Kompetenzzentren erfolgt eine Unterstützung des kollektiven Wissensentwicklungsprozesses. Projektergebnisse und -erfahrungen können nach Projektabschluss in Form von „Lessons Learned" festgehalten werden und spiegeln das Ergebnis kollektiver Lernprozesse wider.[67]

Modul Wissensverteilung

Vorhandene Wissensressourcen müssen möglichst effizient ausgeschöpft werden. Da Wissen einen nicht abnutzenden Produktionsfaktor darstellt, ist es sinnvoll, dieses Wissen zielgerichtet im Unternehmen zu verteilen. Hierbei sind jedoch geeignete Rahmenbedingungen erforderlich. Eine rein technisch organisierte Verteilung von dokumentiertem Wissen ist hierfür nicht ausreichend. Vielmehr müssen Arbeitsbedingungen geschaffen werden, die es neben technischen Voraussetzungen für die Mitarbeiter ermöglichen, ihr Wissen mit Hilfe von organisatorischen Maßnahmen untereinander zu teilen.[68] Die organisatorische Unterstützung kann beispielsweise durch die Etablierung von Erfahrungsgruppen, „Communities of Practice" oder Lernarenen erfolgen.[69] Diese Aktivitäten fördern einen regelmäßigen, direkten Austausch zwischen Mitarbeitern. Zusätzlich helfen Personalentwicklungsmaßnahmen wie „Job Rotation"-Programme, interne Wissensnetzwerke zwischen Mitarbeitern in unterschied-

---

[63] Vgl. Bullinger; Prieto (1998), S. 104.

[64] Vgl. Probst; Raub; Romhardt (2003), S. 118.

[65] Vgl. Stein (2005), S. 951f.

[66] Vgl. Bullinger; Prieto (1998), S. 105.

[67] Vgl. North (2005), S. 288. Schüppel (1997), S. 208.

[68] Vgl. Probst; Raub; Romhardt (2003), S. 144.

[69] Vgl. Beinhauer (2004), S. 45. Bettoni; Clases; Wehner (2004), S. 321. Enkel u.a. (2002), S. 111.

lichen Abteilungen zu fördern.[70] Ein weiteres Beispiel stellt der Transfer von so genannten „Best Practices" dar. Im Rahmen von internen Benchmarkings erschließen sich Wissenspotenziale, die der gesamten Organisation mitgeteilt werden.[71] Zusätzlich hierzu ermöglicht das „Space Management" eine optimale Anordnung der Arbeitsplätze derjenigen Mitarbeiter, die häufig miteinander kommunizieren.[72]

Organisatorische Maßnahmen können mit Hilfe von technischen Lösungsansätzen in ihrer Effizienz gesteigert werden. Datennetze oder Groupware-Lösungen unterstützen einen nachhaltigen Wissensfluss, die Beschleunigung von Terminvereinbarungen, die schnelle und unkomplizierte Verteilung von Informationen oder das Einstellen von Fragen in ein Forum.[73] Wichtig für einen nachhaltigen Wissensfluss in der Organisation ist jedoch die Kompatibilität der Systeme untereinander, sodass jeder Mitarbeiter die Wissensdokumente des anderen öffnen und gegebenenfalls weiter bearbeiten kann.[74]

Diese Unterstützungsmaßnahmen werden jedoch häufig aufgrund existierender Teilungsbarrieren behindert. Diese Barrieren weisen sowohl funktionale als auch hierarchische Ursprünge auf.[75] Zusätzlich wird die individuelle Teilungsbereitschaft eines jeden Mitarbeiters durch fehlendes Vertrauen, starke Machtbedeutung spezifischen Wissens oder fehlende Anreizsysteme eingeschränkt.[76] Eine teilungsfördernde Unternehmenskultur ermöglicht den Abbau solcher Barrieren. Sie sollte jedoch durch die bereits erläuterten organisatorischen und technischen Maßnahmen unterstützt werden.[77] Anreizsysteme alleine fördern lediglich eingeschränkt die Teilungsbereitschaft der Organisationsmitglieder und führen häufig nicht zu dem erwünschten Ergebnis.[78]

Modul Wissensnutzung

Wissensidentifikation, -verteilung und -entwicklung erzeugen alleine keinen signifikanten Nutzen für die Organisation. Vielmehr müssen vorhandene Wissensbestände in der Unternehmung effizient angewendet werden. Erst die Wissensnutzung führt zu einem produktiven Einsatz organisationalen Wissens.[79]

---

[70] Vgl. Probst; Raub; Romhardt (2003), S. 152. Stein (2005), S. 948. von Felbert (1998), S. 138.

[71] Vgl. von der Oelsnitz; Hahmann (2003), S. 124. Romhardt (1998), S. 197.

[72] Vgl. North (2005), S. 307. Roehl (2001), S. 178f.

[73] Vgl. Bullinger; Prieto (1998), S. 107. Davenport; Prusak (1999), S. 254. Romhardt (1998), S. 200.

[74] Vgl. Probst; Raub; Romhardt (2003), S. 154.

[75] Vgl. Hippner (2001), S. 206.

[76] Vgl. Probst; Raub; Romhardt (2003), S. 161f. Schütz; Schröder (2004), S. 135.

[77] Vgl. Stein (2005), S. 949.

[78] Vgl. Bullinger; Prieto (1998), S. 113.

[79] Vgl. Bullinger; Prieto (1998), S. 104.

Die Wissensnutzung wird jedoch durch eine Vielzahl an Barrieren behindert.[80] Die psychologischen Nutzungsbarrieren basieren häufig auf der Überschätzung der eigenen Fähigkeiten oder sind durch Angst vor dem Verlust des eigenen Expertenstatus motiviert. Des Weiteren kann das individuelle Beharren auf bewährten Verhaltensweisen dazu führen, dass sämtliche Bemühungen des Wissensmanagements scheitern. Auch kulturelle Barrieren in Form von geheimen Spielregeln können die interne Wissensnutzung blockieren.[81]

Die benutzerfreundliche Gestaltung der technischen Infrastruktur ist für die Effizienz der Wissensnutzung von zentraler Bedeutung. Wesentliche Kriterien, die für die nutzerfreundliche Gestaltung der Wissensbasis sowie der Wissensinfrastrukturen der Organisation erfüllt sein müssen, betreffen die Elemente Einfachheit, Zeitgerechtheit und Anschlussfähigkeit. Findet eine Berücksichtigung dieser Faktoren statt, können Informationen und Wissen auf einfache Weise zeitnah lokalisiert und übertragen werden und liegen in einer Form vor, die eine Anwendung und Weiterverarbeitung bestmöglich unterstützt.[82] Des Weiteren kann die interne Kommunikation und im weiteren Sinne die Nutzungsbereitschaft des Wissens der Organisationsmitglieder durch zentral gelegene „Informationsecken" sowie „Schwarze Bretter" gefördert werden. Auch eine nutzerfreundliche und „hirngerechte" Gestaltung von Dokumenten, Memos oder internen Publikationen unterstützt die Wissensnutzung der Organisation.[83]

Modul Wissensbewahrung

Im Zusammenspiel der Module des Wissensmanagements stellt die Wissensbewahrung einen wichtigen Aspekt dar. Einmal erworbene Erkenntnisse oder Erfahrungen unterliegen einem Prozess des Vergessens.[84] Dieses Vergessen kann aus Reorganisationsmaßnahmen, Outsourcing, Mitarbeiterfluktuation oder weiteren Ursachen hervorgehen und wirkt sich oftmals negativ auf die langfristige Unternehmensentwicklung aus.[85] Um diesen Wissensverlust zu minimieren, ist es erforderlich, das Wissen der Organisation nachhaltig zu speichern. Hierbei besteht die Herausforderung darin, das an vielen Stellen der Organisation entwickelte Wissen in der richtigen Art und Weise zu bewahren.[86] Nicht alle Informationen stellen kritisches Wissen dar. Die Aufgabe liegt darin, wertvolle von wertlosen Erfahrungen zu unterscheiden und die bewahrungswürdigen Daten, Informationen und Fähigkeiten in organisatorische Systeme zu überführen. Diese wiederum werden im Folgenden für die Gesamtunternehmung nutzbar gemacht. Es müssen also Selektionskriterien entwickelt werden, um die Qualität der Wissensbestände aufrecht zu erhalten.[87]

---

[80] Vgl. von der Oelsnitz; Hahmann (2003), S. 154.

[81] Vgl. Gibbert; Krause (2002), S. 92f. Probst; Raub; Romhardt (2003), S. 177.

[82] Vgl. Probst; Raub; Romhardt (2003), S. 181.

[83] Vgl. Romhardt (1998), S. 243.

[84] Vgl. Bullinger; Prieto (1998), S. 114.

[85] Vgl. Gehle; Mülder (2001), S. 71.

[86] Vgl. von Felbert (1998), S. 136.

[87] Vgl. Probst; Raub; Romhardt (2003), S. 193.

Kritisches Wissen kann auf individueller, kollektiver oder elektronischer Ebene für eine zukünftige Verwendung gespeichert werden.[88] Auf der individuellen Ebene bieten geeignete Austrittsbarrieren eine Möglichkeit, die Abwanderung von kritischem Wissen zu reduzieren. Weiterhin unterstützen strukturierte Austrittsgespräche die Bewahrung der Erfahrungen und Kenntnisse der austretenden Mitarbeiter.[89] Auf kollektiver Ebene helfen Sitzungsprotokolle, Projektverläufe nachvollziehbar zu machen und neuen Mitarbeitern einen Einstieg zu erleichtern. Im Rahmen von Großprojekten verfügen einzelne Projektmitglieder nicht über das Wissen des gesamten Projektprozesses. Daher sollten gruppendynamische, kritische Prozesse dokumentiert werden, um kollektives Wissen zu bewahren.[90]

Auf elektronischer Ebene bieten Datenbanksysteme oder Dokumenten-Management-Systeme die Möglichkeit, Wissen strukturiert abzulegen. Hierbei ist jedoch darauf zu achten, dass die Qualität und die Aktualität der Wissensbestände regelmäßig überprüft werden. Intelligente Schlagwortverzeichnisse sowie eine sinnvolle Verknüpfung zusammengehöriger Dokumente gewährleisten das Auffinden von kritischen Informationen. Eine Gefahr der elektronischen Speicherung liegt in der Separierung des Wissens, beispielsweise auf lokalen Festplatten oder auf nicht miteinander kommunizierenden Datenbanksystemen. Bei der Etablierung eines elektronischen Gedächtnisses müssen diese Gefahren berücksichtigt werden.[91]

Katalysator Unternehmenskultur

Die Unternehmenskultur stellt einen der vier kritischen Katalysatoren einer erfolgreichen Rahmenumgebung für ein modernes Wissensmanagement dar.[92] In Unternehmen, die erfolgreich Wissensmanagement durchführen, erfolgt die Verankerung der Wissensmanagementziele in den Unternehmenszielen als wichtige Voraussetzung für eine nachhaltige, wissensorientierte Unternehmenskultur.[93] Eine Unternehmenskultur gilt dann als wissensorientiert, wenn eine klare Fokussierung auf den Menschen als entscheidenden Wissensträger erfolgt und Teilungsbereitschaft sowie Zusammenarbeit innerhalb der Organisation als wichtige Handlungsmaxime unter den Mitarbeitern verstanden wird.[94] Hierbei ist es wichtig, dass die Organisation diese Wissensteilung neben der Verankerung in den Unternehmenszielen zwischen den Organisationsmitgliedern nachhaltig fördert. Des Weiteren spielt eine von Offenheit und Vertrauen geprägte Unternehmenskultur eine entscheidende Rolle für ein erfolgreiches Wissensmanagement.[95]

---

[88] Vgl. Bullinger; Prieto (1998), S. 114.

[89] Vgl. Gehle; Mülder (2001), S. 71.

[90] Vgl. Probst; Raub; Romhardt (2003), S. 201.

[91] Vgl. Probst; Raub; Romhardt (2003), S. 203ff.

[92] Vgl. North (2005), S. 185.

[93] Vgl. Gehle; Mülder (2001), S. 36. O'Dell; Grayson (1998), S. 82. Probst; Raub; Romhardt (2000), S. 41. von der Oelsnitz; Hahmann (2003), S. 109.

[94] Vgl. O'Dell; Grayson (1998), S. 71.

[95] Vgl. Stein (2005), S. 949.

Des Weiteren sollte die wissensorientierte Unternehmenskultur persönliche Beziehungen zwischen Mitarbeitern unterstützen. Die Bildung persönlicher Wissensnetzwerke im Unternehmen führt dazu, dass die Mitarbeiter besser informiert sind und auch implizites Wissen gegenseitig austauschen. Um diese Entwicklung zu unterstützen, muss die Unternehmensleitung den Wert der wissensfördernden Zusammenarbeit vorleben. Hierbei sollte darauf geachtet werden, dass die Teilung von Wissen für jeden persönlich förderlicher ist, als das eigene Wissen als Wettbewerbsvorteil anderen Kollegen gegenüber zu betrachten.[96] Wissensmanagement kann jedoch nicht nur durch das Vorleben der Führungskräfte nachhaltig etabliert werden. Die Mitarbeiter müssen eigenverantwortlich mit diesen Grundsätzen umgehen und den Wissensmanagementprozess selbständig für sich organisieren.[97]

Katalysator Führung und Infrastruktur

In dem Rahmenmodul Führung und Infrastruktur findet die strategische Organisation des Wissensmanagements Berücksichtigung.[98] Die Geschäftsführung steht vor der Entscheidung, mit welcher Infrastruktur Wissensmanagement im Unternehmen realisiert werden soll. Neben der einfachen Bereitstellung von Informations- und Kommunikationssystemen ist es möglich, eine Organisationsstruktur zu entwerfen, die zusätzlich über Wissensdienstleistungen für die Mitarbeiter verfügt. Hierunter fallen beispielsweise „Help-Desks" oder Diskussionsforen. Darüber hinaus kann mit Hilfe von professionellen Dienstleistungen und Wissensexperten eine organisatorische Infrastruktur entwickelt werden, die den Wissens- und Informationsfluss der Organisation optimal gestaltet.[99]

Strategische Wissensziele sollen als Bestandteil des Rahmenbausteins Führung und Infrastruktur in der Organisation verankert werden.[100] Diese definieren das organisatorische Kernwissen und beschreiben somit den zukünftigen Wissens- und Kompetenzbedarf der Organisation.[101] Hiermit legen die strategischen Wissensziele ein anzustrebendes Kompetenzportfolio der Organisation für die Zukunft fest. So forcieren die strategischen Wissensziele in diesem Rahmen den Aufbau individueller und kollektiver Wissensbestände sowie das bewusste Management der Ressource Wissen.[102]

---

[96] Vgl. O'Dell; Grayson (1998), S. 76. Stein (2005), S. 953f.

[97] Vgl. von der Oelsnitz; Hahmann (2003), S. 208.

[98] Vgl. Schomann (2001), S. 178. North (2005), S. 186.

[99] Vgl. O'Dell; Grayson (1998), S. 110ff.

[100] Vgl. Probst; Raub; Romhardt (2003), S. 46.

[101] Vgl. Amelingmeyer (2002), S. 164. Pawlowsky (1998), S. 34f. Romhardt (1998), S. 72. von der Oelsnitz; Hahmann (2003), S. 109.

[102] Vgl. Probst; Raub; Romhardt (2003), S. 49.

Katalysator Messung

Messung stellt ein weiteres Rahmenmodul für ein erfolgreiches Wissensmanagement dar.[103] So sollen realisierte Wissensprojekte hinsichtlich ihrer Ergebnisse und Wirtschaftlichkeit bewertet und den angestrebten Wissenszielen gegenübergestellt werden. Identifizierte Abweichungen stellen einen Ausgangspunkt für weitere Interventionen dar.[104] Die Wissensmessung erfolgt nicht nach einer rein quantitativ orientierten, monetären Bewertung, sondern geht der Frage nach, ob die definierten Wissensziele erreicht wurden oder nicht.

Darüber hinaus sollen im Rahmen der Wissensmessung Kriterien ermittelt werden, die den Erfolg von Wissensmanagement messbar und sichtbar machen. Hier ist jedoch darauf zu achten, dass nicht ausschließlich die Nutzung der Wissensmanagementsoftware quantitativ evaluiert wird.[105] Zusätzlich müssen Kennzahlen entwickelt werden, die den betriebswirtschaftlichen Nutzen von Wissensmanagement abbilden.[106] Dieses kann mit Hilfe von qualitativen Kennzahlen erfolgen, die in festen Rhythmen erhoben werden.[107]

Katalysator Informations- und Kommunikationstechnologien

Die Informations- und Kommunikationstechnologie stellt ein weiteres Rahmenmodul dar.[108] Ein ganzheitlich orientiertes Wissensmanagement sollte durch ein ausgewogenes Verhältnis zwischen den Informationstechnologien und zwischenmenschlichen Maßnahmen gekennzeichnet sein. Eine einseitige Fokussierung auf den Bereich Technologie wird eine Organisation nicht nachhaltig im Bereich Wissensmanagement unterstützen.[109]

Um den Zugriff auf die Wissensressourcen zu erleichtern, ist es erforderlich, einen einheitlichen technischen Standard in der Organisation zu definieren. Die Verwendung dieser elektronischen Wissensressourcen darf nicht an einer schwer verständlichen Benutzerführung scheitern, sondern muss die Bedürfnisse der Mitarbeiter berücksichtigen.[110] Neben der einfachen Anwendung ist es jedoch ebenfalls notwendig, jedem den Zugriff auf dieses System zu gewähren und es technologisch so zu konstruieren, dass die Mitarbeiter miteinander kommunizieren können.[111]

---

[103] Vgl. North (2005), S. 186.

[104] Vgl. Probst; Raub; Romhardt (2003), S. 213f.

[105] Vgl. Bullinger; Prieto (1998), S. 116. Davenport; Prusak (1999), S. 30.

[106] Vgl. O'Dell; Grayson (1998), S. 135.

[107] Vgl. Probst; Raub; Romhardt (2003), S. 217.

[108] Vgl. North (2005), S. 186.

[109] Vgl. O'Dell; Grayson (1998), S. 88.

[110] Vgl. Gehle; Mülder (2001), S. 71. von der Oelsnitz; Hahmann (2003), S. 154.

[111] Vgl. O'Dell; Grayson (1998), S. 93.

3.3.7   Durchführung des GPA-Modells

Die Untersuchung läuft nach dem Prinzip eines strukturierten beziehungsweise teilstrukturierten Interviews ab, bei dem der Wortlaut und die Reihenfolge der Fragen vorgegeben sind. So weist eine mündlich durchgeführte Fragebogenerhebung sowohl offene als auch geschlossene Fragen auf.[112] Durch eine derartige Technik können subjektive Einflüsse zwischen dem Interviewer und dem Interviewtem reduziert werden.[113]

3.3.8   Bewertungsverfahren

Das Bewertungsverfahren erfolgt nach dem Prinzip einer Nutzwertanalyse. Bei einer solchen Vorgehensweise steht die Auswertung einer Vielzahl von Merkmalen im Vordergrund, die den jeweiligen Sachverhalt beschreiben. Diese werden in thematisch zusammengehörigen Gruppen zusammengefasst. Jedes Kriterium wird hierbei bewertet und gewichtet. Wurden alle Merkmale evaluiert, so ergibt sich durch die Multiplikation der Ausprägungen der Kriterien mit den spezifischen Gewichtungen ein Gesamtergebnis.[114]

Im Bewertungsverfahren des GPA-Modells wird jedes der zehn Module des Analyseinstruments anhand der im Fragebogen definierten Kriterien bewertet. Jeder Baustein fließt mit einer 10-prozentigen Gewichtung in das Gesamtergebnis ein. Eine derartige einheitliche Gewichtung aller Module wurde in diesem Bewertungsverfahren bewusst gewählt. Die Module des inneren, operativen Kreislaufs sind voneinander abhängig und sollten in einem späteren Reorganisationsprozess nicht isoliert voneinander optimiert werden.[115] Deshalb wird jedes Modul unabhängig von der strategischen Ausrichtung der Organisation, Unternehmensgröße und -form gleich gewichtet. Diese gleichmäßige Gewichtung gilt ebenfalls für die Rahmenmodule Unternehmenskultur, Führung und Infrastruktur, Informations- und Kommunikationstechnologie und Messung, um auch hier eine ganzheitlich orientierte Einschätzung der Wissensbasis zu gewährleisten. Daher fließen diese mit einem ebenfalls 10-prozentigen Anteil in das Gesamtergebnis ein. Abb. 3.6 stellt dieses Bewertungsverfahren grafisch dar.

---

[112] Vgl. Heß; Roth (2001), S. 82.

[113] Vgl. Weuster (2004), S. 41.

[114] Vgl. Kulmann (2002), S. 107f.

[115] Vgl. Probst; Raub; Romhardt (2003), S. 28.

IuK Technologie 10%

Messung 10%

Führung 10%

Unternehmenskultur 10%

Wissensbewahrung 10%

Wissensnutzung 10%

Wissens(ver)teilung 10%

Wissensentwicklung 10%

Wissenserwerb 10%

Wissensidentifikation   10%

Kriterien:	Ausprägung:	Gewichtung:	Punktwert:
Kriterium 1	2	35%	0,7
Kriterium 2	3	30%	0,9
Kriterium 3	4	15%	0,6
Kriterium 4	1	20%	0,2
		100%	2,4

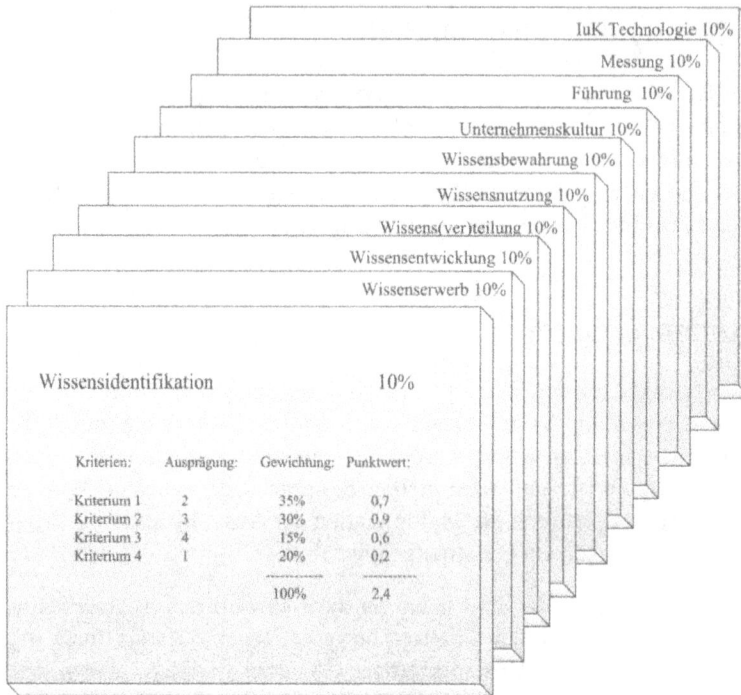

Abb. 3.6   *Bewertungsverfahren des GPA-Modells*

Innerhalb jedes Moduls kann jedoch eine individuelle, unternehmensspezifische Gewichtung der Kriterien erfolgen. Eine derartige flexible Gestaltung der Gewichtung der Kriterien wurde in diesem Bewertungsverfahren bewusst gewählt, da die Ausprägungen der einzelnen Modulbestandteile von dem Unternehmenstyp und dessen strategischer Ausrichtung abhängig sind. Die Höhe der Gewichtungsfaktoren liegt dabei grundsätzlich zwischen null und eins, wobei ihre Summe immer eins ergeben muss. Die Bewertung der Kriterien erfolgt anhand der Ergebnisse des strukturierten Interviews. Die Ausprägungen der Bausteinbestandteile werden mit Hilfe einer Rating-Skala evaluiert. Die Rating-Skala liefert Messwerte zwischen „eins" und „sechs", wobei „eins" durch eine negative Ausprägung und „sechs" durch eine sehr positive Ausprägung gekennzeichnet ist. Durch eine Multiplikation zwischen dem Gewicht und der Merkmalsausprägung erfolgt eine Wertung des Bausteinbestandteils.[116] Liegt in dem Beispiel aus Abb. 3.6 eine Ausprägung des ersten Kriteriums von „zwei" vor, so wird dieser Wert mit einer 35-prozentigen Gewichtung beziehungsweise mit 0,35 multipliziert. Werden diese Wertungen der einzelnen Bausteinbestandteile aufsummiert, erfolgt die Benotung des jeweiligen Bausteins, die jeweils zu 10 Prozent in die Gesamtbenotung einfließt. So werden die einzelnen Punktwerte der Kriterien eins bis vier aufsummiert. Diese beispielhafte Summe von 2,4 fließt mit einem 10-prozentigen Anteil in das Endergebnis ein. Dieser Prozessschritt läuft über alle zehn Bausteine hinweg und liefert somit die Gesamtnote.

---

[116] Vgl. Schwarze (2000), S. 202.

Da dieses Rechenschema als bestes Ergebnis eine „sechs" und als schlechtestes Analyseergebnis eine „eins" errechnet und um die Bewertung auch für Dritte unmittelbar nachvollziehbar und verständlich zu gestalten, erfolgt eine Transformation dieser Ergebnisse gemäß der Schulnotenskala. Hat beispielsweise ein untersuchtes Unternehmen ein Analyseergebnis von zwei Punkten erreicht, so wird dieses automatisch in das Schulnotensystem transformiert und ergibt eine Schulnote von „fünf" oder „mangelhaft".

3.4 Wissensprofil der Struktureisen GmbH & Co. KG

Das GPA-Modell wurde bereits vielfach in mittelständischen bis großen, börsennotierten Unternehmen angewendet. Aufgrund der Vertraulichkeit der Analyseergebnisse wurden die identifizierenden Merkmale für das hier aufgeführte Praxisbeispiel geändert, die Analyseinhalte wurden jedoch beibehalten.

Die 1876 gegründete Struktureisen GmbH & Co. KG[117] beschäftigte im Jahr 2005 501 Mitarbeiter, die einen Jahresumsatz von ca. 100 Millionen Euro erzielten. Struktureisen produziert schmiedeeiserne Produkte und ist in sieben verschiedenen Ländern in Europa und den USA mit Tochtergesellschaften vertreten, die gemeinsam mit dem Mutterkonzern 35 unterschiedliche Ländermärkte weltweit mit den eigenen Produkten bedienen.

3.4.1 Gewichtung der Beurteilungskriterien

Wie bereits in der Gewichtungsdefinition des GPA-Modells erläutert wurde, wird das GPA-Modell der Struktureisen GmbH & Co. KG lediglich an solchen Stellen unternehmensspezifisch ausgerichtet, die aufgrund der besonderen Situation des befragten Unternehmens gesondert zu bewerten sind.

Die Kriterien des Moduls *Wissensidentifikation* fließen gleichmäßig mit einem jeweiligen 11,11-prozentigen[118] Anteil in das Modulergebnis ein. Für diesen Bereich existieren keine unternehmensspezifischen Besonderheiten, die eine Abweichung von den Standardparametern erfordern würden. Das Modul *Wissenserwerb* enthält jedoch unternehmensspezifisch zu gewichtende Kriterien. Aufgrund des geschäftsführenden Gesellschafters wird die Bedeutung des Kriteriums der „Nutzung des Wissenspotenzials der Anteilseigner" um 50 Prozent auf 5,88 Prozent[119] gesenkt. Die Bewertungen der übrigen Kriterien dieses Moduls beeinflussen das Bausteinergebnis zu jeweils 11,76 Prozent.[120] Vergleichbar mit dem Modul Wissensiden-

---

[117] Im Folgenden wird teilweise auf die Nennung des vollständigen Firmennamens verzichtet und nur noch die Bezeichnung „Unternehmen" verwendet.

[118] Ermittlung des Prozentsatzes: 100 % / 9 = 11,11 %.

[119] Ermittlung des Prozentsatzes: 11,76 % * 0,5 = 5,88 %.

[120] Ermittlung des Prozentsatzes: 100 % / 8,5 = 11,76 %.

tifikation erfolgt bei der Gewichtung der Elemente des Moduls *Wissensentwicklung* ebenfalls keine unternehmensspezifische Einstellung der Bewertungskriterien. Jedes der elf Kriterien fließt mit einem 9,09-prozentigen[121] Anteil in das Modulergebnis ein.

Das Modul *Wissensverteilung* beinhaltet als gesondert gewichtetes Element die Anordnung der Arbeitsplätze nach dem Prinzip des „Space Managements". Aufgrund der mittelständischen Unternehmensgröße und der zentralen Anordnung der Unternehmensbereiche kann dieses Kriterium in seinem Einfluss auf das Modulergebnis eingeschränkt werden und wird um 50 Prozent in seiner Gewichtung auf 5,88 Prozent[122] reduziert. Die übrigen Aspekte fließen mit einem jeweiligen 11,76-prozentigen[123] Anteil in das Modulergebnis ein.

Im Bereich der *Wissensnutzung* erfolgt eine Reduzierung der Ergebnisbeeinflussung für den Aspekt der Existenz von Cockpit Darstellungen, wie in der Tab. 3.1 exemplarisch dargestellt wird. Diese sind insbesondere dann von Bedeutung, wenn die Strukturen von Wissen in Unternehmen so komplex gestaltet sind, dass eine hohe Verdichtung dieses Wissens erforderlich wird. Für den analysierten Mittelständler ist die Wissensbasis aufgrund der Unternehmensgröße nicht derartig komplex, dass eine Cockpitdarstellung die Ausprägung des Bausteins Wissensnutzung entscheidend beeinflusst. Somit wird dieser Aspekt mit 11,11 Prozent[124] gewichtet, die weiteren vier Aspekte beeinflussen das Bausteinergebnis mit jeweils 22,22 Prozent.[125] Der Baustein der *Wissensbewahrung* enthält elf Kriterien, die gleichwertig mit jeweils 9,09 Prozent[126] in das Bausteinergebnis einfließen.

Wissensnutzung

Scoringfelder	Gewichtung
Existenz von Nutzungsbarrieren im UN	22,22 %
Versuch des Abbaus von Nutzungsbarrieren	22,22 %
Benutzerfreundliche Gestaltung der Informationsquellen	22,22 %
Existenz von Cockpitdarstellung	11,11 %
Existenz von Informationsecken, Schwarzen Brettern, etc.	22,22 %
	$\sum$ 100 %

Tab. 3.1 *Gewichtung der Modulkriterien Wissensnutzung*

---

[121] Ermittlung des Prozentsatzes: 100 % / 11 = 9,09 %.

[122] Ermittlung des Prozentsatzes: 11,76 % * 0,5 = 5,88 %.

[123] Ermittlung des Prozentsatzes: 100 % / 8,5 = 11,76 %.

[124] Ermittlung des Prozentsatzes: 22,22 % * 0,5 = 11,11 %.

[125] Ermittlung des Prozentsatzes: 100 % / 4,5 = 22,22 %.

[126] Ermittlung des Prozentsatzes: 100 % / 11 = 9,09 %.

Die Katalysatoren *Unternehmenskultur, Führung* und *Infrastruktur, Informations-* und *Kommunikationstechnologie* sowie *Messung* werden ebenfalls standardisiert gewichtet und beinhalten somit keine unternehmensspezifisch ausgerichteten Kriterien.

3.4.2   Auswertung

Die Auswertung der Analyse der Wissensbasis des Unternehmens basiert auf den Erkenntnissen aus Interviews auf Geschäftsführungsebene. Die Beurteilung der Wissensbasis erfolgt mit Hilfe einer Polarkoordinatendarstellung (siehe Abb. 3.7). Die identifizierten Schwächen sind insbesondere in dem Prozess der *Wissensidentifikation, Wissensnutzung* sowie in den Katalysatoren *Führung* und *Infrastruktur* und *Messung* zu verzeichnen. Dagegen sind die Module *Wissenserwerb, Unternehmenskultur* und *Informations-* und *Kommunikationstechnologie* durch gute bis sehr gute Ergebnisse gekennzeichnet.

Der Prozess der *Wissensidentifikation* weist ein mangelhaftes Ergebnis auf. Eine Transparenz über das intern und extern verfügbare Wissen ist nicht gegeben. So treffen die Mitarbeiter häufig auf Wissenslücken, obwohl das Wissen generell in der Organisation vorhanden ist. Die Problematik liegt in der unsystematischen Dokumentation der Informationen begründet. Das Wissen wurde zwar von den Organisationsmitgliedern erarbeitet, kann jedoch nicht wieder aufgefunden und abgerufen werden. Darüber hinaus liegen auch keinerlei Instrumente wie Wissenskarten oder Expertenverzeichnisse vor, die die Mitarbeiter bei ihrer Informationssuche unterstützen. Zudem wurde bis zum Analysezeitpunkt keine organisationale Funktion geschaffen, die für die Schaffung von mehr Wissenstransparenz verantwortlich ist.

Die *Wissensnutzung* wird insbesondere durch psychologische und kulturelle Nutzungsbarrieren behindert. Darüber hinaus führt das individuelle Beharren an bewährten Verhaltensweisen der Mitarbeiter dazu, dass sie neues, externes Wissen abwehren. Jedoch versucht die Geschäftsführung, einer derartigen „Betriebsblindheit" entgegenzuwirken, indem sie ihre Mitarbeiter auffordert, für andere Tochtergesellschaften im In- und Ausland zu arbeiten. Ein derartiger Prozess findet allerdings nicht strukturiert, sondern nur punktuell in der Organisation statt. Dagegen sind die technischen Informationsquellen wie Datenbanken und Informationssysteme für die jeweiligen Fachkräfte benutzerfreundlich gestaltet. Die Programme sind einfach und intuitiv nachvollziehbar zu bedienen. Ferner sind sie durch eine schnelle Reaktionszeit und Distributionsgeschwindigkeit sowie durch eine einheitliche und uniforme Oberfläche gekennzeichnet. Im Bereich der Integrationsfähigkeit liegen jedoch Defizite vor. Auch die Informationsquellen für die Mitarbeiter sind nicht inhaltlich und „hirngerecht" strukturiert aufgearbeitet.

Der Katalysator *Führung* und *Infrastruktur* findet in der Organisation nur eine sehr geringe Berücksichtigung. So wird Wissensmanagement in der Unternehmung nicht als gegenwärtiges Strategiethema angesehen. Wissen wird zwar als zukünftiger Weg verstanden, bestehende Kernkompetenzen zu unterstützen, jedoch findet Wissen im gegenwärtigen Kompetenzportfolio nur eine geringe Berücksichtigung. Des Weiteren wird der Umgang mit der Ressource Wissen nicht in Form von professionellen Wissensdienstleistungen oder Netzwerken, sondern durch allgemeine Informations- und Kommunikationssysteme protegiert.

Auch der Katalysator *Wissensmessung* ist in der Organisation nur geringfügig ausgeprägt. So erfolgt keine interne Bewertung der immateriellen Vermögensgegenstände wie der Kunden-

und Lieferantenbeziehungen oder der Kompetenz der Mitarbeiter. Darüber hinaus liegt bei diesem Unternehmen ein stark quantitativ, finanzorientiertes Controlling vor. Qualitative Faktoren, wie beispielsweise der immaterielle Vermögensgegenstand Wissen, finden keine Berücksichtigung. Des Weiteren werden die realisierten Projekte hinsichtlich der Ergebnisse und Wirtschaftlichkeit nicht systematisch bewertet und den angestrebten Zielen nicht gegenübergestellt. Die Ziele der Mitarbeiter werden mit Hilfe von Leistungsgesprächen mit den Vorgesetzten evaluiert, es erfolgt jedoch auf Projektebene kein eindeutiger Soll-Ist-Vergleich.

Stärken sind insbesondere in dem Modul *Wissenserwerb* und den Katalysatoren Unternehmenskultur und Informations- und Kommunikationstechnologie zu verzeichnen. Vor dem Start eines Entwicklungsprojekts erfolgt bei dem Unternehmen eine Prüfung, ob das erforderliche Wissen auch extern erworben werden kann. In einer derartigen Situation wird das Wissenspotenzial existierender externer Berater sowie der hausinternen Entwicklungsabteilung evaluiert. Des Weiteren ist die organisatorische Wissensakquisition besonders durch Vorzüge im Bereich des systematisch organisierten Stakeholder-Managements gekennzeichnet. Das Wissen der Kunden beziehungsweise der Endverbraucher wird konsequent berücksichtigt. Auch das Wissen der Mitarbeiter wird in Form eines Ideenmanagements gezielt integriert. Das Unternehmen strebt an, von jedem Organisationsmitglied mindestens eine neue Idee innerhalb eines Jahres zu erlangen. Auch das Wissen der Lieferanten und Anteilseigner wird gezielt erworben. In Form von strategischen Netzwerken erfolgt ferner ein Wissensaustausch mit anderen Unternehmungen oder Institutionen. So wurde beispielsweise ein Webportal gemeinsam mit weiteren Organisationen entwickelt. Auch mit Hilfe des „Reverse Engineerings" erlangt das Unternehmen externes Wissen und erhebliche Kenntnisse über Einsparungspotenziale der eigenen Produkte.

Die *Unternehmenskultur* als Voraussetzung für ein erfolgreiches Wissensmanagement ist durch eine Vielzahl an Stärken gekennzeichnet. Wissen wird bei diesem Unternehmen als zentrale Größe für den Unternehmenserfolg verstanden. Da das analysierte Unternehmen „Low-Tech" Produkte herstellt, handelt es sich hier nicht nur um rein technologisches Wissen. Kenntnisse über die Märkte und Kunden stellen darüber hinaus das relevante Wissen des Unternehmens dar. Die Unternehmenskultur ist durch Offenheit und Vertrauen geprägt. Die entscheidenden Faktoren sind hierfür der offene Umgang mit Konflikten, ein kooperativer Führungsstil, die Unterstützung der Teamarbeit sowie die Förderung interner Beziehungsnetzwerke innerhalb der Organisation. Eigenverantwortliche Arbeitsgrundsätze der Mitarbeiter sind von der Unternehmensleitung angestrebt, werden jedoch zum Analysezeitpunkt von einer Vielzahl an Mitarbeitern nicht umgesetzt. Ein wissensförderndes Verhalten wird von den Führungskräften aktiv vorgelebt und kann somit als weitere Stärke des Katalysators Unternehmenskultur verzeichnet werden.

Der Katalysator *Informations-* und *Kommunikationstechnologie* ist stark in der Organisation ausgeprägt. So ist insbesondere der einheitliche Standard der Informations- und Kommunikationstechnologien als Stärke zu verzeichnen. Die Informations- und Kommunikationstechnologien verbinden alle Mitglieder des Unternehmens und die relevante externe Umwelt miteinander. Jeder Mitarbeiter hat Zugriffsmöglichkeiten auf die für ihn relevanten Themen. Es existieren für die Mitarbeiter aus dem Bereich der Verwaltung und dem Vertrieb keinerlei Zugriffsbeschränkungen für die Internet- sowie E-Mailnutzung.

Die Module Wissensentwicklung, Wissensverteilung und Wissensbewahrung erzielen ein durchschnittliches Ergebnis, das einer Modulnote zwischen befriedigend und ausreichend entspricht. Im weiteren Verlauf werden die jeweiligen Stärken und Schwächen der Module analysiert.

Der *Wissensentwicklungsprozess* weist speziell auf individueller als auch auf kollektiver Ebene Schwächen auf. Auf individueller Ebene sind insbesondere Defizite in der mangelnden Unterstützung eines positiven Kontextes zur Entstehung von intern und extern noch nicht vorhandenen Fähigkeiten zu verzeichnen. So ist beispielsweise eine Fehlertoleranz nicht über die gesamte Organisation hinweg gegeben. Darüber hinaus unterstützt die Organisation zum Analysezeitpunkt nicht systematisch die Kreativität der Mitarbeiter. Jedoch findet ein Umdenken der Geschäftsführung statt. Ziel des Unternehmens ist es, die Kreativität und besonders das Ideenpotenzial der Organisationsmitglieder stärker auszuschöpfen. Es existierten jedoch bis zum Analysezeitpunkt keinerlei Handlungsfreiräume der Mitarbeiter, den eigenen Ideen unabhängig vom Tagesgeschäft nachzugehen. Auch der kollektive Wissensentwicklungsprozess weist Schwachstellen insbesondere bei der Dokumentation von kollektivem, kritischem Wissen auf. Es werden keinerlei Projekterfahrungen systematisch und nachhaltig in Form von „Lessons Learned" dokumentiert, jedoch wird die Teamarbeit in der Organisation stark unterstützt. Um einen derartigen kollektiven Wissensentwicklungsprozess zu intensivieren, sind die Teams durch einen ausgewogenen Mix aus funktionaler und fachlicher Sachkenntnis gekennzeichnet. Ferner werden die Teams in Problemlösungstechniken zur effektiven Entscheidungsfindung durch externe Trainer geschult.

Die technische Komponente der *Wissensverteilung* weist in der Organisation eine starke Ausprägung auf. Informations- und Kommunikationstechnologien wie Intranet, Internet und Groupwarelösungen werden eingesetzt, um isoliert vorhandene Informationen oder Erfahrungen für die gesamte Organisation nutzbar zu machen. Darüber hinaus sind die einzelnen Informations- und Kommunikationssysteme zu einem Großteil untereinander kompatibel. Dagegen ist die organisatorische Komponente der Wissensverteilung durch zahlreiche Defizite gekennzeichnet. Gezielte Programme zum nachhaltigen Austausch von Wissen wie „Communities of Practice", Workshops oder Betriebshandbücher werden nicht systematisch durchgeführt. Das „Train the Trainer"-Konzept findet jedoch in der Organisation Berücksichtigung. Ein weiteres Defizit liegt in der geringen Teilungsbereitschaft des Wissens der Mitarbeiter, das weder durch die Unternehmenskultur noch durch Anreizsysteme systematisch gefördert wird. Die Mitarbeiter tauschen ihr Wissen und ihre Informationen nicht gezielt mit anderen Bereichen oder Funktionen aus.

Der Prozess der *Wissensbewahrung* weist in der Organisation auf individueller sowie kollektiver Ebene Stärken, jedoch auf elektronischer Ebene Schwächen auf. Auf individueller Ebene zeichnet sich der Wissensbewahrungsprozess besonders durch die Bindung der Schlüsselmitarbeiter an die Organisation aus. Die Geschäftsführung versucht durch gezielte Maßnahmen, wie beispielsweise individuelle Motivationsanreize oder Fortbildungsmaßnahmen, erfolgskritische Organisationsmitglieder an die Unternehmung zu binden. Darüber hinaus erfolgt der Aufbau von Austrittsbarrieren durch soziale und materielle Anreize. Auf kollektiver Ebene zeichnet sich der Wissensbewahrungsprozess besonders durch die Dokumentation von Sitzungs- und Gesprächsergebnissen in Form von Protokollen aus. Derartige Ergebnisse werden nachhaltig und konsequent in einem elektronischen Gedächtnis gespeichert. Jedoch liegt ein klares Defizit in der Systematik der Speicherung vor. Das kollektive und individuelle digitale Wissen ist nur mühsam im elektronischen Gedächtnis aufzufinden. Bis zum Analysezeitpunkt wurden keinerlei Routinen entwickelt, die die Datenqualität auf den Wissensdatenbanken eruieren und überprüfen.

3.4.3   Gesamtbewertung

Das untersuchte Unternehmen erzielt in der Auswertung eine Gesamtpunktzahl von „3,6", was einer Schulnote von „3,4" entspricht. Die Wissensbasis verzeichnet insbesondere in den Bereichen *Wissensidentifikation* und *-nutzung* ebenso in den Katalysatoren *Führung* und *Infrastruktur* sowie *Messung* erhebliche Defizite mit einer durchschnittlichen Schulnote von „4,5"[127]. Diese mangelhaften Ergebnisse können jedoch durch die Bereiche *Wissenserwerb*, *Unternehmenskultur* und *Informations-* und *Kommunikationstechnologie* mit einer durchschnittlichen Schulnote von „1,8"[128] ausgeglichen werden. Die weiteren drei Module fließen jeweils mit einer durchschnittlichen Schulnote von „3,6"[129] in das Endergebnis ein. Abb. 3.7 stellt die Auswertung des Wissensprofils dar.

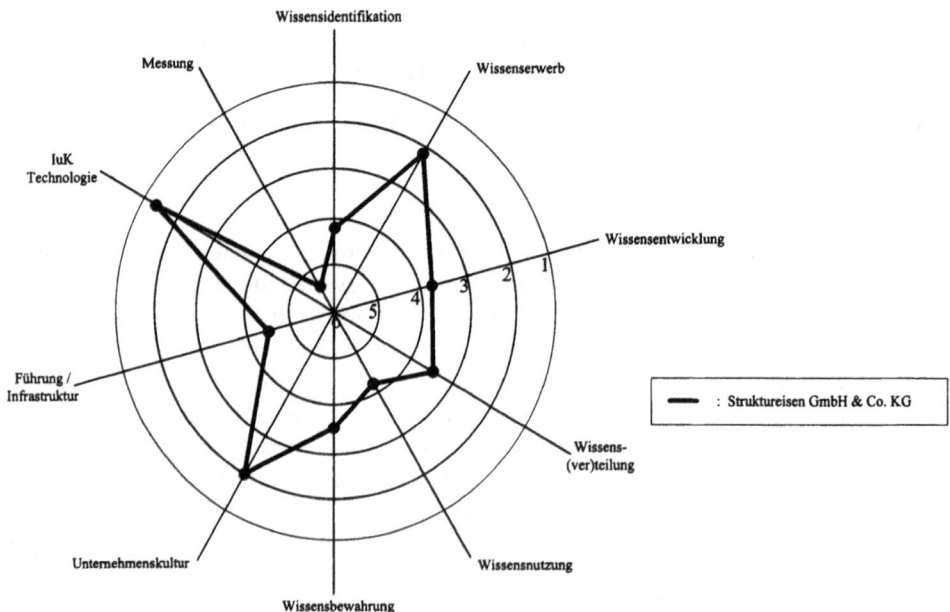

Abb. 3.7   *Wissensprofil Struktureisen GmbH & Co. KG*

---

[127] Ermittlung der durchschnittlichen Bausteinpunktzahl: (2,9 + 2,9 + 2,7 + 1,7)*1/4 = 2,5 → 4,5.

[128] Ermittlung der durchschnittlichen Bausteinpunktzahl: (4,9 + 5,00 + 5,60) * 1/3 = 5,2 → 1,8.

[129] Ermittlung der durchschnittlichen Bausteinpunktzahl: (3,3 + 3,5 + 3,5) * 1/3 = 3,4 → 3,6.

3.5 Zusammenfassung und Ausblick

Der Ausgangspunkt des vorgestellten Analyseinstruments basiert auf der vieldiskutierten These, dass Wissen im Zuge des gesellschaftlichen Wandels zu einer Informations- und Wissensgesellschaft und im Zusammenhang eines veränderten Wettbewerbsumfelds zunehmend als Wertschöpfungskraft an Bedeutung gewinnt. Vor diesem Hintergrund entsteht für Unternehmen die Notwendigkeit, einen ganzheitlichen Wissensmanagementansatz nachhaltig in der Organisation zu implementieren. Jedoch ist es vor der Einführung von Wissensmanagement erforderlich, die unternehmensspezifischen Stärken und Schwächen in Form einer Potenzialanalyse zu identifizieren, um hieraus Ansatzpunkte zur Planung von Maßnahmen ableiten zu können.

Durch das dargestellte ganzheitliche prozessorientierte Analysemodell (GPA-Modell) wird die Einführung von Wissensmanagement in einem Unternehmen wesentlich unterstützt. Das Konzept verfolgt das Ziel, die Weichen für ein effizientes Wissensmanagement zu stellen und die unternehmenseigenen Wissensstärken und -schwächen zu identifizieren und für die Mitarbeiter sichtbar zu machen. Nur so kann eine Organisation die eigenen Wissensschwächen beheben, aus diesen Fehlern lernen und innovative, wissensmanagementorientierte Wege mit Hilfe der identifizierten Wissensstärken in der Unternehmung einschlagen.

Das systematische Management der Ressource Wissen wird in Zukunft für Unternehmen eine noch größere Bedeutung für die Aufrechterhaltung der eigenen Wettbewerbsfähigkeit einnehmen. Transparenz über das eigene Wissenspotenzial wird dabei eine wichtige Voraussetzung sein, die richtigen Entscheidungen für ein erfolgreiches Wissensmanagement zu treffen, um somit komparative Wettbewerbsvorteile am Markt zu generieren und den zukünftigen Unternehmenserfolg abzusichern.

Literatur

Al-Laham, A.: Organisationales Wissensmanagement. Eine strategische Perspektive. München (2003).

Amelingmeyer, J.: Wissensmanagement. Analyse und Gestaltung der Wissensbasis von Unternehmen. Wiesbaden (2002).

Beinhauer, M.: Knowledge Communities. Informationssystem zur Unterstützung des Wissensmanagements in virtuellen Wissensgemeinschaften. Lohmar, Köln (2004).

Best, E.; Weth, M.: Geschäftsprozesse optimieren. Der Praxisleitfaden für erfolgreiche Reorganisation. Wiesbaden (2005).

Bettoni, M.; Clases, C.; Wehner, T.: Communities of Practice im Wissensmanagement: Charakteristika, Initiierung und Gestaltung. In: Reinmann, G.; Mandl, H. (Hrsg.): Psychologie des Wissensmanagements. Perspektiven, Theorien und Methoden. Göttingen u.a. (2004), S. 319-326.

Bullinger, H.-J.; Prieto, J.: Wissensmanagement: Paradigma des intelligenten Wachstums –
Ergebnisse einer Unternehmensstudie in Deutschland. In: Pawlowsky, P. (Hrsg.): Wissensmanagement: Erfahrungen und Perspektiven. Wiesbaden (1998), S. 87-118.

Bullinger, H.-J. u.a.: Mit Wissensmanagement neue Potenziale erschließen. In: Scheer, A.
W. (Hrsg.): Electronic Business und Knowledge Management – Neue Dimensionen für den
Unternehmenserfolg. Heidelberg (1999), S. 53-67.

Davenport, T. H.; Prusak, L.: Wenn Ihr Unternehmen wüsste, was es alles weiß.... Das Pra-
xisbuch zum Wissensmanagement. Landsberg, Lech (1999).

Decker, B. u.a.: Zusammenfassung. In: Fraunhofer-Wissensmanagement Community
(Hrsg.): Wissen und Information 2005. Stuttgart (2005), S. 97-110.

Dörler, K.: Reorganisation in mittleren Unternehmungen. Berlin, Stuttgart (1988).

Drucker, P. F.: Post Capitalist Society. Oxford (1993).

Enkel, E. u.a.: The power of communities: How to build Knowledge Management on a corporate level using a bottom-up approach. In: Davenport, T. H.; Probst, G. (Hrsg.): Knowledge Management Case Book. Siemens Best Practises. Berlin, München (2002), S. 108-127.

Frigge, C.: Restrukturierung. Der Faktor Mensch. In: Finance – Der Markt für Unternehmen
und Finanzen. Heft 3 (2004), S. 66.

Gehle, M.; Mülder, W.: Wissensmanagement in der Praxis. Frechen (2001).

Gibbert, M.; Krause, H.: Practice exchange in a Best Practice Marketplace. In: Davenport, T.
H.; Probst, G. (Hrsg.): Knowledge Management Case Book. Siemens Best Practises. Berlin,
München (2002), S. 89-105.

Götz, K.; Schmid, M.: Theorien des Wissensmanagements. Frankfurt/M. (2004).

Grinda, S. u.a.: Erfolgreich Reorganisieren. Management und Controlling von Verände-
rungsprozessen. Köln (1997).

Hammermeister, J.: Bedeutung, Konzeption und Umsetzung eines Wissensmanagements für
Consumer Insights im intelligenten Unternehmen – Am Beispiel der Kraft Foods Deutsch-
land GmbH. In: Hammermeister, J.; Reich, B.; Rose, E. (Hrsg.): Information – Wissen –
Kompetenz. Oldenburg (2004), S. 161-191.

Haun, M.: Handbuch Wissensmanagement. Grundlagen und Umsetzung, Systeme und Praxisbeispiele. Berlin u.a. (2002).

Heß, T.; Roth, W. L.: Professionelles Coaching. Eine Expertenbefragung zur Qualitätsein-
schätzung und -entwicklung. Heidelberg, Kröning (2001).

Hippner, H.: Wissensmanagement in der Langfristprognostik. Lohmar, Köln (2001).

Katenkamp, O.: Quo vadis Wissensmanagement? In: Arbeit. Heft 12 (2003), S. 16-35.

Kluge, J. u.a.: Wissen entscheidet. Wie erfolgreiche Unternehmen ihr Know-how managen –
eine internationale Studie von McKinsey. Frankfurt/M., Wien (2003).

KPMG Management Consulting: Bedeutung und Entwicklung des multimediabasierten Wissensmanagements in der mittelständischen Wirtschaft (2003).

Kulmann, F.: Wissen und Information in konditionalen Modellen. Zur Entscheidungsvorbereitung im Anfrage- und Auftragsmanagement. Wiesbaden (2002).

Lucko, S.; Trauner, B.: Wissensmanagement. 7 Bausteine für die Umsetzung in der Praxis. München, Wien (2005).

Morris, D.; Brandon, J.: Revolution im Unternehmen. Reengineering für die Zukunft. Landsberg (1994).

Müller, W.: Prozessoptimierung – Dienstleistung mit überschaubarem Invest. In: Wissensmanagement. Heft 7 (2005), S. 36-37.

Niedereichholz, C.: Exklusiv-Interview mit Professor Dr. Gilbert Probst zu „Wissensmanagement und Unternehmensberater". In: Unternehmensberater. Heft 1 (1999), S. 53-55.

North, K.; Papp, A.: Erfahrungen bei der Einführung von Wissensmanagement. In: IO Management. Heft 4 (1999), S. 18-22.

North, K.; Pöschl, A.: Intelligente Organisation. Wie ein Unternehmen seinen IQ berechnen kann. In: New Management. Heft 4 (2002), S. 55-59.

North, K.: Wissensorientierte Unternehmensführung. Wertschöpfung durch Wissen. Wiesbaden (2005).

O'Dell, C.; Grayson, C. J.: If only we knew what we know. The Transfer of Internal Knowledge and Best Practice. New York (1998).

Palass, B.; Servatius, H.-G.: WissensWert. Mit Knowledge-Management erfolgreich im E-Business. Stuttgart (2001).

Pawlowsky, P.: Integratives Wissensmanagement. In: Pawlowsky, P. (Hrsg.): Wissensmanagement. Erfahrungen und Perspektiven. Wiesbaden (1998), S. 9-45.

Pfeiffer, U.; Kimmich, M.: Wissensmanagement in der Autoproduktion. Die Einführung eines ganzheitlichen Konzepts am Beispiel der Audi AG. In: New Management. Heft 12 (2002), S. 80-87.

Probst, G.; Romhardt, K.: Faktor Wissen. Das Management von Wissen wird in global tätigen Unternehmen zum strategischen Erfolgsfaktor. Damit die Vokabel „Wissensmanagement" nicht zur Worthülse verkommt: Wissenswertes zum Thema. In: Manager Bilanz. Heft 2 (1997), S. 6-10.

Probst, G.; Raub, S.: Kompetenzorientiertes Wissensmanagement. In: Zeitschrift Führung + Organisation. Heft 3 (1998), S. 132-138.

Probst, G.; Raub, S.; Romhardt, K.: Managing Knowledge. Building Blocks for Success. Chichester u.a. (1999).

Probst, G.; Raub, S.; Romhardt, K.: Wissen managen. Wie Unternehmen ihre wertvollste Ressource optimal nutzen. Wiesbaden (2003).

Reichwald, R.; Höfer, C.; Weichselbaumer, J.: Erfolg von Reorganisationsprozessen. Leitfaden zur strategieorientierten Bewertung. Stuttgart (1996).

Roehl, H.: Instrumente der Wissensorganisation. Perspektiven für eine differenzierende Interventionspraxis. Wiesbaden (2001).

Romhardt, K.: Die Organisation aus der Wissensperspektive. Möglichkeiten und Grenzen der Intervention. Wiesbaden (1998).

Schneider, U.: Die 7 Todsünden im Wissensmanagement. Kardinaltugenden für die Wissensökonomie. Frankfurt/M. (2001).

Schomann, M.: Wissensorientiertes Performance Measurement. Wiesbaden (2001).

Schüppel, J.: Wissensmanagement. Organisatorisches Lernen im Spannungsfeld von Wissens- und Lernbarrieren. Wiesbaden (1997).

Schütz, A.; Schröder, M.: Die Rolle des Selbst im Wissensmanagement. In: Reinmann, G.; Mandl, H. (Hrsg.): Psychologie des Wissensmanagements. Perspektiven, Theorien und Methoden. Göttingen u.a. (2004), S. 132-145.

Schwarze, J.: Einführung in die Wirtschaftsinformatik. Herne, Berlin (2000).

Staud, L.: Geschäftsprozeßanalyse mit Ereignisgesteuerten Prozessketten. Grundlagen des Business Reengineering für SAP R/3 und andere Betriebswirtschaftliche Standardsoftware. Berlin u.a. (1999).

Stein, W.: Best Practice im Wissensmanagement – Ergebnisse einer internationalen Untersuchung und Erfahrungen aus dem Berateralltag. In: Hungenberg, H.; Meffert, J. (Hrsg.): Handbuch Strategisches Management. Wiesbaden (2005), S. 938-959.

von der Oelsnitz, D.; Hahmann, M.: Wissensmanagement. Strategien und Lernen in wissensbasierten Unternehmen. Stuttgart (2003).

von Felbert, D.: Wissensmanagement in der unternehmerischen Praxis. In: Pawlowsky, P. (Hrsg.): Wissensmanagement. Erfahrungen und Perspektiven. Wiesbaden (1998), S. 119-141.

Weuster, A.: Unternehmensorganisation. Organisationsprojekte – Aufbaustrukturen. München, Mering (2004).

Wesoly, M.; Schnalzer, K.: Hintergrund der Studie. In: Fraunhofer-Wissensmanagement Community (Hrsg.): Wissen und Information 2005. Stuttgart (2005), S. 11-24.

Willke, H.: Systemisches Wissensmanagement. Stuttgart (1998).

Wörl, O.: Führungskräfte als Gestalter des Wandels. In: Wissensmanagement. Heft 6 (2004), S. 46-48.

Zucker, B.; Schmitz, C.: Wissen gewinnt. Innovative Unternehmensentwicklung durch Wissensmanagement. Düsseldorf, Berlin (2000).

4 Implementierungsvoraussetzungen und Rahmenbedingungen für eine erfolgreiche Wissensmanagement-Einführung

Wolfgang Jaspers / Anna K. Westerink

4.1   Einleitung

In der heutigen Zeit ist Wissensmanagement ein interessantes Thema in der Unternehmenslandschaft. Im Zuge einer nachhaltigen und rasanten Globalisierung, kürzer werdender Produktlebenszyklen und der Notwendigkeit, immer schneller Entscheidungen treffen zu müssen, ist eine entsprechende Ausprägung der Ressource „Wissen" für die Wettbewerbsfähigkeit eines Unternehmens ausschlaggebend. Damit diese Ressource „gemanaged" werden kann, muss seine Einführung systematisch und ganzheitlich erfolgen. Die Literatur bietet hier verschiedene Ansätze, die in Abhängigkeit von der Herkunft ihrer Autoren unterschiedlich geprägt sind.

Wie die Praxis zeigt, gestalten sich das effektive Managen und die Nutzung von Wissen speziell für kleine und mittelständische Unternehmen (die nachfolgend als KMU bezeichnet werden) meist schwieriger als erwartet. Da KMU bei fast jeder Reorganisationsmaßnahme vor dem Problem knapper zeitlicher, finanzieller und auch personeller Ressourcen stehen, erstreckt sich besonders hier die Einführung von Wissensmanagement über einen langen Zeitraum.[1] Erschwerend kommt hinzu, dass durch eine lange Einführungsphase die Motivation der Mitarbeiter oftmals sehr stark abnimmt. Hauptsächlich liegt das daran, dass ihnen die Vorteile von Wissensmanagement in vielen Fällen erst nach der Einführung bewusst werden und es im Vorfeld nicht gelingt, die Mitarbeiter für Wissensmanagement „zu begeistern".

Dabei müssen sowohl das Unternehmen als auch seine Mitarbeiter nicht erst nach der vollständigen Implementierung von Wissensmanagement von seinen Vorteilen profitieren. Denn bereits vor der eigentlichen Einführung eines umfassenden Wissensmanagementkonzepts können „einfache" und kostengünstig durchführbare Maßnahmen (Implementierungsvoraussetzungen) den Weg für eine spätere Einführung ebnen und vorbereiten. Sie sind unabhängig von einer folgenden Wissensmanagement-Einführung nutzbar, verdeutlichen den Mitarbeitern bereits in einem frühen Stadium die Vorteile von Wissensmanagement und erhöhen die Akzeptanz für diese und später durchzuführende Maßnahmen. Ergänzend hierzu zeigt der Beitrag, dass das Vorhandensein bestimmter Rahmenbedingungen für die Einführung von Wissensmanagement zwingend erforderlich ist. Implementierungsvoraussetzung wie auch Rahmenbedingungen sind wesentlicher Bestandteil des „Konzepts des erweiterten Wissenstetrateders" von Jaspers/Fischer, das in diesem Sammelband in zwei weiteren Beiträgen vorgestellt wird.[2]

---

[1] Vgl. Neumann (2000), S. 269.

[2] Vgl. hierzu auch die Beiträge von: Jaspers/Westerink (5/2006) und (8/9/2006)

4.2   Kritische Betrachtung ausgewählter Wissensmanagement-Einführungskonzepte

In der Literatur sind eine Vielzahl unterschiedlicher Ansätze zur Einführung von Wissensmanagement zu finden. Zu den bedeutendsten und im deutschen Sprachgebrauch am meisten beachteten Werken zählen die Konzepte von Probst/Raub/Romhardt, North und Nonaka/Takeuchi.

4.2.1   Probst, Raub und Romhardt (Bausteine des Wissensmanagements)

Das Werk von Probst/Raub/Romhardt („Wissen managen") wurde 1997 erstmalig publiziert und ist mittlerweile in der 5. Auflage erhältlich.[3] Als umfassende Monografie zum Thema Wissensmanagement enthält es neben Konzepten und Methoden auch viele Beispiele. In der theoretischen wie auch praktischen Fachwelt wird es als eines der Standardwerke zu diesem Thema bezeichnet.

Das Konzept von Probst/Raub/Romhardt definiert Wissensmanagement als einen Kreislauf mit acht „Wissensmanagement"-Bausteinen (siehe Abb. 4.1).

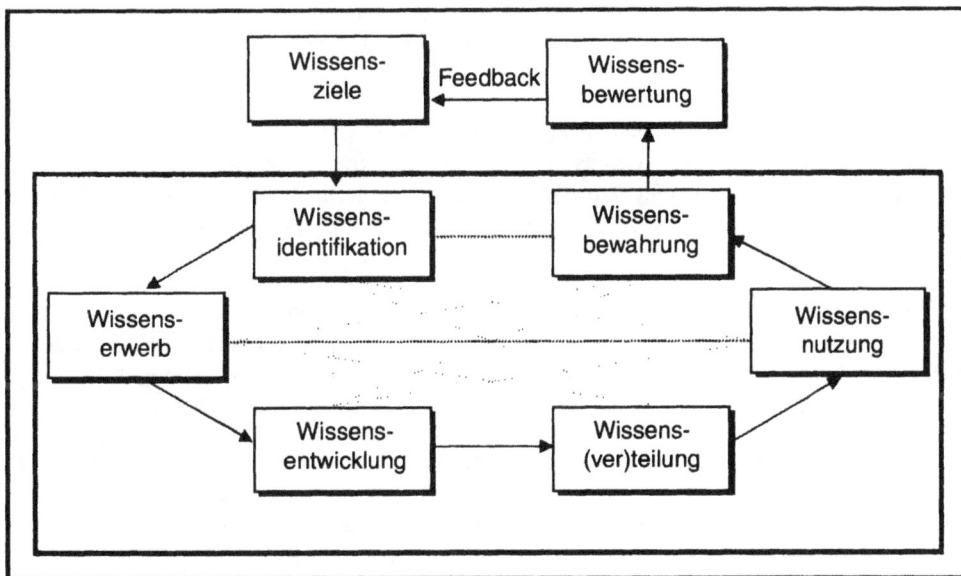

Abb. 4.1   *Der Wissenskreislauf nach Probst, Raub und Romhardt*

---

[3] Vgl. Probst; Raub; Romhardt (2006).

Der aufgeführte Wissenskreislauf beginnt mit der Aufstellung von *Wissenszielen*, die in Anlehnung an das St. Gallener Managementkonzept auf drei Ebenen jeweils immer spezifischer und zeitlich kürzer festgelegt werden. Die normative Ebene beschreibt Unternehmensvision und -kultur, die strategische Ebene leitet hieraus die langfristige Strategie des Unternehmens ab und die operative Ebene setzt diese strategischen Ziele in operative Maßnahmen (Aufgaben und Aktivitäten) um.

Der zweite Baustein (*Wissensidentifikation*) zeigt auf, ob und wo im Unternehmen Wissen vorhanden ist und macht dieses Wissen transparent, so dass es von den Mitarbeitern eines Unternehmens bei Bedarf schnell gefunden und genutzt werden kann. Realisiert wird dieses durch den Einsatz von Hilfsmitteln wie „Gelbe Seiten", Wissenskarten etc.

Erforderliches, aber nicht vorhandenes Wissen kann extern beschafft oder intern aufgebaut werden. Der dritte Baustein (*Wissenserwerb*) beschäftigt sich mit der externen Beschaffung von Wissen, das von anderen Unternehmen, Stakeholder (z.B. Kunden oder Lieferanten) sowie durch den direkten Erwerb von Wissensprodukten bezogen werden kann. Hierbei steht weniger das Auffinden dieser Quellen im Vordergrund, sondern mehr die optimale Auswahl aus den vorhandenen Quellen. Die *Wissensentwicklung* ist Bestandteil des vierten Bausteins und hat die interne Beschaffung sowie den Aufbau neuer Fähigkeiten und Produkte, besserer Ideen und leistungsfähigerer Prozesse zur Aufgabe.

Ist Wissen vorhanden, stellt der Baustein der *Wissensverteilung* sicher, dass benötigtes Wissen im richtigen Umfang zum richtigen Zeitpunkt am richtigen Ort im Unternehmen zur Verfügung steht. Hierbei ist aber nicht nur dieses Ziel zu verfolgen, sondern auch zu verhindern, dass das Unternehmen mit Wissen überflutet und infolgedessen das „richtige" Wissen nicht erkannt wird.

Inhalt des Bausteins der *Wissensnutzung* ist es im Anschluss, das theoretisch vorhandene Wissen so nutzbar zu machen, dass es an den benötigten Stellen optimal eingesetzt werden kann. Anreizsysteme sollen hier bspw. Nutzungsbarrieren (die Nutzung fremden Wissens wird z.B. oftmals als „Gesichtsverlust" verstanden, man hätte ja selber drauf kommen können) abbauen.

Der Prozess der *Wissensbewahrung* stellt im nächsten Baustein sicher, dass vorhandenes Wissen gezielt gespeichert und wieder auffindbar ist. Eine wesentliche Aufgabe besteht darin, beurteilen zu können, ob identifiziertes Wissen zu einem späteren Zeitpunkt überhaupt benötigt wird und wenn ja, wie es gezielt und strukturiert gespeichert werden kann.

Der Wissenskreislauf schließt mit dem Baustein der *Wissensbewertung* ab. Wissensbewertung hat im Konzept von Probst/Raub/Romhardt und auch generell eine zentrale Bedeutung für den Erfolg des Einführungsprozesses von Wissensmanagement. Zum einen ist hier vorhandenes und zu beschaffendes Wissen zu bewerten, zum anderen ist ein Soll-Ist Vergleich zwischen vorhandenen Wissenszielen und aufgebautem Wissen notwendig, um Wissenspotenziale kontrollieren, anpassen und verbessern zu können.

4.2.2 North (Wissenstreppe)

North legt in seiner Monografie „Wissensorientierte Unternehmensführung", die erstmalig 1998 erschienen ist und sich zum aktuellen Zeitpunkt in der 4. Auflage befindet, Schwerpunkte auf die von ihm definierte „Wissenstreppe" (siehe Abb. 4.2) sowie auf „Organisationsformen in Unternehmen und ihre Vor- und Nachteile für das Wissensmanagement".[4]

Abb. 4.2   Die Wissenstreppe nach North

Norths Wissenstreppe baut darauf auf, dass durch Anwendung einer Syntax aus einzelnen Zeichen Daten werden, diese über eine Semantik zu Informationen, die dann durch Vernetzung vieler Informationen und an Individuen gebunden, Wissen entstehen lassen.[5] Nach Norths Ansicht wird aus Wissen im Anschluss nur dann Können, wenn es konkret in der Praxis angewendet wird. An dieser Stelle findet somit ein Transfer vom WAS (Wissen) zum WIE (Können) statt. Die nächste Treppenstufe zum Handeln ist nur zu erreichen, wenn der Wille vorhanden ist, die erworbenen Fähigkeiten auch anzuwenden. Das Können ist somit eine sinnvolle Anwendung des Wissens und führt erstmals zu nutzbaren Ergebnissen für ein Unternehmen. Handlungen werden auf dieser Stufe jedoch nicht bewertet. Das bedeutet, auch wenn hier „falsche" Handlungen vollzogen werden, befindet sich ein Individuum trotzdem auf dieser Stufe.

Die nächste Stufe, die der Kompetenz, ist dann erklommen, wenn Handlungen und Wissen zweckorientiert für ein Problem oder eine Aufgabe eingesetzt werden. Kompetenz unterscheidet somit im Handwerk den Meister vom Lehrling oder beim Golfspielen den Anfänger vom Profi. An dieser Stelle muss es also das Ziel eines jeden Unternehmens sein, „normale" Handlungen seiner Mitarbeiter in möglichst vielen Fällen in „kompetente" Handlungen zu überführen.

---

[4] Vgl. North (2005).

[5] Vgl. hierzu z.B.: North (2005), S. 32f. Probst; Raub; Romhardt (2006), S. 16.

North sieht die Wettbewerbsfähigkeit als die letzte (und somit höchste) Stufe seiner Wissenstreppe. Sie stellt im Unterschied zur Kompetenz, die sich nur auf einzelne Mitarbeiter bezieht, die Kernkompetenzen des gesamten Unternehmens dar. Kernkompetenzen sind besondere Fähigkeiten eines Unternehmens, die es über einen längeren Zeitraum aufgebaut hat.[6]
Werden diese von Konsumenten wahrgenommen und positiv beurteilt, können hierdurch
Alleinstellungsmerkmale und Wettbewerbsvorteile gegenüber der Konkurrenz des Unternehmens entstehen.

Um in einem Unternehmen Kernkompetenzen aufzubauen, zu stärken und zu erweitern teilt
North das Wissensmanagement in einen strategischen und einen operativen Teil auf. Der
strategische Teil des Wissensmanagements beschäftigt sich mit der Wissenstreppe und ihren
Stufen von oben nach unten. Bildlich gesehen werden beim Abgang aus den angestrebten
Wettbewerbsfähigkeiten Maßnahmen und Ziele abgeleitet. Das operative Wissensmanagement geht die Treppe „hinauf". Aus Wissen wird über die Stufen des Könnens, Handelns und
der Kompetenz ein Wettbewerbsvorteil für das Unternehmen generiert. Norths Strategie gibt
somit auf der Basis der angestrebten Ziele die Richtung vor („von oben nach unten"), die
dann operativ auf den einzelnen Stufen („von unten nach oben") umgesetzt wird.

4.2.3   Nonaka, Takeuchi
(Wissensarten und Organisationsstruktur)

In ihrem Werk „Die Organisation des Wissens" aus dem Jahr 1997 (bisher keine Neuauflage)
stellen die Autoren Nonaka/Takeuchi eine umfassende Sicht auf die Themen Wissen und
organisationales Lernen aus dem Blickwinkel der asiatischen Kultur und der dortigen Le-
bens- und Geschäftsweltauffassung dar. Nonaka/Takeuchi legen hier besonderen Wert auf
die beiden Schlüsselwissensarten „implizites Wissen" und „explizites Wissen". Ergänzt
durch viele Praxisbeispiele und verschiedene andere Themen (wie z.B. das der Organisationsstruktur) und auch aufgrund der Tatsache, dass die beiden Autoren das Thema Wissensmanagement aus einem anderen Blickwinkel als die meisten westlichen Autoren behan-
deln, ist ihr Werk in der Fachwelt viel beachtet.[7]

Die Autoren definieren implizites Wissen als Wissen, das Personen besitzen und das sie nur
schwer oder unmöglich weitergeben können oder wollen. Implizites Wissen wird von einer
Person genutzt, um ihr Handeln zu leiten. Umgangssprachlich ist hierunter „Know-how" zu
verstehen. Verdeutlicht werden kann implizites Wissen anhand der Fähigkeit des „Fahrrad-
fahrens", einer Fähigkeit, die einmal beherrscht, in der Regel nicht mehr verlernt wird. Allerdings fällt es vielen Menschen schwer, diese Fähigkeit zu erklären und sie an andere „weiterzugeben". Als zweite Dimension kann implizites Wissen auch eine kognitive Ausprägung
annehmen. Hierdurch wird implizites Wissen durch mentale Modelle und Vorstellungen
erweitert, die Wirklichkeitsauffassungen beeinflussen und Zukunftsvisionen als Grundlage
dienen können. Zu beachten ist an dieser Stelle, dass implizites Wissen immer subjektiv und

---

[6] Siehe hierzu auch Kap. 4.3.4: Prozesse und Abläufe.

[7] Nonaka; Takeuchi (1997).

intuitiv auf die jeweilige das Wissen besitzende Person bezogen ist. Explizites Wissen ist im Gegensatz hierzu in Worten und Zahlen auszudrücken. Es kann verarbeitet, weitergegeben und gespeichert werden und ist subjektiv nicht personenbezogen.

Nach der Auffassung von Nonaka/Takeuchi findet im täglichen Leben eine dauerhafte Transformation von implizitem zu explizitem Wissen und umgekehrt statt. Im Ablauf der Transformation unterscheiden die Autoren vier Phasen (siehe hierzu Abb. 4.3).

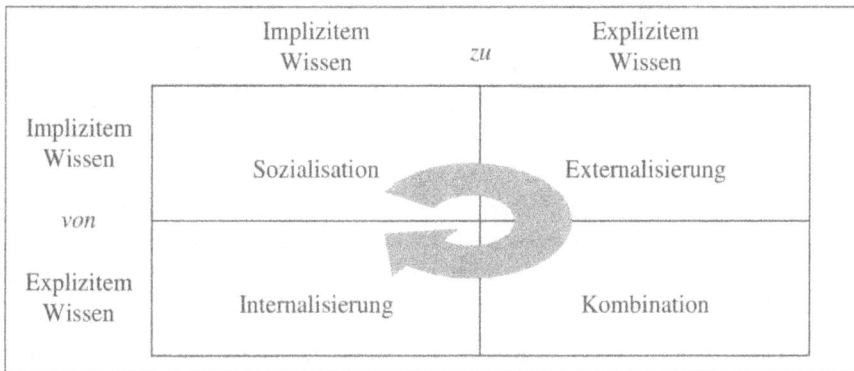

	Implizitem Wissen	*zu*	Explizitem Wissen
Implizitem Wissen	Sozialisation		Externalisierung
von			
Explizitem Wissen	Internalisierung		Kombination

Abb. 4.3   *Die vier Phasen der Wissenstransformation nach Nonaka/Takeuchi*

In der Phase der *Sozialisation* wird implizites in implizites Wissen umgewandelt und der interpersonelle Erfahrungsaustausch ohne Sprache beschrieben. Nur durch aufmerksames Beobachten erlernt ein Lehrling das Handwerk von seinem Meister (zumindest in Teilbereichen) auch ohne direkte Anweisungen.

Unter dem Begriff *Externalisierung* ist die Transformation von implizitem zu explizitem Wissen zu verstehen. Sie umfasst den Prozess der Artikulation einer Person, die ihr implizites Wissen mit Hilfe von Metaphern, Analogien, Modellen und Hypothesen an andere weitergibt. Da diese Wissensübertragung oftmals Lücken und Ungenauigkeiten aufweist, wird der neue explizite Inhalt aus diesem Grunde in manchen Fällen verfälscht, unklar oder missverständlich. Als Beispiel kann hier das Schreiben eines Projektberichts gelten, in dem der Verfasser sein gemachtes implizites Erfahrungswissen in explizites, niedergeschriebenes Wissen überführt.

Durch die Verbindung verschiedener Bereiche objektiven Wissens entsteht in der Phase der *Kombination* (Übertragung von explizitem zu explizitem Wissen) ein neuer Wissenskomplex. Tätigkeiten sind in diesem Zusammenhang Sortieren, Hinzufügen, Kombinieren, Klassifizieren oder Aussortieren von Wissen(sbestandteilen). So kann die Zusammenfassung verschiedener Datenbanken mit unterschiedlichen Inhalten zu einer Datenbank als Beispiel für die Erläuterung der Phase der Kombination gelten.

Die *Internalisierung* bezeichnet als letzte Phase den Übergang von explizitem zu implizitem Wissen und beschreibt die Verinnerlichung von objektivem Wissen. Hierbei ist es bedeutend, dass ein Individuum neues Wissen nicht nur als „Externer" aufnimmt, sondern an dieser Stelle eine eigene, körperliche Erfahrung mit dem neuen Wissen macht. Synonyme Begriffe für diesen Prozess sind „learning by doing" oder „action learning".

Das Konzept von Nonaka/Takeuchi enthält auch die Darstellung einer „neuen, optimal wissensfördernden" Organisationsstruktur, die als „Hypertextorganisation" bezeichnet wird. Sie besteht aus einer (optimalen) Synthese der beiden vorherrschenden Strukturen Bürokratie und Arbeitsgruppen. Bürokratie ist eine meist in festen Linien aufgebaute Organisationsform und somit sehr starr. Es existieren klare Über- und Unterordnungsverhältnisse, die längerfristig angelegt sind. Annahme ist hierbei, dass das Unternehmen auf lange Sicht „konstant" bleibt und durch diese Organisationsform Kontinuität sichergestellt werden kann. Arbeitsgruppen sind – im Unterschied zur Organisationsform der Bürokratie – sehr flexibel, anpassungsfähig, partizipativ und dynamisch. Um einen Lernprozess im Unternehmen zu initiieren sind sie besser geeignet. Wie beispielsweise bei der Projektorganisation werden sie allerdings nicht dauerhaft gebildet, sondern bleiben in ihrer personellen Zusammensetzung in der Regel nur für ein bestimmtes Projekt bestehen. Problematisch ist hier, dass das Auflösen einer Arbeitsgruppe immer in einzelnen Bereichen auch mit dem Verlust des neu gebildeten Wissens verbunden ist.

Aus einer Synthese dieser beiden Organisationsformen entwickelten die Autoren die *Hypertextorganisation*. In diesem Konzept besitzt ein Unternehmen sowohl traditionell hierarchische (Bürokratie) und auch selbstorganisierende, nichthierarchische Strukturen (Arbeitsgruppen). Das Konzept teilt ein Unternehmen hierbei in mehrere Schichten auf, in denen jeweils spezielle Tätigkeiten erledigt werden. In der zentralen Schicht des Geschäftssystems, die bürokratisch aufgebaut ist, erfolgt die Erledigung „normaler" Routinearbeiten. Die Schicht der Projektteams impliziert die Bildung von Arbeitsgruppen, deren Aufgabe das wissenschaftliche Arbeiten ist. Hierzu werden die Teammitarbeiter für die Zeit ihrer Teammitgliedschaft aus dem Geschäftssystem herausgelöst und auch nur in dem jeweiligen Team eingesetzt. Die unterste Schicht spiegelt Vision und Kultur eines Unternehmens wider und stellt deren Wissensbasis dar. Sie ist keine in der Realität existierende organisatorische Einheit, sondern klassifiziert vielmehr Wissen „neu" und gibt die zukünftige „Richtung" des Unternehmens vor.

4.3   Implementierungsvoraussetzungen und Rahmenbedingungen

4.3.1   Zusammenfassung und Kritik an vorhandenen Konzepten

In der praktischen Anwendung wird der Ansatz von Probst/Raub/Romhardt oftmals eingesetzt, um Wissensmanagement in einem Unternehmen einzuführen. Die Autoren zeigen mit ihrem Wissenskreislauf anschaulich auf, in welchen Phasen Wissensmanagement im Unternehmen die organisationale Wissensbasis positiv beeinflussen kann. Hierbei bieten die einzelnen Bausteine einen einfachen und sinnvollen Einstieg in die Analyse der Wissensströme eines Unternehmens. Jedoch lässt der Ansatz notwendige „Vorbereitungsarbeiten" im Vorfeld der Implementierung vermissen.

Der Ansatz von North bewertet Organisationsformen sachlich fundiert und zieht hieraus die richtigen Schlüsse in Bezug auf den Einsatz von Wissensmanagement. Er ist jedoch in vielen Teilen sehr theoretisch und bietet keine konkrete Vorgehensweise an, die eine schritt- oder phasenweise Einführung und Umsetzung von Wissensmanagement ermöglicht.

Kein anderes Konzept definiert Wissen und seine unterschiedlichen Ausprägungen so klar und umfassend wie das von Nonaka/Takeuchi. Zentrale Bestandteile sind hier die Themen Wissensschaffung und Organisationsstrukturen. Die Ansichten der beiden Autoren sind in vielen Bereichen jedoch eher theoretischer Natur und stellen allgemeine „Grundlagen" dar. Hierbei lassen Nonaka/Takeuchi die praktische Anwendbarkeit und die konkrete Umsetzung ihrer Vorschläge vermissen.

North hat versucht, die hier aufgeführten Ansätze (und auch noch weitere) zu vergleichen und zu beurteilen. Er verwendet zu diesem Zweck verschiedene Beurteilungskriterien, wie z.B. „Orientierung am Managementprozess", „empirische Validierung", „Praxisrelevanz" und auch „Berücksichtigung der Rahmenbedingungen". Letzteres bezieht sich jedoch in diesem Fall mehr auf die Berücksichtigung vorhandener Rahmenbedingungen im Unternehmen und weniger auf die Schaffung von „Rahmenbedingungen für eine erfolgreiche Wissensmanagement-Einführung". Im Ergebnis beurteilt North die „Berücksichtigung der Rahmenbedingungen" nach seinem Verständnis bei Probst/Raub/Romhardt als „implizit in Bausteinen (enthalten), aber nicht übergreifend", bei Nonaka/Takeuchi als „ja (= vorhanden), Kontextgestaltung zur Förderung der Kreativität" und bei seinem Konzept als „explizit".[8]

Damit Wissensmanagement aber effizient eingeführt werden kann und im praktischen Alltag auch funktioniert, sind bereits im Vorfeld seiner eigentlichen Einführung (z.B. schon bevor die Unternehmensstrategie aufgestellt oder angepasst und hieraus dann Wissensziele abgeleitet werden) „Implementierungsvoraussetzungen und Rahmenbedingungen für eine erfolgreiche Einführung von Wissensmanagement" zu schaffen. Als Kritikpunkt an allen aufgeführten Konzepten ist festzustellen, dass diese Anforderungen nur unzureichend Berücksichtigung finden.

Implementierungsvoraussetzungen finden vor und zu Beginn der Einführung und auch beim späteren erfolgreichen „Ausleben" von Wissensmanagement ihren Einsatz. Sie lassen erste Erfolge verzeichnen und sollen die Mitarbeiter von den Vorteilen des Wissensmanagements überzeugen. *Rahmenbedingungen* hingegen stellen essentielle Voraussetzungen dafür dar, dass mit der Einführung von Wissensmanagement überhaupt begonnen werden kann und diese Einführung auch Aussicht auf Erfolg verspricht. So ist bspw. erst einmal eine wissensmanagementfreundliche Unternehmenskultur zu schaffen, bevor Wissensziele aufgestellt werden können. Denn welchen Sinn macht es, auf der Basis einer aktuellen Unternehmensstrategie Wissensmanagement einzuführen, wenn das Unternehmen und seine Mitarbeiter noch gar nicht bereit dazu sind? Muss als Konsequenz zuerst eine solche Unternehmenskul-

---

[8] Vgl. North (2005), S. 188f.

tur geschaffen werden, vergeht erfahrungsgemäß viel Zeit. Bei den sich heute ständig ändernden Umweltbedingungen für ein Unternehmen bedeutet das, dass eine Unternehmensstrategie danach vielleicht eine ganz andere ist und somit auch andere Wissensziele verfolgt
werden sollten.

4.3.2   Unternehmenskultur

Eine wesentliche Voraussetzung für die Einführung von Wissensmanagement ist das
Vorhandensein einer wissensmanagementfreundlichen Unternehmenskultur, bei der das
Betriebsklima stimmt, Mitarbeiter gerne ihre Arbeit verrichten, sie ihre Arbeitsweise mit-
bestimmen dürfen und keine fortwährende Angst um ihren Arbeitsplatz haben müssen. Wogegen Praktiker dem Fehlen einer in dieser Form ausgerichteten Unternehmenskultur als
Barriere für die Einführung von Wissensmanagement einen entsprechenden Stellenwert
zurechnen, lassen viele (theoretische) Einführungskonzepte hier eine Berücksichtigung vermissen.

Die Kultur eines Unternehmens stellt seine gültigen Normen, Einstellungen und Werte dar.
Durch sie wird die Verhaltensweise der Mitarbeiter untereinander bestimmt, aber auch das
Auftreten gegenüber externen Organisationsteilnehmern geprägt. Auf die Einführung und
das Ausleben von Wissensmanagement übt die Unternehmenskultur an vielen Stellen einen
positiven (aber auch negativen) Einfluss aus. So wird ein Mitarbeiter bspw. in den seltensten
Fällen sein Wissen abgeben, wenn er sich nicht als Teil des Unternehmens fühlt und ein
anderer Mitarbeiter kein fremdes Wissen nutzen, sofern hier das entsprechende Vertrauen in
den „Wissensgeber" fehlt.

Eine wissensmanagementfreundliche Unternehmenskultur wird von zahlreichen Einflussfaktoren geprägt. Zu den wichtigsten gehören sicherlich:

- gelebter Führungsstil
- Schaffung von Freiräumen
- Umgang mit Fehlern
- Förderung der Kommunikation, z.B. durch Teamarbeit

Die Grundlage für eine „gute" Unternehmenskultur, die dann positive Auswirkungen auf die
Einführung von Wissensmanagement hat, ist ein Führungsstil, der die Leistungen der Mitarbeiter würdigt, sie zum eigenverantwortlichen Handeln motiviert, sie ermutigt, sich selbst
einzubringen, und ihnen in einem gewissen Rahmen ein Mitspracherecht bei der Durchführung ihrer Arbeit zuspricht. Ob dieser Führungsstil nun als kooperativ, partizipativ, demokra-
tisch oder liberalistisch bezeichnet wird, ist letztendlich nicht ausschlaggebend. Entscheidend
ist an dieser Stelle, dass ein solcher Führungsstil nicht nur auf dem Papier steht, sondern im
Unternehmen einheitlich gelebt wird und die Mitarbeiter diesen Führungsstil verstehen. Sie
sollen hierdurch nicht nur Vertrauen zu ihren Vorgesetzten aufbauen, sondern im Gegenzug
durch Anerkennung und konstruktive Kritik auch zum (Weiter)Lernen und zum eigenverantwortlichen Handeln motiviert werden.

Damit die Mitarbeiter eines Unternehmens neue Ideen und neues Wissen schaffen, aufbauen und nutzen können, müssen ihnen entsprechende Freiräume zur Verfügung stehen. Denn für jede neue Verfahrens- oder Vorgehensweise wird ein Zeitraum zu verzeichnen sein, in dem die Produktivität zunächst einmal abnehmen wird. Erst nach einer ausreichend langen Einarbeitungsphase, in der die Möglichkeit besteht, die gewohnte (alte) Vorgehensweise durch eine ungewohnte (neue) Methodik zu ersetzen und sich an diese zu gewöhnen, wird die neue Vorgehensweise auch die erwartete Effizienz aufweisen. Ähnlich verhält es sich mit der Schaffung neuen Wissens. Hier ist es wichtig, dass Mitarbeitern entsprechende Zeitabschnitte während ihrer normalen Arbeitszeit zur Verfügung stehen, um eigenen Interessen und Ideen nachgehen zu können. Sicherlich lohnt sich eine solche Investition. Denn hat ein Mitarbeiter erst einmal eine Idee, die er verfolgen kann, ist die Wahrscheinlichkeit groß, dass er hier auch Zeit außerhalb seiner Arbeitszeit investiert. Als gutes Beispiel hierfür gilt das Unternehmen 3M, das zurzeit ca. 20.000 Patente angemeldet hat und über ca. 50.000 aktive Produkte verfügt. Zu den bekannten und imageträchtigen Produktkategorien dieses Unternehmens zählen bspw. Post-its und Scotch-Klebebänder. Bei 3M können Mitarbeiter im Forschungs- und Entwicklungsbereich bis zu 15 Prozent ihrer Arbeitszeit für Projekte und Interessengebiete außerhalb ihres eigentlichen Aufgabengebietes verwenden. 3M setzt hier auf eine Politik des Vertrauens und der Offenheit, Mitarbeiter so zum Aufbau von Wissen zu motivieren.[9]

Auch der richtige Umgang mit Fehlern spielt in diesem Zusammenhang eine wichtige Rolle. Denn neues Wissen kann oftmals erst entstehen, wenn bei der Umsetzung von Arbeitsabläufen „eingetretene" Pfade verlassen werden. Mitarbeiter sind anzuregen nach Verbesserungen zu suchen, die ihnen helfen, ihre Arbeitsweise effizienter zu gestalten. Nicht immer wird der Versuch, bei der Bewältigung einer Aufgabenstellung einen neuen Lösungsweg einzuschlagen, von Erfolg gekrönt sein. Viele Anstöße für Prozess- wie auch Produktinnovationen entstehen aber auf diese Art und Weise. Wichtig ist hier, dass die Mitarbeiter wissen, dass sie nicht für derartige „konstruktive" Fehler bestraft werden, die für das Unternehmen zum Zeitpunkt ihrer Entstehung zwar Mehraufwand bedeuten, jedoch das Potenzial enthalten, dem Unternehmen zukünftig „Geld" sparen zu können oder „Geld" verdienen zu helfen. Ein Mitarbeiter darf folglich nicht bloßgestellt und bestraft werden (wenn er einen Fehler zum ersten Mal begeht), sondern das Unternehmen sollte solche produktiven Fehler als Chance sehen, die Wissensbasis seiner Mitarbeiter und seine eigene zu erweitern.

Ein gutes Beispiel hierfür liefert der japanische Konzern Toyota, bei dem im Rahmen des Toyota Production Systems das „Jidoka" eine fehlerfreie Produktion mit einer möglichst schlanken Produktion in Einklang bringt. Die Installation sogenannter „Andon Lights", die sich für jeden Mitarbeiter in unmittelbarer Reichweite befinden, ermöglichen ihm bei Problemen in seinem täglichen Arbeitsbereich seinen direkten Vorgesetzten zu informieren. In der Theorie entscheidet dann der Vorgesetzte innerhalb von max. 90 Sekunden, ob dieser Fehler eine entsprechende Tragweite besitzt und auch für andere Mitarbeiter interessant ist. Können hierdurch zukünftige Fehlerkosten auch an anderer Stelle verringert werden, folgt

---

[9] Vgl. http://www.innovativ-in.de/c.3117.htm.

eine Visualisierung des Fehlers und die Diskussion über Problemvermeidung bzw. -lösung in dem betroffenen Produktionsbereich.[10]

Um Wissensmanagement erfolgreich in einem Unternehmen einführen zu können, muss die Unternehmenskultur auch offen und kommunikationsfreudig sein. Teams, die aus Mitarbeitern unterschiedlicher Hierarchiestufen und Arbeitsbereiche bestehen, erleichtern hier den Wissensaustausch und -aufbau. Auch ist es wichtig, in diesem Zusammenhang die informelle Kommunikation zu fördern. Regelmäßige Mitarbeitertreffen, -ausflüge, „Team-Events" und „Happenings", an denen die Mitarbeiter freiwillig und gerne teilnehmen, bieten eine gute Möglichkeit, sich kennenzulernen, Kontakte zu knüpfen, Erfahrungen auszutauschen und persönliche Netzwerke aufzubauen.

An dieser Stelle muss abschließend noch angemerkt werden, dass das Schaffen einer wissensmanagementfreundlichen Unternehmenskultur sehr zeitaufwendig ist. Aussagen in der Literatur und eigene Erfahrungen zeigen hier einen Zeitaufwand von mindestens einem Jahr auf. Somit macht es auch für das Unternehmen erst Sinn, sich mit Wissenszielen und einer systematischen Vorgehensweise für die Einführung von Wissensmanagement zu beschäftigen, wenn diese Grundvoraussetzung im Unternehmen bereits geschaffen ist.

4.3.3   Mitarbeiter

Ziel des Wissensmanagements ist es, Mitarbeiter für einen aktiven Wissensaustausch und die Nutzung fremden Wissens zu sensibilisieren. Für ein Unternehmen reicht es deshalb nicht aus, dass sich das Wissen in den Köpfen seiner Mitarbeiter befindet. Das in einem Unternehmen vorhandene Wissen muss vielmehr analysiert, dokumentiert, nutzerfreundlich aufbereitet und für alle zugänglich gemacht werden. Deshalb sollte jedes Unternehmen bestrebt sein, möglichst viele Schlüsselwissensträger „auszubilden" und diese langfristig an das Unternehmen zu binden. Die Anzahl der „aktiven" Wissensträger eines Unternehmens kann somit seinen Erfolg direkt beeinflussen.

Mitarbeiter durchlaufen während ihrer Zeit in einem Unternehmen einen bestimmten Zyklus, der drei wesentliche „Stationen" enthält und der vor allen Dingen den richtigen Umgang mit Schlüsselmitarbeitern sicherstellen soll (siehe Abb. 4.4). Dieser Zyklus beginnt mit der Einstellung eines Mitarbeiters, fährt anschließend mit Maßnahmen fort, die den Mitarbeiter während seiner Zeit im Unternehmen ermutigen sollen, eigenes Wissen abzugeben und fremdes Wissen zu nutzen und endet mit seinem Ausscheiden aus dem Unternehmen.

---

[10] Vgl. Jeffrey (2004). http://www.sme.org/cgi-bin/get-newsletter.pl?LEAN&20040510&2. http://www.gembapantarei.com/2005/11/.

Das Wissensprofil, das gegebenenfalls vom Vorgesetzten überarbeitet werden muss, gewährleistet eine gezielte Mitarbeitereinstellung

Wissensprofil entscheidet über MA-Einstellung

Verschiedene Methoden ermutigen zum Wissens-austausch

Das Wissen aus-scheidender MA muss im U. bleiben

• WM-freundliche Unternehmenskultur
• Coaching
• Versch. Weiterbildungsmaßnahmen
• Anreizsysteme
• Mitarbeitergespräche

• Frühzeitige Austrittsgespräche
• Kohai – Sempai Prinzip

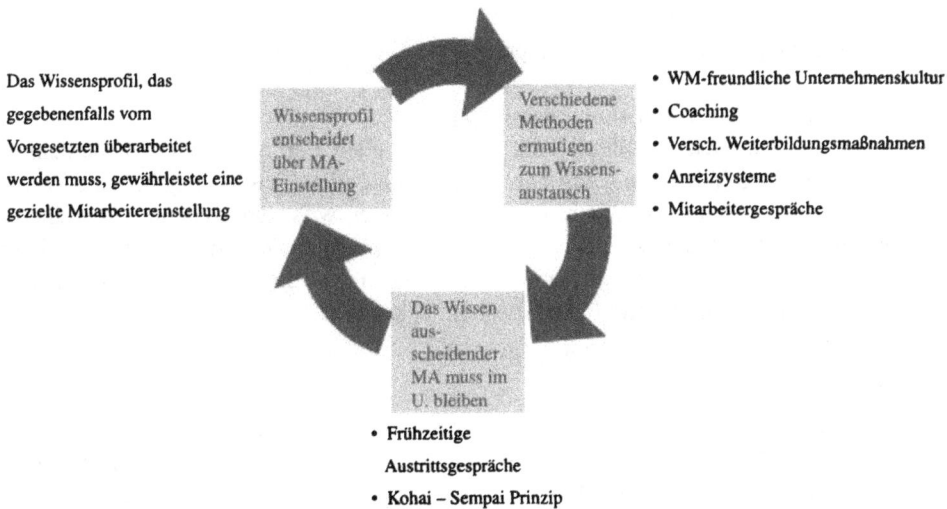

Abb. 4.4   Mitarbeiterzyklus

Wesentlicher Bestandteil der ersten Station „Mitarbeitereinstellung" ist die Anfertigung eines Wissensprofils, das als Grundlage für Auswahl, Bewerbergespräch(e) und spätere Einstellung dient. Die Notwendigkeit hierfür ergibt sich daraus, dass in vielen Fällen Mitarbeiter heutzutage immer noch nur aufgrund ihrer Papierqualifikation eingestellt werden und nicht danach, ob sie in der Lage sind, im Unternehmen vorhandene Wissenslücken zu schließen. Ein Wissensprofil ist hier Voraussetzung für die gezielte Rekrutierung eines Mitarbeiters, der dann mit seinem Wissen und seiner Erfahrung genau (auf eine bestimmte Stelle) im Unternehmen „passt". Vor einer Erstellung ist deshalb zu analysieren, welches Wissen für die zu besetzende Stelle überhaupt benötigt wird. Federführend bei der Erstellung eines Wissensprofils muss der Wissensmanager sein. Er sollte dieses in einem ersten Schritt gemeinsam mit dem bisherigen Stelleninhaber anfertigen und es im Anschluss mit dem (direkten) Vorgesetzten dieses Mitarbeiters überprüfen. Der nächste Schritt besteht dann darin, mit der Personalleitung gemeinsam und auf der Grundlage des erstellten Wissensprofils die dann folgenden Einstellungsaktivitäten umzusetzen.

Nach der Einstellung eines Mitarbeiters und hier speziell der potentielle Schlüsselwissensträger besteht die nächste Aufgabe des Unternehmens darin, diesen langfristig an das Unternehmen zu binden. Die neue Mitarbeiterin oder der neue Mitarbeiter muss in die vorhandene Unternehmenskultur eingebunden und davon überzeugt werden, dass sie/er sich durch das Abgeben ihres/seines Wissens nicht überflüssig macht und es keine Schande ist, fremdes Wissen zu nutzen. Der Mitarbeiterzyklus beinhaltet hier verschiedene Voraussetzungen und Methoden. Dazu gehören:

• wissensmanagementfreundliche Unternehmenskultur
• Coaching
• verschiedene Weiterbildungsmaßnahmen

- materielle und immaterielle Anreizsysteme
- Zielvereinbarungs- und Mitarbeitergespräche

4.3.3.1 Mitarbeiter und Unternehmenskultur

Grundsätzliche Voraussetzung dafür, dass ein Mitarbeiter Vertrauen in ein Unternehmen aufbauen wird und ein Wissensaustausch in beiden Richtungen (Wissen abgeben und Wissen aufnehmen) möglich wird, ist das Vorhandensein einer wissensmanagementfreundlichen Unternehmenskultur. Da dieses Thema nicht nur Bedeutung für die Mitarbeiter des Unternehmens besitzt sondern eine generelle Voraussetzung für die Einführung von Wissensmanagement darstellt, wird es separat in Kapitel 4.3.2 behandelt.

4.3.3.2 Coaching

Bereits durch die in vielen Unternehmen eingeführten prozessorientierten Abläufe haben sich die Aufgaben des Führungspersonals weitgehend geändert. Während bei einer hierarchischen Organisationsstruktur ein funktional orientierter Vorgesetzter gleichzeitig nicht mehr als sieben Mitarbeiter führen sollte, kann ein Coach in einer prozessorientierten Unternehmung bis zu 30 Mitarbeitern mit Rat und Tat zur Seite stehen. Aufgabe der Coachs bzw. der früheren Manager ist es jetzt nicht mehr, Arbeit und Informationen zu verteilen, zu überwachen und zu kontrollieren, sondern ein Coach hat jetzt seine Teammitglieder in jeglicher Weise zu unterstützen, Konflikte zu lösen und die Arbeitsvoraussetzungen zu schaffen, die diese zur selbständigen und eigenverantwortlichen Umsetzung einer gestellten Aufgabe benötigen. Würden die Aufgabeninhalte eines Coachs aus der Sportwelt in die Geschäftswelt übertragen, übernähme ein Coach gleichzeitig die Funktionen eines Managers, Trainers, Betreuers und Zeugwarts. Coachs müssen ihren Mitarbeitern die Wege ebnen und ihre Fähigkeiten fördern, damit diese ihre zu erstellenden Leistungen optimal erbringen können. Durch das Wissensmanagement werden diese Inhalte noch erweitert. Denn zu den Aufgaben eines Coachs gehört jetzt auch, Maßnahmen zu ergreifen, dass Schlüsselwissensträger langfristig an das Unternehmen gebunden und deren Wissen nutzbar gemacht werden kann. So gehört es zum Bestandteil des Coaching der Schlüsselwissensträger, diese zu motivieren statt zu kontrollieren und gemeinsame Zielvereinbarungen aufzustellen statt Zielvorgaben anzuordnen.

Um seine Funktion optimal wahrnehmen zu können, muss ein Coach seinen Coachingstil auf den jeweiligen zu coachenden Mitarbeiter (Coachee) gezielt anwenden. Literatur und Praxis bieten hier verschiedene Coachingstile an. Entscheidend für einen Coachingstil ist der sogenannte „Reifegrad" des Coachees. Wegweisend zu seiner Bestimmung sind hier die Ausprägungen und das Zusammenwirken von Motivation, Verantwortungsbereitschaft und Erfahrung in Bezug auf die zu bewältigende Arbeit (siehe Abb. 4.5).

Ein Mitarbeiter wird in den „Reifegrad 1" eingestuft, wenn er weder das Wissen noch das Engagement besitzt die Aufgabe zu meistern. Der Coach muss in diesem Fall genaue Anweisungen geben und den (Arbeits-)Prozess regelmäßig kontrollieren. Anleiten wird ein Coach seinen Couchee, wenn dieser zwar eine große Leistungsbereitschaft zeigt, seine Fähigkeiten aber noch nicht ausreichend entwickelt sind, um die ihm gestellte Aufgabe zu erfüllen („Reifegrad 2"). Hier ist es hilfreich, den Coachee in die Entscheidungssuche mit einzubeziehen.

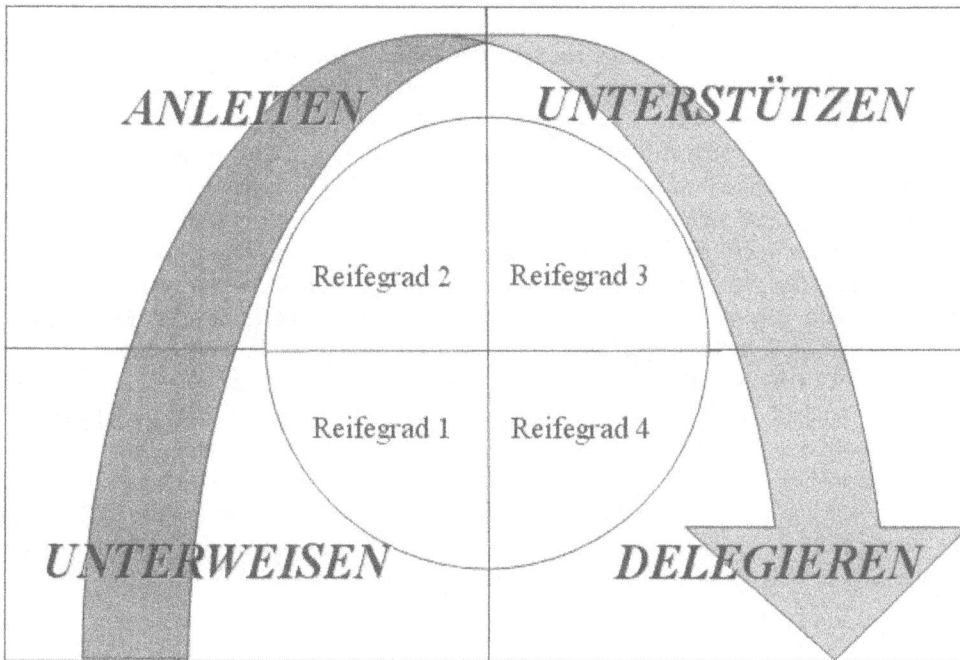

Abb. 4.5   *Reifegrade und Coachingstile[11]*

Die Umsetzung eigener Ideen kann an dieser Stelle das Selbstbewusstsein steigern. Wenn der Coachee die nötigen Fähigkeiten mitbringt, ihm aber das Selbstvertrauen fehlt und er sich durch seine Aufgabe überfordert fühlt, ist es die Funktion des Coachs in diesem Fall wesentliche Unterstützung zu leisten („Reifegrad 3"). Hierzu gehören auch Maßnahmen – teilweise psychologischer Art –, die zu einer Steigerung des Selbstvertrauens des Coachee führen sollen. Am wenigsten arbeitsintensiv ist es für den Coach, wenn der Couchee sowohl über die nötigen Fähigkeiten, als auch über das erforderliche Engagement verfügt („Reifegrad 4"). So kann der Couch die gesamte Verantwortung an den Coachee abgeben. Reifegrade und Coachingstil sind voneinander abhängig, mitarbeiterindividuell und können sich im Zeitablauf verändern. Letzteres ist bspw. dann der Fall, wenn ein Mitarbeiter sein Wissen erweitert oder sich weiterentwickelt. Somit ist ein Schlüsselwissensträger (und speziell wenn dieser wegen seines Wissens eingestellt wurde) sicherlich in die Reifegrade 3 und 4 einzuordnen. Anforderungen an einen Mitarbeiter, Wissen für Aufgaben und Abläufe sowie Rahmenbedingungen innerhalb und außerhalb des Unternehmens können sich im Zeitablauf jedoch ändern. Aufgabe des Coachs ist es dann, sicherzustellen, dass der Reifegrad 4 erreicht und auch dauerhaft von seinem Coachee „gehalten" werden kann.[12]

---

[11] Veränderte Darstellung in Ahnlehnung an: Niermeyer (2001), S. 102.

[12] Vgl. Niermeyer (2001), S. 84f.

4.3.3.3 Zielvereinbarungsgespräch

Bei einem Zielvereinbarungsgespräch (als Bestandteil des Management by Objectives (mbo)[13]) steht die Formulierung mehrerer Gesamt- und Teilziele im Vordergrund. Die Vorgehensweise setzt eine aktive Einbindung der Mitarbeiter des Unternehmens voraus und verfolgt das Ziel, hierdurch Aufgaben leichter koordinieren zu können, Prioritäten zu ermitteln und eine Identifikation des Mitarbeiters mit seiner Tätigkeit zu erleichtern. Treten nach der Zielfestlegung und während des Arbeitsprozesses keine Probleme auf, reicht eine kurze Rückmeldung des Mitarbeiters an seinen Vorgesetzten. Erkennt ein Mitarbeiter aber, dass er seine gesetzten Ziele nicht erfüllen kann, hat er umgehend seinen Vorgesetzten zu informieren. Gemeinsam werden dann entweder Lösungen gesucht, das gesteckte Ziel doch noch zu erreichen bzw. Zielinhalte werden reduziert oder sogar ausgesondert. Das erweiterte Modell „Management by Knowledge Objectives" (mbko) von Probst, Raub und Romhardt[14] erweitert das vorhandene Konzept um eine Wissensebene. Gemeinsam festgelegte Zielvereinbarungen werden hier mit Wissensaspekten angereichert. Wissensziele könnten in diesem Zusammenhang bspw. sein, dass ein Sachbearbeiter sein Wissen über ein Tabellenkalkulations- oder ein Textverarbeitungsprogramm zu erweitern hat, er die Aufgabe erhält, einen neuen Mitarbeiter einzuweisen oder ein Projektleiter verpflichtet wird, über durchgeführte Projekte aussagekräftige Projektdokumentationen zu erstellen.

4.3.3.4 Weiterbildungsmaßnahmen

Da Wissen heutzutage immer schneller veraltet (erinnert sei an dieser Stelle an die „Halbwertzeit des Wissens"),[15] kommen Weiterbildungsmaßnahmen eine zunehmende Bedeutung zu. Unternehmen versuchen jedoch in Zeiten stagnierender Umsatz- und Gewinnzahlen in vielen Bereichen „Sparpotenziale" ausfindig zu machen. Bei Weiterbildungsmaßnahmen werden oftmals derartige Sparpotenziale „erkannt", sofern der Erfolg solcher Maßnahmen nicht eindeutig sichtbar und messbar ist. Weiterbildungsmaßnahmen müssen jedoch nicht grundsätzlich „teuer" sein. Eine gute und kostengünstige Alternative zu externen stellen interne Weiterbildungsmaßnahmen dar. Zu erwähnen sind in diesem Zusammenhang die „Train-the-Trainer"-Methoden.[16] Eine der hierzu gehörenden Varianten ist die sogenannte „4+1"-Methode. Hierbei werden vier Teilnehmer von einem Trainer so (intensiv) qualifiziert, dass jeder der Teilnehmer wiederum in der Lage ist, vier weitere (andere) Mitarbeiter in der gleichen Art und Weise zu schulen. Eine hiervon abgewandelte Form ist das sogenannte „Key-User"-Prinzip.[17] Bei dieser aus der Softwareeinführung „entliehenen" Vorgehensweise werden Schlüsselmitarbeiter („Key-User") ausgewählt, die neben einem umfangreichen Fachwissen in ihrem Aufgabengebiet auch über besondere kommunikative und didaktische Fähigkeiten verfügen. Die Aufgabe dieser „Key-User" besteht dann darin, ihr Wis-

---

[13] Vgl. Bühner (2004), S. 89ff.

[14] Vgl. Probst; Raub; Romhardt (2003), S. 54f.

[15] Vgl. Schüppel (1997), S. 78.

[16] Vgl. z.B. Czichos (1999).

[17] Vgl. http://www.sap.info/public/DE/de/index/PrintEdition-15916446b8b8d19f65/0/articlesVersions-15918446b87e608ddc.

sen an die anderen Mitarbeiter des Unternehmens oder eines Unternehmensbereiches weiterzugeben. Zu berücksichtigen ist aber auch, dass nicht jede Weiterbildungsmaßnahme an sich und auch nicht für jeden Mitarbeiter sinnvoll ist. Hierbei hilft ein „Weiterbildungscontrolling", das im Vorhinein den Sinn einer Weiterbildungsmaßnahme und auch im Nachhinein deren Erfolg überprüft.

Theorie und Praxis liegen häufig nicht sehr nah beieinander und Arbeitsabläufe können sich aus diesem Grund schwer und mühsam gestalten. Um einem Mitarbeiter nicht direkt nach seinem Unternehmenseintritt oder nach der Übernahme einer neuen Aufgabe zu entmutigen, kann dieser im Rahmen des „action learning" oder des „learning by doing" einen neuen Arbeitsprozess unter professioneller Anleitung und Unterstützung ,ausprobieren'. Gerade bei bisherigen routinierten Abläufen sind Mitarbeiter oftmals misstrauisch gegenüber Neuem, so dass diese Methoden hier sehr hilfreich sein können, Theorie und Praxis miteinander in Einklang zu bringen und Akzeptanz aufzubauen.

Ein systematischer Arbeitsplatzwechsel (Job-Rotation)[18] innerhalb eines Unternehmens (z.B. alle zwei Jahre) ermöglicht es Mitarbeitern ebenfalls, ihr Wissen an andere weiterzugeben und neues Wissen aufzunehmen. Mitarbeiter werden hierdurch flexibler, erlangen neues Wissen und können ihr erworbenes Wissen in neuen Aufgabengebieten anwenden. Gleichzeitig stellt das Prinzip Job-Rotation für den jeweiligen Mitarbeiter eine Herausforderung dar und ist in vielen Fällen auch mit einem Karrieresprung verbunden. So hat bspw. Procter & Gamble als einer der weltgrößten Hersteller von Konsumgütern (Ellen Betrix, Wick, Wella u.a.) Job-Rotation zu einem festen Bestandteil seiner Unternehmensphilosophie gemacht.[19]

Erfolgreiche Unternehmen sind heutzutage mit ihren Produkten nicht nur regional beschränkt vertreten. Sie agieren auf internationalen Märkten, entwickeln komplexe Produkte, lösen umfangreiche Probleme und haben hierbei die Gegebenheiten unterschiedlicher Kulturkreise zu berücksichtigen. Hilfreich ist es deshalb, Arbeitsgruppen multifunktional und möglichst auch multikulturell zu bilden. Hierdurch können einerseits Problemlösungs- und Bearbeitungszeiten reduziert und andererseits Fehlschläge vermieden werden. Die Fastfoodkette McDonald's hätte bspw. sicherlich bei ihrer Werbekampagne mit ihrem Maskottchen Ronald McDonald in Japan keinen Schiffbruch erlitten, wenn bei der Entwicklung dieser Kampagne ein „Kenner" des japanischen Kulturkreises mitgewirkt hätte. Denn die Macher der Kampagne hatten nicht die „zweideutige" Wirkung des weiß geschminkten Gesichts von Ronald McDonald berücksichtigt. Während in unseren Kulturkreisen ein weiß geschminkter Clown üblich ist, bedeutet ein weiß geschminktes Gesicht im traditionellen japanischen Kabuki-Theater den Tod.[20]

---

[18] Vgl. Bühner (2004), S. 63.

[19] Vgl. http://www.zeit.de/2003/18/CFlexi-Eihausen

[20] Vgl. http://prozielmarketing.wordpress.com/2007/08/10/in-japan-floppte/

4.3.3.5 Anreizsysteme

Um Wissen unternehmensweit nutzbar zu machen, sind spezielle Anreizsysteme hilfreich, Mitarbeiter für Wissensmanagement zu sensibilisieren und zu motivieren, und ihr Handeln auf Vermehrung und Nutzung von Unternehmenswissen auszurichten. Ein Unternehmen kann seine Mitarbeiter durch materielle Anreizsysteme, wie monetäre Entgelte, Prämien, Renten, Kredite und sonstige sachliche oder soziale Zusatzleistungen zur Wissensweitergabe und -nutzung animieren. Wogegen materielle Anreizsysteme eher kurzfristig wirken und sparsam eingesetzt werden sollten, können immaterielle Anreizsysteme eine langfristige Wirkung erzielen. Hierzu gehören neben Lob und Anerkennung auch öffentliche Würdigung oder die Übertragung von (zusätzlichen) Handlungskompetenzen. Unabhängig von der Wahl des Anreizsystems ist zu beachten, dass ihre Auswahl mitarbeiter- und gegebenenfalls aufgabenindividuell erfolgen sollte. Nur so kann an dieser Stelle ein bestmöglicher Erfolg erzielt werden.

4.3.3.6 Mitarbeitergespräche

Das Ausscheiden eines Mitarbeiters und das damit verbundene verlorene Wissen können für ein Unternehmen existenzgefährdend sein. Damit wichtiges Know-how im Unternehmen verbleibt, sollte ein geplanter Austritt eines Mitarbeiters gut vorbereitet werden. Unternehmen der japanischen Wirtschaft haben diese Problematik schon seit langer Zeit erkannt. Sie bilden aus diesem Grund „Mitarbeiter-Pärchen", bei denen einem jüngeren oder erst seit kurzer Zeit im Unternehmen beschäftigten Mitarbeiter (Kohai) ein älterer, schon länger im Unternehmen befindlicher Mitarbeiter (Sempai) an die Seite gestellt wird.[21] Hierdurch ist auf der einen Seite eine konzentrierte Weitergabe von Wissen und Erfahrung möglich und auf der anderen Seite wird sichergestellt, dass besonders schwierig zu dokumentierendes Erfahrungswissen im Unternehmen verbleibt. In abgeschwächter Form ist das japanische „Kohai-Sempai-Prinzip" bspw. in Deutschland unter dem Begriff „Mentoring" bekannt. Ein sehr anschauliches Beispiel für eine erfolgreiche Umsetzung des Wissenstransfers liefert bspw. die Sartorius AG.[22]

Viele Unternehmen stellen erst nach dem Ausscheiden eines Mitarbeiters fest, dass wichtiges und notwendiges Wissen nicht mehr vorhanden ist. Dem Unternehmen entstehen dann zusätzliche Kosten, da es mit diesen Mitarbeitern Beraterverträge abschließen muss, um weiter auf deren Wissen zugreifen zu können. Eine Erfolg versprechende Möglichkeit, dem Unternehmen das Wissen ausscheidender Mitarbeiter zu erhalten, bieten frühzeitig durchgeführte Austrittsgespräche. Aufgabe eines Wissensmanagers ist es hier, stellen- und aufgabenbezogene Kriterienkataloge zu erarbeiten, die eine strukturierte Wissenserfassung ermöglichen und so sicherstellen, dass für das Unternehmen kostbares Wissen auch in diesem verbleibt.

---

[21] Vgl. Probst; Raub; Romhardt (2003), S. 200.

[22] Vgl. http://www.inqa.de/Inqa/Navigation/gute-praxis,did=222168.html

4.3.4   Abläufe und Prozesse

In den letzten Jahren hat sich das Unternehmensumfeld gravierend gewandelt. Für ein Unternehmen und eine erfolgreiche Unternehmensführung sind Unternehmensdiversifikation und Produktdifferenzierung alleine keine Erfolgsfaktoren mehr. Globalisierte Märkte und damit ein zunehmender Wettbewerbsdruck erfordern, die wettbewerbskritischen Erfolgsfaktoren: Kosten, Zeit, Qualität und besonders Kundenorientierung, erheblich zu steigern. Die zunehmende Komplexität von Kundenerwartungen und angebotener Leistungen sowie neue technische Potenziale ermöglichen heutzutage Kunden wie auch Lieferanten vollkommen andere und effizientere Arbeitsabläufe zu gestalten. Zusätzlich ist in vielen Unternehmen ein erhöhter, gemeinkostenverursachender Abstimmungsaufwand zu beobachten, der durch eine immer größer werdende Unübersichtlichkeit innerbetrieblicher Abläufe begründet ist und der besonders im Verwaltungsbereich zum Ausdruck kommt.

Die bestehenden Unternehmensstrukturen, die in der Regel auf „eingefahrenem" Abteilungs- und Funktionsdenken beruhen, sind dem geschilderten Wandel nur bedingt gewachsen. Starre hierarchische Strukturen und abteilungsorientierte Handlungs- und Denkweisen, „Revierdenken" einzelner Funktionsträger und die oftmals nicht begründbare Orientierung der Unternehmensabläufe an wenige Unternehmensbereiche (z.B. dem Vertrieb) behindern hierbei notwendige unternehmensweite Ablaufoptimierungen. Um am Markt bestehen zu können, muss sich ein Unternehmen heutzutage schnell, flexibel und kontinuierlich an sich verändernde Erfolgsfaktoren anpassen. Die Darstellung der (wesentlichen) Unternehmensabläufe durch (dynamische) Geschäftsprozesse hat sich hierbei als effiziente Vorgehensweise zur Erreichung dieser Ziele herausgestellt. Viele Unternehmen sind in der heutigen Zeit bereits geschäftsprozessorientiert ausgerichtet und nutzen somit die Vorteile des Geschäftsprozessmanagements nicht nur zur Optimierung von Waren- und Informationsflüssen, sondern auch, um Wissensmanagement effektiver und effizienter zu realisieren.

„Prozessmanagement" im Allgemeinen wird in der Literatur u.a. unter den Begriffen „Business Reengineering"[23], „Business Innovation"[24], „Business Improvement"[25], „Core Process Design",[26] „Geschäftsprozessoptimierung",[27] „Process Innovation",[28] „Prozessorganisation",[29] „Business Process Steamlining"[30] etc. diskutiert. Die Methodik des „Prozessmanagements" wurde zuerst in amerikanischen Unternehmen in den achtziger Jahren erfolgreich angewendet und ist auch wesentlicher Bestandteil japanischer „Produktionsphiloso-

---

[23] Hammer; Champy (1994).

[24] Davenport (1993).

[25] Harrington (1991).

[26] Kaplan; Murdoch (1992).

[27] Diebold (1993).

[28] Davenport (1993).

[29] Gaitanides (1993).

[30] Nippa; Klemmer (1996)

phien".[31] Sie basiert auf der Tatsache, dass Produkte, Dienstleistungen, Vertriebsaktivitäten etc. in der Regel nicht abgeschlossen in einzelnen Abteilungen oder Organisationseinheiten entstehen bzw. durchgeführt werden, sondern hiervon mehrere Abteilungen oder Organisationseinheiten mit einer Vielzahl verschiedener Funktionen betroffen sind.

Durch die Prozessdarstellung werden abteilungs- und funktionsbezogene, vertikale Betrachtungsweisen und Unternehmensstrukturen aufgebrochen und durch eine leistungsorientierte, horizontale Betrachtungsweise ersetzt. Sie impliziert eine erhebliche Reduktion ablaufbedingter Schnittstellen und eine Verkürzung der gesamten Durchlaufzeiten („jede Schnittstelle ist eine Liegestelle, jede Schnittstelle ist eine Irrtumsquelle"[32]). So wird jetzt bspw. ein Produkt oder eine Dienstleistung nach dieser „Philosophie" von der Anfrage bis zur Fertigstellung von einem Mitarbeiter oder einem Team selbstverantwortlich bearbeitet. Ferner ermöglicht die Prozessdarstellung eine Vereinfachung und Optimierung von Arbeitsabläufen, die eine deutliche Qualitätsverbesserung und beachtliche Kostenreduzierung zur Folge haben. Prozessleistungen orientieren sich bei dieser Philosophie an zeitnahen internen und externen Kundenwünschen (strikte Kundenorientierung, Kundenfokussierung) und nicht an in Eigeninitiative und ohne explizite Berücksichtigung der Kundenbedürfnisse erstellten Lieferantenleistungen.

Ein Prozess oder Geschäftsprozess ist also eine funktions-, abteilungs- und ggf. unternehmensübergreifende Kette von Aktivitäten, die einen oder mehrere unterschiedliche „Inputs" (= Ressourcen) benötigt und die zu einer definierten Leistung führt, für die ein interner oder externer Kunde bereit wäre zu „bezahlen". Klassische abteilungsorientierte Organisationsstrukturen teilen einzelne Arbeitsschritte eines „Ablaufs" auf, isolieren sie voneinander und ordnen sie im Extremfall verschiedenen Aufgabenträgern zu. Geschäftsprozesse fassen die hier aufgeteilten Arbeitsschritte wieder sinnvoll zu komplexen Aufgaben zusammen und ordnen sie einem oder wenigen Aufgabenträgern zu. Diese werden dann mit entsprechenden Kompetenzen ausgestattet und sind eigenverantwortlich für die Durchführung ihrer Aufgaben zuständig. Aus Spezialisten bei der traditionellen abteilungsorientierten Sichtweise macht die Prozessorientierung Generalisten.

Grundsätzlich werden zwei Arten von Prozesstypen (Kern- und Supportprozesse) unterschieden, die für das Unternehmen eine unterschiedliche Bedeutung besitzen und somit auch unterschiedlich zu handhaben sind. Kernprozesse bestehen aus der Verknüpfung von zusammenhängenden Aktivitäten, Entscheidungen, Informationen und Materialflüssen, die zusammen den Wettbewerbsvorteil eines Unternehmens ausmachen und seine Alleinstellungsmerkmale (Kernkompetenzen) umsetzen. Kernprozesse sind dadurch gekennzeichnet, dass sie

• für das Unternehmen eine strategische Bedeutung besitzen und zur Erreichung strategischer Ziele aufgestellt werden,

---

[31] Vgl. Kleinsorge (1994), S. 51f.

[32] Osterloh; Frost (1996), S. 22.

- quer (= horizontal) zu den traditionellen Abteilungen angesiedelt sind und
- von den Schnittstellen mit den Lieferanten bis zu den Schnittstellen mit externen Kunden reichen.

Kernkompetenzen durchziehen hierbei als integrierte Gesamtheit die Kernprozesse eines Unternehmens, stiften für einen externen Kunden einen Nutzen und tragen zur Wertschöpfung bei. Sie sind wissensbasiert, beschränkt handelbar und zeichnen sich durch eine einmalige unternehmensspezifische Nutzung von Ressourcen aus. Ressourcen können in diesem Zusammenhang Mitarbeiter, Ausstattung oder auch Know-how sein. Ferner sind sie für das Unternehmen schwer ersetzbar und von der Konkurrenz schwer imitierbar. Als Grundpfeiler des Erfolges bilden sie die Basis zur Erschließung neuer Produkte und Märkte und konzentrieren sich hierbei auf ein Kundenproblem, das in gleicher oder ähnlicher Form in verschiedenen Zusammenhängen auftritt und für den Kunden eine wesentliche Bedeutung darstellt. Supportprozesse oder Unterstützungsprozesse erfüllen unterstützende Aufgaben, damit die Kernprozesse entlastet werden und reibungslos ablaufen können. In der Regel haben sie keine strategische Bedeutung. Die Kunden ihrer Prozessleistungen befinden sich innerhalb des Unternehmens (interne Kunden). Durch die Ausgliederung aus den Kernprozessen werden beide Prozesstypen „schlanker" und leichter handhabbar.

Für die Einführung von Wissensmanagement kann eine – zumindest in einzelnen Bereichen des Unternehmens eingeführte – Prozessorientierung in zweierlei Hinsicht vorteilhaft sein. Der erste Vorteil besteht darin, dass Kernprozesse eine Konzentration auf die wesentlichen Abläufe eines Unternehmens erlauben und ermöglichen hier grundlegende strategische Entscheidungen zu treffen. Gerade in heutigen Zeiten, in denen viele Unternehmen versuchen, durch Outsourcing kostenaufwendige Abläufe von hierauf spezialisierten Unternehmen durchführen zu lassen, erlaubt die Kernprozessidentifikation, zu entscheiden, was überhaupt outgesourct werden darf. Beispiele für Abläufe, die heutzutage ohne Bedenken outgesourct werden können, sind sicherlich Buchhaltungs- und Inventuraktivitäten. In beiden Bereichen haben sich Unternehmen darauf spezialisiert, diese Tätigkeiten mit minimalem finanziellen Aufwand effizient und effektiv als Dienstleistung für andere Unternehmen durchzuführen.[33] Outsourcing darf aber nicht dazu führen, dass hierdurch Wissen für die Realisierung eines Kernprozesses verloren geht. Denn hierbei handelt es sich um die Prozesse und Abläufe, die aufgrund des enthaltenen einzigartigen Know-hows das Überleben des Unternehmens sicherstellen.

Der zweite Vorteil resultiert daraus, dass bei der Modellierung der Unternehmensprozesse grundsätzlich das Ziel verfolgt wird, möglichst viele verschiedene Arbeitsschritte sinnvoll zu Aufgaben zusammenzufassen (die dann von einem Mitarbeiter oder einem Team erfüllt werden). Durch diese Maßnahme verringert sich die zur Erstellung der Prozessleistung erforderliche Anzahl der Prozessbeteiligten (= Aufgabenträger), Schnittstellen werden konsequenterweise eliminiert und es reduziert sich die Notwendigkeit, Wissen und Informationen direkt

---

[33] Siehe z.B. für Buchhaltungstätigkeiten www.administraight.de und für die Stichprobeninventur/Inventurmanagement www.stichprobeninventur.com.
Zum Thema „Outsourcing" siehe z.B.: Wullenkord (2005).

und kurzfristig an andere Aufgabenträger und Prozessbeteiligte weiterzugeben. Gleichzeitig macht die Prozessdarstellung Abläufe transparenter und übersichtlicher. Hierdurch ist es dann leichter möglich, die wesentlichen und für die Leistungserstellung wichtigen Faktoren zu erkennen und das hierfür notwendige Wissen festzustellen, im Unternehmen zu identifizieren oder es zu beschaffen.

4.3.5   Early Wins und Quick Hits

Für die Implementierung wie auch die spätere Aufrechterhaltung eines ganzheitlichen und effektiven Wissensmanagements ist die aktive und motivierte Beteiligung der Mitarbeiter eines Unternehmens eine wichtige Voraussetzung. Quick Hits oder Early Wins können in diesem Zusammenhang bereits vor der Einführung eines Wissensmanagement-Projektes oder auch während dessen Realisierung zu einer Motivationssteigerung führen. Quick Hits und Early Wins stellen Maßnahmen mit geringem Aufwand dar, die mit einer hohen Wahrnehmbarkeit und einem positiven Nutzen für viele am Projekt Beteiligte verbunden sind. Mit ihnen wird der Zweck verfolgt, Vertrauen in das Projekt zu schaffen und Motivation und Ausdauer der Mitarbeiter auch über einen längeren Zeitraum zu stärken. Damit von Quick Hits und Early Wins eine Signalwirkung für das Unternehmen ausgeht, müssen deren Erfolge im Unternehmen publiziert werden.

Bei Wissensmanagement-Projekten bietet sich der Einsatz von Quick Hits und Early Wins im Bereich der Kommunikation an. Dieser besteht aus einer Vielzahl von Kommunikationsarten, die sich in schriftliche, persönliche, auditive/audiovisiuelle und elektronische Arten unterteilen lassen. Im täglichen Gebrauch findet ein Kommunikationsmix statt, bei dem die verschiedenen Medien miteinander kombiniert werden. Aus der Vielzahl der einzelnen Kommunikationsarten bieten hier das Besprechungsprotokoll, die Gesprächsnotiz und die E-Mail Ansatzpunkte, die zu einer Verbesserung der Kommunikation beitragen können.

In vielen Unternehmen verbringen Führungskräfte bis zu 50 Prozent ihrer Zeit in Besprechungen, Sitzungen, Konferenzen und Meetings. Aus diesem Grund ist es wichtig, behandelte Tagesordnungspunkte, Entscheidungen, Beschlüsse und Aktionen zeitnah zu dokumentieren. Hierdurch werden zum einen das spätere Nachlesen erleichtert und zum anderen die Information von Nicht-Teilnehmern ermöglicht. Ein Besprechungsprotokoll ist deshalb zeitnah anzufertigen und den Beteiligten zur Verfügung zu stellen. Damit es aber auch gelesen wird, muss es kompakt geschrieben und sein Inhalt übersichtlich dargestellt sein. Strukturierte Protokollvorlagen erfüllen diese beiden Forderungen. Wird das Protokoll zudem noch „offen" und in elektronischer Form (PC und Beamer) erstellt, können Wahrnehmungsdifferenzen und Formulierungsunklarheiten sofort beseitigt und das Protokoll im Anschluss der Besprechung direkt an alle im Verteiler aufgeführten Adressaten per E-Mail versendet werden.

Im privaten wie auch im wirtschaftlichen Bereich ist die E-Mail heutzutage ein wichtiges und unverzichtbares Kommunikationsmittel. Damit eine E-Mail aber gelesen und später auch wiedergefunden wird, muss sie bestimmte Anforderungen erfüllen. Sie ist kurz zu fassen, hat eine aussagekräftige Betreffzeile zu enthalten und sollte in den ersten zehn Zeilen dem Adressaten den wesentlichen Inhalt und vor allem den Nutzen, den dieser aus der E-Mail ziehen kann, verdeutlichen. Am Ende einer E-Mail sind die Kontaktdaten des Absenders aufzuführen. Um den Wiedererkennungswert des Absenders zu erhöhen und das Corporate Design des Unternehmens zu unterstützen, sind die Kontaktdaten durch ein Firmenlogo zu ergänzen.

In jedem Unternehmen liegen viele interne wie auch externe Informationen nicht in elektronischer Form vor bzw. können aus Aufwandsgründen nicht (direkt) elektronisch erfasst werden. Damit aber trotzdem keine Informationen verloren gehen, sind diese möglichst zeitnah und vollständig zu dokumentieren. Einheitlich aufgebaute Gesprächsnotizvorlagen ermöglichen hier mit geringfügigem Aufwand viele unterschiedliche Informationen zu erfassen. Platzhalter für die wichtigsten Textfelder, Datum und Uhrzeit sowie Art der Notiz stellen hierbei sicher, dass keine Angaben vergessen und spätere aufwendige Nachfragen vermieden werden. Auch führen das Vorhandensein des Firmenlogos und die Verwendung von Farben und Schriftarten, die dem Standard des Unternehmens entsprechen, zu einem visuell einheitlichen Erscheinungsbild.

4.3.6   Räumliches Umfeld und Arbeitsplatzgestaltung/ -organisation

Auch die in einem Unternehmen vorhandenen Raumkonzepte haben einen Einfluss auf den Erfolg von Wissensmanagement. Nur wenn ein Mitarbeiter sich an seinem Arbeitsplatz wohl fühlt, arbeitet er hier gerne und es steigt auch die Wahrscheinlichkeit, dass er freiwillig sein Wissen weitergibt. Des Weiteren fördern regenerative Zonen im Büro die soziale und betriebliche Kommunikation, erhöhen auch auf diese Weise das produktive Arbeitsklima und ermöglichen eine „face-to-face"-Kommunikation, die eine wesentliche Voraussetzung für ein erfolgreiches Wissensmanagementkonzept darstellt. Diese kommunikationsfördernden Bedingungen sollten hierbei nicht nur am, sondern auch außerhalb des Arbeitsplatzes vorhanden sein.

Viele Bürokonzepte sind jedoch heutzutage nicht dazu geeignet, diese Anforderungen zu erfüllen. Großraumbüros erhöhen als eine „Organisationsmöglichkeit" die ohnehin schon vorhandenen psycho-mentalen Arbeitsbelastungen und bieten keinen Raum zur Entfaltung oder zur Entwicklung von neuen Ideen. Ruhepausen werden dann dazu genutzt, einem hohen Lärmpegel zu entkommen, statt sich mit anderen Mitarbeitern kommunikativ auseinander zu setzen. Einzelbüros bieten hierzu keine sinnvolle Alternative. Mitarbeiter sind in Einzelbüros „abgeschnitten" und nur über das Telefon oder das Internet mit ihren Kollegen und der „restlichen Welt" verbunden. Moderne Architekturen und neue Bürokonzepte versuchen, die Vorteile aus beiden Alternativen zu nutzen und deren Nachteile zu vermeiden.

Zu den grundlegenden Anforderungen an ein modernes Bürokonzept gehören sicherlich genügend Licht, ausreichende Arbeitsmaterialien, Vermeidung von Lärm oder störender Musik, regulierbare Belüftung und Beheizbarkeit der Büroräume sowie höhenverstellbare Schreibtische und Stühle.[34] Um darüber hinaus jedoch die Kommunikation zu fördern, erscheinen Einzel-, Kombi- oder Zellenbüros aber grundsätzlich ungeeignet. Hier sind die

---

[34] http://arbeitsblaetter.stangl-taller.at/LERNTECHNIK/Arbeitsplatz.shtml.

Kommunikationswege oftmals zu lang und die meisten Gespräche außerhalb des Arbeitsplatzes finden nicht spontan statt, sondern müssen im Vorfeld geplant sein. Der aufgeführte
Nachteil der Isolation kann hier nicht geleugnet werden. Der Vorteil der Großraumbüros
hingegen liegt aber in der ungezwungenen Kommunikationsmöglichkeit. Damit jedoch die
bereits aufgeführten Nachteile (hoher Lärmpegel, fehlende Privatsphäre etc.) diesen Vorteil
nicht überwiegen, ist hier ein richtiges Arbeitsplatz-Layout wichtig. Wesentlicher Bestandteil
dieses Layouts ist es dann, die persönliche Kommunikation, die jedoch keine störende Wirkung für Unbeteiligte haben darf, zu fördern.

Einen Lösungsvorschlag hierzu bietet die wandorientierte Arbeitsplatzgestaltung an. Bei
diesem Konzept sitzen die Mitarbeiter in einem Zweierblock gegenüber (siehe Abbildung
4.6).[35] Eine Wand zwischen den beiden Schreibtischen dient als Abschirmung vor Lärm und
Blicken. Damit die (spontane) Kommunikation erleichtert wird, ist die Trennwand zwischen
den Arbeitsplätzen nicht ganz durchgezogen.

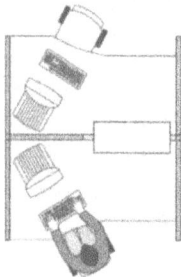

Abb. 4.6   Wandorientierte Arbeitsplatzgestaltung

Um Raum und Platz für Kommunikation zwischen mehreren Mitarbeitern – auch aus anderen Zweierblöcken – zu bieten, können bei diesem Konzept separate Besprechungstische in
den Raum integriert werden (siehe Abbildung 4.7).[36] Dabei ist es wichtig, dass diese durch
Wände von den Arbeitsbereichen abgeschirmt sind, um Nichtbeteiligten in den Zweierblöcken die nötige Ruhe zu gewähren. Eine Alternative zu einfachen und unflexiblen Büroti-
schen stellen hier dynamische Steh-Sitz-Arbeitsplätze dar.[37] In der Höhe verstellbare Tische,
die ein Arbeiten im Sitzen wie auch im Stehen ermöglichen, sind eine gute Möglichkeit um
Rückenerkrankungen durch einseitige Dauerbelastung und Bewegungsmangel vorzubeugen
und können sich hierdurch positiv auf die Absentismusrate auswirken.

---

[35] http://www.m-waehlert.de/downloads/7_Kommunikation.pdf.

[36] Vgl. http://www.m-waehlert.de/downloads/7_Kommunikation.pdf.

[37] Vgl. www.inqa-buero.de.

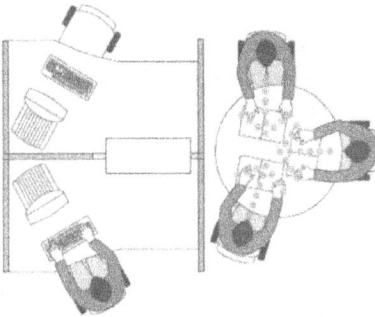

Abb. 4.7   Arbeitsplatzgestaltung in Form von Zweierblöcken

Aber auch außerhalb des Arbeitsplatzes muss die Kommunikation gefördert werden. Das Büro der Zukunft sieht vor, dass Mitarbeiter sich an bestimmten Ballungsorten im Unternehmen ungezwungen treffen können (am Drucker, Kopierer oder Getränkeautomat, in der Teeküche oder der Kantine, vor einem schwarzen Brett etc.) und durch eine freundliche Architektur und Gestaltung (bequeme Stühle, Stehhilfen, Schreibflächen) dazu angehalten werden, hier zu verweilen und zu kommunizieren. Oft sind genau diese Gespräche bedeutend, denn die Mitarbeiter pflegen hier ihre sozialen Kontakte, können Missverständnisse aus dem Weg räumen, Gemeinsamkeiten entdecken, Sachverhalte erörtern, Fragen beantworten, Ideen kreieren etc.

Anders als spontane Gespräche laufen geplante Gespräche meist in Besprechungs-, Konferenz- und Seminarräumen unter vorgegebenen Voraussetzungen ab. Ein mobiles Mobiliar sowie bewegliche Wände zur schnellen Anpassung an Teilnehmerzahl, Tischformation und Art der Versammlung sind genauso wichtig wie eine gute technische Ausstattung (Licht, Klima, Verdunklung, Computer, Dia- oder Videoprojektor).

In der praktischen Anwendung sind derartige Konzepte bereits Realität. Die Drees & Sommer AG, ein in Deutschland ansässiges und auf große Bauvorhaben spezialisiertes Management- und Beratungsunternehmen, hat erkannt, dass die Kreativität der Mitarbeiter von ihrem Wohlbefinden abhängt. Ihr Bürokonzept „open space" vereint verschiedene Aspekte, die die individuelle Arbeitsplatzgestaltung und Kommunikationsverbesserung beinhalten. Kennzeichen dieses Konzepts sind bspw. helle, freundliche und offene Räume mit viel Glas und Holz und das Vorhandensein von „Ballungsräumen", in denen sich die Mitarbeiter treffen können. „Laufwege" sind so angelegt, dass die Mitarbeiter an ihren Arbeitsplätzen nicht durch unnötige Ablenkung oder Lärm gestört werden. Durch das entwickelte Konzept entsteht ein Netz von Kommunikationswegen, dass das Leben im Arbeitsalltag „erleichtert" und den Wissensaustausch fördert. Untersuchungen zur Folge stiegen nach der Einführung des Konzepts Mitarbeiterleistungen um durchschnittlich bis zu zehn Prozent.[38]

---

[38] Vgl. http://www.schuldt-baumgart.de/PDFarchiv/Buero_Zukunft.pdf.

Auch fünf Fraunhofer Institute (IAO, IBP, IIS, IMS, ISST) entwickelten in Stuttgart ein Bürolabor „OIC" (Office Innovation Center), dass das Wohlfühlbüro der Zukunft zeigt. Auf 1.000 qm ist zu sehen, wie technische Raffinessen die Arbeit erleichtern können. Neben dem „NOVA DESK", bei dem ein Monitorbild auf die Schreibtischplatte projiziert wird, soll die Bürolandschaft die Grenzen der Kommunikation aufheben. Wireless LAN stellt sicher, dass ein Mitarbeiter an jedem Ort im Unternehmen arbeiten und Informationen abrufen kann, ein Personenortungssystem auf Infrarotbasis ermöglicht das kurzfristige Auffinden von Mitarbeitern etc. [39]

„Büroforscher" sagen in diesem Zusammenhang voraus, dass das Büro der Zukunft seinen Mitarbeitern als „zweites zu Hause" dienen wird. Das Arbeiten nach dem Motto „Office is where you are" beschleunigt und erleichtert dank modernster Technik, wie Computern und Software, Telefon und Telefax, Internet und Intranet, Arbeitsabläufe in vielen Bereichen. [40]

4.4   Zusammenfassung

Dass heutzutage die Arbeit in vielen Unternehmen immer wissensintensiver wird, die Informationsflut allerdings stetig zunimmt und Wissensvorsprünge Vorteile gegenüber der Konkurrenz darstellen, steht außer Zweifel. In der Literatur und auch in der Praxis sind deshalb zahlreiche Konzepte zu finden, die die Einführung von Wissensmanagement in einem Unternehmen zum Inhalt haben. Im Wesentlichen vernachlässigen diese Konzepte jedoch die Schaffung grundlegender Voraussetzungen für die erfolgreiche Implementierung. Zum einen gehen sie zu wenig auf Rahmenbedingungen ein, die – wie bspw. eine wissensmanagementfreundliche Unternehmenskultur – unbedingt vor der Einführung vorhanden sein müssen, zum anderen beginnen viele Unternehmen mit ihrer Einführung an der falschen Stelle. Der vorliegende Beitrag zeigt hier auf, welche Rahmenbedingungen als Voraussetzung für die Wissensmanagement-Einführung vorhanden sein sollten und stellt in diesem Zusammenhang Maßnahmen dar, die ohne großen Aufwand realisierbar sind, bereits unabhängig von einer späteren Einführung sinnvoll sein können und die den Mitarbeitern die Vorteile von Wissensmanagement bereits in einem frühzeitigen Stadium verdeutlichen.

Literatur

Bühner, R.: Betriebswirtschaftliche Organisationslehre. München (2004).

Czichos, R.: Entertainment für Knowbodies: Train-the-Trainer einmal anders. München (1999).

---

[39] Vgl. http://www.office21.de/Themengebiete/icl.htm. http://oic.fhg.de.

[40] http://www.schuldt-baumgart.de/PDFarchiv/Buero_Zukunft.pdf.

Davenport, T. H.: Process Innovation – Reengineering Work through Information Technology. Boston/Massachusetts (1993).

Diebold Deutschland GmbH (Hrsg.): Diebold-Methodik Geschäftsprozessoptimierung (GPO) – Überblick über Konzept, Anwendungsmöglichkeiten und Nutzen für den Klienten, Version 2. 3. Eschborn (1993).

Gaitanides, M.: Prozessorganisation. München (1993).

Hammer, M.; Champy, J.: Business Reengineering. Frankfurt/M. (1994).

Harrington, H. J.: Business Process Improvement. New York (1991).

Jaspers, W.; Westerink, A. K.: Wissensmanagementwerkzeuge für jedes Budget. In: Wissensmanagement (5/2006), S. 34-37.

Jaspers, W.; Westerink, A. K.: Werkzeuge des Wissens. Wissensmanagement auf dem Prüfstand. In: KMU LIFE (8/9 /2006), S. 18-24.

Jeffrey, K. L.: The Toyota Way. New York (2004).

Kaplan, R.; Murdoch, L.: Core Process Redesign. McKinsey Quarterly 2 (1991), S. 27-43.

Kleinsorge, P.: Geschäftsprozesse. In: Masing, W. (Hrsg.): Handbuch Qualitätsmanagement. München, Wien (1994).

Neumann, R.: Die Organisation als Ordnung des Wissens. Wiesbaden (2000).

Niermeyer, R.: Teamarbeit: Führen und Erfolge sichern. Freiburg, Berlin, München (2001).

Nippa, M.; Klemmer, J.: Zur Praxis prozeßorienterter Unternehmensgestaltung. Von der Analyse bis zur Umsetzung. In: Nippa, M.; Picot, A. (Hrsg.): Prozessmanagement und Business Reengineering – Die Praxis im deutschsprachigen Raum. Frankfurt/M., New York (1996), S. 166.

Nonaka, I.; Takeuchi, H.: Die Organisation des Wissens. Frankfurt/M., New York (1997).

North, K.: Wissensorientierte Unternehmensführung. Wertschöpfung durch Wissen. Wiesbaden (2005).

Osterloh, M.; Frost, J.: Prozessmanagement als Kernkompetenz. Wie Sie Business Reengineering strategisch nutzen können. Wiesbaden (1996).

Probst, G. J. B; Raub, S.; Romhardt, K.: Wissen managen. Wie Unternehmen ihre wertvollste Ressource optimal nutzen. Wiesbaden (2006).

Schüppel, J.: Wissensmanagement. Organisatorisches Lernen im Spannungsfeld von Wissen- und Lernbarrieren. Wiesbaden (1997).

Wullenkord, A. (Hrsg.): Praxishandbuch Outsourcing. Strategisches Potential – Aktuelle Entwicklung – Effiziente Umsetzung. München (2005).

http://www.gembapantarei.com/2005/11/.

http://www.innovativ-in.de/c.3117.htm.

http://www.inqa-buero.de.

http://www.inqa.de/Inqa/Navigation/gute-praxis,did=222168.html.

http://www.m-waehlert.de/downloads/7_Kommunikation.pdf.

http://www.office21.de/Themengebiete/icl.htm.

http://www.sme.org/cgi-bin/get-newsletter.pl?LEAN&20040510&2.

http://www.sap.info/public/DE/de/index/PrintEdition-
15916446b8b8d19f65/0/articlesVersions-15918446b87e608ddc.

http://www.schuldt-baumgart.de/PDFarchiv/Buero_Zukunft.pdf.

http://www.zeit.de/2003/18/CFlexi-Eihausen.

http://arbeitsblaetter.stangl-taller.at/LERNTECHNIK/Arbeitsplatz.shtml.

http://oic.fhg.de.

http://prozielmarketing.wordpress.com/2007/08/10/in-japan-floppte/.

http://www.office21.de/Themengebiete/icl.htm.

5   Wissensorientiertes Human Ressource Management

Martina Stangel-Meseke

5.1 Relevante psychologische Aspekte bei der Einführung von Wissensmanagement in der Unternehmung

„Lebendige Strukturen können nur sein, indem sie werden,
können nur leben, indem sie sich verändern.
Wachstum und Veränderung sind inhärente Eigenschaften von Lebensprozessen."
(Erich Fromm)

Wissen gewinnt als nachhaltige Ressource in Wertschöpfungsprozessen immer mehr an Bedeutung und ist vor dem Hintergrund immer dynamischerer wirtschaftlicher Entwicklungen und zunehmender internationaler Verflechtungen dauerhaft als Teil der Unternehmensführung bedeutend. Häufig krankt die Implementierung von Wissensmanagement an der unzureichenden Integration der Mitarbeiter sowie mangelnden Strategien und bereichsübergreifenden Konzeptionen seitens der Unternehmung.

Ziel des Managements von Wissen muss es daher sein, einerseits geeignete Motivations- und Anreizmechanismen zu entwickeln, die die Bereitschaft der Mitarbeiter fördern, aktiv den Wissensaustausch zu betreiben. Andererseits muss eine wissensorientierte Unternehmenskultur geschaffen werden, die das individuelle und organisationale Wissen als den, wenn nicht gar wichtigsten Faktor zur Steigerung der Wettbewerbsfähigkeit der Unternehmung begreift.

Zunächst wird das Verhältnis von Wissensmanagement und organisationalem Lernen erörtert. Dann werden mit Blick auf die Aufgabe des Wissensmanagements, strukturelle Bedingungen für organisationales Lernen zu schaffen, wissensfördernde Organisationsformen vorgestellt. Unter Einbezug psychologischer Aspekte (Reaktanz, Widerstand, Wahrnehmung, Konflikt) werden mögliche Widerstände der Mitarbeiter gegenüber dem Wissensmanagement skizziert. Diesem Diskurs folgt eine Ableitung der Faktoren, die förderlich für die Einführung von Wissensmanagement sind. Abschließend wird ein integratives Vorgehensmodell zur Einführung von Wissensmanagement beschrieben, das durch seinen hohen Mitarbeiterbezug eine geeignete Basis für organisationales Lernen darstellt. Im Ausblick werden die zukünftigen Anforderungen an das Human Ressource Management zur Festigung eines erfolgreichen Wissensmanagements skizziert.

5.1.1 Zum Verhältnis von Wissensmanagement und organisationalem Lernen

Wissen gilt in der Unternehmung als die einzige Ressource, die sich im Gebrauch vermehrt oder spezifiziert und die Einzigartigkeit eines Unternehmens bzw. die Nicht-Imitierbarkeit seiner Produkte wie keine andere Ressource begründen kann. So versuchen Führungskräfte in Unternehmen neue Chancen und Risiken zu identifizieren, die nachhaltig die Existenz der Unternehmung sichern. Als Chancen gelten wissensintensive Produkte bzw. Dienstleistungen und neue Märkte. Als Risiken werden das schnelle Altern eigenen Wissens und das Auftreten neuer Wettbewerber aufgeführt.[1]

Daher fokussiert das Wissensmanagement in der Unternehmung auf die Identifikation aller relevanten Wissenspotenziale und deren systematische Ausschöpfung durch die Optimierung des Wissensflusses. So wurden zahlreiche Instrumente entwickelt, die sich thematisch auf Identifikation, Erwerb, Verteilung, Nutzung und Bewahrung von Wissen konzentrieren.[2] Mit diesen Instrumenten wird beabsichtigt, dass mehr Innovationen bewirkt werden, dass sich die Unternehmung vom Wettbewerb abhebt, Einmaligkeit und Nicht-Imitierbarkeit entwickelt werden und so letztlich strategische Wettbewerbsvorteile entstehen. Das heißt, dass der Einsatz dieser Instrumente nachhaltige Veränderungen auslösen soll und damit vor allem organisationale Lernprozesse angesprochen sind. Infolge dessen muss sich die Unternehmung zu einer lernenden Organisation[3] entwickeln.

Organisationales Lernen beinhaltet jedoch ständige Lernprozesse und impliziert nach Fried und Baitsch[4] auch immer die Möglichkeit des Unerwarteten, der unvollständigen Kontrollierbarkeit und der tiefer greifenden Veränderung. Strukturen, Rollen und Funktionen können in Frage gestellt sowie das Selbstbild einer Unternehmung und ihrer Mitarbeiter gestört werden. Demzufolge ist organisationales Lernen ein untypischer, den Unternehmen fremder Prozess. Letztere intendieren gerade, Unsicherheiten zu vermeiden, diese zu reduzieren und eine Situation herzustellen, die Stabilität und Wiederholung ermöglicht.[5] Je routinierter das Handeln in den Unternehmen ist, je eher wird eine Erwartungs- und Handlungssicherheit für die Zukunft hergestellt, die somit berechenbar wird. Diesen Annahmen zufolge müsste das organisationale Lernen als strategisches Programm Ängste bei den Mitarbeitern auslösen, und wenn Wissensmanagement mit organisationalem Lernen in Verbindung gebracht wird, müssten die Chancen für die Einführung von Wissensmanagement sinken.

Entscheidend in diesem Kontext und zur Sicherung der Wettbewerbsvorteile der Unternehmung ist der Umgang mit Wissen. Unternehmen sind Systeme, die bereits seit ihrer Gründung über Wissensbasen verfügen, die die Aufnahme weiteren Wissens beeinflussen. Mitarbeiter vergleichen neue Erfahrungen mit denen, die sie in der Vergangenheit gemacht haben, und erstellen auf dieser Basis ihre Handlungsentwürfe. Grundsätzlich wird neues Wissen mit eigenen Deutungsschemata unterlegt und auf die Verhältnisse der Unternehmung angepasst. Die Mitarbeiter können neues Wissen umso besser integrieren, je kompatibler es zu ihrem bisherigen Wissen ist.

Während für die Mitarbeiter das Lernen in gewohnten situativen Kontexten und damit das Verfeinern bisheriger Handlungen und Methoden die am leichtesten zu bewältigende Lern-

---

[1] Nonaka; Takeuchi (1997), S. 13-16.

[2] Vgl. Probst; Raub; Romhardt (1997), S. 99. Baubin; Wirtz (1996), S. 136ff. Lehner (1996), S. 83ff. Rahn (1999), S. 32ff.

[3] Zum Konzept s. Argyris; Schön (1978).

[4] Fried; Baitsch (2000).

[5] Baitsch (1993), S. 125.

form darstellt, reicht diese gerade für die Unternehmung nicht aus. Wenn nämlich vorhandenes Wissen an veralteten Systemen orientiert ist, führt die Verfeinerung dieses Wissens in suboptimale Lernschleifen.[6] Daher bedarf es für die genauere Analyse der organisationalen Lernfähigkeit der Unternehmung einer Infragestellung des Führungs- und Milieuwissens.

Nach Fried und Baitsch[7] bezieht sich das Führungswissen auf die hierarchischen Strukturen der Unternehmung. Darin eingeschlossen sind die Koordination der Arbeitsteilung, die organisationsspezifischen Standards von Autorität und Disziplin sowie die Möglichkeiten, die Mitarbeitermotivation zu beeinflussen. Das Milieuwissen ist dem Führungswissen ähnlich und wenig trennscharf von diesem zu differenzieren. Es wird in der Unternehmung erst durch Erfahrungen begreifbar. Es umfasst ein Wissen z.B. darüber, welche Erwartungen an wen gerichtet werden können, wessen Initiativen wann erfolgreich sind, wie Kontrollmechanismen wirken und wie sie zu handhaben sind sowie welche Absichten in welcher Sprache an wen formuliert werden. Das heißt es gilt den Einfluss von Macht auf die Aneignung, Verbreitung und Interpretation von Wissen zu untersuchen. Ob Mitarbeiter ihr Wissen der Unternehmung zugänglich machen, ist eine Frage ihres strategischen Kalküls. Wenn sie ihren Einfluss über die Kontrolle von Informations-, Kommunikationskanälen oder Expertenwissen sichern, dann können sie kein Interesse an der Preisgabe dieser Ressourcen haben. Warum sollten Mitarbeiter beispielsweise ihr Wissen über Rationalisierungspotenziale preisgeben, wenn sie in der Folge bei Nutzung dieses Wissens in der Unternehmung eine Einengung ihrer Handlungsspielräume, im schlimmsten Fall ihre Entlassung, riskierten?

Strategien zur Integration neuen Wissens und die Nutzbarmachung von Wissen im Unternehmen müssen daher vor dem Hintergrund institutionell verankerter Macht gesehen werden. Je ausgeprägter und starrer vorhandene Machtstrukturen sind, desto schwieriger wird die Durchführung von Veränderungen. Institutionalisierte Macht entzieht sich solange Aushandlungsprozessen, wie die Mitarbeiter sie als implizites Wissen in ihren kognitiven Strukturen verankert haben. Wenn also die mächtigen Personen der Unternehmung kein Interesse an der Erweiterung der Wissensbasis der Unternehmung zeigen, dann ist das organisationale Lernen zum Scheitern verurteilt. Allerdings ermöglicht erst die kritische Infragestellung des Führungs- und Milieuwissens nach Fried und Baitsch kritische Veränderungsprozesse in der Unternehmung. Insofern ist das organisationale Lernen nicht nur ein blinder Passagier des Wissensmanagements, sondern es hat strategische Relevanz im Kontext der Entwicklung von dauerhaften Wettbewerbsvorteilen der Unternehmung. Wissensmanagement hat in dieser Hinsicht eine pragmatische Vorbereitung des organisationalen Lernens zur Aufgabe. Seine Funktion besteht darin, die strukturellen Voraussetzungen zu schaffen, damit die organisatorische Wissensbasis genutzt, verändert und weiterentwickelt werden kann.

Im Folgenden werden mögliche wissensfördernde Organisationsformen vorgestellt, die ein organisationales Lernen im Unternehmenskontext ermöglichen können.

---

[6] Hanft (1996), S. 155f.

[7] Fried; Baitsch (2000).

5.1.2   Wissensfördernde Organisationsstrukturen

Das Wissensmanagement ist auf eine leistungsfähige Kommunikationsstruktur angewiesen. Auf der Ebene der Unternehmung erscheinen traditionelle Organisationsstrukturen wie Ein- und Mehrliniensysteme, funktionale und divisionale Organisationen, die Matrixorganisation etc. als wenig geeignet, diese Rahmenbedingung zu erfüllen. Innovationsorientierte Strukturmodelle sind dazu eher in der Lage, so z.B. das teamorientierte Modell sich überlappender Gruppen,[8] die Netzwerkmodelle[9] und die Hypertextorganisation.[10] Nach Macharzina[11] sind Strukturmodelle einerseits Kombinationen von Formen der Arbeitsteilung (Aufgabenstruktur) und andererseits der Leitungssysteme (hierarchische Struktur).

Bei den teamorientierten Modellen sich überlappender Gruppen werden wichtige Entscheidungen von Gruppen getroffen. Eine Organisation nach diesem Modell setzt sich aus mehreren Gruppen zusammen, die sich horizontal und vertikal überlappen, das heißt Mitglieder einer Gruppe sind gleichzeitig auch in anderen Gruppen aktiv. Durch die Zugehörigkeit zu anderen Gruppen wird die Kommunikationsstruktur erheblich verbessert. Somit wird der Wissens- und Informationsfluss durch das ganze Unternehmen hindurch begünstigt. Da Entscheidungen von Gruppen und nicht ausschließlich von Führungskräften getroffen werden sollen, wird der Führungsanspruch in diesem Modell relativiert. Allerdings treffen die Führungskräfte bei mangelndem Gruppenkonsens dennoch Entscheidungen selbst.

Die Netzwerkmodelle setzen sich im organisatorischen Sinn aus einem Beziehungsgefüge aus selbstständigen Einheiten (Personen, Gruppen) zusammen, die sich durch gemeinsame Werte verbunden fühlen.[12] Die involvierten Personen interagieren nach einem festgelegten Muster miteinander. Netzwerkmodelle weisen vor allem folgende Charakteristika auf:[13]

- Intensive vertikale Beziehungen zwischen den Mitgliedern.
- Lose Organisationsform aufgrund persönlicher Beziehungen.
- Partnerschaftliche Gruppenstruktur zwischen gleichrangigen Experten.
- Bildung von zeitlich begrenzten Projektgruppen für bestimmte Aufgaben.

Da Netzwerke unverzüglich auf Umweltveränderungen reagieren und diese schnell in ihre Organisation integrieren und verbreiten können, stellen sie eine besonders geeignete Organisationsform zur Erfüllung der Aufgaben im Wissensmanagement dar.

Die Hypertextorganisationen[14] haben eine nichthierarchische selbstorganisierte Struktur, die mit einer hierarchischen Struktur zusammenarbeitet. So kann gleichzeitig die Effizienz auf

---

[8] Likert; Likert (1976), S. 183ff.

[9] Lipnack; Stamps (1982).

[10] Nonaka; Takeuchi (1995), S. 166ff.

[11] Macharzina (1993), S. 370.

[12] Lipnack; Stamps (1982).

[13] Siehe auch Mueller (1988), S. 218.

[14] Nonaka; Takeuchi (1995).

Unternehmensseite und die lokale Flexibilität maximiert werden. Die Hypertextorganisation ermöglicht der Unternehmung, neues Wissen kontinuierlich und wiederholt in einem zyklischen Prozess zu erwerben, zu kreieren und zu nutzen. So erfolgt bei dieser Organisationsform ein schneller und flexibler Wechsel zwischen den verschiedenen Wissenskontexten. Durch den so erzeugten dynamischen Kreislauf der Wissenserzeugung ist diese Organisationsform eine sehr geeignete Basis für eine leistungsfähige Kommunikationsstruktur (zur Struktur der Hypertextorganisation s. Jaspers in diesem Band).

Die wissensfördernden Organisationsformen müssen bezüglich ihrer Realisierung von jeder Unternehmung selbst geprüft werden. Sie sind letztlich die strukturelle Bedingung für das Wissensmanagement. Der entscheidende Faktor für die Einführung und Umsetzung des Wissensmanagements bleibt – trotz aller idealen strukturellen Voraussetzungen – der Mitarbeiter, weshalb im Folgenden die Widerstände der Mitarbeiter gegenüber dem Wissensmanagement aus psychologischer Perspektive diskutiert werden. Anschließend werden auf dieser Basis die relevanten Aspekte herausgestellt, die seitens der Mitarbeiter die Akzeptanz für das Wissensmanagement fördern.

5.2 Widerstände der Mitarbeiter gegenüber dem Wissensmanagement

Durch die Einführung eines Wissensmanagements werden Unternehmen verändert: Alte tradierte Strukturen, in denen Mitarbeiter mit routinierten Verhaltensweisen Arbeitsabläufe sicher beherrschten, werden in Frage gestellt. Es entstehen neue unternehmerische Strukturen, möglicherweise unsichere Ansätze, die wiederum eine hohe Flexibilität seitens des Verhaltens der Mitarbeiter und ein Verwerfen derer Routinen nach sich ziehen. Gleichzeitig werden Machtstrukturen in der Unternehmung verändert: Traditionelles wird zum Teil entwertet und das Neue, das Wissensmanagement, aufgewertet. Daher ist es oft so, dass Mitarbeiter Reaktanz bei der Implementierung des Wissensmanagements zeigen, die in Widerstand resultierend den Implementierungserfolg nachhaltig gefährdet.

Als Reaktanz wird ein motivationaler Spannungszustand bezeichnet, der auf den Widerstand gegenüber einer drohenden oder bereits geschehenen Einengung und auf die Beibehaltung oder Zurückgewinnung eines Verhaltensspielraums ausgerichtet ist.[15]

Individuen sind bestrebt, Reaktanz zu reduzieren. Dies kann nach Brehm und Brehm[16] durch eine Verhaltensänderung hinsichtlich der veränderten Situation (Trotz-, Flucht-, Aggressionshaltung) hervorgerufen werden. So kann es passieren, dass Mitarbeiter ihr angeeignetes Wissen aus persönlichen Gründen der Unternehmung nicht zur Verfügung stellen wollen und es gezielt verschleiern (individuelle Wissensbarriere). Diese Mitarbeiter haben in ihrer beruflichen Sozialisation unabhängig von unternehmensweiten Wissensmanagement-Projekten

---

[15] Dickenberger; Gniech; Grabitz (1993).

[16] Brehm; Brehm (1981).

unter hohem persönlichem Aufwand und mit viel Engagement Experten für bestimmte Themen in der Unternehmung ermittelt und sich fachlich vernetzt. So haben sie sich eine Position erarbeitet, die durch die Einführung eines Wissensmanagements, auf das alle Mitarbeiter Zugriff haben, in Frage gestellt würde. Daher verweigern diese Mitarbeiter die Offenlegung ihrer Netzwerke, da dies in ihrer Wahrnehmung ihre erarbeitete Position schwächen, wenn nicht sogar gefährden könnte. Somit kann die Einführung von Wissensmanagement für Mitarbeiter eine Irritation darstellen, da Wissen durch psychologische Lernprozesse an Individuen gebunden ist und sich nicht problemlos sammeln und nutzen lässt. Wissen ist in diesem Verständnis für den einzelnen Mitarbeiter identitätsstiftend und wird so zu einer persönlich sensiblen Ressource.[17]

Ferner kann nach Brehm und Brehm Reaktanz durch eine kognitive Anpassung reduziert werden, indem eine Person die blockierten Alternativen (das heißt die Alternativen, an denen sie festhält) aufwertet. Dieses Verhalten wird als Widerstand bezeichnet, der entsteht, wenn das Individuum ein ausreichend hohes Niveau der Reaktanz erreicht hat. Auslöser sind unter anderem eine mangelnde Bereitschaft, neue Fähigkeiten und Verhaltensweisen zu erlernen (individuelle Lernbarrieren), Angst vor Autonomieverlust, Ungewissheit über das Ausmaß und die Konsequenzen einer Veränderung sowie Angst vor Arbeitsplatzverlust. Der Widerstand kann offen sein, z.B. durch Bemerkungen über wahrgenommene Missstände im Rahmen der Einführung des Wissensmanagements. So können negative Aussagen der Mitarbeiter bezüglich der verwendeten Termini des Wissensmanagements erfolgen, die aus ihrer Sicht unverständlich und nur mit aufwändigen Definitionen zu verstehen seien. Ferner kann die Praxisnähe der mit dem Wissensmanagement verfolgten Ziele in Frage gestellt werden. Diese Kritik trifft in der betrieblichen Praxis gerade dann auf einen fruchtbaren Boden, wenn die Ziele für das Wissensmanagement zu allgemein formuliert sind, wie z.B. „Creating the knowledge chain", und nicht einer für die betriebliche Praxis operationalisierten Form entsprechen.

Darüber hinaus besteht bei komplexen Neuerungen die Gefahr von aufkommenden Konflikten, da in diesen Situationen Entscheidungen von mehr als einer Person getroffen werden. Ein Konflikt ist ein Prozess, bei dem eine Partei absichtlich so reagiert, dass die Bemühungen einer zweiten Partei blockiert werden.[18] Mögliche Konfliktursachen können zum Beispiel Rollenkonflikte, Machtausübung, heterogene Gruppenzusammensetzungen oder knappe Ressourcen sein. So kommt es vor, dass vor der Einführung eines Wissensmanagements einzelne Unternehmensbereiche ihr Wissen als Machtpotenzial gegenüber anderen Unternehmensbereichen interpretiert haben und sich so Konkurrenzrollen zugewiesen haben. Daher sind die Mitarbeiter bestrebt, ihr Wissen dem öffentlichen Zugriff der Konkurrenz zu entziehen. Die Befürchtung, durch eigenes zur Verfügung gestelltes Wissen den konkurrierenden Bereich zu unterstützen und damit möglicherweise zu einem besseren Ergebnis der wahrgenommenen Konkurrenz beizutragen, schürt das Misstrauen zwischen den einzelnen Unternehmensbereichen. So können infolge dessen Machtkämpfe zwischen den Bereichen

---

[17] Grattson (1996).

[18] Glasl (1998).

resultieren, in denen Informationen bewusst zurückgehalten bzw. manipuliert werden (kollektive Wissensbarrieren).

Im Folgenden werden die Faktoren genannt, die seitens der Unternehmung Reaktanz bei den betroffenen Mitarbeitern reduzieren und deren Akzeptanz fördern.

5.2.1 Voraussetzungen für die Akzeptanz von Wissensmanagement

Zur Reduktion von Reaktanz gegenüber dem Wissensmanagement seitens der Mitarbeiter ist es wichtig, dass Unternehmen eine ganzheitliche Problemlösungsstrategie verfolgen.

Die wesentlichen Gestaltungsmerkmale sind nach Bullinger et al.[19] neben der Informations- und Kommunikationstechnologie die konzeptionelle Entwicklung eines Wissensmanagement-Szenarios zum Aufbau von Methoden zum Wissenserwerb, zur Wissensaufbereitung, zur Wissensspeicherung, zur Wissensübermittlung, zum Wissenstransfer, zur Wissensentwicklung und zur Integration des Wissensmanagements in die Unternehmensorganisation. Das Human Ressource Management ist dabei der wesentliche Erfolgsfaktor zur Gestaltung einer Unternehmenskultur, die einen kontinuierlichen Wissenstransfer ermöglicht.

Die folgende Abbildung zeigt die Faktoren im Überblick, die im Kontext eines ganzheitlichen Wissensmanagements von Relevanz sind und vom Human Ressource Management berücksichtigt werden müssen.

Relevante Faktoren
Offene und vertrauensvolle Unternehmenskultur
Entwicklung materieller und immaterieller Anreize zur Unterstützung der Wissensweitergabe seitens der Mitarbeiter
Klar formulierte und kommunizierte Ziele des Wissensmanagements

Abb. 5.1   Relevante Faktoren zur Akzeptanzsteigerung der Mitarbeiter vor Einführung von Wissensmanagement

Offene und vertrauensvolle Unternehmenskultur

Die Unternehmenskultur muss derart gestaltet werden, dass die Mitarbeiter den berechtigten Eindruck haben, dass man ihnen vertraut und dass sie im Prozess des Wissensmanagements eine entscheidende Rolle einnehmen. Dabei ist es wichtig, dass seitens des Unternehmens die anstehenden Veränderungen durch die Einführung des Wissensmanagements offen kommuniziert werden und vor allem – wenn organisatorisch möglich – in Workshops mit den hierarchisch Verantwortlichen einer Unternehmensebene Erwartungen und Befürchtungen sei-

---

[19] Bullinger et al. (1998), S. 8.

tens der Mitarbeiter erhoben werden. Gleichermaßen sollte die Unternehmensleitung verdeutlichen, dass es nicht um das Wissen Einzelner geht, sondern um das kollektive Wissen, das im sogenannten „global market" zum Produktionsfaktor der Zukunft avanciert.

Darüber hinaus ist es ratsam, dass das Human Ressource Management zusätzliche Befragungen zur Unternehmenskultur durchführt. Hier bieten sich unterschiedliche, zum Teil standardisierte Verfahren zum Organisationsklima (Fragebogen zur Erfassung des Organisationsklimas (FEO)[20] von Daumenlang et al., 2004), zur Kommunikation in Organisationen (Fragebogen zur Erfassung der Kommunikation in Organisationen (KOMMINO)[21] von Sperka & Rósza, 2007), zur Arbeit im Team (Fragebogen zur Arbeit im Team (FAT)[22] von Kauffeld, 2004), zum Teamklima (Teamklima-Inventar (TKI)[23] von Brodbeck et al., 2001) und zum Vorgesetztenverhalten (Fragebogen zur Vorgesetzten-Verhaltensbeschreibung (FVVB)[24] von Fittkau-Garthe & Fittkau, 1971) an.

Der FEO erfasst mit zwölf Skalen folgende Dimensionen des Organisationsklimas: Vorgesetztenverhalten, Kollegialität, Bewertung der Arbeit, Arbeitsbelastung, Organisation, Berufliche Perspektiven, Berufliche Chancen für Frauen, Entgelt, Handlungsraum, Einstellung zum Unternehmen, Interessenvertretung, Mitarbeiterbewertung. Die Skalen sind teils Fremdbeurteilungsskalen (z.B. Vorgesetzter, Mitarbeiter), teils Selbstbeurteilungsskalen (z.B. Arbeitsbelastung).

Der KOMMINO erfasst die subjektive Beurteilung der internen Kommunikation am Arbeitsplatz mit sieben Skalen: Bedeutung der Kommunikation für die eigene Arbeit, Kommunikationsqualität (Genauigkeit erhaltener Informationen, Zugang zu Informationen bei Bedarf, Informationsmangel, Zufriedenheit mit der Kommunikation), Quantitative Verwertbarkeit von Informationen, Kommunikatives Vertrauen in den Kommunikationspartner, Feedback bezüglich der eigenen Arbeit, Informationsweitergabe-Umfang und Informationsweitergabe-Kanaloffenheit. Alle Skalen werden hinsichtlich der Kommunikation mit dem direkten Vorgesetzten, mit Kollegen der eigenen Abteilung und – bei Führungskräften – mit den jeweils unterstellten Mitarbeitern erhoben. Das Verfahren dient dazu, anhand zuverlässiger Daten einen differenzierten Überblick über die Beurteilung der organisationsinternen Kommunikation zu gewinnen. Gleichzeitig wird dadurch der diagnostische Einstieg oder die Begleitung gezielter Maßnahmen zur Organisationsentwicklung ermöglicht.

Das TKI ist ein Fragebogen zur Messung des Klimas für Innovation und Leistung in sozialen Arbeitskontexten. Die Untersuchung des Klimas kann für Mitarbeiter und Führungskräfte, die in Komitees, Projekten, Arbeitsgruppen oder Abteilungsteams tätig sind, erfolgen. Das TKI erfasst auf Gruppenebene ein facettenspezifisches Klimakonstrukt, „Teamklima für Innovation", nach der Vier-Faktorentheorie der Innovation von West. Jeder Faktor wird

---

[20] Daumenlang et al. (2004).

[21] Sperka; Rosza (2007).

[22] Kauffeld (2004).

[23] Brodbeck et al. (2001).

[24] Fittkau-Garthe; Fittkau (1971).

durch eine Skala (Vision, Aufgabenorientierung, Partizipative Sicherheit und Unterstützung für Innovation) mit insgesamt 13 Subskalen erfasst. Anhand von zwei weiteren Skalen werden Tendenzen der sozialen Erwünschtheit gemessen.

Der FVVB ist ein Fragebogen zur Erfassung und Beschreibung des Vorgesetztenverhaltens – weitgehend unabhängig von einer spezifischen Situation, der Stellung in der Betriebshierarchie und der Organisationsform. Fördernde Komponenten des Verhaltens können so erfasst und Anstöße zu angemessenen Veränderungen gegeben werden.

Der FAT ist ein Teamdiagnoseinstrument zur Ableitung des Teamentwicklungsbedarfs auf unterschiedlichen hierarchischen Ebenen und in verschiedenen Unternehmensbereichen. Er bietet einen Überblick über den Stand der Gruppenentwicklung im Unternehmen, kann Stärken und Schwächen von Teams identifizieren und Teamentwicklungsprozesse initiieren und begleiten. Vorgesetzte, Berater und das Team selbst finden Ansatzpunkte für Verbesserungen. Im Sinne eines Benchmarkings können Vergleiche zu anderen Teams durchgeführt werden. Ebenso können Veränderungen über zwei Messzeitpunkte sichtbar gemacht werden. Der Fragebogen besteht aus den vier Subskalen Zielorientierung, Aufgabenbewältigung, Zusammenhalt und Verantwortungsübernahme.

Die Auswahl der Verfahren ist abhängig vom jeweiligen Unternehmenskontext und den avisierten Zielen bei der Einführung des Wissensmanagements. Auf jeden Fall müssen die Ergebnisse aller Datenerhebungen den beteiligten Mitarbeitern vorgestellt werden und mit Blick auf die Einführung des Wissensmanagements förderliche und hinderliche Faktoren identifiziert werden.

Gemeinsam mit den Verantwortlichen des Human Ressource Managements und den beteiligten Mitarbeitern sollten dann auf dieser Grundlage entsprechende Personal- oder Organisationsentwicklungsmaßnahmen zur Beseitigung möglicher Behinderungen bei der Einführung des Wissensmanagements im Vorfeld beschlossen und durchgeführt werden. Der Vorteil einer weitreichenden Erfassung der Situation im Unternehmen liegt darin, dass mögliche Hindernisse und Schwachstellen im Unternehmen identifiziert werden können. So wird erreicht, dass die Mitarbeiter eine positive Sichtweise auf die Einführung des Wissensmanagements einnehmen.

Entwicklung materieller und immaterieller Anreize

Neben einer als vertrauensvoll wahrgenommenen Unternehmenskultur sollten als flankierende Unterstützung zur freiwilligen Weitergabe des Wissens seitens der Mitarbeiter materielle und immaterielle Anreize geschaffen werden.

Die materiellen Anreize sind formal gestaltete und monetäre Motivations- und Honorierungskonzepte des Unternehmens, deren Bedeutung bei unterschiedlichen Zielgruppen im Unternehmen variiert und sich bezüglich der Position, der Hierarchieebene und dem Alter unterscheiden. Die Auswahl des jeweiligen entsprechenden materiellen Anreizes sollte gerade für den Bereich des Wissensmanagements danach erfolgen, welche Aspekte von dem Mitarbeiter direkt beeinflussbar sind, da nur diese auch nachhaltig die Eigenmotivation erhöhen.[25] Ferner

---

[25] Weinert (2004), S. 227.

wird die Auswahl der materiellen Anreize auch wesentlich durch die Informations- und Kommunikationstechnologien beeinflusst, die im Rahmen des Wissensmanagement ihren Einsatz finden und in der Regel sehr unternehmensspezifische Lösungen darstellen.

Als materielle die Eigenmotivation beeinflussende Anreize können übertarifliche Löhne und Gehälter, Leistungslohn, Bonuszahlungen und flexible Vergütungssysteme wirken. So fungieren übertarifliche Löhne und Gehälter als Anreize im Sinne einer Motivationssteigerung, wenn die durch das Wissensmanagement erzielten Leistungsunterschiede zwischen den Mitarbeitern verschiedener Ebenen exakt messbar und dokumentierbar sind. Ferner muss das System fair sein, sodass die Gehaltssteigerungen die realen Leistungsunterschiede zwischen den Mitarbeitern reflektieren. Beim Leistungslohn – als Alternative zu den übertariflichen Löhnen und Gehältern – ist die Bezahlung für den Mitarbeiter konkreter an die direkt erbrachte Leistung gekoppelt und somit einsichtiger, bedeutungsvoller und letztlich motivierender. Ähnlich wie der Leistungslohn ist die Bonuszahlung zu betrachten, bei der Mitarbeiter für das Erreichen einer bestimmten Leistung ihres Bereichs einen Bonus erhalten. Flexible, leistungsorientierte Vergütungsformen sind bezüglich der Mitarbeitermotivierung erfolgsversprechend, da der variable Anteil an eine Vielzahl von Voraussetzungen geknüpft werden kann. Die Wahl der Bezugsgröße sollte dabei möglichst vom Mitarbeiter beeinflussbar sein.

Die immateriellen Anreize dagegen sind nichtmonetäre Belohnungen. Die einzelnen Anreizelemente stellen ein dynamisches Netzwerk unterschiedlicher Anreize dar. Die Auswirkung variiert je nach Individuum und Situation, sodass keine allgemeingültigen Wirksamkeitsaussagen abgeleitet werden können.[26] Der immateriellen Belohnung Autonomie bzw. Handlungsspielraum (auch: Handlungsautonomie) und der damit verbundenen Möglichkeit, Einfluss auszuüben, wird besonderer Wert beigemessen, da diese den Werten und Erwartungen der Mitarbeiter, besonders denen der jüngeren Generationen, sehr entspricht. Infolge dessen resultiert daraus Arbeitszufriedenheit, da Mitarbeiter, deren Arbeit von eigenständiger Kontrolle und Autonomie geprägt ist, motivierter, produktiver und zufriedener mit ihrer Arbeit sind.

Unter Handlungsautonomie wird die Möglichkeit verstanden, aus realistischen Zielen und Strategien wählen und diese im Hinblick auf die eigenen Ressourcen durchsetzen zu können. Handlungsautonomie kann nur durch eine möglichst weitgehende Verantwortungsdelegation erzielt werden. So erhalten Führungskräfte und Mitarbeiter die nötigen Handlungsspielräume für eigenverantwortliches und zeitoptimales Handeln in ihrem Kompetenz- bzw. Verantwortungsbereich. Ferner stärkt diese immaterielle Belohnung das Gefühl des Vertrauens in die eigenen Fähigkeiten der Mitarbeiter, wodurch wiederum deren Selbstwertgefühl und deren Bereitschaft zur Übernahme von Verantwortung positiv gestärkt werden. Vor allem bei der Einführung von Neuerungen sind die Kreativität und Innovationsfähigkeit der Mitarbeiter in starkem Maße erforderlich, was gerade durch eingeräumte individuelle Freiräume der Mitarbeiter gefördert werden kann. Darüber hinaus sind Mitsprache und Empowerment von hoher Bedeutung. Mitsprache bedeutet, dass die Mitarbeiter eine Stimme erhalten, um bei ihrer Arbeit eigenständig Entscheidungen treffen zu können. Empowerment (Ermächtigung) stellt eine Form der Mitsprache dar, die bedeutet, dass der Mitarbeiter mehr Macht und Einfluss

---

[26] Guthof (1995).

ausüben kann, indem er sich eigenständig Arbeitsziele setzen darf und befugt ist, Entscheidungen in seinem Arbeitsbereich zu treffen. Empowerment bewirkt bei den Mitarbeitern ein verpflichtendes Gefühl, sich für das Unternehmen einzusetzen und zu engagieren. Mitarbeiter erfahren so nicht nur Wertschätzung und Anerkennung, sondern ihnen wird die Möglichkeit eröffnet, ihre Erwartungen mit denen der Arbeitgeber abzugleichen und die Verbindung zwischen immaterieller Belohnung und Leistung transparent zu machen. Mitsprache und Empowerment können sich auf die Arbeit selbst (Ausführung der Arbeit, Werkzeuge, Material) oder auch auf administrative Prozesse (Arbeitsplanungen) beziehen. In der betrieblichen Praxis findet das Prinzip der Mitsprache bzw. des Empowerment häufig bei Qualitätszirkeln seine Anwendung. Arbeitsteams stellen eine weitere Methode zur Umsetzung des Empowerment-Prinzips dar. Ebenso sind die Aufgabe und der Arbeitsinhalt ein wesentlicher Motivator. Aus motivationspsychologischer Sicht ist die Motivation einer Person zur Aufgabenbearbeitung nur dann hoch, wenn die Aufgabe sowohl aus der Perspektive der Unternehmung als auch aus der individuellen Sicht des Mitarbeiters Sinn macht. Wichtig ist dabei vor allem, dass die Unternehmung die unterschiedlichen Aufgabenstellungen den individuellen Neigungen, Fähigkeiten und Bedürfnissen der Mitarbeiter anpasst. In der betrieblichen Praxis kann die Motivation der Mitarbeiter oft durch eine Strukturierung bzw. Restrukturierung der Arbeit, der Arbeitsrollen, der Bereiche und der Gesamtorganisation gesteigert werden.[27] Ebenso werden dadurch die Arbeitsleistung und die Zufriedenheit der Beschäftigten in positiver Hinsicht beeinflusst. Gestaltungshebel sind die Art und Weise, wie Aufgaben in einer Arbeitsrolle bzw. Position zusammengefasst sind, der Grad der Flexibilität der Führungskräfte und Mitarbeiter sowie das Vorhandensein oder Fehlen von unterstützenden Systemen in der Unternehmung.[28]

Klar formulierte und kommunizierte Ziele

Um die Akzeptanz für das Wissensmanagement seitens der Mitarbeiter zu steigern, ist es aus motivationspsychologischer Perspektive darüber hinaus wichtig, dass im Rahmen der Einführung des Wissensmanagements genaue Ziele formuliert werden. In der Motivationspsychologie wird immer wieder herausgestellt, dass (vorformulierte) Ziele folgende positive Wirkung haben:

- Sie lenken die Energien und helfen, Ressourcen zu bündeln.
- Sie treiben an und motivieren.
- Gemeinsame Ziele fördern kooperatives Handeln (Koordination).
- Sie geben Auskunft darüber, welche Fortschritte erreicht worden sind (Feedback).
- Sie helfen, Handlungsergebnisse zu bewerten (Bewertung).
- Sie verleihen den Aktivitäten eine Richtung.
- Sie geben vor, auf welchen Ebenen welche Fähigkeiten aufgebaut werden sollen.

Insgesamt zeigt sich, dass vorformulierte Ziele insbesondere dann, wenn etwas Bestimmtes erreicht werden soll, zu besseren Resultaten und zu höherer Zufriedenheit führen als ein zielloser Zustand.

---

[27] Winterhoff-Spurk (2002), S. 135.

[28] Weinert (2004), S. 232f.

Locke und Latham[29] haben die Wirkung von Zielen und das Zielsetzungsverhalten eingehend untersucht. Sie identifizierten im Rahmen ihrer Forschung zwei Bedingungen, die erfüllt sein müssen, damit Ziele ihre leistungssteigernde Wirkung entfalten können:

- Ziele sollen schwierig und herausfordernd sein, zugleich aber realistisch und erreichbar.
- Ziele sollen konkret und spezifisch sein.

Nach Nerdinger[30] müssen Ziele darüber hinaus noch weiteren Kriterien genügen:

- Ziele sollen repräsentativ für die Aufgabe sein,
- sie sollen zeitlich fixiert sein und
- sie sollen sich nicht gegenseitig behindern.

Die Ziele sollten gegenüber den Mitarbeitern eindeutig kommuniziert werden und unter Einbeziehung des Bedarfs der Mitarbeiter reflektiert werden. So gelingt es, dass die Ziele akzeptiert werden und über die Reflexion mit den Mitarbeitern eine Adaption bzw. Modifikation der Ziele anschließen kann. So kann eine hohe Zielbindung (Commitment) erreicht werden, die nach Locke und Latham[31] das Ausmaß bezeichnet, in dem sich eine Person der Erreichung ihres Ziels verpflichtet bzw. verbunden fühlt und damit das Ziel subjektiv als bedeutsam empfindet.

5.2.2   Mitarbeiterorientiertes Rahmenmodell zur Einführung von Wissensmanagement

Im Folgenden wird in Anlehnung an Winkler und Mandl[32] ein Rahmenmodell für die Einführung von Wissensmanagement vorgestellt, das einen starken Fokus auf die Mitarbeiterorientierung legt, wobei die Ziele des Wissensmanagements, die Akzeptanz der Mitarbeiter sowie eine Ausrichtung an den Bedürfnissen der Nutzer des Wissensmanagements im Mittelpunkt stehen. Die Vorgehensweise orientiert sich in Anlehnung an Tarlatt[33] an drei Phasen, die im Weiteren beschrieben werden.

5.2.2.1 Phase 1: Änderungsanalyse

Gemäß Tarlatt umfasst die Änderungsanalyse zwei Bereiche: die *Initialisierung* und die *Bedarfsermittlung*.

Im Rahmen der *Initialisierung* ist die Definition der ersten Ziele für die Einführung des Wissensmanagements von Relevanz. Dabei spielt die strategische Planung eine wesentliche Rolle. Sie dient der Erarbeitung einer Vision für die Einführung des Wissensmanagements. In diesem Prozess muss die Unternehmensleitung unterstützen und solche strategischen Ziele erarbeiten, die gleichermaßen den Erfolg oder Misserfolg der Einführung von Wissensma-

---

[29] Locke; Latham (1990).

[30] Nerdinger (1995).

[31] Locke; Latham (1990), S. 125.

[32] Winkler; Mandl (2004).

[33] Tarlatt (2001).

nagement-Maßnahmen bedingen. Bei der Definition der Ziele für die Einführung werden normative, strategische und operative Ziele differenziert.

Normative Ziele richten sich auf die Schaffung einer wissensbewussten Unternehmenskultur, die das (Ver-)Teilen und die Weiterentwicklung von individuellem Wissen zu unternehmensweit verfügbarem Wissen unterstützt. Sie betreffen die Ebene der unternehmenspolitischen Vision (Wissensmanagement-Vision) und sind die Voraussetzung für ein erfolgreiches Wissensmanagement. Beispiele für normative Ziele sind das jeweilige Wissensleitbild einer Organisation, die Identifizierung kritischer Wissensfelder sowie die Innovationsfähigkeit der Unternehmung.

Strategische Ziele definieren organisationales Kernwissen. Sie beschreiben den zukünftigen Kompetenzbedarf eines Unternehmens. Dabei wird das angestrebte Kompetenzportfolio für die Zukunft fixiert. Die Ziele orientieren sich am langfristigen Aufbau von Kompetenzen der Unternehmung und bilden eine bewusste Ergänzung zu herkömmlichen Planungsaktivitäten. Beispiele für strategische Ziele sind Kooperationen, der Aufbau von Kernkompetenzen sowie eine problemorientierte Wissensidentifizierung.

Die operativen Ziele sichern die nötige Konkretisierung der normativen und strategischen Ziele und ermöglichen die Umsetzung des Wissensmanagements. Sie stellen somit den Ausgangspunkt für die Umsetzung der strategischen Ziele in den Handlungen der Unternehmung dar. Beispiele für operative Ziele sind die Einführung von Expertendatenbanken, der Aufbau einer Wissensinfrastruktur sowie die Einführung von computerbasierten Lernprogrammen.[34] Das Formulieren von operativen Wissenszielen auf Basis der strategischen Zielvorgaben kann auf Abteilungs-, Team- oder Mitarbeiterebene dezentralisiert werden.

Gespräche/Befragung	• Informelle Gespräche mit Vorgesetzten • Befragung durch die Mitarbeiter des Human Ressource Management oder der Vorgesetzten
Dokumentenanalyse	• Schulungs- und Bedarfsmatrizen • Stellenspezifische Anforderungskataloge • Jährliche Weiterbildungspläne • Strategische Zielvorgaben durch die Unternehmensleitung
Individual-/Gruppenverfahren	• Individuelle Know-how-Bilanzen • Ist-Wissensprofile • Moderierte Workshops

Abb. 5.2   *Verfahren zur Definition von Wissenszielen im Überblick*

---

[34] Probst; Raub; Romhardt (2000).

Was die Ziele angeht ist festzuhalten, dass in dem Bereich der Initialisierung noch keine spezifischen operativen Ziele definiert werden, da hierzu noch die Information aus dem Bereich der Bedarfsermittlung nötig ist.

Die Einführung des Wissensmanagements wird als „Business Case" schriftlich fixiert und beinhaltet das Problem bzw. den Anlass der Einführung des Wissensmanagements, die Vision, erste strategische Ziele des Projekts, eine detaillierte Budgetplanung sowie eine Grobeinschätzung des Kosten-Nutzen-Verhältnisses. Ferner ist es wichtig, für die Zielerreichung Kennzahlen und Messgrößen festzulegen. Hier eignen sich beispielsweise Verfahren wie das motivationspsychologisch-fundierte Partizipative Produktivitätsmanagement (PPM).

PPM ist eine Methode, die es ermöglicht, eine hohe Arbeitsproduktivität zu erzielen. Basierend auf motivationspsychologischen Theoriekonzepten hat PPM zum Ziel, die Arbeit in Gruppen effektiver zu gestalten. Es fördert Zielvereinbarungen, die im Anschluss an regelmäßige, systematische Rückmeldeberichte in Arbeitsgruppen getroffen werden. Gegenstand der Rückmeldeberichte sind die Leistungsergebnisse der Gruppe, die mit einem partizipativ gestalteten Messsystem erhoben werden. PPM zeichnet sich durch eine konsequente Beteiligung der Mitarbeiter bei den Zielsetzungen zur Erhöhung der Arbeitsproduktivität und deren Umsetzung – einschließlich Qualitätskontrolle – aus.[35] Darüber hinaus muss ein Lenkungsausschuss gegründet werden, der die Zielerreichung in den Teilzielen und Arbeitspaketen des Projekts überprüft.

Im Rahmen des zweiten Bereichs der Änderungsanalyse, der *Bedarfsermittlung*, geht es darum, nach einer ersten normativen Definition des Ziels den Bedarf für die Entwicklung der spezifischen operativen Ziele zu ermitteln. Hierzu muss zunächst der Ansatz der Bedarfsermittlung festgelegt werden.

Für die Einführung des Wissensmanagements sollte immer ein entwicklungsorientierter, proaktiver Ansatz der Bedarfsermittlung gewählt werden.[36] Dies ist darin begründet, dass dieser Ansatz sich für partizipationsorientierte Innovationskonzepte und langfristige Planungsräume bereits bewährt hat. Der Ausgangspunkt dieses Ansatzes ist eine arbeitswissenschaftliche Perspektive, die die dynamische, wechselseitig abhängige Verknüpfung von Arbeitsbedingungen und Qualifizierung betont. Dabei ist es wichtig, dass die Arbeitsgestaltung flexibel organisierbar ist und die Qualifizierungskonzepte flexibel an den Voraussetzungen und Erwartungen der Mitarbeiter ausgerichtet sind. Im Mittelpunkt stehen dabei die Selbstregulierungsprozesse der Mitarbeiter, die die Arbeitsstrukturierung in der Gruppe eigenverantwortlich regeln. Die benötigten Mitarbeiterqualifikationen werden direkt aus den Notwendigkeiten des jeweiligen Arbeitsbereichs abgeleitet. Beim proaktiven Ansatz stehen die Mitarbeiter und ihre kommunikativen Austauschprozesse im Fokus. Dem Human Ressource Management kommt die Aufgabe zu, die Bedarfsermittlung prozessbegleitend und vorausschauend – im Sinne einer proaktiven Perspektive – zu unterstützen. Für die Durchführung

---

[35] Vgl. Kleinbeck; Fuhrmann (2001). Holling; Lammers; Pritchard (1999). Kleinbeck; Schmidt; Werner (2001). Pritchard; Kleinbeck; Schmidt (1993).

[36] Stangel-Meseke; Gluminski (1995).

der Bedarfsanalyse bietet sich der handlungsorientierte Ablaufplan zur Analyse und Planung von Bildungsbedarf von Gluminski und Stangel-Meseke[37] an (siehe Abb. 5.3). Dieser Plan eignet sich dafür, die Strukturierung des Informationsaustausches verschiedener betrieblicher Partner bzw. Interessensgruppen bei der Festlegung der Qualifizierungsziele, der Auswahl einzusetzender Methoden etc. zu unterstützen, um mögliche Schwachstellen und Planungslücken zu identifizieren.

In der ersten Phase (Phase I) des handlungsorientierten Ablauflauplans erfolgt eine Zielexplikation und Zielgewichtung. Das heißt, dass z.B. eine bei den normativen Zielen formulierte Wissensmanagement-Vision nun konkretisiert bzw. operationalisiert werden muss. Hier bieten sich zum Beispiel Befragungen, Expertenrunden (z.B. Delphi-Technik) und Interviews an, um die relevanten Rahmenbedingungen (technisch, methodisch, personell) identifizieren zu können. Zur Gewichtung der Ziele eignen sich Zielmatrizen.[38] Wichtig ist, dass die gesamte Bedarfsanalyse in enger Zusammenarbeit mit den späteren Nutzern erfolgt, da nur so Reaktanz vorgebeugt werden und sich eine positive Einstellung der Betroffenen entwickeln kann. Ferner sind in dieser Phase als weitere Einflussfaktoren der Reifegrad des Human Ressource Management, die Organisationsstruktur der Unternehmung, die Führungsprinzipien, die Betriebsvereinbarungen, rechtliche Regelungen und der zeitliche Rahmen miteinzubeziehen. In der zweiten Phase (Phase II), der zielbezogenen Situations- und Potenzialanalyse, werden schrittweise die Ziele für die Qualifizierung abgeleitet. Anhand von Beurteilungskriterien erfolgt eine Zielgewichtung der Einzelziele, die sich in einer Zielhierarchie niederschlägt. Daran schließt in der Phase II.1 die Ermittlung des zukünftigen Qualifikationsbedarfs sowie in der Phase II.2 die Erfassung der vorhandenen Mitarbeiterqualifikationen an. Nach der Situations-, Problem- und Potenzialanalyse erfolgt der Soll-Ist-Abgleich (Phase III). In diesem Schritt werten das Human Ressource Management sowie die Führungskräfte der betroffenen Unternehmensbereiche die in der Situations-, Problem- und Potenzialanalyse gewonnenen Informationen unter Berücksichtigung der vorgegebenen Ziele aus. Der für einzelne Mitarbeiter oder verschiedene Mitarbeitergruppen ermittelte Qualifizierungsbedarf bildet die Grundlage für die Planung spezifischer Qualifizierungsmaßnahmen für die Mitarbeiter und die Festlegung der entsprechenden Lernziele für die Umsetzung des Wissensmanagements. Dann folgt die Entscheidung, in welcher Form das analysierte Ziel umgesetzt werden soll (Phase IV: Problemlösungsstrategie). Es muss entschieden werden, ob das Ziel allein durch Qualifizierungsmaßnahmen (sog. personale Strategie) oder durch eine Kombination von Qualifizierungsmaßnahmen und zusätzlicher Veränderung primärer Potenziale (z.B. Technik, Finanzen, Personalbestand, Organisationsstrukturen) mit der sog. apersonalen Strategie erreicht werden soll. Für die Einführung des Wissensmanagements wird in der Regel die komplexere apersonale Strategie von Relevanz sein, so dass am Ende der Bedarfserhebung die Definition der operativen Ziele einschließlich der Umsetzungsstrategien stehen. Die folgende Abbildung veranschaulicht die Schritte der Bedarfsanalyse.

---

[37] Gluminski; Stangel-Meseke (1993)

[38] Thierau-Brunner; Wottawa; Stangel-Meseke (1999).

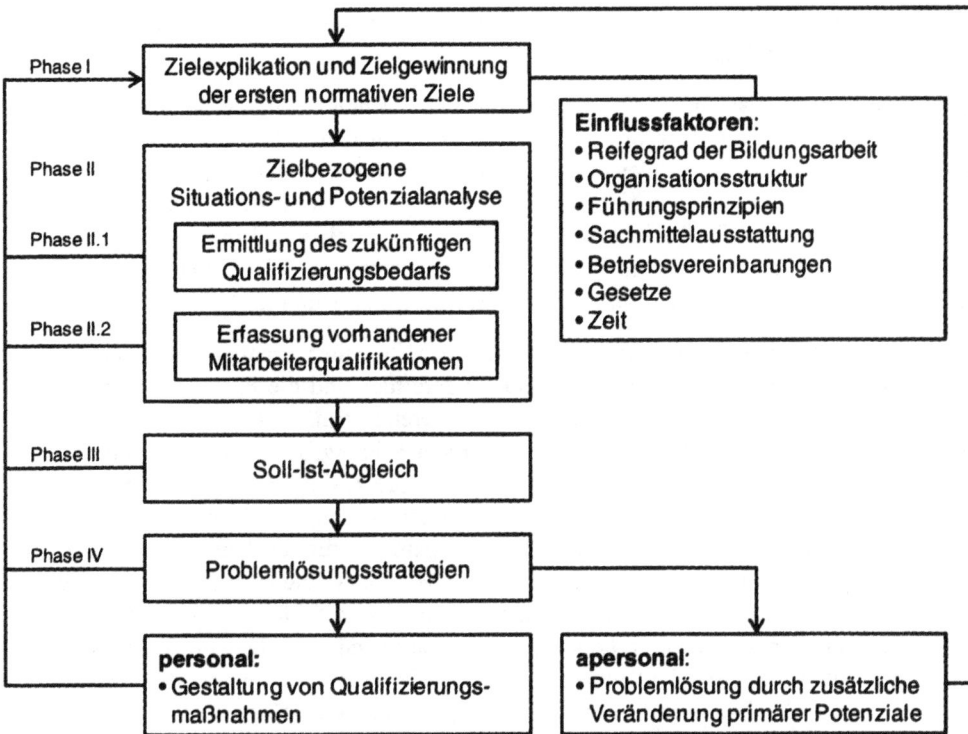

Abb. 5.3 *Bedarfsanalyse zur Definition der operativen Ziele bei der Einführung des Wissensmanagements sowie zur Bestimmung der Umsetzungsstrategien (in Anlehnung an Gluminski; Stangel-Meseke (1993)*

5.2.2.2 Phase 2: Realisierung der Einführung des Wissensmanagements

Diese Phase beinhaltet zwei Bereiche: Konzeption und Realisierung zur Umsetzung.

Im Bereich Konzeption erfolgt die Ausarbeitung des Maßnahmen-, Projektmanagement- und Akzeptanz-Konzepts. Das Maßnahmen-Konzept bildet den Ausgangspunkt für die Planung des Projektmanagements.

Das Maßnahmen-Konzept beinhaltet die detaillierte Beschreibung der einzelnen einführen-den Maßnahmen bzw. Aspekte der Neuerung. Im Projektmanagement-Konzept werden typi-sche Aspekte für Projekte festgelegt, so die Identifikation der Rahmenbedingungen und der organisatorischen Aspekte der Realisierung. Die zu erfolgenden Tätigkeiten werden in Ar-beitspaketen zusammengefasst beschrieben, die inhaltliche Ausgestaltung festgelegt und die erforderlichen Zeiten geplant. Mit dem Akzeptanz-Konzept werden Maßnahmen zur Akzep-tanzsicherung erarbeitet. Nach Harhoff und Küpper[39] wird als Indikator für Akzeptanz die Nutzung der eingeführten Maßnahme definiert. In Anlehnung an Tarlatt[40] konnte die For-

---

[39] Harhoff; Küpper (2002).

[40] Tarlatt (2001).

schung die Unternehmung, die Technik, die Qualifikation und die Partizipation als die moti-
vierenden Rahmenbedingungen identifizieren.

Die Unternehmung als motivierende Rahmenbedingung muss dafür Sorge tragen, dass die
Unternehmensleitung die Einführung des Wissensmanagements in das Leitbild der Unter-
nehmung aufnimmt und die Relevanz des Vorhabens kommuniziert. Die Unterstützung des
Vorhabens bedarf, wie schon in Kapitel 5.2.1 dargelegt, einer umfassenden und kontinuierli-
chen Information der Mitarbeiter sowie zusätzlicher materieller und immaterieller Anreize.
Ein wesentlicher Erfolgsfaktor im Prozess der Einführung von Wissensmanagement ist die
Integration der Neuerung in die Geschäftsprozesse der Unternehmung.

Die Auswahl der Technik sollte sich am Bedarf der Mitarbeiter orientieren und den Ansprü-
chen der Nutzerfreundlichkeit genügen. Insbesondere hier sind die Ergebnisse der Bedarfsanalyse zu berücksichtigen, die die weitere motivierende Rahmenbedingung Qualifikation
maßgeblich beeinflussen. Im Sinne einer proaktiven Bildungsbedarfsanalyse muss zur Er-
leichterung der Einführung des Wissensmanagements prozessbegleitend eine kontinuierliche
Qualifizierung der Mitarbeiter – sowohl auf technischer als auch auf methodischer Ebene –
erfolgen, die seitens des Human Ressource Managements für die betroffenen Mitarbeiter
sorgfältig geplant werden muss. Nur so können die Mitarbeiter die erforderlichen Kompetenzen erwerben und sich an ihrem Arbeitsplatz selbstwirksam fühlen, das heißt ihre eigenen
Fähigkeiten und Fertigkeiten derart einsetzen, dass sie die neuen Arbeitsprozesse erfolgreich
bewältigen können. Seitens des Human Ressource Management ist es bei der Auswahl der
Technik ratsam als flankierende Maßnahme sogenannte Technology Groups zu gründen.
Diese Gruppen, die zu den wissensfördernden Formen der Gruppenorganisation zählen,
befassen sich mit neu aufkommenden Technologien und untersuchen sie auf Einsatzmöglichkeiten in der Unternehmung. So wird sichergestellt, dass relevante neue Technologien
schnell in der Unternehmung einsatzbereit sind. Technology Groups beteiligen sich auch an
der Einführung und Umsetzung neuer Technologien. Sie sind maßgeblich an der Bereitstellung der Wissens-, Informations- und Kommunikationsinfrastruktur beteiligt. Mitglieder
solcher Gruppen weisen in der Regel ein signifikant höheres Informationspotenzial als die
Mitarbeiter auf, die in solchen Gruppen nicht agieren. Sie agieren in diesem Sinne als Gate-
keeper. Um die Akzeptanz für die Auswahl und Implementierung der Technik im Unternehmen seitens der betroffenen Mitarbeiter zu stärken, sollten Technology Groups die Mitarbeiter in regelmäßigen Abständen (z.B. auf Mitarbeiterversammlungen) über ihre erarbeiteten
Ergebnisse informieren. So sind über das Feedback der von der neuen Technik betroffenen
Mitarbeiter Korrekturen und weitere Anregungen möglich, um den Prozess der Einführung
des Wissensmanagements so optimal und reibungslos wie möglich zu gestalten.

Die Partizipation der Mitarbeiter ist in allen Phasen der Einführung des Wissensmanagements von Relevanz. Hinkofer und Mandl[41] verwiesen darauf, dass gerade in der Planungs-
und Konzeptionsphase die permanente Rückmeldung der Betroffenen eine Notwendigkeit
darstellt. Dies fördert einerseits die Akzeptanz für den Prozess und andererseits fungieren die
Mitarbeiter mit ihren Informationen als Korrektiv für eine zeitnahe Fehlererkennung und

---

[41] Hinkofer; Mandl (2003).

Problembehebung im Prozess. In dieser Phase bietet sich eine formative Evaluation an, die einzelne Stadien der Einführung des Wissensmanagements unter Berücksichtigung der Betroffenen – z.B. in Form von Befragungen und Interviews – kritisch prüft und so zu einer ständigen Optimierung im Prozess beiträgt.[42]

Der zweite Bereich der Realisation der Einführung des Wissensmanagements ist die Realisierung selbst, die die Aspekte Pilotierung, formative Evaluation, Roll-out und Lessons Learned berücksichtigt.

Die Pilotierung der Maßnahme ist zentral, um mögliche Probleme bei der Gesamteinführung zu beheben und die Akzeptanz der Maßnahme nicht zu gefährden. Die Realisierung beginnt mit einem ersten Pilotprojekt zur Umsetzung des Konzepts, z.B. Einführung einer Wissenskarte in einem bestimmten Bereich. Um genügend Pilotgruppenteilnehmer als Promotoren für das Projekt zu gewinnen, sollten vor allem auch die Mitarbeiter involviert werden, die dem Projekt eher skeptisch oder gar negativ gegenüberstehen. Das Projektteam treibt die Einführung voran. Damit es erfolgreich arbeiten kann, müssen die Aufgaben und Kompetenzen jedes Teammitglieds eindeutig festgelegt werden.[43] Ferner ist es ratsam, dass das Human Ressource Management durch begleitende diagnostische Instrumente zur Teamdiagnose die Führung und die Zusammenarbeit im Team prüft, um auf mögliche Probleme in selbigem adäquat reagieren zu können. Hier bieten sich vor allem die Diagnoseinstrumente von von Dick und West[44], die als Screening-Instrumente den Teamentwicklungsprozess positiv unterstützen, an. Auf diese Art und Weise werden die Teammitglieder mit ihren Teamaufgaben vertraut gemacht und für die Zusammenarbeit sensibilisiert.

Je nach Reifegrad und Professionalisierung des unternehmensspezifischen Human Ressource Management bietet es sich an, wissensfördernde Formen der Gruppenorganisation für die Gestaltung der Pilotgruppe zu wählen. Hier bieten sich insbesondere der Qualitätszirkel und die Lernstatt an.

Nach Deppe[45] ist ein *Qualitätszirkel* eine auf Dauer angelegte Kleingruppe, in der Mitarbeiter derselben hierarchischen Ebene mit einer gemeinsamen Erfahrungsgrundlage in regelmäßigen Abständen auf freiwilliger Basis zusammenkommen. Die Kleingruppe analysiert Themen des eigenen Arbeitsbereichs und erarbeitet unter Anleitung eines geschulten Moderators mit Hilfe spezieller, erlernter Problemlösungs- und Kreativitätstechniken Lösungsvorschläge, die anschließend präsentiert werden. Die erarbeiteten Lösungsvorschläge werden selbstständig oder im Instanzenweg umgesetzt und es erfolgt eine Ergebniskontrolle. In diesem Prozess ist die Kleingruppe als Bestandteil in den organisatorischen Rahmen des Qualitätszirkel-Systems eingebunden und unterhält zu anderen Bereichen Kommunikationsbeziehungen. In Qualitätszirkeln wird Wissen erzeugt, umgesetzt und durch die Einbettung in das Qualitätszirkel-System verbreitet. Auf der strategischen Ebene sind Managementzirkel für

---

[42] Thierau-Brunner; Wottawa; Stangel-Meseke (1999).

[43] Kauffeld (2004).

[44] von Dick; West (2005).

[45] Deppe (1992), S. 42.

die Wissenserzeugung geeignet, wobei darauf zu achten ist, dass das auf der Management-
ebene generierte Wissen in allen Hierarchieebenen reflektiert werden muss, damit es nicht
nur Führungswissen bzw. Milieuwissen bleibt.

Die *Lernstatt* – als weitere wissensfördernde Form der Gruppenorganisation – ist eine zeitlich begrenzte Kleingruppe von Mitarbeitern, die einen gemeinsamen Bezugspunkt haben
und sich in regelmäßigen Abständen freiwillig in Räumlichkeiten in den jeweiligen Produk-
tionsstätten zum gemeinsamen Erfahrungsaustausch treffen. Das Zusammenkommen dient
dem Zweck, unter Anleitung von zwei ausgebildeten Moderatoren Grundwissen über betriebliche Zusammenhänge zu erweitern sowie die Kommunikation und die Zusammenarbeit
in der Unternehmung zu verbessern. Die Gruppe ist in den organisatorischen Rahmen des auf
Dauer angelegten Lernstatt-Systems eingebunden und hat kommunikative Beziehungen zu
anderen Bereichen.[46] In der Lernstatt steht die Erzeugung, Umsetzung und Verbreitung von
Wissen im Vordergrund der Arbeit in der Gruppe.

Sowohl der Qualitätszirkel als auch die Lernstatt basieren auf der freiwilligen Zusammen-
kunft der Mitglieder. Dieser Aspekt ist wichtig, um in den agierenden Gruppen Ergebnisse
zu erzielen. Das Human Ressource Management ist hier besonders gefordert, gemeinsam mit
der Unternehmensleitung über die Kommunikation der Bedeutung der Wissenserzeugung
durch die Mitarbeiter deren Eigenmotivation, selbstständig in derartigen wissensfördernden
Gruppenorganisationen mitzuwirken, zu steigern.

Im Rahmen der formativen Evaluation des Piloten werden Qualitäts- und Wirkungsaspekte
miteinbezogen. Die Qualitäts- und Wirkungsaspekte sollten im Sinne eines handlungstheore-
tischen Evaluationsplans von Thierau[47] gemeinsam mit Qualitätsexperten und den in Klein-
gruppen mit dem Aspekt Qualität beschäftigten Mitarbeitern konsensmäßig bestimmt werden, um sie anschließend mit geeigneten sozialwissenschaftlichen Methoden zu verschiedenen Messzeitpunkten in der Pilotierungsphase zu erfassen. Gleichermaßen eignen sich als
unterstützende Maßnahmen im Rahmen der formativen Evaluation gezielte Mitarbeiterin-
formationsrunden. Hier bieten sich insbesondere Newsletter und kontinuierliche Informationsveranstaltungen für die Mitarbeiter an, die über den Verlauf der Pilotierung berichten. Ferner
ist es wichtig, dass das Human Ressource Management in dieser Phase mit geeigneten Personalentwicklungsmaßnahmen und begleitenden, interaktiven Lernmaterialien unterstützt. So
können die Mitarbeiter proaktiv für die durch das Wissensmanagement erfolgende Veränderung vorbereitet werden. Die Ergebnisse der formativen Evaluation sind letztlich entscheidend für die Anpassung der Maßnahmen vor der übergreifenden Einführung im Roll-out.

Das Roll-out dient der Einführung der Maßnahmen in allen vorgesehenen Unternehmensbereichen. Zur Beseitigung von möglicherweise noch bestehenden Unsicherheiten seitens der
Mitarbeiter muss zu diesem Zeitpunkt eine enge und schnelle Kommunikation mit der Unternehmensleitung erfolgen.

---

[46] Deppe (1992), S. 88.

[47] Thierau (1991).

Im Rahmen des Lessons Learned finden Reflexionstreffen mit dem Pilotteam und Lenkungsausschuss statt. Hier werden mögliche Problemfelder, die sich bei der ersten Pilotierung und
im vorangegangenen Prozess gezeigt haben, erörtert und als Lessons Learned-Bericht nie-
dergelegt.[48]

5.2.2.3 Phase 3: Kontrolle der Einführung des Wissensmanagements

Zur Überprüfung, ob die Einführung des Wissensmanagements erfolgreich war, bietet sich
eine summative Evaluation an, die im Anschluss an die vorhergehende formative Evaluation
am Ende der Maßnahme deren Erfolg prüft. Dazu wird eine Qualitäts-, Wirkungs- und Kosten-Nutzen-Analyse durchgeführt.

Bei der Qualitätsanalyse wird unter Einbezug der unternehmensspezifischen Qualitätssiche-
rungsabteilung die Maßnahme hinsichtlich der zuvor im Business Case formulierten Dimensionen von Experten beurteilt. Dazu ist die Entwicklung eines Kriterienkatalogs nötig, anhand dessen die Maßnahme von Experten beurteilt wird.

Die Wirkung auf die Zielgruppe wird mit der Wirkungsanalyse untersucht, die sich konsequent an den normativen, strategischen und operativen Zielen ausrichtet. Hierzu sollten Befragungen der Betroffenen erfolgen. Um dem Aspekt der Akzeptanz der Zielgruppen besonders Rechnung zu tragen, bietet es sich an, die empirisch bedeutsamen psychologischen
Aspekte für den Erfolg einer Mitarbeiterbeteiligung zu berücksichtigen, da diese maßgeblich
den Erfolg der Einführung des Wissensmanagements beeinflussen. Zu diesen Erfolgsfaktoren gehören nachweislich die Partizipation an der Zielverfolgung, die Attraktion zur Gruppe,
die Zielbindung und die subjektive Zielklarheit.

Die Partizipation an der Zielverfolgung erfasst das Ausmaß der Beteiligung der betroffenen
Mitarbeiter bei der Ableitung von zielwirksamen Maßnahmen im Rahmen der Aufstellung
von normativen, strategischen und operativen Zielen. Ferner wird betrachtet, inwiefern sich
die involvierten Mitarbeiter an der Umsetzung der Maßnahmen zur Einführung des Wissensmanagements und an der Erarbeitung von relevanten Kennziffern für den Erfolg des
Wissensmanagements beteiligen.

Die Attraktion zur Gruppe erfasst zwei Aspekte: die interpersonale und die aufgabenbasierte
Kohäsion. Die interpersonale Kohäsion ist das Ausmaß an Sympathie, Freundschaft und
Respekt zwischen den Mitgliedern einer Gruppe. Die aufgabenorientierte Kohäsion (Commitment to Group Task) ist die gemeinsame Verpflichtung der Gruppenmitglieder gegenüber
einer Gruppenaufgabe. Der interpersonalen Kohäsion auf Gruppenebene entspricht auf individueller Ebene die Attraktion einer Person zur Gruppe aufgrund interpersonaler Beziehungen. Die aufgabenbasierte Kohäsion ist inhaltlich eng verbunden mit der Zielbindung.

Die Zielbindung ist – wie schon in Kapitel 5.2.1 erwähnt – das Ausmaß, in dem sich die
Gruppenmitglieder der Erreichung der Gruppenziele verbunden fühlen.

---

[48] Reinmann-Rothmeier; Mandl; Erlauch; Neubauer (2001).

Die subjektive Zielklarheit bezieht sich auf die subjektive Klarheit der Ziele der in den Prozess der Einführung des Wissensmanagements involvierten Teams. Sie beinhaltet neben der Kenntnis der relevanten Ziele bei der Einführung des Wissensmanagements das Verständnis der Mitarbeiter für die Zusammenhänge zwischen den Zielen und das Ausmaß der Beschäftigung der Mitarbeiter mit der Strategie und Planung der Zielverfolgung.

Zur Erfassung der psychologisch relevanten Aspekte für die Erfolgsbeteiligung von Mitarbeitern können Befragungen und Interviews seitens des Human Ressource Management erfolgen.

Die Kosten-Nutzen-Analyse wird mit Hilfe der Kostenkalkulation und der Überprüfung der Erreichung der definierten Kennzahlen im Business Case vorgenommen. Die Ergebnisse der Kosten-Nutzen-Analyse verweisen auf möglicherweise weiteres Verbesserungspotenzial und können als Grundlage für ein unternehmensspezifisches Marketing der Wissensmanagement-Maßnahmen dienen.

Es ist ratsam, die summative Evaluation von einem externen Evaluator bzw. Evaluatorenteam durchführen zu lassen, um von einer neutralen Seite das Ergebnis der Einführung des Wissensmanagements bewerten zu lassen.

Die Abbildung gibt das Vorgehen bei der mitarbeiterorientierten Einführung des Wissensmanagements wieder.

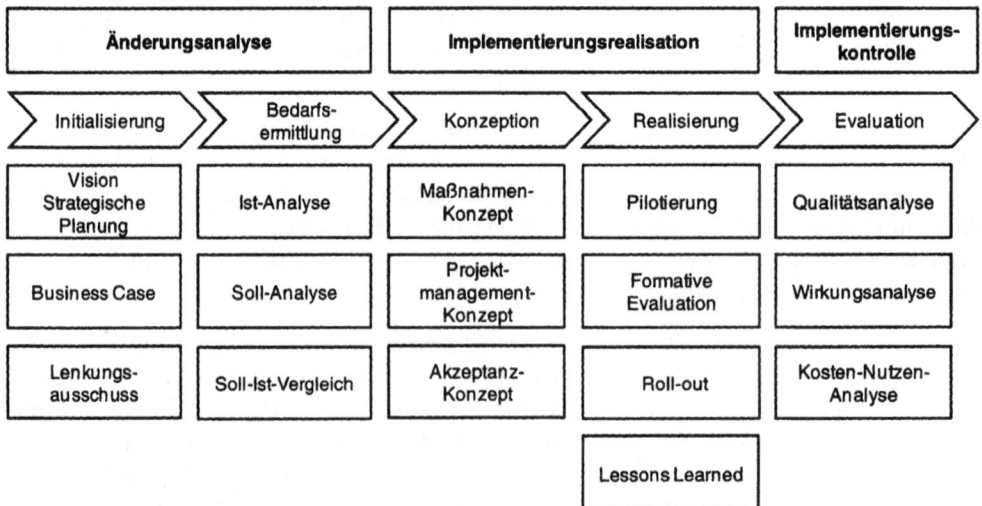

Abb. 5.4 *Ablauf der mitarbeiterorientierten Einführung des Wissensmanagements
(Winkler; Mandl (2004), S. 214)*

Die dargestellten Phasen sollten stets auf die Anforderungen der Unternehmung angepasst werden. Bei der Einführung einer komplexen Intervention, so wie der des Wissensmanagements, können Vorgehensweisen nur einen exemplarischen Charakter haben. Es gilt daher stets eine geschäftsprozessorientierte spezifische Vorgehensweise für die jeweilige Unternehmung zu entwickeln.

5.3   Ausblick

Bei der Einführung von Wissensmanagement in Unternehmen kommt den Mitarbeitern die entscheidende Rolle zu und sie sind letztlich für den nachhaltigen Erfolg des Wissensmanagements in der Unternehmung verantwortlich.

Soll das Wissensmanagement als pragmatische Vorbereitung des organisationalen Lernens fungieren, dann muss das Human Ressource Management nach Einführung des Wissensmanagements den Prozess des organisationalen Lernens in einem kritischen Dialog mit dem Management unterstützen. So müssen sich – mit Fokus auf die strategischen Ziele des Wissensmanagements – das Management und das Human Ressource Management gegenseitig fordern und fördern. Alle in dem Prozess der Einführung des Wissensmanagements erforderlichen Strategien müssen dabei durchgängig als dialogorientierter Lernprozess aufgefasst werden.

Voraussetzungen seitens des Managements	• Hohe Bereitschaft zur Veränderung und Selbstreflexion • Verzicht auf Status und den Einsatz formaler Machtmittel • Mut, das eigene Selbstverständnis zu hinterfragen bzw. von den Mitarbeitern hinterfragen zu lassen • Vertrauen in die Kompetenz der Mitarbeiter • Akzeptanz für die Individualität der Mitarbeiter (Fehler zugestehen können) • Verständnis der eigenen Strategien als Lernoptionen
Voraussetzungen seitens des Human Ressource Management	• Kommunikative Kompetenz • Konfliktbereitschaft • Wissen um lernförderliche Personalentwicklungs- und Organisationsentwicklungsmaßnahmen sowie Bereitschaft zur ständigen formativen Evaluation dieser Konzepte • Bereitschaft, sich mit dem individuellen Weiterbildungsbedarf des Mitarbeiters im kooperativen Dialog auseinanderzusetzen • Bereitschaft, Organisationsabläufe so zu ändern, dass Lernmöglichkeiten für Mitarbeiter gegeben sind

Abb. 5.5   *Voraussetzungen für die nachhaltige Beeinflussung des organisationalen Lernens in der Unternehmung (s. auch Stangel-Meseke (2001), S. 112)*

Ein geeignetes Instrument zur nachhaltigen Unterstützung von Lernprozessen stellt das modifizierte Lernpotenzial-Assessment Center von Stangel-Meseke[49] dar. Im Mittelpunkt dieses Verfahrens steht die Diagnose des individuellen Lernverhaltens eines Mitarbeiters. Die Teilnehmer des Verfahrens bewerten (nach einer individuellen Vorbereitung auf das Verfahren in zwei Assessment-Center-Durchläufen mit einer integrierten Lern- und Trainingsphase und standardisierten Selbstbewertungen) ihren Lernerfolg in den Übungen selbst und werden dabei durch zusätzliche Instrumente zur Erhebung des Lernverhaltens unterstützt. Auf Basis eines solchen Befundes wird ein Weg für das selbstregulierte Lernen[50] des Mitarbeiters geebnet. Durch Kenntnis seines Lernverhaltens kann der Mitarbeiter seinen eigenen Bildungsbedarf im Unternehmen in Kooperation mit den Verantwortlichen im Human Ressource Management bestimmen. Wird dieser Mechanismus erst einmal aktiviert, ist bei lernwilligen und lernbereiten Mitarbeitern eine entsprechende Steigerung ihrer Arbeitsleistung zu erwarten. Somit unterstützt das modifizierte Lernpotenzial-Assessment Center den Aufbau einer lernenden Organisation.

Für eine Übertragung des modifizierten Lernpotenzial-Assessment Center müssen seitens des Human Ressource Management die spezifischen Inhalte der AC-Übungen sowie die erforderlichen Feedbackinstrumente zur Selbstbewertung der Mitarbeiter für den Bereich des Wissensmanagements ausgearbeitet werden. Ferner sollten die erarbeiteten Inhalte noch einer empirischen Prüfung unterzogen werden. Dies hat nicht nur den Vorzug, dass die AC-Inhalte relevant für das Wissensmanagement sind, sondern impliziert auch gleichermaßen, dass das Human Ressource Management sich seiner Funktion als Katalysator für organisationales Lernen bewusst ist, indem es sich immer bezüglich seiner Angebote bzw. Maßnahmen zur Unterstützung der Nachhaltigkeit des Wissensmanagements hinterfragt und somit ständig seine eigene Wissensbasis neu in Frage stellt und strukturiert.

Literatur

Argyris, C.; Schön, D.: Organisational Learning: A theory of action perspective. Reading: (1978).

Baitsch, C.: Was bewegt Organisationen? Selbstorganisation aus psychologischer Perspektive. Frankfurt/M. (1993).

Baubin, T.; Wirtz, B. W.: Vorsprung durch Wissen. Jahrzehntelange Erfahrung bei Andersen Consulting. In: Schneider, U. (Hrsg.): Wissensmanagement: die Aktivierung des intellektuellen Kapitals. Frankfurt/M. (1996), S. 133-146.

Brehm, S. S.; Brehm, J. W.: Psychological Reactance – A theory of freedom and control. New York (1981).

---

[49] Stangel-Meseke (2005).

[50] Schreiber (1998).

Bullinger, H.-J.; Warschat, J.; Prieto, J.; Wörner, K.: Wissensmanagement – Anspruch und Wirklichkeit: Ergebnisse einer Unternehmensstudie in Deutschland. In: Information Management (1/1998), S. 7-23.

Brodbeck, F. C.; Anderson, N.; West, M.: TKI – Teamklima Inventar. Göttingen (2001).

Daumenlang, K.; Müskens, W.: Fragebogen zur Erfassung des Organisationsklimas. Göttingen (2004).

Deppe, J.: Quality Circle und Lernstatt – Ein integrativer Ansatz. Wiesbaden (1992).

Dickenberger, D.; Gniech, G.; Grabitz, H.-J.: Die Theorie der psychologischen Reaktanz. In: Frey, D.; Irle, M. (Hrsg.): Theorien der Sozialpsychologie, Band 1: Kogntive Theorien. Bern (1993), S. 243-273.

Fittkau-Garthe, H.; Fittkau, B.: Fragebogen zur Vorgesetzten-Verhaltensbeschreibung. Göttingen (1971).

Fried, A.; Baitsch, C.: Mutmaßungen zu einem überraschenden Erfolg – Zum Verhältnis von Wissensmanagement und Organisatinalem Lernen. In: Götz, K. (Hrsg.): Wissensmanagement – zwischen Wissen und Nichtwissen. Schriftenreihe: Managementkonzepte. München, Mehring (2000), S. 33-45.

Glasl, F.: Selbsthilfe in Konflikten. Konzepte – Übungen – praktische Methoden. Stuttgart (1998).

Gluminski, I.; Stangel-Meseke, M.: Der handlungstheoretische Ablaufplan – eine Strukturierungshilfe für Fragen der betrieblichen Bildungsbedarfsanalyse. In: Zeitschrift für Personalforschung (1/1993), S. 50-63.

Grattson, L.: Implementing a strategic vision – Key factors for success. In: Long Range Planning (3/1996), S. 290-303.

Guthof, P.: Strategische Anreizsysteme. Wiesbaden (1995).

Hanft, A.: Organisationales Lernen und Macht – Über den Zusammenhang von Wissen, Lernen, Macht und Struktur. In: Schreyögg, G.; Conrad, P. (Hrsg.): Managementforschung 6. Berlin/New York (1996), S. 133-162.

Harhoff, D.; Küpper, C.: Akzeptanz und E-Learning. Eine empirische Studie in Zusammenarbeit von Cognos und dem Institut für Innovationsforschung, Technologiemanagement und Entrepreneurship. München (2002).

Hinkofer, L.; Mandl, H.: Implementation von E-Learning in einem Pharmaunternehmen (Praxisbericht Nr. 28). Lehrstuhl für Empirische Pädagogik und Pädagogische Psychologie der Ludwig-Maximilian-Universität. München (2003).

Holling, H.; Lammers, F.; Pritchard, R. D.: Effektivität durch Partizipatives Produktivitätsmanagement. Göttingen (1999).

Kauffeld, S.: Teamdiagnose. Göttingen (2001).

Kauffeld, S.: Fragebogen zur Arbeit im Team. Göttingen (2004).

Kleinbeck, U.; Schmidt, K.-H.; Werner, W. (Hrsg.): Produktivitätsverbesserung durch zielorientierte Gruppenarbeit. Göttingen (2001).

Kleinbeck, U.; Fuhrmann, H.: Das Partizipative Produktivitätsmanagement (PPM). In: Fisch, R.; Beck, D.; Englich, E. (Hrsg.): Projektgruppen in Organisationen. Göttingen (2001), S. 61-74.

Lehner, J. M.: „Cognitive Mapping". Kognitive Landkarten vom Management. In: Schreyögg, G.; Conrad, P. (Hrsg.): Managementforschung 6: Wissensmanagement. Berlin (1996), S. 83-132.

Likert, R.; Likert, J. P.: New ways of managing conflict. New York (1976).

Lipnack, J.; Stamps, J.: Networking – the first report and directory. New York (1982).

Locke, E. A.; Latham, G. P.: A Theory of Goal Setting and Task Performance. Englewood Cliffs (1990).

Macharzina, K.: Unternehmensführung – Das internationale Managementwissen. Wiesbaden (1993).

Mueller, R. K.: Betriebliche Netzwerke. Kontra Hierarchie und Bürokratie. Freiburg (1988).

Nerdinger, F. W.: Motivation und Handeln in Organisationen. Stuttgart (1995).

Nonaka, I.; Takeuchi, H.: Die Organisation des Wissens: wie japanische Unternehmen eine brachliegende Ressource nutzbar machen. Frankfurt/M. (1997).

Pritchard, R. D.; Kleinbeck, U.; Schmidt, K.-H.: Das Managementsystem PPM. Durch Mitarbeiterbeteiligung zu höherer Produktivität. München (1993).

Probst, G.; Raub, S.; Romhardt, K.: Wissen managen. Wie Unternehmen ihre wertvollste Ressource optimal nutzen. Wiesbaden (2000).

Rahn, R.: Werkzeuge für die Information: Methoden und Anwendungen des „Data Mining". Computerwoche Spezial (2/1999), S. 32-33.

Reinmann-Rothmeier, G.; Mandl, H.; Erlach, C.; Neubauer, A.: Wissensmanagement lernen. Ein Leitfaden zur Gestaltung von Workshops und zum Selbstlernen. Weinheim (2001).

Schreiber, B.: Selbstreguliertes Lernen. Berlin (1998).

Sperka, M.; Rózsa, J.: Fragebogen zur Erfassung der Kommunikation in Organisationen. Göttingen (2007).

Stangel-Meseke, M.: Das modifizierte Lernpotenzial-AC und seine Anwendung in der Praxis. In: Sarges, W. (Hrsg.): Weiterentwicklungen der Assessment Center-Methode. Göttingen (2001), S. 109-123.

Stangel-Meseke, M.: Veränderung der Lernfähigkeit durch innovative Konzepte zur Personalentwicklung. Wiesbaden (2005).

Thierau, H.: Analyse und empirische Überprüfung wissenschaftlicher Evaluationskonzepte in der betrieblichen Weiterbildung – dargestellt am Beispiel der Schulung von Führungskräften. Unveröffentlichte Dissertation an der Ruhr-Universität Bochum, Fakultät für Psychologie (1991).

Stangel-Meseke, M.; Gluminski, I.: Betriebliche Bildungsbedarfsanalyse. In: Geißler, K. A; von Landsberg, G; Reinartz, M. (Hrsg.): Handbuch für Personalentwicklung und Training. Köln (1995), S. 1-25.

Tarlatt, A.: Implementierung von Strategien im Unternehmen. Wiesbaden (2001).

Thierau-Brunner, H.; Stangel-Meseke, M.; Wottawa, H.: Evaluation von Personalentwicklungsmaßnahmen. In: Sonntag, K. H. (Hrsg.): Personalentwicklung in Organisationen. Göttingen (1999), S. 229-247.

Von Dick, R.; West, M. A.: Teamwork, Teamdiagnose, Teamentwicklung. Praxis der Personalpsychologie. Göttingen (2005).

Weinert, A. B.: Organisationspsychologie. Weinheim (2000).

Winkler, K.; Mandl, H.: Mitarbeiterorientierte Implementation von Wissensmanagement im Unternehmen. In: Reinmann, G. (Hrsg.): Psychologie des Wissensmanagements. Göttingen (2004), S. 207-219.

Winterhoff-Spurk, P.: Organisationspsychologie. Stuttgart (2002).

6 Wissensmanagement – Eine entscheidende Voraussetzung für erfolgreiche Outsourcing-Projekte

Exemplarisch dargestellt am kaufmännischen Bereich

Axel Wullenkord

6.1   Einleitung

6.1.1   Hintergrund

Der kaufmännische Bereich steht gegenwärtig in vielen Unternehmen vor einem nennens-
werten Umbruch. Aus unterschiedlichen Gründen galt dieser Bereich lange Zeit als restruk-
turierungsresistent. Einerseits ist es gerade dieser Bereich, der häufig Initiator und Begleiter
von Restrukturierungen und Optimierungen ist, so dass es von daher wenig überraschend ist,
dass man hierbei selten den kaufmännischen Bereich selbst im Auge hatte. Andererseits lag
der Restrukturierungsfokus aufgrund des hohen Anteils an den Gesamtkosten konsequenterweise zunächst im Fertigungsbereich bzw. in den fertigungsnahen Bereichen. Hier konnten
vielfach beachtliche Verbesserungen realisiert werden.

Dies hat sich geändert. Auf der einen Seite sind die Anforderungen an den kaufmännischen
Bereich in den letzten Jahren höher geworden, auf der anderen Seite setzt sich auch zuneh-
mend die Erkenntnis durch, dass auch der kaufmännische Bereich ein nicht unerhebliches
Optimierungspotenzial in sich birgt. Insofern ist es konsequent, dass der kaufmännische
Bereich heute selbst in praktisch allen Unternehmen Gegenstand von Optimierungen gewor-
den ist.[1]

Integraler Bestandteil derartiger Optimierungsüberlegungen im kaufmännischen Bereich ist
stets eine Auslagerung bestimmter Prozesse (Outsourcing bzw. Business Process Outsourcing). Während das Outsourcing beispielsweise der Kantine, von Teilen der Fertigung oder
des Gebäudemanagements eine lange Tradition hat, sind es heute demnach primär Verwal-
tungsbereiche, also solche Bereiche, die lange Zeit als unverrückbar galten. Stellte hierbei
lange Zeit die Aussicht auf Kostensenkungen das dominierende Outsourcing-Motiv dar, so
setzt sich immer mehr die Erkenntnis durch, dass mit dem Auslagern einzelner Geschäftsprozesse nicht nur Kosten eingespart werden können, sondern gleichzeitig Qualität, Service
und Angebotsbreite deutlich erhöht werden kann.

Outsourcing ist, wie viele gescheitere Outsourcing-Projekte belegen, kein Selbstläufer. Hierbei handelt es sich um ein durchaus kritisches Projekt, das sorgfältig zu managen ist. Wird
ein solches Projekt nicht sorgfältig geplant und umgesetzt, besteht die berechtigte Gefahr
eines Kontroll- und Know-how-Verlustes. Hiermit eng verbunden ist das Risiko, dass ein
einmal ausgelagerter Prozess – aufgrund des ausgelagerten Know-hows – nur mit relativ
großen Schwierigkeiten wieder in das Unternehmen reintegriert werden kann. Die damit
verbundene Abhängigkeit von einem externen Dienstleister kann weiterhin zu erhöhten Kosten, aber auch zu Qualitätsverlusten führen. Es sind genau diese Befürchtungen, die von
Gegnern des Outsourcings immer wieder als Gegenargument verwendet werden.

Diese Argumentationskette ist in der Tat nicht in Abrede zu stellen, jedoch lässt sich dieses
Problem durch ein sorgfältiges Management des relevanten Wissens auf ein vertretbares Maß
reduzieren.

---

[1] Vgl. dazu auch Louven; Sommer (2007) sowie Wullenkord; Elsner (2007).

6.1.2 Zielsetzung des Beitrags

Vor dem aufgezeigten Hintergrund besteht die Zielsetzung dieses Beitrages darin, aufzuzeigen, wie eine Outsourcing-Entscheidung im kaufmännischen Bereich durch Wissensmanagement abgesichert werden kann.

Eine wesentliche Bedeutung spielt dabei die Frage nach dem „Was", also welches Wissen zu managen ist. Nicht minder interessant ist die Anschlussfrage nach dem „Wie", also nach den Instrumenten und Konzepten, die sicherzustellen in der Lage sind, relevantes Wissen so weit wie möglich zu sichern bzw. zu managen.

Der Beitrag ist dabei insofern stark praxis- und umsetzungsorientiert ausgelegt, als es weniger darum geht, ein zusätzliches theoretisches Grundkonzept mit neuen technischen Applikationen zu entwickeln. Im Vordergrund steht vielmehr eine praxisorientierte Darstellung, mit welchen praxiserprobten und -tauglichen Instrumenten ein Großteil des relevanten kaufmännischen Wissens in vier Schritten gesichert werden kann.

Um die gesamte Bandbreite des kaufmännischen Bereiches – zumindest im Ansatz – zu berücksichtigen, wird in Form von diversen Beispielen Bezug auf die unterschiedlichen Teilgebiete genommen.

6.2 Hintergrund: Aktuelle Herausforderungen im kaufmännischen Bereich

Der kaufmännische Bereich wurde lange Zeit aus unterschiedlichen Gründen vernachlässigt.[2] Als Ergebnis zeigt sich beispielsweise, dass der Anteil der Verwaltungskosten in Relation zum Umsatz relativ gestiegen, der Anteil der Herstellungskosten dagegen gesunken ist.

Während der Verwaltungsbereich, insbesondere das Controlling, lange Zeit andere Unternehmensbereiche auf Effizienz und Leistungssteigerung getrimmt hat, wird der Verwaltungsbereich nunmehr selbst Gegenstand von Optimierungsüberlegungen.[3] Diese Optimierungsüberlegungen gehen dabei parallel in zwei Richtungen:

1. Die Rolle des CFOs hat sich bereits in den letzten Jahren nachhaltig verändert und wird dies auch in Zukunft weiter tun. Der klassische kaufmännische Leiter, der bestenfalls bei der Vorlage der Quartalsberichte auffällig wird, und als Leiter der Administration, im wesentlichen dafür Sorge zu tragen hat, dass die administrativen Vorgänge einschließlich der Abschlusserstellung sauber und ordnungsgemäß über die Bühne gehen, gehört der Vergangenheit an. „Kratze an der Oberfläche eines Finanzvorstandes, und du entdeckst den Buchhalter darunter" lautete lange Zeit eine typische Einschätzung von Managern außerhalb des Finanzbereichs. Der Trend geht dahin, dass sich der CFO immer mehr als

---

[2] Vgl. z.B. Wullenkord; Kiefer; Sure (2006), S. 27f.

[3] Vgl. Michel (2006), S. 439.

Co-Pilot für den CEO etabliert.[4] Das Aufgabenspektrum wird nicht nur breiter, sondern auch zunehmend anspruchsvoller. Während sich Finanzvorstände „traditioneller Prägung" nahezu ausschließlich mit Finanzangelegenheiten, wie z.B. Cash-Management, Erstellung von Abschlüssen und Verhandlungen befasste, sehen moderne bzw. wertmanagementgeprägte Konzepte eine Zusammenfassung bzw. Verbindung von Unternehmensstrategie und Finanzen vor.

2. Gleichzeitig setzt sich immer mehr die Erkenntnis durch, dass auch der kaufmännische Bereich sorgfältig auf Wertsteigerungs- und Optimierungspotenziale hin zu untersuchen ist. Die folgende Tabelle zeigt diesbezüglich nur exemplarisch einen kurzen Auszug der im Mai 2004 von der Hackett Group veröffentlichten „Total Process Cost Benchmarks"[5] für kaufmännische Teilbereiche:

Hackett-Benchmarks (2004)		Kosten "pro Benchmark" [US$]		
	Benchmark	"Leaders"	"Laggers"	average
Kreditorenbuchhaltung	Kosten pro Rechnung	3,75	9,60	6,68
Debitorenbuchhaltung	Kosten pro Zahlungseingang	11,75	61,72	36,74
Anlagenbuchhaltung	Kosten pro Anlagegut	5,64	9,54	7,59
Hauptbuchhaltung	Kosten pro Transaktion	0,39	1,48	0,94

Abb. 6.1   *Ausgewählte Hackett-Benchmarks für den kaufmännischen Bereich*

Produktivitäts- und Effizienzsteigerungen wurden in den letzten Jahren primär in der Fertigung und den fertigungsnahen Bereichen angestoßen und realisiert, mit der Folge, dass sich diese Bereiche heute nur noch im Grenzbereich verbessern lassen. Neben den Hackett-Benchmarks zeigen aber auch weitere aktuelle Studien, dass der kaufmännische Bereich selbst über ein nennenswertes Optimierungspotenzial verfügt.[6]

Konkret lassen sich, ohne Anspruch auf Vollständigkeit, folgende Trends festhalten:

• Höhere Anforderungen an Qualität und Aktualität. Dass Monatsabschlüsse heute am zweiten Arbeitstag vorliegen müssen, ist keine Seltenheit mehr.

• Externes und internes Rechnungswesen werden, getrieben und unterstützt durch IFRS, immer weiter harmonisiert. Hier liegt gleichzeitig eine Quelle zur Realisierung von Effizienzsteigerungen.

• Der verstärkte Einsatz von Balanced-Scorecards in der Unternehmenspraxis zur Übersetzung von strategischen Zielen in operative Maßnahmen fordert konsequenterweise eine Übersetzung von kunden-, prozess- und mitarbeiterbezogenen Zielformulierungen in

---

[4] Vgl. z.B. Gaiser (2006), S. 48 sowie insbesondere auch Copeland; Koller; Murrin (1998), S. 93ff.

[5] Zur Definition siehe Hackett Benchmarking Survey.

[6] Vgl. z.B. Wullenkord; Rixen (2005) sowie Wullenkord; Elsner (2007).

Kennzahlen mit anschließender Planung, Steuerung und Kontrolle. Naturgemäß ist das Controlling hier stark involviert.

- Neben der zunehmenden Bedeutung des Risikomanagements tritt im Rahmen der aktuellen „Compliance-Diskussion" immer mehr die Optimierung von Governance- und Businessinteressen in das Aufgabenfeld des CFOs.[7]
- Organisation von Outsourcingprojekten, insbesondere, aber nicht nur, im kaufmännischen Bereich.

Outsourcing ist, wie angedeutet in mehrfacher Hinsicht, immer mehr ein integraler Bestandteil dieses neuen Profils und hat sich mittlerweile als intelligentes und integratives Managementtool etabliert. Auch wenn es immer wieder kritische Stimmen zum Thema Outsourcing gibt, so hat sich doch die Erkenntnis durchgesetzt, dass ein sorgfältig vorbereitetes und umgesetztes Outsourcing ein erhebliches Wertschöpfungspotenzial zu erschließen vermag.

Gleichwohl erfordert Outsourcing, soll es tatsächlich ein integraler Part der neuen CFO-Agenda sein, eine neue Betrachtungsperspektive. Diese lässt sich, wie im folgenden Kapitel dargestellt, durch die Migration von einem reinen Kostendenken zu einer umfassenden Wertschöpfungspartnerschaft beschreiben.

6.2.1   Neues Outsourcing-Verständnis

Viele Unternehmen setzen Outsourcing gleich mit Kostensenkung. Hier existiert ein immer noch weit verbreitetes Missverständnis, denn Outsourcing vermag deutlich mehr zu leisten, als nur die Kosten zu senken.

Viele Unternehmen betrachten Outsourcing nach wie vor nicht als Möglichkeit, mit einem externen Partner einen innovativen und leistungsstarken kaufmännischen Bereich aufzubauen. Bislang gibt es häufig die klassische Kunden-Lieferanten-Beziehung, wobei versucht wird, den Lieferanten auszuquetschen.

Die Folge ist das typische „Schwarze-Peter-Spiel": Ich habe in meinem Unternehmen 80 Mitarbeiter im Finanz- und Rechnungswesen mit veraltetem Know-how und veralteter Technik. Auf wen kann ich dieses Problem abwälzen? Dieses ist für Firmen und ihre Steuerungsfähigkeit nicht ohne Risiko. Da die meisten Dienstleister häufig selbst mit personellen Überkapazitäten und Margendruck zu kämpfen haben, können sie diese Verträge gar nicht mehr um jeden Preis annehmen. Aus diesem Grunde sind neue Ansätze und Geschäftsmodelle dringend geboten.

Es ist davon auszugehen, dass der BPO-Outsourcingmarkt weiter wachsen wird (es ist in Deutschland auch noch kein reifer Markt). Dieses Wachstum muss und wird sich aber in einer etwas anderen Form zeigen. Kunden und Dienstleister müssen BPO noch stärker als strategische und langfristige Innovationspartnerschaft verstehen. So kann Outsourcing beispielsweise als Vehikel gesehen werden, um beispielsweise das Rechnungswesen auf einen Stand zu bringen, so z.B. hinsichtlich einer IFRS-Einführung oder der Einführung eines

---

[7] Vgl. Neukirchen (2006), S. 207.

amerikanischen Reportingsystems, was mit der vorhandenen Belegschaft in Kürze nicht erreicht werden kann.

Eine aktuelle Studie von Deloitte deutet zumindest darauf hin, dass diese beiden Aspekte bei den größten Unternehmen[8] offensichtlich bereits den höchsten Stellenwert haben.

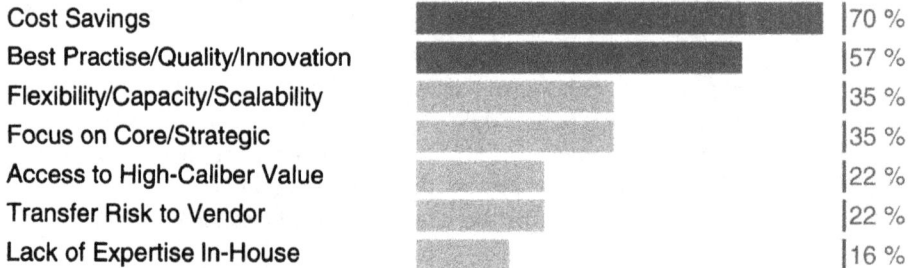

Cost Savings		70 %
Best Practise/Quality/Innovation		57 %
Flexibility/Capacity/Scalability		35 %
Focus on Core/Strategic		35 %
Access to High-Caliber Value		22 %
Transfer Risk to Vendor		22 %
Lack of Expertise In-House		16 %

Abb. 6.2   *Mit Outsourcing verbundene Ziele[9]*

Es fällt dennoch auf, dass der Kostenaspekt dominiert. Hieran müssen insbesondere auch die Dienstleister insofern arbeiten, als sie ihr Image als reine Kostensenker loswerden müssen. Zu beachten ist aber auch, dass sich bei dieser Entwicklung auf der Anbieterseite die Spreu vom Weizen trennen wird, denn die Anzahl der Dienstleister, die ein umfassendes Leistungs-spektrum auf hohem Niveau erbringen können, ist gering.

Das kann durchaus in Stufen gehen: Zunächst werden Routineaufgaben verlagert und danach sukzessive anspruchsvollere Aufgaben. Fest steht aber auch, dass das Kostenthema so lange noch im Vordergrund steht, wie die auslagernden Unternehmen noch über Altlasten verfü-gen.

6.2.2   Bedeutung des Wissensmanagements im Rahmen von Outsourcing-Projekten

Es ist nicht unüblich, dass im Zusammenhang mit Outsourcing in der Presse im Wesentli-chen die gescheiterten Projekte thematisiert werden. Auf der anderen Seite ist aber auch klar, dass die Erfolgswahrscheinlichkeit umso höher ist, je sorgfältiger man sich im Vorfeld mit einem Outsourcing-Projekt beschäftigt.

Eine sorgfältige Auseinandersetzung erfordert eine Analyse der typischen Risiken. Es gibt Bedenken gegen Outsourcing, die prinzipiell nicht von der Hand zu weisen sind, die sich aber durch sorgfältige Entscheidungen und geeignete vorbereitende Maßnahmen vermeiden lassen.

---

[8]   Mehr als 50 Prozent der befragten Unternehmen gehören zu den „Fortune 500-Unternehmen".

[9]   Vgl. Deloitte (2006), S. 5.

Wie die folgende Abbildung zeigt, befürchten viele Unternehmen durch die Ausgliederung administrativer Prozesse, gerade im Bereich der Buchführung, die Kontrolle über die Prozesse bzw. allgemein Wissen zu verlieren. Zum einen herrscht insbesondere in Deutschland eine gewisse Skepsis, wenn es darum geht, Bücher von Externen führen zu lassen bzw. das Externe überhaupt einen Blick in die Bücher nehmen können. Häufig geäußert wird auch die Befürchtung, dass wesentliche Steuerungsinformationen nicht mehr wie bei einer In-House-Lösung gewissermaßen durch Zuruf über den Flur verfügbar sind, dass also die Möglichkeiten einer direkten Einflussnahme auf das Geschäft nicht mehr uneingeschränkt gegeben ist.

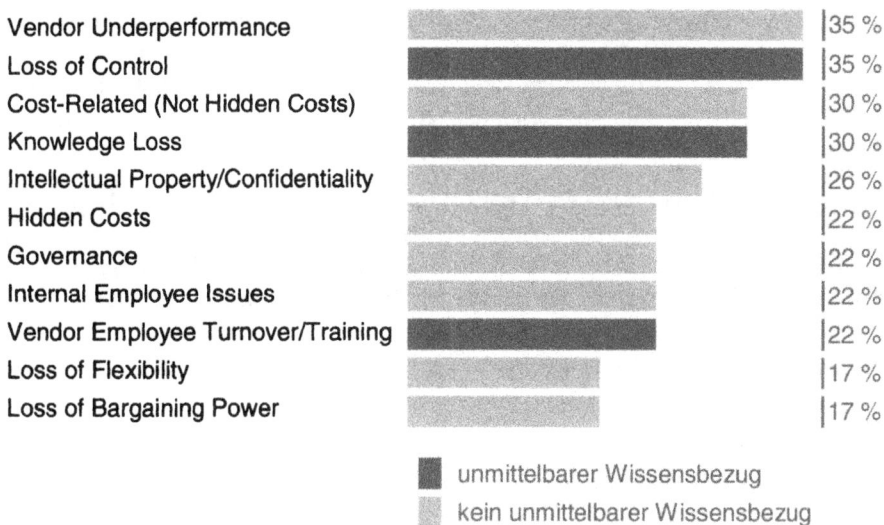

Vendor Underperformance	35 %
Loss of Control	35 %
Cost-Related (Not Hidden Costs)	30 %
Knowledge Loss	30 %
Intellectual Property/Confidentiality	26 %
Hidden Costs	22 %
Governance	22 %
Internal Employee Issues	22 %
Vendor Employee Turnover/Training	22 %
Loss of Flexibility	17 %
Loss of Bargaining Power	17 %

■ unmittelbarer Wissensbezug
▨ kein unmittelbarer Wissensbezug

Abb. 6.3   Risiken und Gefahren bei Outsourcing-Projekten[10]

Ein zielgerichtetes Management des relevanten Wissens ist damit eine Voraussetzung für ein erfolgreiches Outsourcing. Anders formuliert: Wenn es gelingt, das relevante Wissen zu managen, wird es auch gelingen, den kaufmännischen Bereich auf ein höheres Niveau zu heben und gleichzeitig Kosten zu sparen. Und was mit Sicherheit von ebenso hoher Bedeutung ist: Das auslagernde Unternehmen hält sich die Möglichkeit offen, den ausgelagerten Prozess wieder zurückholen zu können.

---

[10] Vgl. Deloitte (2005), S. 9.

6.3   Wissensmanagement als Bestandteil einer Outsourcing-Strategie

Wissensmanagement hat sich in den letzten Jahren in Wissenschaft und Praxis zu einem viel beachteten Thema entwickelt. Hintergrund ist nicht zuletzt die Erkenntnis, Wissen als einen weiteren zentralen Produktionsfaktor anzusehen, der einen entscheidenden Einfluss auf den Unternehmenserfolg hat. Daraus ergibt sich die Notwendigkeit, Wissen entsprechend zu managen.

Wissen und Wissensmanagement stellen gleichzeitig vielschichtige und facettenreiche Begriffe dar. Aus der Vielzahl der Definitionen des Begriffs Wissensmanagement sei im Folgenden auf die von Schüppel Bezug genommen. Danach umfasst Wissensmanagement alle möglichen human- und technikorientierten Interventionen und Maßnahmenpakete, um die Wissensproduktion, -reproduktion, -distribution, -verwertung und -logistik in einem Unternehmen optimieren zu können.[11]

Aus Abbildung 6.3 geht hervor, dass der Verlust von Know-how bzw. Wissen als eine der zentralen Gefahren und Risiken einer Auslagerung angesehen wird. Dahinter steckt konkret die Befürchtung, dass ein einmal ausgelagerter Prozess später nicht mehr problemlos zurückgeholt werden kann,[12] da interne Mitarbeiter im Zusammenhang mit der Outsourcing-Entscheidung häufig das Unternehmen verlassen haben. Folgt man dieser Argumentation, so besteht die Aufgabe des Wissensmanagements im hier betrachteten Zusammenhang vornehmlich darin, Wissens- bzw. Know-how-Verluste zu vermeiden.

Akzeptiert man, dass Wissensmanagement eine zentrale Voraussetzung für ein erfolgreiches Outsourcing ist, so stellen sich unmittelbar zwei Anschlussfragen:

1. Welches Wissen bzw. welches Know-how im kaufmännischen Bereich muss gemanaged werden bzw. muss Gegenstand des Wissensmanagements sein?
2. Mit welchen Maßnahmen lässt sich das relevante Wissen managen?

6.3.1   Welches kaufmännische Wissen muss gemanaged werden?

Die erste zentrale Frage ist die nach den Inhalten des Wissensmanagements. Welche Bestandteile aus dem großen Umfang kaufmännischen Wissens müssen überhaupt gemanaged werden? Zur Beantwortung dieser Frage bietet sich zunächst eine Strukturierung kaufmännischer Aufgaben- und Wissensbereiche an. Eine mögliche Strukturierung zeigt exemplarisch die nachfolgende Abbildung 6.4.

---

[11] Vgl. Schüppel (1996), S. 18.

[12] Die Gründe hierfür können vielschichtig sein: Schlechte Performance und Qualität des Dienstleisters, aber auch veränderte Rahmenbedingungen auf Seiten des Dienstleisters, wie beispielsweise Insolvenz, Übernahme durch ein anderes Unternehmen oder eine hohe Mitarbeiterfluktuation können solch Gründe darstellen.

Ebene 5:   Top-Management (Co-Pilot des CEO)

- Management von Bilanzstruktur und Kapitalkosten,
- Finanzierung über Kapitalmärkte (inkl. Kapitalmarktkommunikation)

Ebene 4:   Entscheidungsunterstützung

- Liquiditätsplanung und -steuerung, - Compliance	- Wirtschaftlichkeitskontrollen - Rentabilitätsmaßnahmen	- Planung, Budgetierung - M&A-Projekte

Wissensmanagement im engeren Sinne

Ebene 3:   Standardreporting

- Abschlüsse - Analyse/Erläuterung - ...	- Mahnlisten - Aging List	- Zahlungsvorschlag - Due-/Overdue-Listen	- Anlagenspiegel - Abschreibungen	- Kostenstellenreports - Kostenartenreports	- Kostenstellenreports - Kostenartenreports

Ebene 2:   Basiswissen (unternehmensspezifisch)

- Work-Flow - Kontierungsrichtlinie - ...	- Work-Flow - Mahnrythmen - Kunden	- Work-Flow - Zahlungstermine - Ausnutzen v. Skonto	- Work-Flow - Investitionsrichtlinie - ...	- Work-Flow - Zulagen - Incentives	- Work-Flow - Reisekostenrichtlinie - ...

Ebene 1:   Basiswissen (nicht unternehmensspezifisch)

- „Soll an Haben" - HGB / GoB / GoBil - Software - ...	- „Soll an Haben" - HGB / GoB / GoBil - Software	- „Soll an Haben" - HGB / GoB / GoBil - Software	- „Soll an Haben" - HGB / GoB / GoBil - Software	- Tarife, Sozialvers. - diverse Gesetze - Software	- Steuerrecht - Pauschalen - Software

Haupt- buchhaltung	Debitoren- buchhaltung	Kreditoren- buchhaltung	Anlagen- buchhaltung	Gehalts- abrechnung	Reise- kostenabr.

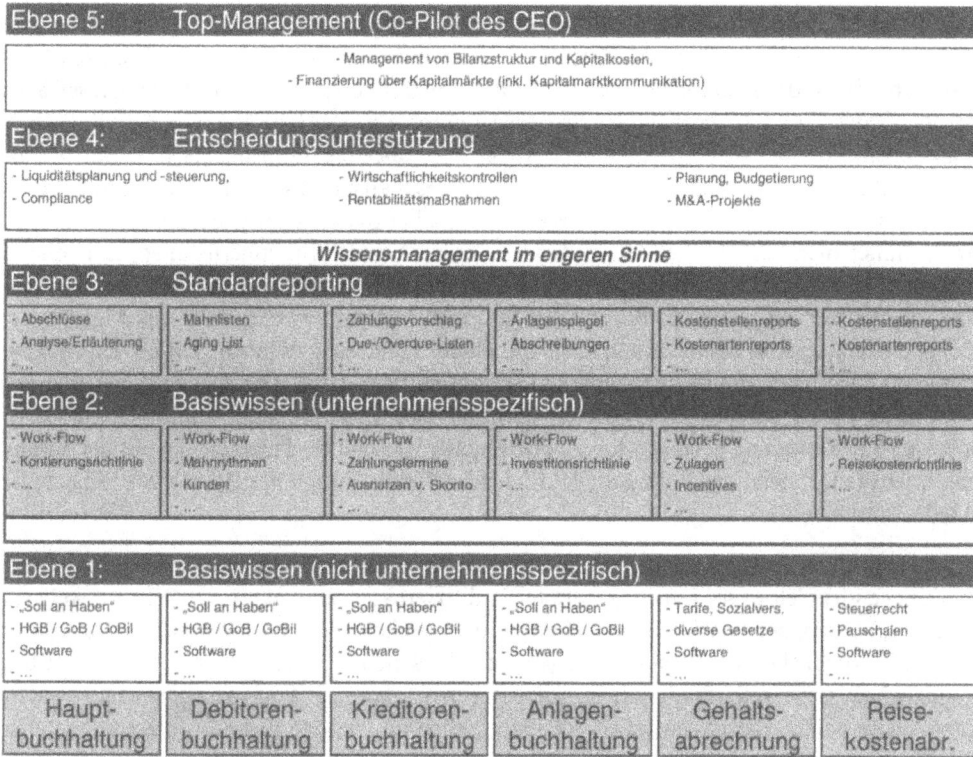

Abb. 6.4   *Strukturierung kaufmännischer Aufgaben und Wissensbereiche*

Zur Bearbeitung kaufmännischer Aufgaben bzw. Vorgänge ist kaufmännisches Wissen erforderlich. Dieses kaufmännische Wissen kann in fünf Ebenen eingeteilt werden.

Auf der untersten bzw. der ersten Ebene ist kaufmännisches Basiswissen anzusiedeln, welches keine unternehmens- bzw. branchenspezifischen Aspekte beinhaltet. In der Finanzbuchhaltung mit ihren diversen Nebenbuchhaltungen zählt hierzu beispielsweise die reine Technik bzw. Methodik des Erfassens und Verarbeitens von Geschäftsvorfällen („Soll an Haben"), die notwendigen rechtlichen Grundlagen, aber auch die Nutzung bzw. Handhabung entsprechender Standardsoftwarelösungen (z.B. SAP, Navision, Paisy). Im Bereich der Lohn- und Gehaltsabrechnung gehört hierzu beispielsweise das Wissen um Einkommensteuer- und Sozialversicherungsaspekte, Tarife etc. Versteht man die Aufgabe des Wissensmanagements in der Vermeidung bzw. Eliminierung des Verlustes von relevantem Knowhow, so bedarf es hierbei aufgrund der Allgemeingültigkeit keines (Wissens-)Managements. In aller Regel sind Mitarbeiter, die über derartiges Wissen verfügen, relativ problemlos und kurzfristig zu gewinnen.

Neben diesem allgemeinen Basiswissen existiert in jedem Unternehmen ein unternehmensspezifisches Basiswissen (zweite Ebene). Hier sind zunächst die unternehmensspezifischen Abläufe zu nennen, die gerade im kaufmännischen Bereich durch eine Vielzahl von Schnittstellen charakterisiert sind. Auch die Bewirtschaftung der Kantine ist letztendlich ein „Business-Process", jedoch existieren hierbei praktisch keine zwangsläufigen Schnittstellen zu anderen vor- oder nachgelagerten Bereichen. Ganz anders stellt sich beispielsweise ein typischer Prozess in der Debitorenbuchhaltung bzw. im Debitorenmanagement dar. Dieser häufig als „Order-To-Cash" bezeichnete Prozess ist durch eine logische Verzahnung vielfältiger Funktionen, von der Auftragsannahme im Vertrieb, über die Logistik bis hin zum Mahnwesen gekennzeichnet. Auch wenn sich interne Geschäftsprozesse selbst unterschiedlicher Unternehmen durch den Einsatz betriebswirtschaftlicher Standardsoftwarelösungen, wie z.B. SAP, immer mehr ähneln, gelten auf dieser „Strecke" zahlreiche unternehmensindividuelle Regeln (z.B. Freigabeberechtigungen) und Philosophien (z.B. Mahnrhythmen). Für den Fall, dass ein vormals ausgelagerter Prozess wieder „zurückgeholt" werden soll, sind Mitarbeiter, die über derartiges Wissen verfügen, in der Regel nicht zu gewinnen. Dieses Know-how kann erst nach einer gewissen Einarbeitungszeit genutzt werden. Das Standardreporting auf der dritten Ebene umfasst Berichte, die üblicherweise standardmäßig von einer Standardsoftware zur Verfügung gestellt werden. Die Ebenen vier und fünf hängen eng mit der bereits beschriebenen, zunehmend häufiger anzufindenden Neudefinition der Rolle eines Finanzvorstandes zusammen.

Klassifiziert man die beschriebenen fünf Ebenen so ergibt sich folgendes: Bei den unteren drei Ebenen handelt es sich um sogenanntes kodifizierbares bzw. explizites Wissen, welches eindeutig beschrieben werden kann und daher auch geeignet ist, beispielsweise in Dokumentationen[13] vorgehalten zu werden. Dagegen handelt es sich bei den Ebenen vier und fünf um implizites Wissen, welches nicht in kodifizierter bzw. expliziter Form kommuniziert werden kann. Diese beiden Extremausprägungen entsprechen im Übrigen den beiden fundamentalen Strategien des Wissensmanagements, „People-to-Document" (Kodifizierung) bzw. „People-to-People" (Implizites oder stilles Wissen).

Setzt man weiterhin implizites Wissen gleich mit Expertenwissen, so zeigt sich, dass es sich hierbei um Wissen handelt, welches sich in aller Regel durch äußerste Komplexität und geringe Gültigkeitsdauer auszeichnet. Es ist dann aber im betriebswirtschaftlichen Kontext weder sinnvoll noch möglich, dieses implizite Wissen einer Kodifizierung (Dokumentation) zuzuführen, zumal auch auf der Rezipientenseite kaum jemand die Zeit hätte, diese sicherlich sehr umfangreiche Dokumentation zu lesen. Dagegen zeichnet sich explizites Wissen durch eine geringe Komplexität kombiniert mit einer langen Gültigkeitsdauer aus und eignet sich daher für ein Wissensmanagement, in der Regel in Gestalt von Dokumenten- bzw. Datenbankmanagement.

Bei den unteren drei Ebenen handelt es sich gleichzeitig weitgehend um Aufgaben, mit denen keine Differenzierung im Wettbewerb erreicht werden kann. Die Tätigkeiten sind zudem weitgehend standardisierbar, so dass durch Bündelung im Rahmen von Outsourcing-Projekten Degressionseffekte erzielbar sind. Dagegen sind die Aufgaben der vierten und fünften Ebene wenig bzw. gar nicht standardisierbar. Sie sind darüber hinaus eindeutig als Basis für Wettbewerbsvorteile zu sehen.

---

[13] Vgl. dazu auch die konkreten Ausführungen in Kapitel 6.3.

Zusammenfassend lässt sich an dieser Stelle festhalten, dass insbesondere die Ebenen zwei und drei für ein Wissensmanagement im engeren Sinne geeignet sind.[14] Ein Management von implizitem Wissen erfordert andere Ansätze und Methoden als im Bereich „(bring) people-to-document(s)", wo insbesondere technische Lösungsszenarien im Bereich Datenbank- und Dokumentenmanagement zur Verfügung stehen. Dieser Aspekt wird im Folgenden nicht näher betrachtet, weil er nicht unmittelbar mit der Zielsetzung des Beitrages korrespondiert.

In Theorie und Praxis herrscht aber auch Einigkeit darüber, dass nicht das kaufmännische Gewissen, sprich die kaufmännische Leitung, eines Unternehmens ausgelagert werden soll, sondern die Standardprozesse. Hinzu kommt, dass in jedem auslagernden Unternehmen schon deshalb kaufmännische Kompetenz gehalten werden muss, um den Dienstleister zu überwachen bzw. diesem als Ansprechpartner für spezielle Themen zur Verfügung stehen muss. Dass eine derartige Trennung der kaufmännischen Funktionen in der Praxis zunehmend diskutiert und auch umgesetzt wird, zeigt eine Befragung des CFO-Panels von Horvath&Partner, der zur Folge ca. zwei Drittel der rund 70 anwesenden Unternehmen sich eine derartige Trennung innerhalb der nächsten zwei bis drei Jahre vorstellen können oder diese bereits geplant oder umgesetzt haben.[15]

6.3.2   Wissensmanagement in vier Schritten

Im Folgenden wird praxis- und umsetzungsorientiert dargestellt, wie ein Großteil des relevanten kaufmännischen Wissens mit traditionellen Instrumenten in vier Schritten gesichert werden kann.

1. Schritt: Erstellung relevanter Richtlinien

Richtlinien kommen nicht nur im Kontext des Outsourcings eine nicht zu unterschätzende Bedeutung zu. Eine Richtlinie stellt allgemein formuliert eine Handlungsanweisung mit bindendem Charakter dar. Richtlinien haben sich in vielfacher Hinsicht, nicht nur im kaufmännischen Bereich, seit langem in der Unternehmenspraxis bewährt. Gleichzeitig haftet dem Begriff jedoch etwas „bürokratisches" an. Doch Folgendes gilt unstreitbar: Je mehr in einem Unternehmen in Gestalt von Richtlinien geregelt ist (und befolgt wird), desto leichter können kaufmännische Tätigkeiten ausgelagert und ggf. später auch wieder zurückgeholt werden.

Ein typisches Beispiel für eine Richtlinie im kaufmännischen Bereich ist die Kontierungsrichtlinie. Eine Kontierungsrichtlinie stellt sicher, dass Geschäftsvorfälle eindeutig und gleichartig erfasst und abgebildet werden. Das Fehlen eindeutiger Vorschriften führt in der Regel zu einer Aufblähung des Kontos „sonstige Aufwendungen". Neben der Erhöhung und Sicherstellung von Transparenz bewirken Richtlinien auch eine Reduktion von Unsicherheit, indem Rückfragen bezüglich der Kontierung minimiert werden und der gesamte Prozess beschleunigt werden kann.

---

[14] Prinzipiell ist auch das allgemeine kaufmännische Basiswissen für ein Wissensmanagement geeignet. Aufgrund der beschriebenen Allgemeingültigkeit wird diese Ebene nicht als Gegenstand eines Wissensmanagements im engeren Sinne erachtet.

[15] Vgl. Gaiser (2006), S.55.

Die Notwendigkeit einer Kontierungsrichtlinie ergibt sich insbesondere auch aufgrund der typischerweise lokalen Trennung von Auftraggeber und Dienstleister. Beide arbeiten zwar unter Umständen mit der gleichen Software auf dem gleichen Server, jedoch ist der Dienstleister in der Vielzahl der Fälle darauf angewiesen, dass er korrekt vorkontierte Belege erhält. Aufgrund der durch die Daten- und Verarbeitungsintegration ausgelösten Verlagerung der Datenerfassung an den Anfang von Vorgangsketten werden Sachbearbeiter operativer Aufgaben (außerhalb des Rechnungswesens) unmittelbar zu Zulieferern für das Rechnungs-wesen.[16] Da in integrierten Systemen einmal gemachte Eingabefehler in den meisten Fällen nicht mehr durch Kontrollvorgänge und den Abgleich mit neuen Datenerfassungsvorgängen entdeckt werden, ist es zwingend erforderlich, diese Mitarbeiter durch das Bereitstellen einer Kontierungsrichtlinie wirksam zu unterstützen. Ein Einkäufer beispielsweise, der primär mit der Lieferantenauswahl und der Anlage der eigenen Bestelldaten beschäftigt ist, wird die zusätzliche Erfassung von Daten für das Rechnungswesen, beispielsweise die kostenstellen-bezogene Vorkontierung von Materialien, als nicht zu seinem eigentlichen Arbeitsgebiet gehörend ansehen und daher unter Umständen nur widerwillig durchführen. Dies gilt umso mehr, wenn er keine adäquaten Hilfsmittel, beispielsweise in Form der Kontierungsrichtlinie, zur Verfügung hat. Während mit der Eintragung der richtigen Kostenstellennummer in der Regel keine besonderen Schwierigkeiten verbunden sind, weil der Kontierende zumindest die eigene Kostenstellennummer auswendig kennt, so kann dass Herausfinden der richtigen Kostenartennummer mitunter Probleme aufwerfen, so dass eine Kontierungsrichtlinie neben allgemeinen Festlegungen und Erklärungen, einem Kostenartenplan, einem Kostenstellen- und Kostenträgerverzeichnis auch ein Kontierungs-Schlagwortverzeichnis enthalten sollte, in dem den einzelnen Begriffen die zugehörige(n) (möglichen) Kostenarten-, Kostenstellen- und Kostenträgernummer(n) zugeordnet ist (sind).

Die folgende Abbildung visualisiert exemplarisch und stark verkürzt den konzeptionellen Aufbau einer Kontierungsrichtlinie.

Konto	Bezeichnung	Hierunter sind zu erfassen	Zielkontierung
42116	Gemeinkostenmaterial (Fertigung)	Eingangsrechnungen für Kleinwerkzeuge, Schmierstoffe, Betriebsbedarf, nicht: Energie (42117),...	nur Fertigungskostenstellen
42117	Energie	Eingangsrechnungen für Gas, Strom, Wasser	Kostenstelle „Fertigung Overhead"
42118	Bürobedarf	Bleistifte, Ordner, Ablagekörbe, Drucker- und Kopierpapier, nicht: Datenspeicher (42119),...	anfordernde bzw. entnehmende Kostenstelle
42119	IT-Bedarf	USB-Kabel, Datenspeicher, Computermaus nicht: Hostinggebühren (42201),...	anfordernde bzw. entnehmende Kostenstelle
421120	sonstige	Visitenkarten, Briefpapier, sonstiges Geschäftspapier	„Allgemeine Verwaltung"

Abb. 6.5   Konzeptioneller Aufbau einer Kontierungsrichtlinie

---

[16] Insofern gilt die Bedeutung einer Kontierungsrichtlinie nicht nur im Outsourcingkontext, sondern ganz grundsätz-lich.

Als weitere Beispiele für Richtlinien lassen sich beispielsweise die Reisekostenrichtlinie und die Investitionsrichtlinie anführen.

2. Schritt: Erstellung relevanter Dokumentationen

Auch Dokumentationen stellen wichtige, seit Langem bewährte Instrumente für das Management von (insbesondere explizitem) Wissen dar. Ziel der Dokumentation ist es, die dokumentierten Objekte gezielt auffindbar und für die Zusammenarbeit in Outsourcing-Projekten gezielt nutzbar zu machen. Bei den Objekten handelt es sich allgemein um Dokumente mit einem Informationsgehalt, die mit Hilfe der Dokumentation systematisch verwertet werden sollen. Dokumente können im hier betrachteten Zusammenhang beispielsweise die für die Bearbeitung von Lohn- und Gehaltsabrechnungen erforderliche Sammlung von Betriebsvereinbarungen sein.

3. Schritt: Erstellung von Service Performance List (SPL) und Projektdesign

Ein spezielles Objekt der Dokumentation ist in diesem Zusammenhang der jeweilige Geschäftsprozess. Zu unterscheiden ist hier zwischen dem Geschäftsprozess vor einer Auslagerung, also bei komplett interner Bearbeitung, und dem Geschäftsprozess im Rahmen einer Auslagerung. Ausgangspunkt ist zunächst der Geschäftsprozess, wie er bei einer vollständig internen Bearbeitung durchgeführt wird bzw. werden soll. Die Erfahrung zeigt, dass viele Unternehmen einer solchen Dokumentation viel zu wenig Bedeutung beimessen. Sinnvolle Prozessverbesserungen sind dann praktisch nicht möglich. Gleichzeitig besteht ohne eine solche Dokumentation kaum die Möglichkeit, eine Outsourcing-Entscheidung sinnvoll zu fundieren. Auf der Basis des internen Prozessablaufs wird gemeinsam mit dem Dienstleister das zukünftige Prozessdesign definiert.

Als eine seiner ersten Komponenten beinhaltet dieses Design die Nennung der potenziell auszulagernden Prozesse sowie eine damit verbundene Vorstellung von der Aufteilung der Verantwortlichkeiten und der Zuordnungen, das sogenannte „Schneiden" der Prozesse.[17] Dieser „Schneidevorgang" ist ein sehr sensibler, da hier bereits grundsätzlich festgelegt wird, welche Prozesskomponenten fortan noch im und welche außerhalb des Unternehmens von einem Dienstleister abgewickelt werden sollen. Die folgende Darstellung zeigt ansatzweise und exemplarisch am Beispiel des „Order-To-Cash"-Prozesses, wie eine Aufteilung der Prozesskomponenten zwischen Auftraggeber und Dienstleister vorgenommen werden kann.

Im anschließenden Service-Level-Agreement (SLA), welches üblicherweise eine Anlage des Dienstleistungsvertrages darstellt, erfolgt dann eine Präzisierung der Prozesskomponenten sowie ein „Herunterbrechen" auf detaillierte Prozessablaufbeschreibungen.

---

[17] Vgl. dazu hier und im Folgenden Wullenkord; Kiefer; Sure (2005), S. 107f.

Transferieren an den Provider	Behalten im Unternehmen
Management Reporting	**Vertrieb**
Erstellung und Versendung von Management Reports im Rahmen der Order-to-Cash-Prozessabwicklung	Kundenbezogene Preis-, Discount- und Rückerstattungsentscheidungen (Credit Notes)
Rechnungsstellung	**Rechnungsstellung**
Generierung und Versendung von Rechnungen, Aufstellungen, Rabatten und Kreditierungen	Definition grundsätzlicher Regeln zur Rechnungsstellung inkl. der damit verbundenen Preispolitik
Forderungsmanagement	**Forderungsmanagement**
Überwachung und Ausführung von Aktionen zur Bereinigung von Unstimmigkeiten mit Kunden bezüglich bestehender Forderungen (Dispute Management)	Entscheidungen über Provisionen und Abschreibungen hinsichtlich zweifelhafter oder uneinbringlicher Forderungen
Identifizierung von Maßnahmen zur Realisierung von ausstehenden Zahlungen sowie Identifizierung von Gründen für Spät- oder Nichtzahlung	Definition von Mahnzyklen, Mahnsperren und Kundensegmentierungen
Betreibung des Mahnprozesses und ggf. Veranlassung von Kreditstopps in Absprache mit dem Auftraggeber	
Zahlungseingangsbearbeitung	**Credit Management**
Verbuchung von eingehenden Zahlungen	Überprüfung neuer Kunden und Genehmigung von Kreditlinien
Nachforschung und Korrektur von nicht zugeordneten oder nicht zuordenbaren Zahlungen inklusive entsprechender Berichterstattung	Führen von Reports über Kreditstatus und Bonitäten
Hauptbuch	
Abstimmung der Kundenkonten mit dem Hauptbuch	

Abb. 6.6 *Aufteilung der Prozesskomponenten zwischen Unternehmen und Dienstleister am Beispiel des Order-To-Cash-Prozesses[18]*

4. Schritt: Erstellung des Service Level Agreement (SLA)

Service Level Agreements sind rechtsverbindliche Vereinbarungen zwischen auslagerndem Unternehmen und Dienstleister, welche basierend auf einem bereits vorhandenen Outsourcingvertrag Detailregelungen zu Leistungserfüllung und Leistungsbedingungen enthalten. Einem SLA kommt die Aufgabe zu, Rechte und Pflichten aus der Vertragsbeziehung im Hinblick auf ihre klare und präzise Umsetzung zu beschreiben. Insofern ergänzt das SLA die SPL um rechtsverbindliche Vereinbarungen insbesondere im Hinblick auf Service-Zeiten und -Niveaus, Service-Feedback, Review Mechanismen, Service Verantwortlichkeiten, Messgrößen und -methoden. Service Level Agreements müssen präzise und interpretationsfrei festlegen, wann, von wem, an wen, in welcher Form, in welcher Menge und in welcher Qualität eine Leistung zu erbringen ist.

---

[18] Leicht verändert entnommen aus Sure (2005), S. 267.

Damit sind im Rahmen des Service Level Agreement wesentliche Wissenselemente des zur Auslagerung anstehenden Geschäftsprozesses dokumentiert. Die folgende Abbildung zeigt einen Auszug für eine entsprechende Prozessplanung, hier am Beispiel der Lohn- und Gehaltsabrechnung als Bestandteil eines Service Level Agreements.

Prozessplanung Lohn- & Gehaltsabrechnung AdminiStraight!

Prozess / Aufgabe	Verantwortung		Häufigkeit	Vereinbarter Termin	Bemerkungen
	Kunde	Admini Straight			
Eintritte					
Bereitstellung der AN-Unterlagen	X		fortlaufend	spätestens 2 Tage vor der Simulationsabrechnung	
Weiterleitung an AdminiStraight!	X		fortlaufend	spätestens 2 Tage vor der Simulationsabrechnung	
Eingabe AN-Daten		X	fortlaufend	zur Simulationsabrechnung	
Qualitätsprüfung		X	fortlaufend	vor Endabrechnung	
Änderungsdienst					
Weiterleitung der zu ändernden AN-Stammdaten an AdminiStraight!	X		fortlaufend	spätestens 2 Tage vor der Simulationsabrechnung	
Änderung der AN-Stammdaten		X	fortlaufend	zur Simulationsabrechnung	
Weiterleitung der zu ändernden variablen Daten an AdminiStraight!	X		fortlaufend	spätestens 2 Tage vor der Simulationsabrechnung	
Erfassung der variablen Daten		X	fortlaufend	zur Simulationsabrechnung	
Qualitätsprüfung		X		vor Endabrechnung	
Korrekturmitteilungen an AdminiStraight! weiterleiten	X		fortlaufend	spätestens 2 Tage vor der Simulationsabrechnung	
Korrekturen eingeben		X	fortlaufend	zur Simulationsabrechnung	
Zeitwirtschaft					
Zur Definition dieser Prozessschritte muss zunächst eine interne Ablaufanalyse erfolgen. Anschließend muss im Kernteam erarbeitet werden, welche definierten Prozessschritte von welcher Seite zu bearbeiten sind					*Noch im Detail abzustimmen!*
Fehlzeitenerfassung					
Organisations- und Genehmigungsverfahren (z.B. Urlaubsscheine, Krankmeldungen, Wehrdienst, Erziehungsurlaub)	X		fortlaufend		
Weiterleitung der Fehlzeitenbelege an AdminiStraight!	X		fortlaufend	spätestens 2 Tage vor der Simulationsabrechnung	
Erfassung der Fehlzeiten		X	fortlaufend	zur Simulationsabrechnung	
Plausibilitätsprüfung		X		vor Endabrechnung	

Abb. 6.7 *Exemplarischer Auszug eines Service Level Agreements im Bereich Lohn- und Gehaltsabrechnung*[19]

6.4 Zusammenfassung

Die vorangegangenen Ausführungen sollten insbesondere die folgenden Punkte verdeutlichen:

1. Die Bedeutung von Outsourcing im kaufmännischen Bereich ist bereits heute hoch und wird in den nächsten Jahren aufgrund der aufgezeigten Ursachen stetig weiter zunehmen.
2. Neben vielfältigen Vorteilen, birgt Outsourcing aber das nicht zu unterschätzende Risiko eines Know-how-Verlustes.
3. Dieses Risiko kann durch Wissensmanagement minimiert werden. Wissensmanagement kann damit einen wesentlichen Beitrag zur Kostensenkung und Performancesteigerung im kaufmännischen Bereich leisten.
4. Wissensmanagement muss für die Unternehmenspraxis nicht zwangsläufig eine hochkomplexe Herausforderung darstellen. Ein praxisorientiertes Wissensmanagement beinhaltet Komponenten bereits seit langem in der Praxis bewährter Instrumente. Durch Richtlinien und Dokumentationen lassen sich weite Teile des in einem Unternehmen vorhandenen kodifizierten Wissens sichern.

[19] Vgl. Beier; Gnau (2005), S. 298.

5. Aus den unterschiedlichsten Gründen kann nicht der Gesamtumfang des in einem Unternehmen vorhandenen kaufmännischen Wissens eingefroren und bewahrt werden mit der Folge, dass nur bestimmte Aktivitäten bzw. Prozesse auslagerungsfähig sind.

6. Es herrscht entsprechend Einigkeit darüber, dass nur diejenigen kaufmännischen Prozesse bzw. Teilaktivitäten auslagerungsfähig sind, die auf kodifizierbarem bzw. explizitem Wissen beruhen. Hierbei handelt es sich um Tätigkeiten, deren dafür erforderliches Wissen aufgrund der Kodifizierbarkeit mit „einfachen" Mitteln gemanaged werden kann. Darüber hinaus lassen sich aufgrund des repetitiven Charakters auch Bündelungsvorteile erzielen. Dagegen eignen sich kaufmännische Managementaktivitäten nicht für eine Auslagerung, weil erstens das Wissen nur in impliziter bzw. nicht kodifizierter Form kommunizierbar ist und die Aktivitäten zweitens für eine Realisierung von Economies of Scale nicht geeignet sind.

Literatur

Beier, D.; Gnau, P.: Auslagerung von kaufmännischen Funktionen in einem mittelständischen Unternehmen als Element einer umfassenden Spin-Off-Strategie. In: Wullenkord, A. (Hrsg.): Praxishandbuch Outsourcing. München (2005), S. 293-302.

Bloch, M.; Narayanan, S.; Seth, I.: Getting more out of offshoring the finance function. In: McKinsey Quarterly, S. 13-17.

Copeland, T.; Koller, T.; Murrin, J.: Unternehmenswert. Methoden und Strategien für eine wertorientierte Unternehmensführung. Frankfurt/M., New York (1998).

Deloitte: Calling a Change in the Outsourcing Market. The Realities for the World's Largest Organizations, (4/2005).

Gaiser, B.: Die CFO-Agenda: Leistungssteigerung von Controlling- und Finanzprozessen. In: Horvath, P. (Hrsg.): Controlling und Finance Excellence. Herausforderungen und Best-Practise-Lösungsansätze. Stuttgart (2006), S. 47-60.

Louven, S.; Sommer, U.: Telekom stutzt die Zentrale. In: Handelsblatt vom 16. August 2007.

Michel, U.: Der Finanzbereich im Umbruch. In: Controlling (2006), S. 439-445.

Neukirchen, R.: Aufgaben und Instrumente des CFO der Zukunft: Shared Service Center. In: Reichmann, Th. (Hrsg.): 21. Deutscher Controlling Congress, Tagungsband. Dortmund (2006), S. 205-212.

Schüppel, J.: Wissensmanagement: organisatorisches Lernen im Spannungsfeld von Wissens- und Lernbarrieren. Wiesbaden (1996).

Sure, M.: Vorbereitung, Planung und Realisierung von Business Process Outsourcing bei kaufmännischen und administrativen Backoffice-Prozessen. In: Wullenkord, A. (Hrsg.): Praxishandbuch Outsourcing. München (2005), S. 261-282.

Wullenkord, A.; Elsner, M.: Verwaltungskosten in Deutschland und Europa. Entwicklung ausgewählter Kostenkategorien auf der Basis von Jahresabschlussinformationen. Iserlohn (2007).

Wullenkord, A.; Kiefer, A.; Sure, M.: Business Process Outsourcing. München (2005).

Wullenkord, A.; Rixen M.: Verwaltungskosten in Deutschland. Entwicklung ausgewählter Kostenkategorien auf der Basis von Jahresabschlussinformationen. Iserlohn (2005).

Wullenkord, A.: Produktivitätssteigerungen in Rechnungswesen und Controlling. In: Controlling – Zeitschrift für erfolgsorientierte Unternehmenssteuerung (2003), S. 525-531.

7 Anwendungsvoraussetzungen für ein effizientes und effektives Ideenmanagement

Corinna Klebon / Wolfgang Jaspers

7.1   Einleitung

Um den Erfolg eines Unternehmens langfristig sichern zu können, bedarf es einer ständigen Verbesserung und somit einer fortwährenden Weiterentwicklung der Fähigkeiten aller Mitarbeiter. Neben Kreativitäts- und Problemlösungstechniken setzen Unternehmen zunehmend auch das Betriebliche Vorschlagswesen/Ideenmanagement als ein Instrument zur Wissensentwicklung ein. Dieses Instrument ermöglicht die gezielte Entwicklung von Wissen in Unternehmen und setzt gute Mitarbeiterideen in verbesserte Methoden und innovative Produkte um.[1] Interne Wissenspotenziale werden sichtbar und nutzbar gemacht und die Mitarbeiter erhalten für ihre Ideen eine entsprechende Honorierung.[2]

Ein erfolgreiches Ideenmanagement hängt hauptsächlich von der Teilnahmebereitschaft der Belegschaft ab. Viele Mitarbeiter haben jedoch Hemmnisse sich am Ideenmanagement zu beteiligen. Dieses ist maßgeblich durch die mangelnde Motivation der Einreicher zu begründen.[3] Der vorliegende Beitrag setzt an dieser Stelle an und zeigt auf, welches die wesentlichen Umsetzungsinhalte eines effektiven und effizienten Ideenmanagements sind und wie diese bei einer praktischen Einführung realisiert werden können.

7.2   Vom Betrieblichen Vorschlagswesen hin zum Ideenmanagement

7.2.1   Betriebliches Vorschlagswesen (BVW)

Der Ursprung des Betrieblichen Vorschlagswesens (BVW) in Deutschland ist auf Alfred Krupp zurückzuführen, der sich von seinem Lebenswerk zurückgezogen hatte und 1872 ein „General-Reglement" verfasste, in dem er die Rechte und Pflichten seiner Mitarbeiter festhielt. Dieses sollte die Mitarbeiter dazu bewegen, Anregungen und Vorschläge zu Verbesserungen, Erweiterungen oder auch Bedenken an die Führungsebene weiterzuleiten.[4] Obwohl das BVW als Instrument der Unternehmensführung somit schon fast 140 Jahre in Deutschland bekannt ist, fand die wesentliche Entwicklung jedoch erst in der zweiten Hälfte des 20. Jahrhunderts statt. Zu dieser Zeit erkannten zunehmend mehr Unternehmer das Potenzial der Mitarbeiterideen. Besonders die Managementmethoden aus Japan, wie Gruppenarbeit, Qualitätszirkel und Kaizen, haben die Entwicklung des BVW vorangetrieben.[5]

---

[1] Vgl. Schartau (2004), S. 20f.

[2] Vgl. Haun (2002), S. 201.

[3] Vgl. Anic (2001), S. 186. Neckel (2004), S. 347.

[4] Vgl. Deutsches Institut für Betriebswirtschaft e. V. (1993), S. 12f. Spahl (1990), S. 178. Werner (1997), S. 145.

[5] Vgl. o. V. (2003), S. 222f. Weitere Literatur zu Kaizen ist zu finden bei Imai (1992). Weitere Literatur zur Gruppenarbeit ist zu finden bei Wahren (1994). Weitere Literatur zu Qualitätszirkeln ist zu finden bei Zink; Schick (1987).

Der Kerngedanke des BVW besteht darin, die Mitarbeiter durch das Einreichen ihrer individuellen Ideen zum Mitdenken zu motivieren. Dadurch ergeben sich für die Mitarbeiter Möglichkeiten, sich aktiv an unternehmensbezogenen Verbesserungen zu beteiligen und Arbeitsprozesse zu optimieren.[6]

Nach und nach sah sich das traditionelle BVW jedoch immer mehr mit Problemen konfrontiert. Ein wesentlicher Schwachpunkt lag in der zunehmenden Bürokratisierung, die mit viel Papiereinsatz und aufwändigen Auswertungsverfahren zusammenhing. Die langen Bearbeitungs- und Entscheidungswege führten schließlich dazu, dass aufgrund mangelnder Motivation die Mitarbeiterbeteiligung drastisch abnahm. Zudem wurde dem BVW vorgeworfen, an hierarchischen Denk- und Organisationsstrukturen festzuhalten.[7] Außerdem fehlte ihm die entscheidende Überzeugungskraft, da manche Unternehmen das BVW nur als Nebenaufgabe betrieben und es somit nicht die angemessene Anerkennung erhielt. Die Personen, die neben ihrer Hauptaufgabe zusätzlich mit dem Thema BVW belastet wurden, waren meist überfordert. Der Grund lag unter anderem in der mangelnden Qualifikation für diesen Bereich.[8] Ein weiterer Schwachpunkt ergab sich in der Ausgestaltung der Anreiz- und Motivationssysteme. Anstatt kreativitätsfördernde Bedingungen zu schaffen, beschäftigten sich die Unternehmen vielmehr damit, Prämien als „Lockmittel" zu definieren, um die Mitarbeiter zu motivieren, möglichst viele Vorschläge einzureichen. Diese Diskussion führte sogar so weit, dass in vielen Unternehmen in Betracht gezogen wurde, das BVW ganz abzuschaffen.[9]

Aufgrund der zahlreichen Schwachpunkte des BVW erfolgte die Weiterentwicklung des Konzepts zum sogenannten Vorgesetztenmodell. Während beim traditionellen BVW der Mitarbeiter seinen Verbesserungsvorschlag direkt bei der BVW-Kommission einreicht, geschieht dieses beim Vorgesetztenmodell über den Vorgesetzten. Letzterer fungiert somit als Coach, Promotor und Erstgutachter.[10] Heute findet das BVW, durch eine Neugestaltung des ursprünglichen Konzepts zusammen mit dem Kontinuierlichen Verbesserungsprozess (KVP), seine Anwendung unter dem Begriff Ideenmanagement.[11]

7.2.2   Ideenmanagement

7.2.2.1   Kerngedanke und Ziele des Ideenmanagements
Das Ideenmanagement ist eine Weiterentwicklung des BVW. Es ersetzt das BVW nicht, sondern stellt ein integriertes Konzept dar, welches das BVW mit weiteren Methoden des Verbesserungsmanagements, wie z.B. KVP und Qualitätszirkel, gruppiert sowie optimale Voraussetzungen für deren Einsatz schafft.[12] Im Gegensatz zum traditionellen BVW hat sich

---

[6] Vgl. Neubeiser (1998), S. 36. Ridder; Krueger (1998), S. 6. Steih (1995), S. 5. Schlotfeldt (1990), S. 184.

[7] Vgl. Neckel (2004), S. 17ff.

[8] Vgl. Ridolfo (2005), S. 39f.

[9] Vgl. Neckel (2004), S. 18f.

[10] Vgl. Ridolfo (2003), S. 66.

[11] Vgl. Neckel (2004), S. 17ff.

[12] Vgl. Thom; Habegger (2003), S. 9f.

die Bearbeitungszeit, insbesondere durch die Integration des Vorgesetzten, beim Ideenmanagement deutlich verkürzt. Des Weiteren nimmt der Mitarbeiter eine neue Rolle als kostenverantwortlicher „Mitunternehmer" ein. Um dynamische Innovationen hervorzubringen, werden Mitarbeiter und Vorgesetzte entsprechend geschult und deren Kreativitätspotenzial gefördert. Wo im traditionellen BVW der Einreicher als ein Einzelkämpfer bezeichnet wurde, werden beim Ideenmanagement auch Gruppenvorschläge als Resultat von Teamarbeit eingereicht.[13]

Aus den Zielen der beiden Verbesserungsmethoden KVP und BVW lassen sich die Ziele des Ideenmanagements ableiten. Für das Ideenmanagement hat das Streben nach einer permanenten Unternehmensentwicklung höchste Priorität.[14] Durch das Ideenmanagement ergeben sich Vorteile für das Unternehmen, für die Mitarbeiter und Kunden wie auch für die Umwelt (Abbildung 7.1).[15] Das Unternehmen profitiert u.a. von der Kostenminimierung und der Produktivitätssteigerung, die durch das Ideenmanagement erreicht werden. Qualitätssteigerung, kürzere Lieferzeiten und niedrigere Preise ergeben Vorteile für den Kunden. Die Verbesserungsvorschläge, die vermehrte Sicherheit am Arbeitsplatz und die Arbeitserleichterung beinhalten, wirken sich positiv auf die Mitarbeiter aus.[16] Und schließlich dienen die den Umweltschutz betreffenden neuen Ideen auch der Umwelt.[17]

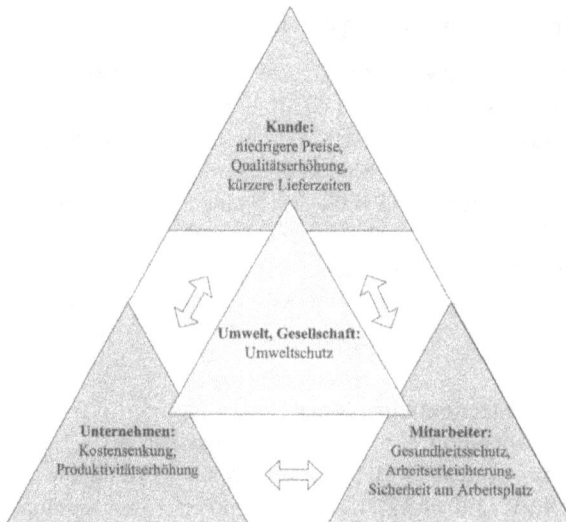

Abb. 7.1 *Vorteile durch das Ideenmanagement*[18]

---

[13] Vgl. Krause (1996), S. 75.

[14] Vgl. Schat (2005), S. 9. Krug (2002), S. 29.

[15] Vgl. Neckel (2004), S. 30f.

[16] Vgl. Bassford; Martin (1996), S. 6ff. Neckel (2004), S. 31.

[17] Vgl. Neckel (2004), S. 31.

[18] Eigene Darstellung in Anlehnung an: Neckel (2004), S. 31.

7.2.2.2 Probleme des Ideenmanagements

Der Erfolg des Ideenmanagements ist maßgeblich von der Teilnahme der Mitarbeiter abhängig. Demnach ist es von besonderer Bedeutung, dass die Mitarbeiter motiviert sind, neue Ideen zu generieren und Bereitschaft zeigen, diese auch in der Praxis umzusetzen. Die Bereitschaft, sich am Ideenmanagement zu beteiligen, ist jedoch nicht immer bei jedem Mitarbeiter gegeben.[19]

In der Literatur werden drei Barrieren unterschieden, die einen Mitarbeiter davon abhalten, sich aktiv am Ideenmanagement zu beteiligen.[20]

- **Fähigkeitsbarrieren** werden auch als „Nicht-Können" der Mitarbeiter bezeichnet. Sie basieren zum einen auf Denkschwierigkeiten, sofern die Mitarbeiter aufgrund mangelnder Kreativität nicht in der Lage sind, Fehler zu erkennen und Ideen zu generieren. Zum anderen basieren Fähigkeitsbarrieren aber auch auf Artikulationsschwierigkeiten. Dieses wird häufig dadurch sichtbar, dass Mitarbeiter vorziehen, ihre Verbesserungsvorschläge verbal zu äußern und sie Probleme haben, die Vorschläge schriftlich zu formulieren.
- **Willensbarrieren** äußern sich in einem „Nicht-Wollen" der Mitarbeiter. Ein Indikator hierfür ist häufig eine gleichgültige Einstellung der Mitarbeiter gegenüber dem Unternehmen. Die Mitarbeiter können sich mit dem Unternehmen nicht identifizieren und misstrauen dem Konzept des Ideenmanagements, da sie vielleicht in der Vergangenheit schlechte Erfahrungen hiermit gemacht haben.
- **Risikobarrieren** charakterisieren die Hemmnisse des „Nicht-Wagens" der Mitarbeiter. Durch das Einreichen von Verbesserungsvorschlägen werden materielle sowie immaterielle Nachteile befürchtet. Zu den befürchteten materiellen Nachteilen gehört unter anderem die Angst vor Rationalisierungseffekten durch das Ideenmanagement, die den eigenen Arbeitsplatz oder die eigene Abteilung betreffen. Als befürchtete immaterielle Nachteile durch das Einreichen von Vorschlägen werden insbesondere Furcht vor Prestigeverlust der direkten Vorgesetzten sowie Angst vor Kritik und auch Konkurrenzangst durch die Führungskräfte genannt.

Eine weitere Barriere stellt die mangelnde Motivation der Mitarbeiter zur Teilnahme am Ideenmanagement dar.

- **Motivationsbarrieren** äußern sich durch eine abnehmende Anzahl eingereichter Vorschläge und führen zum sogenannten „Einschlafen" des Ideenmanagements.[21] Für diese Demotivation der Mitarbeiter kommen verschiedene Ursachen in Betracht. Zum einen ist es möglich, dass die fehlende Kenntnis über das Ideenmanagement an der mangelnden Information hierüber liegt.[22] Zum anderen kann aber auch die fehlende Unterstützung und Anerkennung des Vorgesetzten ein Grund dafür sein, dass sich der Mitarbeiter nicht am

---

[19] Vgl. Neckel (2004), S. 347. Wuppertaler Kreis e. V. (2000), S. 2, 10.

[20] Vgl. Neckel (2004), S. 172f. Ridolfo (2005), S. 33f. Steih (2000), S. 328f. Steih; Müller (1993), S. 364f. Thom (2003), S. 47ff. Wuppertaler Kreis e. V. (2000), S. 10f.

[21] Vgl. Neckel (2004), S. 340, 351f. Wuppertaler Kreis e. V. (2000), S. 43.

[22] Vgl. Jacobi (1995), S. 44f.

Ideenmanagement beteiligt. Führungskräfte akzeptieren häufig die Teilnahme ihrer Mitarbeiter am Ideenmanagement nicht, wenn sie selbst davon ausgeschlossen sind. Durch
die mangelnde Förderung der Mitarbeiter zum Einreichen eines Verbesserungsvorschla-
ges besteht die Gefahr, dass die Einreicherquote deutlich abnimmt. Auch ein ungeeigne-
tes Anreizsystem oder eine fehlerfeindliche und kreativitätshemmende Unternehmenskultur stellen typische Probleme dar, die sich negativ auf die Mitarbeitermotivation auswirken.[23] Viele dieser Probleme hat das Ideenmanagement auch vom BVW geerbt. Hierzu
zählt z.B. das Problem der langen Bearbeitungszeiten, das hauptsächlich auf die Gutachter zurückzuführen ist und sich dann negativ auf die Motivation der Mitarbeiter aus-
wirkt.[24]

Abbildung 7.2 gibt einen zusammenfassenden Überblick über die Gründe für die mangelnde
Mitarbeitermotivation zur Teilnahme am Ideenmanagement.

Abb. 7.2   *Gründe für die mangelnde Motivation zur Teilnahme am Ideenmanagement*[25]

7.3   Ansatz zur Steigerung der Teilnahme am Ideenmanagement

7.3.1   Problemorientierung

Mitarbeitermotivation zur Teilnahme am Ideenmanagement ist eine Grundvoraussetzung für
ein erfolgreiches Ideenmanagement. In Kapitel 7.2.2.2 wurden mehrere Gründe aufgeführt,
weshalb viele Mitarbeiter keine Verbesserungsvorschläge einreichen. Der nächste Teil dieses

---

[23] Vgl. Anic (2001), S. 149. Vahs; Burmester (2005), S. 179.

[24] Vgl. Wuppertaler Kreis e. V. (2000), S. 43.

[25] Eigene und erweiterte Darstellung in Anlehnung an: von Bismarck (1999), S. 65. Wuppertaler Kreis e. V. (2000),
S. 43.

Beitrags soll darstellen, wie diesen Problemen entgegengewirkt werden kann. Die Motivation zur Teilnahme kann durch eine innovationsfördernde Unternehmenskultur, durch ein geeignetes Anreizsystem sowie durch Maßnahmen zum Steigern von Kenntnissen und das Vermitteln von Informationen über das Ideenmanagement gefördert werden. Des Weiteren erhöhen auch die Unterstützung und Anerkennung durch die Führungskräfte und eine Verkürzung der Bearbeitungszeiten die Mitarbeitermotivation.

7.3.2   Innovationsfördernde Unternehmenskultur

Für den Erfolg des Ideenmanagements ist eine innovationsfördernde Unternehmenskultur von großer Bedeutung. Eine Unternehmenskultur umfasst grundsätzlich die gültigen Normen, Einstellungen und Werte eines Unternehmens, die in den Verhaltensweisen der Mitarbeiter untereinander und auch mit externen Organisationsteilnehmern zur Geltung kommen.[26] Wichtig für die Ideengenerierung ist, dass den Mitarbeitern ein bestmögliches Unternehmensumfeld geschaffen wird, durch das sie das nötige Selbstvertrauen entwickeln können und das sie motiviert, die eigenen Ideen in das Unternehmensgeschehen mit einzubringen.[27]

Tabelle 7.1 stellt die positiven Rahmenbedingungen für eine innovationsfördernde Unternehmenskultur dar.

Innovationsfördernde Unternehmenskultur
• Umgang mit Fehlern
• Förderung von Kommunikation (Teamarbeit)
• Kooperativer Führungsstil
• Schaffen von Freiräumen
• Anregung des Kreativitätspotenzials

Tab. 7.1   Innovationsfördernde Unternehmenskultur

Der **Umgang mit Fehlern** in einer lernenden Organisation spielt eine große Rolle für die Entwicklung von neuen Ideen. Bei dem Versuch, etwas Neues zu kreieren, kommt es zwangsläufig zu Fehlern, welche jedoch nicht negativ zu bewerten, sondern eher als Chance der ständigen Weiterbildung zu sehen sind. Die Bloßstellung der Mitarbeiter aufgrund gemachter Fehler hat eine hemmende Wirkung auf die weitere Innovationsbereitschaft.[28] Fehler müssen als ein konstruktiver Beitrag zum Nutzen des gesamten Unternehmens und als Chance für zukünftiges Ideenmanagement angesehen werden.[29]

---

[26] Vgl. Jost (2000), S. 85. Ridolfo (2003), S. 63f. Schmettkamp; Schmettkamp (2005), S. 36.

[27] Vgl. Ridolfo (2003), S. 64.

[28] Vgl. Probst; Raub; Romhardt (2003), S. 120. Schmettkamp; Schmettkamp (2005), S. 37.

[29] Vgl. Frey; Schulz-Hardt (2000), S. 37. Vahs; Burmester (2005), S. 365.

Eine Grundvoraussetzung für ein erfolgreiches Ideenmanagement ist eine offene und **kommunikationsfreudige Unternehmenskultur**. Die einzelnen Individuen in einem Unternehmen sollen möglichst im Team agieren und ihr Wissen über verschiedene Hierarchiestufen hinweg austauschen, um so gemeinsame Ideen und Lösungen entwickeln zu können.[30] Denn besonders die Kommunikation zwischen Mitarbeitern unterschiedlicher Hierarchiestufen deckt Störquellen auf und steigert dadurch die Anzahl der Verbesserungsvorschläge.[31] Hauptsächlich werden im Ideenmanagement Einzelvorschläge eingereicht. Zunehmend wird aber mehr Wert auf Gruppenvorschläge gelegt, da sich der Realisierungsgrad und die Qualität aufgrund der verschiedenen Betrachtungsweisen der einzelnen Teammitglieder deutlich verbessern.[32] Insbesondere im Ideenmanagement ist neben der internen Kommunikation auch die Kommunikation nach außen wichtig. Demnach sollte der Erfahrungsaustausch mit Kunden, Lieferanten und darüber hinaus mit anderen Unternehmen ermöglicht werden.[33]

Kommunikation wird durch den **kooperativen Führungsstil** in einem Unternehmen gefördert. Zwischen der Unternehmenskultur und dem Führungsstil besteht ein enger Zusammenhang. Der kooperative Führungsstil ermöglicht, dass die Mitarbeiter zu ihren Vorgesetzten Vertrauen aufbauen, wodurch eine entspannte und freundschaftliche Arbeitsatmosphäre entsteht. Mitarbeiter sollen durch Anerkennung und konstruktive Kritik zum Lernen und zum eigenverantwortlichen Handeln motiviert werden. Demnach zählt der kooperative Führungsstil zu einer Grundvoraussetzung für das Funktionieren eines erfolgreichen Ideenmanagements.[34]

Eine wichtige Bedingung für die Entwicklung von Ideen ist das **Schaffen von Freiräumen**. Beispielsweise dürfen bei der 3M Deutschland GmbH, die in Neuss ihren Stammsitz hat (www.3m.com) Mitarbeiter 15 Prozent ihrer Arbeitszeit für Projekte außerhalb des eigentlichen Aufgabengebietes verwenden.[35] Diese Maßnahme ist sicherlich auch ein Grund dafür, dass es 3M gelingt, gleichzeitig ca. 50.000 Produkte zu produzieren und zu vertreiben. Da viele gute Ideen schon bereits im Ansatz in vielen Unternehmen von der bestehenden Unternehmenskultur erdrückt werden, lagern diese ihre Innovationsprojekte auch oftmals in Tochtergesellschaften aus. Denn um Ideen entwickeln zu können, müssen die Mitarbeiter von Sachzwängen des Organisationsalltags befreit sein. Eine Maßnahme hierzu ist auch das Einrichten von sogenannten „Spinnerecken" oder „Kreativitätszonen" in Unternehmen, die die Ideenentwicklung unterstützen können.[36]

Eine **kreativitätsfördernde Unternehmenskultur** begünstigt die Innovationsfähigkeit eines Unternehmens, das mit Hilfe verschiedener Techniken die Kreativität seiner Mitarbeiter

---

[30] Vgl. Probst; Raub; Romhardt (2003), S. 125.

[31] Vgl. Frey; Schulz-Hardt (2000), S. 35.

[32] Vgl. Ridolfo (2003), S. 65.

[33] Vgl. Frey; Schulz-Hardt (2000), S. 35.

[34] Vgl. Anic (2001), S. 212f. Ridolfo (2003), S. 64f.

[35] Vgl. Franke; Dömötör (2004), S. 17.

[36] Vgl. Probst; Raub; Romhardt (2003), S. 119.

anregen kann. Diese Kreativitätstechniken erfüllen jedoch nur bei richtigem Einsatz ihren Zweck. Damit die Anwendung der Kreativitätstechniken nicht kontraproduktiv wirkt, sind detaillierte Kenntnisse über ihre Verhaltensweisen und Methodik notwendig.[37] Mitarbeiter sollten somit in Bezug auf Kreativitätstechniken regelmäßig geschult werden.[38]

7.3.3   Geeignetes Anreizsystem

Motivation wird als ein Auslöser dafür bezeichnet, dass sich ein Mitarbeiter für die Erreichung eines spezifischen Ziels besonders einsetzt.[39] Es werden zwei Formen der Motivation unterschieden:[40]

- **Intrinsische Motivation:** Die intrinsische Motivation resultiert aus dem generellen Interesse und der Leidenschaft des Mitarbeiters hinsichtlich seines Berufs und seiner Arbeitsaufgaben, auch wenn keine externen Anreize bestehen. Beispiele für intrinsische Motive sind u.a. Leistungserfolg, Anerkennung und Verantwortung.
- **Extrinsische Motivation:** Extrinsisch motiviert ist ein Mitarbeiter, wenn er sich von seiner Arbeitsleistung bestimmte Ergebnisse verspricht bzw. dafür eine entsprechende Entlohnung erwartet.

Es gibt zahlreiche Motivationstheorien, wie z.B. die Bedürfnispyramide nach Maslow, die E-R-G-Theorie von Alderfer und die Zwei-Faktoren-Theorie von Herzberg. Im Folgenden wird die Bedürfnispyramide nach Maslow (Abbildung 7.3) exemplarisch näher beschrieben, da diese für die Motivation zum Ideenmanagement eine wesentliche Orientierungshilfe bietet.[41]

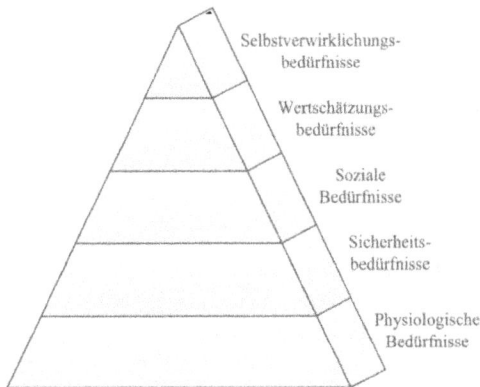

Abb. 7.3   Pyramide der Bedürfnisse nach Maslow[42]

---

[37] Vgl. Probst; Raub; Romhardt (2003), S. 120.

[38] Vgl. Wuppertaler Kreis e. V. (2000), S. 9. Weitere Literatur zu Kreativitätstechniken ist zu finden bei Knieß (2006) und bei Mencke (2006).

[39] Vgl. Bergmann (2005), S. 21. Jost (2000), S. 98. Niermeyer (2001), S. 12.

[40] Vgl. Neckel (2004), S. 121. Niermeyer (2001), S. 46. von Rosenstiel (2003), S. 201.

[41] Vgl. Heidack; Brinkmann (1984), S. 109.

[42] Eigene Darstellung in Anlehnung an: Maslow (1970), S. 51.

In der Bedürfnispyramide sind die menschlichen Bedürfnisse in eine hierarchische Reihenfolge gebracht. Die unterste Ebene beschreibt **Physiologische Bedürfnisse** wie z.B. Hunger und Durst. Aufbauend hierauf folgen **Sicherheitsbedürfnisse**, zu denen insbesondere der Schutz vor physischen, psychischen und ökonomischen Gefahren zählt. **Soziale Bedürfnisse** kennzeichnen gerade im Arbeitsleben den Wunsch nach Zuwendung, Zugehörigkeit und Gemeinschaft. **Wertschätzungsbedürfnisse** umfassen das Streben nach Unabhängigkeit, Anerkennung und Autorität. Die Spitze der Bedürfnispyramide bilden die **Selbstverwirklichungsbedürfnisse**, die der Realisierung der eigenen Pläne und der Entfaltung der eigenen Kreativität dienen.[43] Die Bedürfnispyramide verdeutlicht, dass jeder Mensch seine eigene Bedürfnishierarchie hat und aus unterschiedlichen Motiven handelt.[44] Demnach ist es besonders wichtig, durch verschiedene Anreize die Mitarbeiter individuell zu motivieren, sich am Ideenmanagement zu beteiligen, und ihnen das Gefühl der Anerkennung für ihre Bemühungen zu geben.[45]

Um die Mitarbeitermotivation zur Teilnahme am Ideenmanagement zu steigern, kann ein geeignetes Anreizsystem, das sowohl aus materiellen als auch aus immateriellen Anreizen besteht, sinnvoll sein (Tabelle 7.2).

Geeignetes Anreizsystem	
Materielle Anreize	**Immaterielle Anreize**
• Geldprämien • Sachprämien • Sonderprämien	• Lob und Anerkennung

Tab. 7.2   Bestandteile eines geeigneten Anreizsystems

7.3.3.1   Materielle Anreize

Materielle Anreize, beziehungsweise Prämien, befriedigen extrinsisch motivierte Mitarbeiter.[46] Für ein erfolgreiches Ideenmanagement ist es notwendig, dass die Mitarbeiter dem Prämierungssystem vertrauen.[47] Es gibt drei verschiedene Arten von Prämien:[48]

- Geldprämien,
- Sachprämien und
- Sonderprämien.

---

[43] Vgl. Alt (2004), S. 173. Jost (2000), S. 24ff. Maslow (1970), S. 51ff. Schreyögg (1998), S. 221f.

[44] Vgl. Neckel (2004), S. 120.

[45] Vgl. Ridolfo (2005), S. 36. Steih (1995), S. 64f. Wuppertaler Kreis e. V. (2000), S. 58.

[46] Vgl. Steih (1995), S. 66.

[47] Vgl. Wuppertaler Kreis e. V. (2000), S. 58.

[48] Vgl. Schulz (2003), S. 145f.

Geldprämien sind ein wichtiger Bestandteil des materiellen Anreizsystems. Durch Geldprämien lassen sich nicht nur extrinsische Wünsche erfüllen, vielmehr werden hierdurch auch intrinsische Bedürfnisse, wie z.B. Ansehen, Status oder das Anerkennungsbedürfnis, befriedigt. Aus diesem Grund sollten Verbesserungsvorschläge, die mit einer hohen Prämie ausgezeichnet sind, auch kommuniziert werden. Geldprämien dienen somit zum einen als Teilnahmeanreiz und zum anderen verkörpern sie eine Belohnung für den Einreicher.[49] Die Gestaltung des Prämiensystems ist von jedem Unternehmen individuell durchzuführen. Sie hängt jedoch von der Einordnung des Verbesserungsvorschlags in eine Kategorie ab. Es gibt Verbesserungsvorschläge mit berechenbaren und Verbesserungsvorschläge ohne berechenbaren Nutzen. Ist der Nutzen des Verbesserungsvorschlags berechenbar, handelt es sich meistens um Material-, Zeit- und Kapitaleinsparungen. In diesem Fall erhält der Einreicher in der Regel im ersten Jahr nach der Einführung des Vorschlags einen prozentualen Anteil der Einsparung. Zu Verbesserungsvorschlägen, deren Nutzen nicht berechenbar ist, zählen häufig Arbeitserleichterungen, Qualitätsverbesserungen sowie erhöhter Arbeits-, Gesundheits- und Umweltschutz. Hierfür ist es nicht einfach, eine Prämienbasis zu entwickeln. Oft bewerten Unternehmen diese Vorschläge nach bestimmten Punktesystemen und Nutzwerttabellen.[50] Ein Beispiel hierfür ist in Tabelle 7.3 abgebildet, wobei unter Berücksichtigung des Verbesserungsgrades und der Verbesserungshäufigkeit die Höhe einer Prämie festgelegt wird. Entscheidungen über Prämien unter fünf Punkte dürfen von den Gutachtern getroffen werden. Über die Höhe der Prämien ab fünf Punkte entscheidet eine einberufene Kommission, die die Aussagekraft der Gutachterbewertung überprüfen soll.

Verbesserungs-grad	Verbesserungshäufigkeit		
	selten	oft	sehr oft
sehr groß	3 Punkte	5 Punkte	Kommission
groß	2 Punkte	3 Punkte	5 Punkte
mittel	1 Punkt	2 Punkte	3 Punkte
gering	½ Punkt	1 Punkt	2 Punkte

Tab. 7.3 *Bewertungsschema*[51]

---

[49] Vgl. Steih (1995), S. 66f.

[50] Vgl. Schulz (2003), S. 132ff.

[51] Die dargestellten Daten haben nur einen Beispielcharakter.

Neben den Geldprämien sind auch **Sachprämien** materielle Anreize für die Mitarbeiter, sich am Ideenmanagement zu beteiligen. Sachprämien werden insbesondere für kleinere durchgeführte Verbesserungsvorschläge und auch als Anerkennung für die generelle Teilnahme am Ideenmanagement vergeben.[52] Diese Anerkennung ist für die Mitarbeiter wesentlich bedeutender als der eigentliche Wert der Sachprämie.[53] Als Sachprämien eignen sich besonders Werbeartikel des Unternehmens und auch vom Unternehmen hergestellte Produkte. Ebenso kommen Bücher, Eintrittskarten für kulturelle Veranstaltungen oder Einkaufsgutscheine als Sachprämien infrage.[54]

Die Vergabe von **Sonderprämien** dient dazu, die Mitarbeiter zur weiteren Teilnahme am Ideenmanagement anzuregen. Sie gehen über den Rahmen der intern bestehenden Prämienregelung hinaus. Als Sonderprämien können beispielsweise Prämien für den ersten eingereichten Verbesserungsvorschlag eines Mitarbeiters oder auch für die Mehrfachbeteiligung in Betracht kommen. Der Einsatz von Sonderprämien kann auch für bestimmte Werbeschwerpunkte, wie Sonderaktionen, genutzt werden.[55] Ein Beispiel für eine Sonderaktion ist, dass im Rahmen eines begrenzten Zeitraums jeder Mitarbeiter bei der Einreichung eines Verbesserungsvorschlags eine Tasse mit Firmenlogo erhält. Da diese Tassen sonst nicht verteilt werden, ist sofort erkennbar, wer beim Ideenmanagement mitmacht. Weitere Möglichkeiten für bestimmte Aktionen sind Benchmark-Wettbewerbe zwischen den Abteilungen mit Belohnung, Besuch anderer Firmen mit anschließendem Essen oder auch einfach eine kleine Aufmerksamkeit für jeden n-ten Verbesserungsvorschlag, wie z.B. einen Blumenstrauß für jeden im Unternehmen eingereichten 100sten Verbesserungsvorschlag. Sonderaktionen dienen dazu, das Ideenmanagement wieder aufleben zu lassen. Die Aktionen können beispielsweise auch zu bestimmten Themen, wie zur Verbesserung des Umweltschutzes oder zur Unfallverhütung am Arbeitsplatz, durchgeführt werden.[56]

7.3.3.2   Immaterielle Anreize

Neben den materiellen Anreizen sind ebenso immaterielle Anreize sehr bedeutsam, da durch Geld-, Sach- und Sonderprämien nicht alle Bedürfnisse der Mitarbeiter vollständig befriedigt werden.[57] Ein geeignetes Anreizsystem benötigt immaterielle Anreize, die auch intrinsische Bedürfnisse der Mitarbeiter befriedigen. Um möglichst viele Mitarbeiter anzusprechen, müssen diese immateriellen Anreize auf deren verschiedene Motive ausgerichtet sein. Außerdem ist es besonders wichtig, die Motive hinsichtlich ihrer Zweckerfüllung regelmäßig zu überprüfen. Die Ausprägungen der Bedürfnisse der Mitarbeiter von unterschiedlichem Ausbildungsstand und beruflicher Stellung sind verschieden. Die persönliche Anerkennung ist dagegen für alle von gleich großer Wichtigkeit.[58]

---

[52] Vgl. Schulz (2003), S. 146.

[53] Vgl. Steih (1995), S. 67.

[54] Vgl. Deutsches Institut für Betriebswirtschaft e. V. (1993), S. 56.

[55] Vgl. Deutsches Institut für Betriebswirtschaft e. V. (1993), S. 56.

[56] Vgl. Wuppertaler Kreis e. V. (2000), S. 149f.

[57] Vgl. Thom (2003), S. 69.

[58] Vgl. Steih (1995), S. 68.

Kennzeichnend für eine gute Anerkennungskultur ist das Ausüben gleichermaßen spontaner, geplanter und formeller Arten der **Anerkennung**. Schon ein spontanes Schulterklopfen oder ein „Dankeschön" und ein Händedruck sind einfache Formen für die Würdigung geschätzter Verhaltensweisen. Auch ein Eingangs- oder Zwischenbescheid verbunden mit einem Dank für die Beteiligung verleiht dem Mitarbeiter ein Gefühl der Wertschätzung. Ein wichtiger Aspekt im Zusammenhang mit der Anerkennung ist die Umsetzung des eingereichten Verbesserungsvorschlags.[59] Hierdurch wird ein Mitarbeiter, der seinen Verbesserungsvorschlag erfolgreich eingereicht hat, bezüglich seines Selbstwertgefühls bekräftigt und dadurch zu einer erneuten Beteiligung am Ideenmanagement motiviert.[60] Durch die Verwirklichung der Ideen des Einreichers wird die Befriedigung der Selbstverwirklichungsbedürfnisse, die die Spitze der Bedürfnispyramide nach Maslow darstellt (Abbildung 7.3), erreicht.[61]

Es gibt unterschiedliche Möglichkeiten, wie eine Anerkennung ausgesprochen werden kann. Zum einen kann der Einsatz eines Mitarbeiters durch die im Ideenmanagement beteiligten Personen, wie z.B. dem Ideenkoordinator anerkannt werden. Zum anderen erhöht **Lob** durch die Führungsebene den Anreiz für den Mitarbeiter.[62] Der Hinweis auf einen außerordentlich guten Vorschlag in der Mitarbeiterzeitung oder im Intranet des Unternehmens stellt eine besondere Motivation für den Einreicher dar. Denn durch das besondere Hervorheben werden die Wertschätzungsbedürfnisse des Mitarbeiters befriedigt.[63] Dieses motiviert auch andere Mitarbeiter, Verbesserungsvorschläge einzureichen, um auch einmal in den Betriebsmedien Erwähnung zu finden.

Viele Unternehmen organisieren zudem jährlich eine Trophäen-Verleihung in Verbindung mit ihrem Ideenmanagement. Ein Gremium entscheidet darüber, welche Ideen in bestimmten Kategorien besonders auszuzeichnen sind. Die Verleihung findet dann in einem festlichen Rahmen während öffentlicher Veranstaltungen oder Betriebsversammlungen statt. Auch die Porsche AG ist der Meinung, dass die Bedeutung der Anerkennung nicht unterschätzt werden darf, und überreicht ihren Mitarbeitern für die eingereichten Ideen ab einer bestimmten Punktezahl eine Urkunde und eine Ansteckknadel. Die Ansteckknadeln werden in den Klassen Bronze bis Gold mit Rubin verliehen, wobei die höchste Auszeichnung in einem entsprechenden Rahmen von dem Vorstand persönlich vorgenommen wird.[64] Ein weiteres Beispiel ist das Unternehmen 3M Deutschland GmbH, das seine Mitarbeiter auch ohne finanzielle Anreize durch die Verleihung von Awards zum Mitdenken anregt.[65] Auch die Grohe Water Technology AG & Co. KG zeichnet Mitarbeiter einmal pro Jahr mit Trophäen für die Kategorien „die pfiffigste Idee", „der höchste Nutzen" und „das beste Team" aus.

---

[59] Vgl. Neckel (2004), S. 213ff.

[60] Vgl. Steih (1995), S. 68.

[61] Vgl. Neckel (2004), S. 120.

[62] Vgl. Steih (1995), S. 69f. Thom (2003), S. 72.

[63] Vgl. Thom (2003), S. 72.

[64] Vgl. Raffel (2000), S. 102.

[65] Vgl. Cisik (2000), S. 156.

7.3.4   Steigerung des Bekanntheitsgrades

So wie für jedes Produkt Werbung betrieben werden muss, um es bei den Kunden bekannt zu machen, so gilt das Gleiche auch für das Ideenmanagement.[66] Im Zusammenhang mit einem höheren Kenntnisstand der Mitarbeiter über das Ideenmanagement spielt die Werbung hierfür eine große Rolle. Dadurch erhalten die Mitarbeiter nicht nur wichtige Informationen über die Funktionsweise, den Sinn und den Zweck des Ideenmanagements, sondern werden auch zur Teilnahme motiviert. Die Mitarbeiter sollen erkennen, dass sie sich durch ihre einge-reichten Ideen am Veränderungsprozess beteiligen können.[67] Es ist jedoch darauf zu achten, den Beteiligungsaufruf nicht zwingend zu artikulieren, so dass sich bei Nichtteilnahme kei-ner der Mitarbeiter diskriminiert fühlt.[68] Maßnahmen zur steigernden Kenntnis und Informa-tion über das Ideenmanagement sind Tabelle 7.4 zu entnehmen.

Steigerung des Bekanntheitsgrades
• Durchführen von Werbemaßnahmen
• Entwicklung eines eigenen Erscheinungsbildes
• Erstellen und Aushängen von Statistiken
• Informieren von neuen Mitarbeitern

Tab. 7.4   Steigerung des Bekanntheitsgrades

Bei der Planung von **Werbemaßnahmen** für das Ideenmanagement sind verschiedene Vor-überlegungen anzustellen. Wie bei jeder Werbung ist auch hier die Zielgruppe (wie z.B. Mitarbeiterinnen, Gutachter, Vorgesetzte) festzulegen, um die gewünschte Personengruppe optimal zu erreichen.[69] Es gibt zahlreiche Möglichkeiten, das Ideenmanagement in einem Unternehmen zu kommunizieren. Besonders die Werbeaktionen, wie Plakate, Aushänge am Schwarzen Brett, Mitteilungen des Ideenmanagements über das Intranet oder die Firmenzeit-schrift, Werbung auf der Rückseite der Lohnabrechnung sowie Firmenkalender und Büro-artikel mit einem Aufdruck zum Thema „Ideenmanagement" sind geeignet, dieses bei den Mitarbeitern ständig ins Gedächtnis zu rufen und sie zu einer steigenden Teilnahme zu moti-vieren.[70] Plakate eignen sich vor allem für die Ansprache aller Mitarbeiter. Da nicht mehr aktuelle Plakate eher hinderlich sind, sollten diese regelmäßig erneuert werden. Um die Auf-merksamkeit der Mitarbeiter kontinuierlich zu erregen, sind pro Jahr drei bis vier verschie-

---

[66] Vgl. Heidack; Brinkmann (1982), S. 217, 219.

[67] Vgl. Krug (2002), S. 76.

[68] Vgl. Ridolfo (2005), S. 35. Thom (2003), S. 57.

[69] Vgl. Heidack; Brinkmann (1982), S. 219.

[70] Vgl. Brinkmann (1992), S. 139. Zimmermann (2003), S. 54f.

dene Plakatentwürfe im Unternehmen auszuhängen.[71] Eine weitere Möglichkeit, auf das Ideenmanagement hinzuweisen, sind Logos. Einige Unternehmen haben für ihr Ideenmanagement ein eigenes Logo entworfen, welches sich auf sämtlichen Formularen, wie z.B. dem Vorschlagsformular und auch auf Plakaten sowie bei Werbeaktionen auf Tassen, Kugelschreibern, Notizzetteln und Regenschirmen wieder findet. Ein Logo des Ideenmanagements, das alle Mitarbeiter anspricht, kann in diesem Zusammenhang dazu beitragen, dass das Ideenmanagement ein **eigenes Erscheinungsbild** und dadurch einen hohen Wiedererkennungswert erhält.[72]

Von großer Bedeutung ist zudem die Information der Mitarbeiter und auch besonders der Vorgesetzten über die Wirtschaftlichkeit des Ideenmanagements. **Statistische Auswertungen** über die Einsparungen durch die Verbesserungsvorschläge der Mitarbeiter verdeutlichen den messbaren Nutzen des Ideenmanagements. Die statistischen Auswertungen, die auch für Jahres- oder Halbjahresberichte Verwendung finden, sollten am Schwarzen Brett oder an Informationstafeln aushängen, damit sie für jeden Mitarbeiter einzusehen sind.[73] Zusätzlich sind insbesondere **neue Mitarbeiter** und Auszubildende möglichst unmittelbar nach dem Einstieg in das Unternehmen durch ein persönliches Anschreiben darüber zu **informieren**, dass es im Unternehmen ein Ideenmanagement gibt und dass auch sie aufgefordert sind, Verbesserungsvorschläge einzureichen. Auf das Verbesserungspotenzial neuer Mitarbeiter ist keinesfalls zu verzichten, da sie noch keine Organisationsblindheit aufweisen und dadurch zu kritischeren Beurteilungen neigen. Einweisungsveranstaltungen oder Informationsanschreiben wirken auch anfänglichen Barrieren wie Unsicherheit oder Fremdheit der Materie entgegen.[74]

7.3.5 Unterstützung und Anerkennung durch die Führungskräfte

Damit ein Ideenmanagement erfolgreich sein kann, ist die Unterstützung durch die Unternehmensleitung notwendig. Die Führungsebene muss hier vollständig hinter diesem Konzept stehen.[75] Die Motivation und Einstellung der Führungskräfte hinsichtlich des Ideenmanagements ist ausschlaggebend für die Mitarbeiterbeteiligung. Wenn die Mitarbeiter wissen, dass ihr Vorgesetzter das Einreichen von Verbesserungsvorschlägen nicht positiv ansieht, werden sie auch keine Vorschläge einreichen.[76]

Der Umstand, dass Führungskräfte Ideenmanagement nicht fördern oder das Konzept nicht akzeptieren, kann vielfältige Ursachen haben. Einerseits könnten die Führungskräfte das

---

[71] Vgl. Merz; Biehler (1994), S. 243.

[72] Vgl. Merz; Biehler (1994), S. 243.

[73] Vgl. Brinkmann (1992), S. 149.

[74] Vgl. Anic (2001), S. 240. Neckel (2004), S. 239.

[75] Vgl. Bontrup (2001), S. 174. Lehmann (2003), S. 18. Thom (2003), S. 81.

[76] Vgl. Merz; Biehler (1994), S. 111. Thom; Etienne (1996), S. 163.

Ideenmanagement als Mehrarbeit ansehen, für die sie keine Zeit haben.[77] Diese Mehrarbeit führt häufig dazu, dass die Führungskräfte dem Ideenmanagement insgesamt ablehnend gegenüberstehen. Andererseits kann ein Grund der mangelnden Unterstützung des Ideenmanagements auch auf fehlender Kenntnis des Vorgesetzten über das Konzept, dessen Zielsetzung, Aufbau, Ablauf und der durch das Ideenmanagement erreichbaren Erfolge beruhen. Hat der Vorgesetzte Kommunikationsschwächen oder einen fehlenden Sinn für Gerechtigkeit, wird er aufgrund dieses Mangels an Sozialkompetenz seine Mitarbeiter nicht dazu motivieren können, sich am Ideenmanagement zu beteiligen.[78]

Manche Vorgesetzte sehen das Einreichen von Vorschlägen durch ihre Mitarbeiter auch als Risiko an, da sie befürchten, dass ihre Mitarbeiter Vorschläge einreichen, die ihren Aufgabenbereich betreffen könnten und sie somit selbst auf die Ideen hätten kommen müssen.[79] Um diese Hemmnisse der Führungskräfte abzubauen und um ein stärkeres Engagement der Führungskräfte am Ideenmanagement zu erreichen, sind unterschiedliche Maßnahmen möglich (Tabelle 7.5).

Vermehrte Unterstützung und Anerkennung durch die Führungskräfte
• Informationsveranstaltungen, Schulungen, Führungskräftetrainings
• Anreize für Führungskräfte
• Zielvereinbarungen
• Erfahrungsaustausch

Tab. 7.5   *Unterstützung und Anerkennung durch die Führungskräfte*

Informationsveranstaltungen, Schulungen und Führungskräftetrainings verdeutlichen die Aufgaben der Führungskräfte und ihre Bedeutung im Ideenmanagement. Ebenso dienen diese Veranstaltungen dazu, die Notwendigkeit des Ideenmanagements und den Nutzen der Verbesserungsvorschläge zu erläutern. Zusätzlich besteht die Gelegenheit, sich ausführlich mit den möglichen Befürchtungen der Führungskräfte auseinander zu setzen und ihnen ihre Ängste in Bezug auf das Ideenmanagement zu nehmen.[80] Der Führungskraft muss die notwendige Zeit zur Verfügung gestellt werden, damit sie an Schulungen und Informationsveranstaltungen teilnehmen kann, um die Mitarbeiter bei der Formulierung und Ausarbeitung der Verbesserungsvorschläge zu unterstützen und sie zur Teilnahme am Ideenmanagement zu motivieren.[81] Das Gestalten von geeigneten **Anreizen für die Führungskräfte** stellt eine

---

[77] Vgl. Neckel (2004), S. 33, 104.

[78] Vgl. Neubeiser (1998), S. 78ff.

[79] Vgl. Meyrahn (2001), S. 65.

[80] Vgl. Neckel (2004), S. 103.

[81] Vgl. Neckel (2004), S. 33.

weitere Maßnahme dar. Viele Unternehmen gehen immer mehr dazu über, die leitenden Angestellten und die Gutachter am Erfolg des BVW zu beteiligen. Die Prämierung erfolgt z.B. durch einen vordefinierten Prozentsatz von der errechneten Einsparung oder durch Sachprämien.[82] Neben den materiellen spielen aber auch hierbei wieder die immateriellen Anreize eine große Rolle. Wichtig ist es, den Führungskräften, aus deren Bereich viele Verbesserungsvorschläge eingehen, entsprechende Anerkennung und Würdigung zukommen zu lassen.[83] Eine hohe Einreicherquote sollte als Fähigkeit des Vorgesetzten angesehen werden, seine Mitarbeiter zu führen und sie zu Ideen anzuregen, ihnen den erforderlichen Freiraum zu geben und ihre Kreativität zu fördern.[84]

Die Akzeptanz des Ideenmanagements kann auch durch das Einführen von **Zielvereinbarungen** erhöht werden.[85] Die Anzahl eingereichter Verbesserungsvorschläge wird nicht nur als Erfolg der Mitarbeiter, sondern auch als Erfolg der Führungskräfte angesehen. Ihnen wird hierdurch gezeigt, dass die Ergebnisse ihrer Arbeit verfolgt werden und sowohl zu positiven als auch zu negativen Auswirkungen führen können.[86] Hilfreich kann auch der **Erfahrungsaustausch mit anderen Unternehmen** sein, in denen die Führungskräfte bereits erfolgreich in das Ideenmanagement einbezogen sind. Durch das „Lernen von den Besten" erhalten sie Anregungen, wie sie ihre Verhaltensweisen ändern können.[87]

7.3.6   Verkürzte Bearbeitungszeit

Lange Bearbeitungszeiten, die sich negativ auf die Motivation der Mitarbeiter ausüben, sind häufig auf die Gutachter zurück zu führen. Die Gründe dafür, warum sich die Bearbeitungszeit teilweise über Monate hinziehen kann, sind in erster Linie Zeitmangel der Gutachter, zu lange Rückmeldezeiten (insbesondere dann, wenn viele Personen am Bewertungsprozess beteiligt sind), die Abwesenheit wichtiger Personen aufgrund von Geschäftsreisen, Krankheit oder Urlaub. Des Weiteren können aber auch unklare Verantwortlichkeiten oder divergente Informationen und unvereinbare Meinungen zu längeren Bearbeitungszeiten führen.[88] Möglichkeiten zur Verkürzung der Bearbeitungszeiten sind in Tabelle 7.6 dargestellt.

Damit die Bearbeitungszeiten der Vorschläge in einem angemessenen Zeitrahmen bleiben, sollten die Gutachter ein **konsequentes Zeitmanagement** betreiben. Durch das Aufschieben der Begutachtung kann ein Teufelskreis entstehen, da die Bearbeitung der noch zu bewertenden Vorschläge umso mehr verschoben wird, je höher deren Anzahl ist.[89] Viele Gutachter

---

[82] Vgl. Anic (2001), S. 272. Schulz (2003), S. 146f.

[83] Vgl. Neckel (2004), S. 232.

[84] Vgl. Neckel (2004), S. 103.

[85] Vgl. Anic (2001), S. 273. Neckel (2004), S. 35. Raffel (2000), S. 103f.

[86] Vgl. Meyrahn (2001), S. 65.

[87] Vgl. Wuppertaler Kreis e. V. (2000), S. 74f.

[88] Vgl. Neckel (2004), S. 196.

[89] Vgl. Neckel (2004), S. 196.

Verkürzte Bearbeitungszeit
• Konsequentes Zeitmanagement der Gutachter
• Aufnahme der Gutachtertätigkeit in die Stellenbeschreibung
• Stringentes Mahnwesen
• Anreize für die Gutachter
• Einführen von Ideenpaten

Tab. 7.6   *Verkürzte Bearbeitungszeit*

sehen das Bewerten von Verbesserungsvorschlägen als eine zusätzliche (und u.U. auch lästige) Aufgabe an. Dieses beruht hauptsächlich darauf, dass sie von ihren Vorgesetzten nicht zum Bewerten aufgefordert werden. Demnach liegt hier auch der Fehler bei den Führungskräften. Eine Möglichkeit, die Gutachter dazu zu bewegen, Verbesserungsvorschläge schneller zu bewerten, besteht darin, ihre Aufgaben – und dazu gehört auch das schnelle Bewerten von Vorschlägen – in ihre **Stellenbeschreibung** aufzunehmen.

Eine weitere Möglichkeit, die Bearbeitungszeiten zu verkürzen, ist das Führen eines **stringenten Mahnwesens** für die Gutachter. Es gibt mehrere Alternativen, das Mahnwesen zu gestalten. Bei einer Variante fordert das Gremium regelmäßig die noch offenen Gutachten an. Eine andere Variante verfolgt das Ziel, die noch offenen Gutachten als einen Punkt auf der Agenda einer Gutachtersitzung aufzuführen. Hierdurch erhalten die Gutachter das Gefühl, kontrolliert zu werden. Somit wird der Ansporn größer, bis zur nächsten Sitzung die Verbesserungsvorschläge bewertet zu haben. Zusätzlich besteht die Möglichkeit, ein Ranking der unerledigten Gutachten zu erstellen, welches alle Gutachter und die Unternehmensleitung regelmäßig erhalten. Dieses Ranking soll ein Wettbewerbsgefühl erzeugen und die Gutachter ebenfalls dazu motivieren, die Quote der unerledigten Gutachten zu reduzieren.[90] Anstatt die Terminverzögerungen jedoch mit negativen Sanktionen zu verknüpfen, ist eine Termineinhaltung eher mit positiven Anreizen zu fördern.[91] In einigen Unternehmen gibt es besondere **Anreize**, um Mitarbeiter zu Gutachtertätigkeiten zu bewegen. Um die Gutachter zu motivieren, die Verbesserungsvorschläge in einem angemessenen Zeitrahmen zu bewerten, sollte am Ende des Jahres derjenige, der die Vorschläge am schnellsten bewertet hat, besonders hervorgehoben und seine Tätigkeit entsprechend gewürdigt werden.

Die Einführung von **Ideenpaten** ist eine weitere Lösung, die Bearbeitungszeit der Verbesserungsvorschläge zu verkürzen. Abbildung 7.4 verdeutlicht den Aufbau eines Patensystems. Hierbei erhält jeder Fachbereich in einem Unternehmen einen Ideenpaten, der für eine Gruppe von Mitarbeitern im Bereich Ideenmanagement verantwortlich ist. Die Ideenpaten fungieren als Vertrauenspersonen und sollten in möglichst allen Bereichen des Unternehmens eingesetzt werden. Ihre Aufgabe besteht zum einen darin, einen kleinen Kreis von Mitarbeitern

---

[90] Vgl. Neckel (2004), S. 196f.

[91] Vgl. Anic (2001), S. 275.

bei der Formulierung und Ausarbeitung der Verbesserungsvorschläge behilflich zu sein und sie zu einer regen Teilnahme am Ideenmanagement zu motivieren. Zum anderen nehmen die Ideenpaten die Verbesserungsvorschläge ihrer Abteilungen entgegen und kürzen das Gutachtenverfahren durch eine erste fachliche Stellungnahme deutlich ab.[92] Sind für die Bewertung des Vorschlags mehrere Meinungen notwendig, so koordiniert der Ideenpate ein Zusammentreffen der zuständigen Fachkräfte, wobei die Realisierungsmöglichkeiten des Verbesserungsvorschlags aus den verschiedenen Blickwinkeln zu diskutieren sind. Dieses führt zu einer deutlichen Verkürzung der Bewertungszeit, da es nicht mehr erforderlich ist, den Vorschlag zur Abklärung der Realisierungsmöglichkeiten, von einem Gutachter zum nächsten weiter zu reichen.[93]

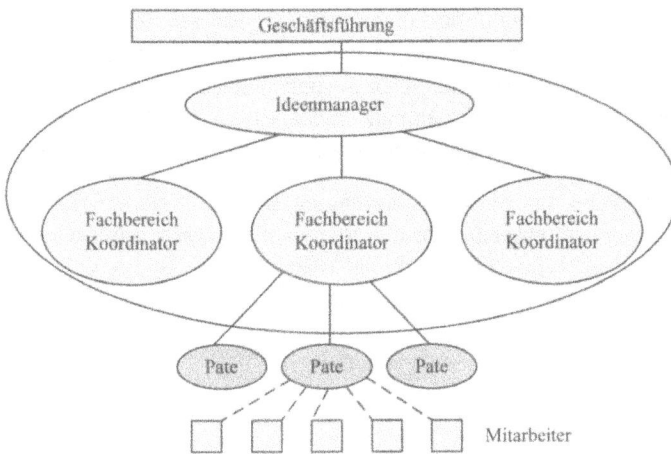

Abb. 7.4   Aufbau eines Patensystems[94]

7.4   Praxisbeispiel

In den Jahren nach dem Zweiten Weltkrieg haben viele Unternehmen festgestellt, dass das Wissen und Know-how der Mitarbeiter eine wichtige Ressource für den langfristigen Unternehmenserfolg ist und führten deshalb das BVW ein.[95] Dieses hat auch das folgende Praxisbeispiel, ein deutscher Mittelständler, der Konsumgüter herstellt und vertreibt, erkannt und sich daher bereits im Jahr 1968 entschlossen, ein BVW einzurichten.

---

[92] Vgl. Munzke (1997), S. 81. Ruoff (2000), S. 347. Wuppertaler Kreis e. V. (2000), S. 46.

[93] Vgl. Munzke (1997), S. 81.

[94] Eigene Darstellung in Anlehnung an: Ruoff (2000), S. 347. Wuppertaler Kreis e. V. (2000), S. 45.

[95] Vgl. Deutsches Institut für Betriebswirtschaft e. V. (1993), S. 15.

Damit sich die Mitarbeiter weiter entfalten und in das Unternehmensgeschehen einbringen können, sollte bei dem mittlerweile in der dritten Generation geführten Familienunternehmen der Teamgedanke gestärkt werden. Aus diesem Grund wurde nach intensiven Informationsveranstaltungen und Schulungen der Mitarbeiter, Vorgesetzten und Beauftragten im Jahr 2002 neben dem BVW eine weitere Verbesserungsmethode, der KVP, eingeführt. Die Implementierung des KVP hatte zunächst einen positiven Effekt, denn die Anzahl der eingereichten Verbesserungsvorschläge stieg deutlich. Dieses war jedoch nur von kurzer Dauer, denn die Beteiligungsquote fiel danach wieder auf das Ursprungsniveau zurück.

Die Unternehmensleitung wollte jedoch nicht auf die Ideen und das Innovationspotenzial der Mitarbeiter verzichten und entschied sich demnach für eine „Modernisierung" des BVW. Um bürokratische Hemmnisse abzubauen und Prozesse zu vereinfachen, wurden die nebeneinander ohne Verbindung bestehenden Verbesserungsmethoden BVW und KVP zum modernen Ideenmanagement verknüpft. Die Integration dieser beiden Verbesserungsmethoden zum Ideenmanagement lässt eine positive Entwicklung erkennen. Jedoch strebt das Unternehmen eine weitere steigende Anzahl eingereichter Verbesserungsvorschläge an. Ein realistisch erreichbarer Wert, wie er in der Literatur Erwähnung findet, ist ein Verbesserungsvorschlag je Mitarbeiter pro Jahr.[96] Diesem Ziel möchte sich auch das Unternehmen annähern.

Aus diesem Grund wird im Folgenden das Beispielunternehmen auf die in Kapitel 7.3 beschriebenen erforderlichen Rahmenbedingungen für die Realisierung eines erfolgreichen Ideenmanagements hin überprüft. Bei Nichterfüllung dieser Prämissen werden im Weiteren Vorschläge unterbreitet, die zu einer vermehrten Teilnahme der Mitarbeiter am Ideenmanagement führen sollen.

7.4.1   Probleme

Das Unternehmen verfügt über eine innovationsfördernde Unternehmenskultur, sodass eine der Grundvoraussetzungen für ein erfolgreiches Ideenmanagement gegeben ist. Sehr vorteilhaft ist das große Interesse der Unternehmensleitung am Ideenmanagement. Auch das Anreizsystem des Unternehmens erweist sich als geeignet, da zugleich Geld-, Sach- und Sonderprämien vergeben sowie auch immaterielle Anreize, wie z.B. Lob und Anerkennung, berücksichtigt werden.

Dem entgegen wirkt jedoch die fehlende Kenntnis der Mitarbeiter über das Vorhandensein eines Ideenmanagements aufgrund mangelnder Werbung und Information innerhalb des Unternehmens. Es führt sehr wenige Werbemaßnahmen durch, um das Ideenmanagement unter den Mitarbeitern populär zu machen. Es werden keine Plakate oder Statistiken ausgehängt, die die Mitarbeiter über Sonderaktionen oder die Entwicklung des Ideenmanagements informieren. Zudem befinden sich auf dem Firmengelände und in den Firmengebäuden keine Hinweise auf das Vorhandensein eines Ideenmanagements, sodass neue Mitarbeiter hierdurch keinen Anreiz erfahren und auch nicht wissen, an wen sie sich mit ihren guten Ideen wenden sollen. Dadurch, dass das Ideenmanagement des Unternehmens auch kein eigenes

---

[96] Vgl. Neckel (2004), S. 26f.

Erscheinungsbild hat, ist der Wiedererkennungswert bei den Mitarbeitern sehr gering. Formulare und Briefvorlagen, die für das Ideenmanagement verwendet werden sollen, heben
sich nicht von den anderen Materialien ab. Aus diesem Grund könnte die geringe Beteiligungsquote auf die **mangelnde Kenntnis der Mitarbeiter über das Ideenmanagement**
und dessen Anreize zurückgeführt werden.

Ein weiteres Problem ist die grundsätzlich unterschiedliche Einstellung der Führungskräfte
gegenüber dem Ideenmanagement. Viele Führungskräfte befürworten die Verbesserungsmethode und motivieren ihre Mitarbeiter zum Einreichen von Verbesserungsvorschlägen. Es
gibt aber auch Führungskräfte, die Verbesserungsvorschläge in anderen Abteilungen als gut
ansehen, ihnen jedoch in ihrem eigenen Bereich eher misstrauisch gegenüber stehen und
somit ihre Mitarbeiter nicht zur Teilnahme animieren. Ein Grund für die mangelnde Motivation zur Teilnahme der Mitarbeiter am Ideenmanagement kann also auch in der **fehlenden
Unterstützung und Anerkennung durch die Führungskräfte** liegen. Festgestellt wurde,
dass das Unternehmen keine Maßnahmen betreibt, um die Führungskräfte über das Ideenmanagement zu informieren und um ihnen ihre wichtige Rolle im Zusammenhang mit dem
Ideenmanagement zu erläutern.

Als zusätzliches Problem ist die **lange Bearbeitungszeit** der Verbesserungsvorschläge zu
nennen. Diese ist hauptsächlich darauf zurück zu führen, dass häufig unterschiedliche Fachmeinungen nacheinander in separaten Gutachten eingeholt werden müssen und jedem Gutachter für die Bewertung der Verbesserungsvorschläge ein Zeitrahmen von vier Wochen
eingeräumt wird. Die durchschnittliche Bearbeitungszeit eines Verbesserungsvorschlags liegt
deshalb bei zwölf Wochen.

7.4.2   Lösungsvorschläge

7.4.2.1   Steigerung des Bekanntheitsgrades

Um eine erfolgreiche Werbestrategie für das Ideenmanagement einzuführen, sollte das Unternehmen zunächst ein einheitliches Erscheinungsbild für das Ideenmanagement entwickeln.
Dieses Erscheinungsbild muss mit der Corporate Identity des Unternehmens grundsätzlich
übereinstimmen, sollte sich davon aber durch einige Besonderheiten abheben. Um die Merkmale des Corporate Designs des Unternehmens einzuhalten und sich trotzdem mit dem Erscheinungsbild des Ideenmanagements hiervon zu unterscheiden, könnten die Formulare und
Briefvorlagen des Ideenmanagements anstatt auf weißem Standardpapier in der Farbe gelb
gedruckt werden. Einzelne Farben haben unterschiedliche Wirkungen. Die Farbe gelb stimu-
liert die Nervenimpulse und wirkt somit anregend auf die Mitarbeiter. Weiterhin wird durch
die Farbe gelb die Kommunikations- sowie die Kontaktfähigkeit gefördert. Sie eignet sich
aus diesem Grund gut als Grundfarbe für ein Verbesserungsvorschlagsformular. Zusätzlich
wird sich hierdurch der Wiedererkennungswert des Ideenmanagements bei den Mitarbeitern
erhöhen.

Auch ein eigenes Logo führt dazu, dass das Ideenmanagement innerhalb des Unternehmens
eine eigene Identität erhält. Dieses Logo sollte auf allen Formularen des Ideenmanagements
aufgedruckt sein, um es damit in Verbindung zu bringen. Eine Glühbirne, wie in Abbildung
7.5 wird mit „einer Erleuchtung" im Sinne von „mir geht ein Licht auf" oder „der spontane
Einfall" assoziiert und passt somit gut zum Ideenmanagement.

Abb. 7.5   Logo für das Ideenmanagement

Um neue Mitarbeiter auf das Ideenmanagement aufmerksam zu machen, empfiehlt sich die Erstellung eines Informationsschreibens, welches über die Vorgehensweise und die Ziele des Ideenmanagements informiert und die neuen Mitarbeiter so zur Teilnahme motiviert. Denn insbesondere neue Mitarbeiter sind noch nicht von der „Betriebsblindheit" betroffen und dadurch meist offener für das Erkennen von Verbesserungspotenzialen. Oft fehlt hier nur ein kleiner Motivationsanstoß (siehe hierzu Abbildung 7.6), um die Mitarbeiter für eine Teilnahme zu begeistern.

Sehr geehrte(r) Frau/Herr Mustermann,

das Ideenmanagement-Team möchte Sie als neuen Mitarbeiter herzlich willkommen heißen.
Wir hoffen, dass Sie sich in der Zwischenzeit in unserem modernen und innovativen Unternehmen gut eingearbeitet haben und sich bei uns wohl fühlen.

Erfahrungsgemäß sind es gerade die neuen Mitarbeiter, die Verbesserungspotenziale in den alltäglichen Abläufen erkennen. Einerseits ist Ihnen sicherlich während der Einarbeitungsphase bereits einiges positives in unserem Unternehmen aufgefallen, wodurch wir uns womöglich von anderen Unternehmen abheben. Andererseits sind Ihnen aber bestimmt auch Dinge aufgefallen, die in Ihren Augen verbessert werden können. Ihre Ideen sind für uns von großer Bedeutung. Jeder Mitarbeiter hat die Möglichkeit sich durch das Einreichen von Verbesserungsvorschlägen aktiv an unternehmensbezogenen Verbesserungen zu beteiligen und Arbeitsprozesse zu optimieren. Entsprechend dem Nutzen Ihrer Ideen erhalten Sie eine angemessene Prämie.

Nicht zu vergessen ist, dass jeder von Ihnen eingereichte Verbesserungsvorschlag automatisch in der Lostrommel für die am Ende des Jahres ausgeschriebene Verlosung landet. Es sind attraktive Preise zu gewinnen. Denken Sie daran, je mehr Verbesserungsvorschläge Sie einreichen, umso höher ist die Chance, dass Ihre Idee gezogen wird!

Detaillierte Informationen über die Vorgehensweise und die Ziele des Ideenmanagements können Sie der beigefügten Betriebsvereinbarung entnehmen. Des Weiteren können Sie Ihre ersten Ideen direkt auf dem als Anlage befindlichen Vorschlagsformular festhalten. Als Anregung hierfür erhalten Sie anbei Tipps für Verbesserungsmöglichkeiten.

Bei zusätzlichen Fragen stehen wir Ihnen gerne zur Verfügung. Bis dahin wünschen wir Ihnen zahlreiche Ideen und viel Erfolg!

Freundliche Grüße
Ihr Ideenmanagement-Team

Abb. 7.6   Informationsanschreiben für neue Mitarbeiter

Den Mitarbeitern sollten neben dem Ausdrucken des Vorschlagsformulars an ihrem PC weitere Alternativen zur Verfügung stehen, um an Vorschlagsformulare zu gelangen. Durch mehrere im Unternehmen angebrachte Zettelkästen, die auch im Design des zukünftigen Ideenmanagements gestaltet sein sollten, werden die Mitarbeiter an das Ideenmanagement und an das Einreichen von Verbesserungsvorschlägen erinnert und können so ihre Idee kurzfristig zu Papier bringen.

Zusätzlich ist das Visualisieren der Entwicklungen des Ideenmanagements von großer Bedeutung. Für die Mitarbeiter ist ein Monatsvergleich der eingereichten Ideen von starkem

Interesse. Aber auch ein Vergleich zwischen angestrebten und eingereichten Ideen ist sehr interessant. Den Mitarbeitern wird durch diesen Soll-Ist-Vergleich verdeutlicht, wie weit sie von den Zielvorgaben der Unternehmensleitung entfernt sind und werden somit motiviert, erneut Verbesserungsvorschläge einzureichen. Außerdem ist die Visualisierung des Nutzens durch das Ideenmanagement für den Mitarbeiter sehr bedeutend. Dieses hat insofern einen positiven Effekt, dass dem Mitarbeiter verdeutlicht wird, zu welchen Unternehmenserfolgen seine Beteiligung am Ideenmanagement beiträgt (Abbildung 7.7). Die hier aufgeführten Zahlen sollten nicht nur in Tabellen, sondern auch in Form von Diagrammen und Statistiken für jeden Mitarbeiter zugänglich sein. Möglichkeiten hierfür stellen einerseits Informationstafeln, andererseits aber auch das Firmen-Intranet dar.

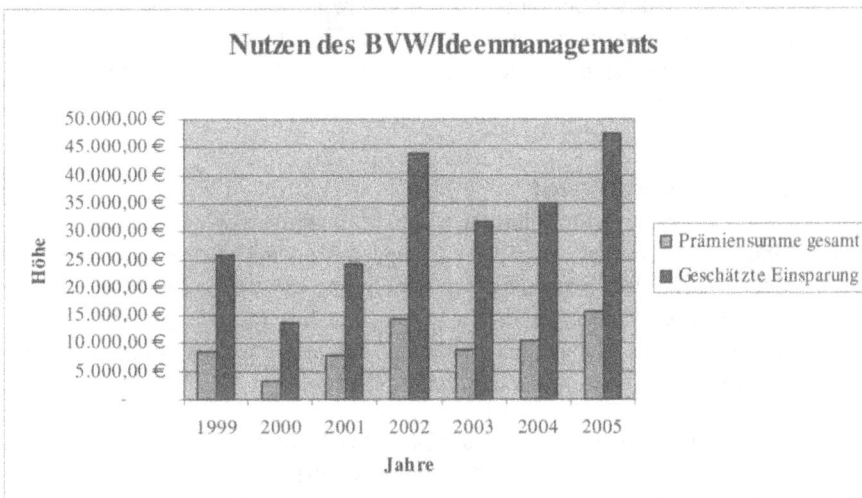

Abb. 7.7   *Nutzen des BVW/Ideenmanagement*[97]

7.4.2.2   Unterstützung und Anerkennung durch die Führungskräfte

Damit das Ideenmanagement erfolgreich sein kann, muss die Führungsebene vollständig hinter diesem Konzept stehen. Eine Informationsveranstaltung, in der den Führungskräften die Vorteile des Ideenmanagements verdeutlicht werden, hat das Unternehmen bisher noch nicht durchgeführt. Dieses ist jedoch besonders wichtig, denn nur eine motivierte und gegenüber dem Ideenmanagement positiv eingestellte Führungskraft wird die Teilnahme der Mitarbeiter am Ideenmanagement erhöhen können.

Diese Informationsveranstaltung muss gut durchdacht sein, damit sie die richtige Wirkung erzielt. Den leitenden Angestellten muss illustriert werden, dass sie eine wichtige Funktion im Rahmen des Ideenmanagements einnehmen. Zum einen dient die Veranstaltung dazu, sie über das Ideenmanagement und dessen Entwicklung zu informieren. Zum anderen muss

---

[97] Die dargestellten Daten haben nur einen Beispielcharakter.

ihnen ihre Aufgabe, die vornehmlich in der Motivierung der Mitarbeiter zur Teilnahme besteht, erläutert werden.

Hinzukommend kann eine Statistik über die Beteiligungsquote der einzelnen Abteilungen eine motivierende Wirkung auf die Führungskräfte haben. Aus diesem Grund sollen sie im Rahmen der Informationsveranstaltung einen Überblick darüber erhalten, wie hoch die Beteiligung in ihrer Abteilung im Vergleich zu den anderen Abteilungen ist. Die Einführung von Zielvereinbarungen verdeutlicht die Notwendigkeit des Ideenmanagements und das Interesse der Unternehmensleitung daran. Eine Möglichkeit, Führungskräfte zu motivieren, ihre Mitarbeiter bei Verbesserungsvorschlägen zu unterstützen, besteht in dem Gestalten von Anreizen. Die Führungskraft, in deren Abteilung die Beteiligungsquote am Ideenmanagement am höchsten ist, sollte demnach deutlich hervorgehoben und ihre Leistung besonders anerkannt werden. Dieses kann beispielsweise durch eine namentliche Erwähnung im Firmen-Intranet erfolgen. Auch die Wirkung des Erfahrungstausches mit Führungskräften anderer Unternehmen ist hier nicht zu unterschätzen.

7.4.2.3   Verkürzte Bearbeitungszeit

Da die Bearbeitungszeit trotz der Durchführung erster Maßnahmen, wie z.B. das Führen eines stringenten Mahnwesens immer noch als zu lang empfunden wird, müssen weitere Maßnahmen umgesetzt werden. Ein Vorschlag zur Verkürzung der Bearbeitungszeit ist das Einführen von Ideenpaten. Diese fungieren als Hauptgutachter für eine Idee und sind in erster Linie für die Erstellung eines Gutachtens zuständig, das alle Fachmeinungen abdeckt. Hierdurch könnte die Bearbeitungszeit deutlich reduziert werden.

Die Einführung von Ideenpaten erfordert ein systematisches Vorgehen. Als erstes sind die Abteilungsleiter in einem Anschreiben über das Vorhaben und die Ziele zu informieren, denn nur sie sind in der Lage zu entscheiden, welcher Mitarbeiter für die Tätigkeit eines Ideenpaten geeignet ist. Jeder Abteilungsleiter soll einen Mitarbeiter vorschlagen, der die Fähigkeit besitzt, prozessübergreifend zu denken und der genügend Fachkompetenz aufweist, Ideen weiterzuentwickeln beziehungsweise „das Beste herauszuholen". Die Ideenpaten (für jeden Fachbereich wird ein Ideenpate bestimmt) haben die Aufgabe, sich alle nötigen Fachmeinungen zu der entsprechenden Idee einzuholen und eine termingerechte Bearbeitung für eine schnellstmögliche Antwort an den Einreicher zu gewährleisten. Im Rahmen einer Informationsveranstaltung sollen die Gutachter über das Konzept „Ideenpate" und die Vorgehensweise informiert werden, um bestehende Hemmungen abzubauen. Ideenpaten sind besonders ihrer neue Aufgabe entsprechend zu schulen und ihnen muss klar sein, dass das Begutachten der Verbesserungsvorschläge einen Teil ihres Aufgabengebietes darstellt. Gewährleistet werden kann das z.B. durch Aufnahme in die Stellenbeschreibung.

Das Unternehmen muss sich auch immer wieder vor Augen führen, dass ein erfolgreiches Ideenmanagement maßgeblich von der Einstellung und Motivation der Gutachter abhängt.

7.5   Zusammenfassung und Ausblick

Eine Möglichkeit, Wissen im Unternehmen gezielt zu entwickeln, stellt das Ideenmanagement dar. Dieses Instrument trägt dazu bei, dass interne Wissenspotenziale sichtbar und nutzbar gemacht werden können. Ein Hindernisgrund für ein erfolgreiches Ideenmanagement ist häufig die mangelnde Motivation der Mitarbeiter zur Teilnahme am Ideenmanagement.

Im Rahmen dieses Beitrags wurde ein Ansatz vorgestellt, der eine höhere Mitarbeitermotivation zur Teilnahme am Ideenmanagement zum Ziel hat. Diese Vorgabe wird durch die Schaffung einer innovationsfördernden Unternehmenskultur, durch ein geeignetes Anreizsystem sowie durch die Verbesserung des Bekanntheitsgrades des Ideenmanagements erreicht. Weitere Maßnahmen sind die Unterstützung und Anerkennung der Mitarbeiter durch die Führungskräfte und die Verkürzung der Bearbeitungszeiten der Verbesserungsvorschläge.

Die dargestellte Vorgehensweise ist eine universell einsetzbare Orientierungshilfe für Unternehmen – unabhängig von Branche und Größe –, die Teilnahmebereitschaft ihrer Mitarbeiter am Ideenmanagement zu erhöhen. Vorgestellt wurde dieser Ansatz an einem Praxisbeispiel. Nach Analyse der aktuellen Situation konnten konkrete Vorschläge zur Optimierung des Ideenmanagements erarbeitet werden. Hier sind u.a. das Durchführen von Werbemaßnahmen, das Entwickeln eines eigenen Erscheinungsbildes, das Einführen von Ideenpaten, Anreizsysteme für Mitarbeiter, Gutachter und Führungskräfte sowie das Organisieren regelmäßiger Sonderaktionen zu nennen.

Auch zukünftig ist es für Unternehmen erfolgsentscheidend, das Wissen ihrer Mitarbeiter zu nutzen. Vor diesem Hintergrund wird in Zukunft das Ideenmanagement als Teildisziplin des Wissensmanagements vor neue Herausforderungen gestellt.

Literatur

Alt, A.: Grundzüge der Unternehmensführung. München (2004).

Anic, D.: Ideenmanagement. Erfolgskriterien des Betrieblichen Vorschlagswesens aus wirtschafts- und rechtswissenschaftlicher Sicht. Baden-Baden (2001).

Bassford, R. L.; Martin, C. L.: Employee Suggestion Systems. Boosting Productivity and Profits. Boston (1996).

Bergmann, P.: Die Technik steht – und dann? Wie Sie Ihre Mitarbeiter zum Wissensaustausch motivieren. In: Wissensmanagement. Das Magazin für Führungskräfte. Vol. 03 (2005), S. 20-22.

Bontrup, H.-J.: Ideenmanagement verlangt eine kreative Unternehmenskultur. In: Ideenmanagement. Vorschlagswesen in Wirtschaft und Verwaltung. Vol. 04 (2001), S. 170-174.

Brinkmann, E. P.: Das betriebliche* Vorschlagswesen. Leitfaden für Arbeitgeber und Arbeitnehmer. Freiburg im Breisgau, Berlin (1992).

---

* Originalschreibweise übernommen.

Cisik, A.: Innovationsmanagement bei der 3M Deutschland GmbH. In: Frey, D.; Schulz-Hardt, S. (Hrsg.): Vom Vorschlagswesen zum Ideenmanagement. Zum Problem der Änderungen von Mentalitäten, Verhalten und Strukturen. Göttingen u. a. (2000), S. 143-158.

Deutsches Institut für Betriebswirtschaft e. V.: Führungsinstrument Vorschlagswesen. Aufbau – Funktion – Wirtschaftlichkeit. Berlin (1993).

Franke, N.; Dömötör, R.: Mitarbeiter brauchen Freiräume. In: Personalwirtschaft. Vol. 12 (2004), S. 16-18.

Frey, D.; Schulz-Hardt, S.: Zentrale Führungsprinzipien und Center-of-Excellence-Kulturen als notwendige Bedingung für ein funktionierendes Ideenmanagement. In: Frey, D.; Schulz-Hardt, S. (Hrsg.): Vom Vorschlagswesen zum Ideenmanagement. Zum Problem der Änderungen von Mentalitäten, Verhalten und Strukturen. Göttingen u. a. (2000), S. 15-46.

Haun, M.: Handbuch Wissensmanagement. Grundlagen und Umsetzung, Systeme und Praxisbeispiele. Berlin, Heidelberg (2002).

Heidack, C.; Brinkmann, E. P.: Betriebliches Vorschlagswesen. Band 1: Standard in Wirtschaft und Verwaltung. Freiburg im Breisgau (1982).

Heidack, C.; Brinkmann, E. P.: Betriebliches Vorschlagswesen. Band 2: Fortentwicklung zum Ideenmanagement durch Motivation und Gruppe. Freiburg im Breisgau (1984).

Imai, M.: Kaizen. Der Schlüssel zum Erfolg der Japaner im Wettbewerb. München (1992).

Jacobi, J.-M.: Kontinuierlich verbessern. Das Betriebliche Vorschlagswesen im Qualitätsmanagement. Stuttgart (1995).

Jost, P.-J.: Organisation und Motivation. Eine ökonomisch-psychologische Einführung. Wiesbaden (2000).

Knieß, M.: Kreativitätstechniken. Methoden und Übungen. München (2006).

Krause, R.: Unternehmensressource Kreativität. Trends im Vorschlagswesen – erfolgreiche Modelle – Kreativitätstechniken und Kreativitäts-Software. Köln (1996).

Krug, R.: Aufbau eines Ideenmanagements. Mitarbeiterbeteiligung am Veränderungsprozess. Kassel (2002).

Lehmann, K.: Die Ideen der Mitarbeiter sind Gold wert. Wie Unternehmen schlummernde Verbesserungspotenziale erschließen, nutzen und umsetzen können. In: Wissensmanagement. Das Magazin für Führungskräfte. Vol. 07 (2003), S. 18-20.

Maslow, A. H.: Motivation and Personality. New York (1970).

Mencke, M.: 99 Tipps für Kreativitätstechniken. Ideenschöpfung und Entwicklungsverfahren in der Praxis. Berlin (2006).

Merz, E.; Biehler, B.: Betriebliches Vorschlagswesen. Professionell und wirksam. Landsberg am Lech (1994).

Meyrahn, J.: Ideenmanagement – eine dezentrale Führungsaufgabe als Teil der Unternehmenskultur einer fraktalen Fabrikorganisation. In: Ideenmanagement. Vorschlagswesen in Wirtschaft und Verwaltung. Vol. 02 (2001), S. 62-66.

Munzke, H.-R.: Nichts ist so gut, als daß* es nicht noch verbessert werden könnte! In: Zeitschrift für Vorschlagswesen. Ideenmanagement in Wirtschaft und Verwaltung. Vol. 02 (1997), S. 80-86.

Neckel, H.: Modelle des Ideenmanagements. Intuition und Kreativität unternehmerisch nutzen. Stuttgart (2004).

Neubeiser, A.: Die Effizienz des Betrieblichen Vorschlagswesens. Eine empirische Untersuchung bei der AGFA-Gevaert AG unter besonderer Berücksichtigung der Rolle der Führungskräfte. München, Mering (1998).

Niermeyer, R.: Motivation. Instrumente zur Führung und Verführung. Freiburg im Breisgau (2001).

o. V.: Geschichtliche Entwicklung des Betrieblichen Vorschlagswesens. In: Deutsches Institut für Betriebswirtschaft GmbH (Hrsg.): Erfolgsfaktor Ideenmanagement. Kreativität im Vorschlagswesen. Berlin (2003), S. 219-223.

Probst, G.; Raub, S.; Romhardt, K.: Wissen managen. Wie Unternehmen ihre wertvollste Ressource optimal nutzen. Wiesbaden (2003).

Raffel, G.: Der Weg vom traditionellen Vorschlagswesen zum modernen Ideenmanagement am Beispiel der Firma Porsche. In: Frey, D.; Schulz-Hardt, S. (Hrsg.): Vom Vorschlagswesen zum Ideenmanagement. Zum Problem der Änderungen von Mentalitäten, Verhalten und Strukturen. Göttingen u. a. (2000), S. 93-108.

Ridder, T.; Krueger, C.: Betriebliches Vorschlagswesen bei Krupp. 125 Jahre Entwicklung und Potential für die Zukunft. In: Zeitschrift für Vorschlagswesen. Ideenmanagement in Wirtschaft und Verwaltung. Vol. 01 (1998), S. 4-10.

Ridolfo, E.: Das Ideenmanagement aus der Sicht von Klein- und Mittelbetrieben. In: Deutsches Institut für Betriebswirtschaft GmbH (Hrsg.): Erfolgsfaktor Ideenmanagement. Kreativität im Vorschlagswesen. Berlin (2003), S. 59-76.

Ridolfo, E.: Ideenmanagement – Chancen und Möglichkeiten für Klein- und Mittelbetriebe. Kosten einsparen durch Mitarbeiterideen. Marburg (2005).

Ruoff, W.: GKN Gelenkschwellenwerk Mosel GmbH. Ein erfolgreiches Unternehmen, das alle Mitarbeiter am Prozess zum Erfolg kontinuierlich beteiligt. In: Frey, D.; Schulz-Hardt, S. (Hrsg.): Vom Vorschlagswesen zum Ideenmanagement. Zum Problem der Änderungen von Mentalitäten, Verhalten und Strukturen. Göttingen u. a. (2000), S. 337-350.

---

* Originalschreibweise übernommen.

Schartau, H.: Das Ideenmanagement gehört zur Wissensgesellschaft. In: Ideenmanagement. Vorschlagswesen in Wirtschaft und Verwaltung. Vol. 01 (2004), S. 20-23.

Schat, H. D.: Ideen fürs Ideenmanagement. Betriebliches Vorschlagswesen (BVW) und Kontinuierlichen Verbesserungsprozess (KVP) gemeinsam realisieren. Köln (2005).

Schlotfeldt, W.: Das Vorschlagswesen. Instrument zur zukunftsorientierten Mitarbeiter-Motivation. In: Personal. Mensch und Arbeit. Vol. 05 (1990), S. 184-187.

Schmettkamp, I.; Schmettkamp, M.: Unternehmenskultur: Motor oder Blockade neuer Ideen? In: Ideenmanagement. Vorschlagswesen in Wirtschaft und Verwaltung. Vol. 01 (2005), S. 36-38.

Schreyögg, G.: Organisation. Grundlagen moderner Organisationsgestaltung. Wiesbaden (1998).

Schulz, U.: Bewertung und Prämierung von VV. In: Deutsches Institut für Betriebswirtschaft GmbH (Hrsg.): Erfolgsfaktor Ideenmanagement. Kreativität im Vorschlagswesen. Berlin (2003), S. 129-151.

Spahl, S.: Geschichtliche Entwicklung des BVW. In: Personal. Mensch und Arbeit. Vol. 05 (1990), S. 178-180.

Steih, M.: Betriebliches Vorschlagswesen in Klein- und Mittelbetrieben. Ein strategisches Konzept. Ludwigsburg, Berlin (1995).

Steih, M.: Vorschlag einer BVW-Allianz für mittelständische Unternehmen. In: Frey, D.; Schulz-Hardt, S. (Hrsg.): Vom Vorschlagswesen zum Ideenmanagement. Zum Problem der Änderungen von Mentalitäten, Verhalten und Strukturen. Göttingen u. a. (2000), S. 317-333.

Steih, M.; Müller, F.: Hemmnisse des Betrieblichen Vorschlagswesens in Klein- und Mittelbetrieben. In: Personal. Mensch und Arbeit. Vol. 08 (1993), S. 364-366.

Thom, N.: Betriebliches Vorschlagswesen. Ein Instrument der Betriebsführung und des Verbesserungsmanagements. Bern (2003).

Thom, N.; Etienne, M.: Voraussetzungen und Grenzen des Vorgesetztenmodells im Vorschlagswesen. In: Zeitschrift für Vorschlagswesen. Ideenmanagement in Wirtschaft und Verwaltung. Vol. 04 (1996), S. 160-165.

Thom, N.; Habegger, A.: Entwicklungstendenzen im Betrieblichen Vorschlagswesen/ Ideenmanagement. In: Ideenmanagement. Vorschlagswesen in Wirtschaft und Verwaltung. Vol. 01 (2003), S. 6-13.

Vahs, D.; Burmester, R.: Innovationsmanagement. Von der Produktidee zur erfolgreichen Vermarktung. Stuttgart (2005).

von Bismarck, W.-B.: Motivationswirkung von Prämien. In: Zeitschrift für Vorschlagswesen. Ideenmanagement in Wirtschaft und Verwaltung. Vol. 02 (1999), S. 61-66.

von Rosenstiel, L.: Motivation von Mitarbeitern. In: von Rosenstiel, L.; Regnet, E.; Domsch, M. (Hrsg.): Führung von Mitarbeitern. Stuttgart (2003), S. 195-228.

Wahren, H.-K. E.: Gruppen- und Teamarbeit in Unternehmen. Berlin (1994).

Werner, W.: 125 Jahre Betriebliches Vorschlagswesen. In: Zeitschrift für Vorschlagswesen. Ideenmanagement in Wirtschaft und Verwaltung. Vol. 04 (1997), S. 145-146.

Wuppertaler Kreis e. V.: Ideenmanagement. Ein Leitfaden für mittelständische Unternehmen. Köln (2000).

Zimmermann, V.: Marketingstrategien für ein erfolgreiches Ideenmanagement. In: Deutsches Institut für Betriebswirtschaft GmbH (Hrsg.): Erfolgsfaktor Ideenmanagement. Kreativität im Vorschlagswesen. Berlin (2003), S. 41-58.

Zink, K. J.; Schick, G.: Quality Circles. Grundlagen. München, Wien (1987).

8 Public Relations und Wissensmanagement – Herausforderungen zwischen Fachkräftemangel und Web 2.0

Hans-Jürgen Friske / Sabrina Bauerdick[*]

---

[*] Kap. 8.1, 8.2 und 8.3 von Hans-Jürgen Friske; Kap. 8.4 von Sabrina Bauerdick.

8.1   Neue Entwicklungen der Public Relations

Sowohl die etablierten Massenmedien als auch die Public Relations[1] realisieren inzwischen, welche immensen kommunikativen und damit natürlich auch wirtschaftlichen Möglichkeiten mit dem Verschmelzen von Informationstechnologie, Unterhaltungselektronik, Telekommunikation und Medien verbunden sind. Der in diesem Prozess entstehende, vorwiegend multimediale Konvergenzsektor bringt besonders für die Medien viele neue Perspektiven mit sich – Chancen und Gefahren inbegriffen.[2] Dabei kann man getrost die grelle Technikeuphorie auf der einen und den düsteren Kulturpessimismus auf der anderen Seite vernachlässigen, die sich immer dann breit machen, wenn ein neues Medium auf der Bildfläche erscheint. Das war eigentlich schon immer so. Aristoteles sah mit der aufkommenden Schriftlichkeit den freien Austausch der Ideen gefährdet,[3] der kanadische Medienwissenschaftler Marshall McLuhen prophezeite in den 1960er Jahren und damit lange vor dem Internet das Ende der „Gutenberg Galaxis",[4] so sein provokativer Buchtitel; und Bill Gates sah vor zehn Jahren das Ende der Printmedien etwa zur Jahrtausendwende gekommen. Inzwischen ist das neue Millennium nun auch schon über acht Jahre alt, und die Printmedien gibt es immer noch – mehr sogar: Die Herausgeber so mancher Print-Titel freuen sich dank gezielter Investitionen in publizistische Qualität und auch dank neuer (Tabloid-)Formate über wachsende Auflagen und jüngere Leser.

Von solchen Prognosen ist also wenig zu halten. Was aber die wachsende Verzahnung von technologischem Innovationspotenzial und Medien wirklich bewirkt, das hat sich bereits langsam und deshalb oft unbemerkt in das Alltagsleben vieler Menschen geschoben. Längst ist es selbstverständlich geworden, dass Abonnenten eines überregionalen Wirtschaftstitels wie der Financial Times Deutschland per SMS knapp und zeitnah über die aktuellen Wirtschaftsnachrichten informiert werden – noch bevor sie die Informationen online vertiefen, um dann am nächsten Morgen im Printprodukt mehr über die entsprechenden Hintergründe zu erfahren und die Meinung renommierter Kommentatoren oder anderer Experten dazu kennen zu lernen. Ebenso selbstverständlich ist es geworden, Hörfunk- und TV-Beiträge oder eine wöchentliche Ansprache der Kanzlerin als Podcasts abzurufen, ebenso wie immer mehr Unternehmen und Journalisten die Vorteile der virtuellen Pressekonferenz zu schätzen lernen.[5] Die Beispiele ließen sich beliebig fortsetzen; sie zeigen, dass es neue publizistische Produktionsformen gibt, die durch die Konvergenz erst möglich und nötig wurden.

---

[1] Unter Public Relations werden nachfolgend – in einem umfassenden Sinn – die wechselseitigen und mannigfaltigen Kommunikationsbeziehungen zwischen einer Organisation und ihren verschiedenen Öffentlichkeiten verstanden. Im Gegensatz dazu meint das aus dem Marketing stammende Konzept der Unternehmenskommunikation mit Public Relations lediglich die Kommunikation zwischen dem Unternehmen und dem gesellschaftspolitischen Umfeld. Public Relations nehmen hier eine gleichberechtigte Rolle neben der internen Kommunikation, der Marktkommunikation und der Netzwerkkommunikation ein (vgl. Zerfaß (2004), S. 287ff., S. 407ff.).

[2] Vgl. Wirtz (2001), S. 39f.

[3] Vgl. von Randow (2007), S. 1.

[4] McLuhan (1962).

[5] Vgl. Oberauer (2005).

Die fortschreitende technologische Entwicklung ist die eine, die damit zusammenhängende Verknappung von Zeit und Aufmerksamkeit seitens des Publikums die andere Rahmenbedingung, innerhalb derer sich das Kommunikationssegment als inzwischen wichtigstes gesellschaftliches Teilsystem im dritten Jahrtausend bewegen wird. Allein im 20. Jahrhundert hat dieser Evolutionsprozess doppelt so viele Medien erzeugt wie in all den Jahrhunderten davor; und es ist davon auszugehen, dass dieser Prozess mit ungebremster Dynamik weitergehen wird. Für das Publikum entsteht damit „ein erhebliches und sich ständig vergrößerndes Überlast-Syndrom", ein „recipient's gap", was nicht allein durch die Ausweitung der Mediennutzungsdauer zu kompensieren ist.[6] Zwar stieg allein zwischen den Jahren 2000 und 2005 die mit Mediennutzung verbrachte Zeit von 502 auf 600 Minuten täglich an,[7] die Endlichkeit solcher Expansionen liegt derweil auf der Hand.

Das Publikum löst dieses Problem durch zunehmende Selektivität. Und auch dafür bietet das Mediensystem – parallel zu seinen ständig neuen Angeboten – handhabbare Hilfestellungen an: nämlich die Meta-Medien als „Institutionalisierung einer reflexiven Struktur".[8] Meta-Medien wie Suchmaschinen und Datenbanken, aber zum Beispiel auch Programmzeitschriften oder Rezensionen erleichtern die Orientierung und übernehmen dabei Elemente der – eigentlich privaten – informellen Kommunikation. Am Beispiel des von der Forschergruppe um Paul F. Lazarsfeld bereits 1944 eher zufällig entdeckten *opinion leader* lässt sich diese Entwicklung sehr anschaulich beschreiben. Damals nämlich stellte man relativ verblüfft fest, dass der Einfluss der Massenmedien auf die Wahlentscheidungen der Amerikaner eher gering ist, auf jeden Fall nicht so nachhaltig wie die Wirkung der informellen privaten Kommunikation mit glaubwürdigen Meinungsführern aus dem unmittelbaren sozialen Umfeld der Menschen.[9] Diese klassischen Meinungsführer gibt es heute natürlich auch noch, tendenziell überlagert wird ihr Einfluss indessen durch die virtuellen Meinungsführer – mithin durch Prominente, Stars, Politiker oder Journalisten, die in Talk-Shows auftreten, Interviews bestreiten oder Kommentare sprechen.[10] Mit anderen Worten: Das Mediensystem übernimmt zusätzlich zur Ausdifferenzierung der Inhalte gleichzeitig die informellen Hilfestellungen, mit denen – Stichwort Selektivität – diese Ausdifferenzierung überhaupt erst zu bewältigen ist.

Das ist die eine Seite der Medaille. Auf der anderen deuten beide Entwicklungen auf die überragende Bedeutung hin, die der Themenstruktur, der *public agenda*, in der öffentlichen Diskussion zukommt. Darauf hat bereits Luhmann in den 1970er Jahren hingewiesen: „Öffentliche Meinung kann nicht mehr einfach als politisch relevantes Ergebnis, sie muß als thematische Struktur öffentlicher Kommunikation gesehen werden – mit anderen Worten: nicht mehr nur kausal als bewirkte und weiterwirkende Wirkung, sondern funktional als

---

[6] Merten (1994), S. 155.

[7] Vgl. Fritz; Klingler (2006), S. 226.

[8] Merten (1995), S. 155.

[9] Vgl. Lazarsfeld; Berelson; Gaudet (1948), S. 50ff.

[10] Zu den virtuellen Meinungsführern sind auch Testimonials zu zählen, also Prominente, die via Werbeaussage eine bewusste oder unbewusste Projektion ihrer (positiven) Eigenschaften auf das Produkt übertragen (vgl. Derieth (1995), S. 213ff.). Vgl. hierzu auch Eisenstein (1994), S. 164ff.

Selektionshilfe."[11] Themen helfen somit bei der Selektion, sie „organisieren das Gedächtnis der Öffentlichkeit";[12] zugleich ist die öffentliche Aufmerksamkeit begrenzt, ebenso wie die Kapazität der öffentlichen Tagesordnung. Für die Wahrnehmung des Publikums bedeutet dies eine immer stärkere Tendenz dahin, dass das, was nicht als Thema in den Medien erscheint, als nicht relevant zurückgewiesen wird.

Für die Public Relations ergibt sich damit ein deutlicher Handlungsdruck, auf den wiederum in den nächsten Jahren erwartbar mit einer zunehmenden Professionalisierung, Ausdifferenzierung und Integration reagiert wird. Public Relations werden variationsreicher – und damit teurer. Sie werden die mediale Themenauswahl noch schärfer beobachten und proaktiv reagieren müssen – das Stichwort lautet *Issues Management* –, und sie werden sich dabei auf immer vielfältigere, vor allem diffuse Kommunikationsstrukturen und -prozesse einzustellen haben. Was hinzu kommt: Zunehmend eröffnet sich den PR-Akteuren und ihren Organisationen die Möglichkeit, unabhängig von den Medien ihre Informationen zur Verfügung zu stellen und Feedback zu erfahren. Damit wiederum ist die Frage aufgeworfen, ob sich nicht auch die Beziehungen zwischen PR und Journalismus verändern werden. Zwar ist für die PR derzeit noch die Glaubwürdigkeit medial vermittelter Informationen von elementarer Bedeutung; ob das in Zeiten von Web 2.0 aber von Dauer sein wird, steht dahin.

Mit der Ausdifferenzierung des Mediensystems einher geht somit der Trend, dass das Volumen der PR in Zukunft deutlich ansteigen wird. Wer von den auseinander driftenden Medien wahrgenommen werden möchte, muss in eine wirksame Unterscheidungskommunikation investieren.[13] Zweitens nimmt der Einfluss der Globalisierung auf kleine wie große, auf national wie international tätige Unternehmen zu. Damit ist nicht nur die wirtschaftliche Seite gemeint, denn von Globalisierungsprozessen berührt sind die unterschiedlichsten Systeme – Politik, Zivilgesellschaft, Kultur und die Massenmedien selbst sind die wichtigsten Bereiche. Das bedeutet, dass die Kommunikationsstrategien auch kleinerer und mittlerer Unternehmen mehr denn je global ausgerichtet sein müssen[14] und dass nicht nur national, sondern vor allem international stets weitere Themenfelder hinzukommen, die erschlossen und bearbeitet sein wollen. Corporate Social Responsibility, als Beispiel, erfordert nicht nur eine strategische und operative Neuausrichtung im Management, sondern auch andere und innovativere Formen der Kommunikation. Das heißt, dass die Public Relations, drittens, mehr Varianten entwickeln müssen, als es in der Vergangenheit möglicherweise notwendig war. Dies im Übrigen auch unter dem Aspekt, dass angesichts weitgehend gesättigter Märkte in Differenzierungsstrategien gegenüber der Konkurrenz investiert werden sollte.[15]

Diese nur knapp skizzierten Entwicklungen werden somit dazu führen, dass Public Relations insgesamt kostspieliger werden – und dass damit gleichzeitig der Ruf nach einem wirksamen Kommunikations-Controlling lauter wird. Bisher ist der Anteil der PR am Erreichen strategi-

---

[11] Luhmann (1979), S. 30.

[12] Rössler (2005), S. 363.

[13] Vgl. Scheidt; Thieleke; Merten (2007), S. 5.

[14] Vgl. Kunczik (1999), S. 564.

[15] Vgl. Schuppener; Schuppener (2005), S. 193.

scher und finanzieller Unternehmensziele gleichsam ein Phantom geblieben, das sich jedem exakteren Zugriff entzog. Gleichzeitig steht jedoch fest, dass effektive und effiziente Kommunikation ein enormes Wertschöpfungspotenzial in sich birgt, und deshalb wird es angesichts der absehbaren Ausweitung der PR immer wichtiger zu wissen, welche Kommunikationsmaßnahmen den Unternehmenswert erhöhen, welche neutral sind und welche möglicherweise sogar Unternehmenswerte vernichten. Diese Diskussion hat gerade erst begonnen; und sie wird weltweit geführt.[16]

Die Befunde sind derweil noch überschaubar. Zwar werden durch Kommunikations-Controlling gewisse Zusammenhänge sichtbar, von einer validen Messung und finanziell darstellbaren Bewertung der Wertschöpfung durch Kommunikation kann jedoch noch keine Rede sein.[17] Das gilt auch für die bisher in Deutschland entwickelten Ansätze – etwa der von Ansgar Zerfaß vorgestellten „Corporate Communications Scorecard"[18] oder des „Communications Value System"[19] der Gesellschaft Public Relations Agenturen (GPRA). Gleichwohl: Solche und ähnliche Überlegungen werden künftig zunehmen und den rein akademischen Status verlassen. Und wenn man auch bezweifeln mag, dass der Erfolg von Kommunikation in Euro und Cent ähnlich des Return on Investment messbar sein kann, so bieten doch solche und andere Ansätze eine Basis für weitergehende unternehmensspezifische Variationen.[20] Und damit wiederum werden, als letzte Prognose, die Public Relations insgesamt stärker auf eine wissenschaftlich gesicherte Basis gestellt; es setzt „eine ganz ungewohnte Epoche definitiv abgeforderter Präzision ein, die alle bis dato üblichen ‚Daumenregeln' tendenziell außer Kraft setzen wird."[21]

8.2   Public Relations und Fachkräftemangel

Überlappt werden diese hier nur in groben Strichen dargestellten Trends durch eine Entwicklung, die besonders kleine und mittlere Unternehmen betreffen wird – nämlich den zunehmenden Mangel an Fachkräften. Die diesbezüglichen Klagen sind schon heute zumindest in Ansätzen zu vernehmen: Es werde sowohl unter qualitativen als auch unter quantitativen Aspekten immer schwieriger, geeignetes Personal zu finden; die Schulbildung allein reiche längst nicht mehr aus; und auch die Hochschulabsolventen seien in aller Regel nicht ad hoc im Unternehmen einsetzbar, da sie häufig einen Fokus hätten, der in der Praxis irrelevant sei. Nach einer aktuellen Umfrage des Unternehmensberaters Wieselhuber & Partner unter 130 Führungskräften mittelständischer Unternehmen sind es deshalb nicht Faktoren wie

---

[16] In Schweden beispielsweise wird seit etwa 1995 der „Return on Communication" als Modell zur Erfassung der „intangible assets" analysiert. In der Literatur gefordert wird dabei die Beschränkung auf 30 Indikatoren, deren Beitrag zur Wertschöpfung durch Befragung erhoben wird. Das deutet bereits darauf hin, dass es noch zu keiner finanziell darstellbaren Bewertung gekommen ist. Ähnlich ist die Situation in den USA, wo seit 1997 versucht wird, die Balanced Scorecard auf die Belange der Kommunikation anzuwenden (vgl. Lautenbach; Sass (2006)).

[17] Vgl. Lautenberg; Sass (2006).

[18] Vgl. Zerfaß (2005a).

[19] Vgl. Lange (2005).

[20] Vgl. Thomas (2007), S. 99.

[21] Scheidt; Thieleke; Merten (2007), S. 6.

Strategiedefizite, fehlende Innovationskraft, Kapitalausstattung oder der Standort Deutschland generell, die das Wachstum gefährden könnten, sondern allein die Tatsache, dass es an guten Leuten für die anstehenden Aufgaben fehlt. 65 Prozent der Befragten sehen in der mangelnden Schlagkraft des eigenen Managements das zentrale Hemmnis für eine weitere positive Entwicklung ihres Unternehmens.[22]

Solche Momentaufnahmen machen deutlich, worauf die Bund-Länder-Kommission für Bildungsplanung und Forschungsförderung (BLK) sowie das Institut für Arbeitsmarkt- und Berufsforschung (IAB) der Nürnberger Bundesagentur für Arbeit seit Jahren hinweisen: Der allseits prognostizierte Fachkräftemangel ist bereits da, zumindest in wichtigen Branchen, noch bevor die Mechanismen der anstehenden und großformatigen strukturellen Veränderungen – Stichwort demografischer Wandel – erst richtig greifen.[23] Und die können eben nicht nur massive Probleme für die sozialen Sicherungssysteme mit sich bringen, sondern sie bedrohen auch zusammen mit den vorhandenen Bildungs- und Ausbildungsdefiziten, die sich unter dem Stichwort PISA zusammenfassen lassen, vor allem das Qualifikationsniveau der Mitarbeiter am Hochtechnologiestandort Deutschland.

Auf der Mikroebene des Unternehmens sind die Konsequenzen aus dieser beginnenden Entwicklung vielfältig. Fest steht auf jeden Fall: Die Zeiten, in denen sich die Personalverantwortlichen so mancher Branchen vor Bewerbungen hoch qualifizierter junger Menschen kaum mehr retten konnten, dürften vorüber sein. Mit anderen Worten: Die heute noch weitgehend kostenneutrale Personalrekrutierung wird aufwändiger und teurer. Gleichzeitig kommt dem Image und der Reputation eines Unternehmens in der Öffentlichkeit generell und insbesondere beim qualifizierten Nachwuchs ein immer höherer Stellenwert zu. Und das wiederum ist ein Kostenfaktor, der auf jeden Fall durch strategisch durchkonzipierte interne und externe Public Relations zu beeinflussen ist.

Die drei Ursachen für den Fachkräftemangel in knappen Stichworten: Es ist einmal die allgemeine demografische Entwicklung mit einer zunächst alternden, dann deutlich abnehmenden Erwerbsbevölkerung. Zweite Ursache ist der seit etwa 15 Jahren beobachtbare Trend hin zu einer geringeren Qualifikation der jeweils jüngeren Jahrgänge, dem wiederum – drittens – die weiter steigende Nachfrage des Arbeitsmarktes nach anspruchsvollen Tätigkeiten gegenüber steht.

Zum demografischen Wandel: Nicht nur in Deutschland, sondern praktisch in allen Industriestaaten wird die Bevölkerung altern und dann stark schrumpfen. Diese Entwicklung hat bereits begonnen; und sie ist unumkehrbar. Lediglich die Ausmaße können jetzt noch innerhalb eines relativ engen Zeitfensters beeinflusst werden. Für den Arbeitsmarkt in Deutschland, die *knowledge based economy*, hat das zur Folge, dass die Zahl der Erwerbspersonen bis zum Jahr 2040 lediglich dann konstant bliebe, wenn jährlich bis zu 500.000 Ausländer einwandern würden – eine aus den unterschiedlichsten Gründen sehr unrealistische Annahme. Ein positiver jährlicher Wanderungssaldo von 200.000 Menschen ließe die Erwerbsbe-

---

[22] Vgl. Kemle (2007), S. 22.

[23] Vgl. Reinberg; Hummel (2002). Reinberg; Hummel (2003). Bund-Länder-Kommission für Bildungsplanung und Forschungsberatung (2002).

völkerung von derzeit knapp 41 auf 34 Millionen schrumpfen. Beim Zuzug in einer Größen-ordnung von 100.000 pro Jahr sinkt diese Zahl auf unter 32 Millionen; und für den Fall, dass überhaupt keine Zuwanderung stattfindet, liegen die Prognosen für das Jahr 2040 zwischen 25 und 27 Millionen Erwerbstätigen.[24] Schon aus diesen Zahlen dürfte ersichtlich sein, dass die Spielräume für eine kreative Politikgestaltung recht eng sind. Gleichwohl zählen zum Beispiel eine stärkere berufliche Förderung von Frauen – mit den entsprechenden flankieren-den Maßnahmen zur Kinderbetreuung – ebenso dazu wie ein nach Berufsgruppen unter-schiedlich vermessenes, aber insgesamt höheres Renteneintrittsalter oder die Verkürzung der Ausbildungszeiten durch Reformen im Bildungswesen, wie sie mit dem Bologna-Prozess eingeleitet wurden. All das ändert jedoch nichts am Megatrend. Ebenso wie bei einem mög-licherweise verstärkten Zuzug qualifizierter ausländischer Arbeitskräfte können solche Maß-nahmen die Entwicklung allenfalls verlangsamen. Der demografische Wandel verringert somit die Zahl der Erwerbspersonen ganz erheblich.

Diese Tatsache sagt jedoch noch nichts über die Qualität ihrer Arbeit und damit letztlich über die Wertschöpfung aus. Denn innerhalb eines bestimmten Rahmens kann abnehmende Quan-tität bei zeitgleich zunehmender Qualität der Humanressourcen durchaus von volkswirt-schaftlichem Nutzen sein. Leider jedoch deutet darauf wenig hin. Nur vier Prozent des deut-schen Bruttoinlandsprodukts entfielen im Jahr 2004 auf die Finanzierung des öffentlichen Bildungssystems – Tendenz sinkend. Im internationalen Vergleich ist das nicht viel: Deutschland bewegt sich damit unter dem Durchschnitt der Bildungsausgaben in den EU-Ländern und auch unter dem der OECD-Mitgliedstaaten.[25] Anderswo gibt der Staat zum Teil erheblich mehr Geld für die Bildung aus – über acht Prozent des Bruttoinlandsprodukts zum Beispiel in Dänemark und immerhin noch gut über sieben Prozent in Schweden oder Portu-gal (Tab. 8.1). Hinzu kommt, dass das private Engagement in Aus- und Weiterbildung hier-zulande ebenfalls vergleichsweise schwach ist und damit auf keinen Fall geeignet erscheint, die Zurückhaltung des Staates aufzufangen.

Die Konsequenzen sind inzwischen ganz deutlich am formalen Qualifikationsniveau der Erwerbsbevölkerung abzulesen: 71 Prozent der 20- bis 24-jährigen Deutschen verfügten im Jahr 2005 zumindest über einen Sekundarstufe-II-Abschluss; das ist auf der Basis des EU-Niveaus unterdurchschnittlich (Tab. 8.2). Länder wie die Slowakei, Slowenien, die Tschechi-sche Republik oder Polen können in diesem Segment auf Werte von 90 Prozent und mehr verweisen.

Und auch die Prognosen versprechen keine Besserung. Wie es scheint, muss man sich damit in Deutschland von der über viele Jahre tradierten Vorstellung verabschieden, dass stets eine höher qualifizierte jüngere Generation an die Stelle einer schlechter qualifizierten älteren tritt. Das Gegenteil, steht zu fürchten, wird der Fall sein: Die heute etwa 35- bis 55-Jährigen bilden die am höchsten qualifizierte Generation überhaupt, denn sie wurden in einer Zeit

---

[24] Vgl. Schwarz (2001), S. 15f.

[25] Vgl. Statistisches Bundesamt (2006).

Bildungsausgaben 2004 in % des BIP	
Dänemark	8,3
Schweden	7,4
Portugal	7,3
Estland	6,6
Frankreich	6,4
Belgien	6,2
Malta	6,1
Finnland	6,0
Polen	6,0
Lettland	6,0
Litauen	5,9
Slowenien	5,8
Ungarn	5,8
Großbritannien	5,8
Österreich	5,7
Zypern	5,6
Luxemburg	5,2
Niederlande	5,2
Tschechische Republik	5,0
Italien	4,9
Irland	4,5
Spanien	4,4
Deutschland	4,0
Slowakei	3,6
Griechenland	3,5

Tab. 8-2.1 Ausgaben des Staates für das Bildungswesen (Quelle: Statistisches Bundesamt (2006), S. 34)

ausgebildet, in der es in Deutschland noch so etwas wie eine „Bildungsexpansion" gab. Um-gekehrt: Wenn diese Generation sukzessive aus dem Berufsleben ausscheidet, wird auch das allgemeine Qualifikationsniveau deutlich sinken. Hinzu kommt der demografische Aspekt: Die heutigen Erwerbstätigen mittleren Alters gehören noch den geburtenstarken Jahrgängen an; auch zahlenmäßig wird es den nachfolgenden Generationen nicht möglich sein, sie adä-quat zu ersetzen. Der *braindrain*, der Verlust eines immensen Kompetenzpotenzials, wird die Unternehmen hart treffen, wenn sie nicht vorbereitet sind.

Die Bund-Länder-Kommission erwartet spätestens ab dem Jahr 2015 einen massiven Mangel an qualifizierten Fachkräften. Die konkreten Belege lassen sich aus einer einfachen Gegen-überstellung im Kohortenvergleich der Jahre 1998 und 2015 mit Blick auf die wichtige mitt-lere Altersgruppe der 35- bis 49-Jährigen ableiten.[26] Diese Gruppe hatte 1998 zu elf Prozent

---

[26] Vgl. Reinberg; Hummel (2003), S. 5f.

Bildungsstand 20- bis 24-Jähriger 2005 in %	
Slowakei	91,5
Slowenien	90,6
Tschechische Republik	90,3
Polen	90,0
Schweden	87,8
Irland	86,1
Österreich	85,9
Litauen	85,2
Finnland	84,8
Griechenland	84,0
Ungarn	83,3
Frankreich	82,8
Lettland	81,8
Estland	80,9
Zypern	80,7
Belgien	80,3
Großbritannien	77,1
EU-25	76,9
Dänemark	76,0
Niederlande	74,6
Italien	72,9
Luxemburg	71,1
Deutschland	71,0
Spanien	61,3
Portugal	48,4
Malta	48,1

Tab. 8.2   *Anteil der 20- bis 24-Jährigen mit Sekundarstufe-II-Abschluss (Quelle: Statistisches Bundesamt (2006), S. 35)*

keine abgeschlossene Berufsausbildung; im Jahr 2015 wird dieser Anteil auf 15 Prozent gestiegen sein. Demgegenüber sinkt die Zahl der 35- bis 49-Jährigen, die über einen Berufs-abschluss verfügen, von 70 Prozent im Jahr 1998 auf 66 Prozent im Jahr 2015. Und auch die Akademikerquote der beiden Vergleichsgruppen wird bis 2015 nur unwesentlich angestiegen sein – von 18 auf 19 Prozent.[27] Demgegenüber haben 2015 die dann älteren Erwerbstätigen

---

[27] Auch der in der aktuellen Diskussion thematisierte „Studentenberg" der nächsten Jahre wird an dieser Lage grundsätzlich nichts ändern. Er wird nach Einschätzung des Forschungsinstituts für Bildungs- und Sozialökono-mie dazu führen, dass die Zahl der Studierenden bis 2010 leicht steigen, dann aber von rund 2,0 Millionen auf etwas über 1,8 Millionen im Jahr 2020 absinken wird. Diese Entwicklung wird zudem zwischen Ost- und West-deutschland ungleichmäßig verlaufen (vgl. Forschungsinstitut für Bildungs- und Sozialökonomie (2007)). Hinzu kommt, dass die staatlichen Hochschulen in ihrer aktuellen Verfassung dem kurzfristig zu erwartenden Ansturm nicht gewachsen sein könnten (vgl. Meyer (2007)).

zwischen 50 und 64 Jahren das höchste Qualifikationsniveau überhaupt: Nur neun Prozent sind ohne Berufsabschluss, 69 Prozent dagegen sind voll ausgebildet, und die Akademiker-quote ist mit 22 Prozent die mit Abstand höchste (Abb. 8.1).

Das Fazit ist also eindeutig: Die Qualifikationsstruktur der Erwerbsbevölkerung wird aller Voraussicht nach mit den wachsenden Anforderungen der Wirtschaft nicht mithalten können. Verschärft wird dieser Umstand zusätzlich durch den quantitativen demografischen Effekt. Deutschland steuert also ungebremst auf einen massiven Fachkräftemangel zu – bei gleich-zeitig zunehmender Arbeitslosigkeit der nur gering Qualifizierten.

Vermehrte Investitionen der Unternehmen in Public Relations sind angesichts dieser Progno-sen sicherlich kein Allheilmittel; deutlich höhere Investitionen in öffentlich und auch privat finanzierte Aus- und Weiterbildung einschließlich der Nachqualifizierung bislang Ungelern-ter erscheinen gesamtwirtschaftlich sinnvoller. Allerdings greifen solche und viele andere denkbare Maßnahmen immer erst mittelfristig; sie haben somit nur Einfluss darauf, wie lange der einsetzende Fachkräftemangel andauert. Deshalb wird man sich vorläufig darauf einzustellen haben, dass der Kampf der Unternehmen um die „hellen Köpfe" gerade erst beginnt. Und unter diesem Aspekt haben mehr Investitionen der Unternehmen in das Wissen ihrer Mitarbeiter und dessen ungehinderter Verfügbarkeit, aber auch in Reputation und Image viel Sinn.

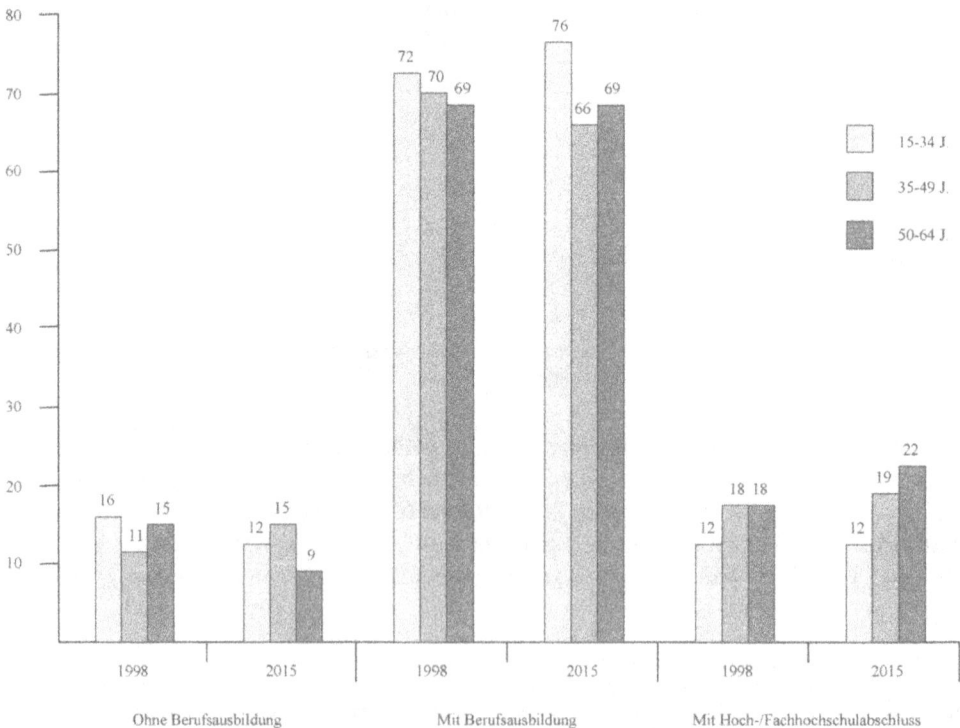

Abb. 8.1 *Formales Qualifikationsniveau 1998 und 2015 nach Altersgruppen in Prozent*
(Quelle: Reinberg; Hummel (2006), S. 6)

Alle zwei Jahre auf eine Messe, eine Anzeige in der wichtigsten Fachzeitschrift und ein Fototermin mit der Lokalzeitung, wenn ein Jubiläum ansteht – so oder ähnlich werden in der einschlägigen Literatur die PR-Aktivitäten kleiner und mittlerer Unternehmen dargestellt.[28] Dass solche Beschreibungen nicht unbedingt die Realität einfangen, zeigen vereinzelte und verstreut auffindbare Studien. Eine von ihnen ist eine 2005 vom Bundesverband Deutscher Pressesprecher und dem Bochumer com.X Institut vorgenommene Online-Befragung, die sich an die Mitgliedsunternehmen des Bundesverbandes Mittelständische Wirtschaft und die Mitglieder des Bundesverbandes Deutscher Pressesprecher wandte.[29] Befragt wurden insgesamt 165 Personen. Danach betreiben immerhin 74 Prozent der befragten Mittelständler PR im weiteren Sinn und räumen solchen Aktivitäten auch einen durchaus hohen Stellenwert im Unternehmen ein (61 Prozent). Und jene Unternehmen, die in den Public Relations aktiv sind, zeigen sich auch davon überzeugt, dass dies ein Beitrag zur Wertschöpfung ist – 77 Prozent von ihnen betrachten PR als „sehr wichtigen" bzw. „wichtigen" (top two) Faktor für den Unternehmenserfolg; 63 Prozent planen, in Zukunft ihre PR-Aktivitäten auszuweiten, 34 Prozent möchten den aktuellen Stand beibehalten, und nur drei Prozent wollen ihr Engagement zurückschrauben. Interessant hierbei: Je kleiner das Unternehmen, desto eher ist eine Ausweitung der PR geplant, dies gilt insbesondere für Kleinunternehmen bis zu zehn Mitarbeitern. Damit korrespondiert der Befund, dass Unternehmen bis zu einer Größe von etwa 100 Mitarbeitern auf eine geringere Bandbreite möglicher Kommunikationsmittel zurückgreifen, dass größere Unternehmen hingegen in aller Regel das komplette Arsenal ausschöpfen.

Bei der Einschätzung, welche Relevanz die PR-Aktivitäten für die einzelnen Stakeholder des Unternehmens besitzen, stehen die Kunden ganz vorn, gefolgt von Journalisten und Partnern (Abb. 8.2). Die eigenen Mitarbeiter scheinen derweil als Ansprechpartner noch nicht ganz in ihrer Bedeutung auch für das Wissensmanagement erkannt zu sein, ebenso wie die Einschätzung der Relevanz von PR-Maßnahmen für die Gruppe der potenziellen Bewerber angesichts der eingangs skizzierten Entwicklung in Zukunft erheblich zunehmen dürfte.[30]

Bei der Frage, welche Kommunikationsmittel eingesetzt werden, liegt die Website knapp vor der traditionellen Pressemitteilung. Es folgen die weiteren Instrumente der externen PR; und erst im hinteren Drittel erscheinen mit der Mitarbeiterzeitschrift und dem Intranet Maßnahmen der internen PR. Wenngleich auch einzuräumen ist, dass beide Instrumente erst ab einer gewissen Größe des Unternehmens Sinn haben, so fällt doch in der Zusammenschau beider Umfrageergebnisse der geringe Stellenwert auf, den die interne PR in kleinen und mittleren Unternehmen zu genießen scheint. Auch das Kundenmagazin als zentrales Element des Corporate Publishing hat einen vergleichsweise geringen Stellenwert[31] (Abb. 8.3).

---

[28] Vgl. Müller (2001), S. 309.

[29] Vgl. Bundesverband Deutscher Pressesprecher; com.X Institut (2005).

[30] Wobei die einzelnen Kategorien in dieser Studie des Bundesverbandes Deutscher Pressesprecher und des com.X Instituts nicht näher erläutert werden. Was zum Beispiel sind „spezielle Teile der Öffentlichkeit"?

[31] Nicht abgefragt wurden modernere Instrumente der Unternehmenskommunikation wie etwa das Corporate Blogging oder das Handy-Radio, das zum Beispiel Roland Berger im Bereich der internen Unternehmenskommunikation einsetzt und das dort inzwischen gleichberechtigt neben der Mitarbeiterzeitschrift und dem Intranet steht. Von einem externen Dienstleister produziert, werden in erster Linie Interviews mit Führungskräften gesendet, die bestimmte Ereignisse wie den letzten Quartalsabschluss, neue Aufträge oder die Bewerbungslage kommentieren (vgl. Kittel (2005)).

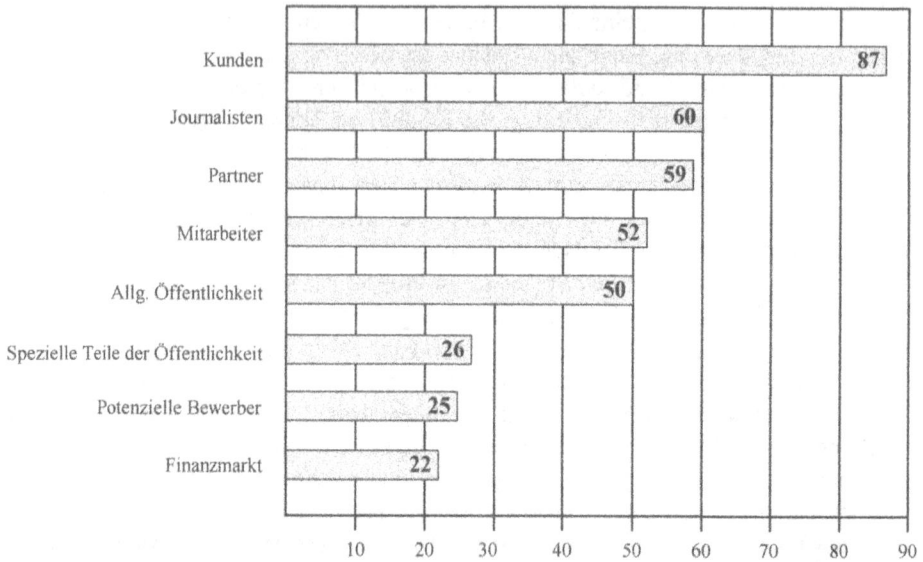

Abb. 8.2   *Relevanz von Zielgruppen für die PR in Prozent; Mehrfachnennungen waren möglich*
(Quelle: Bundesverband Deutscher Pressesprecher; com.X Institut (2005), S. 30)

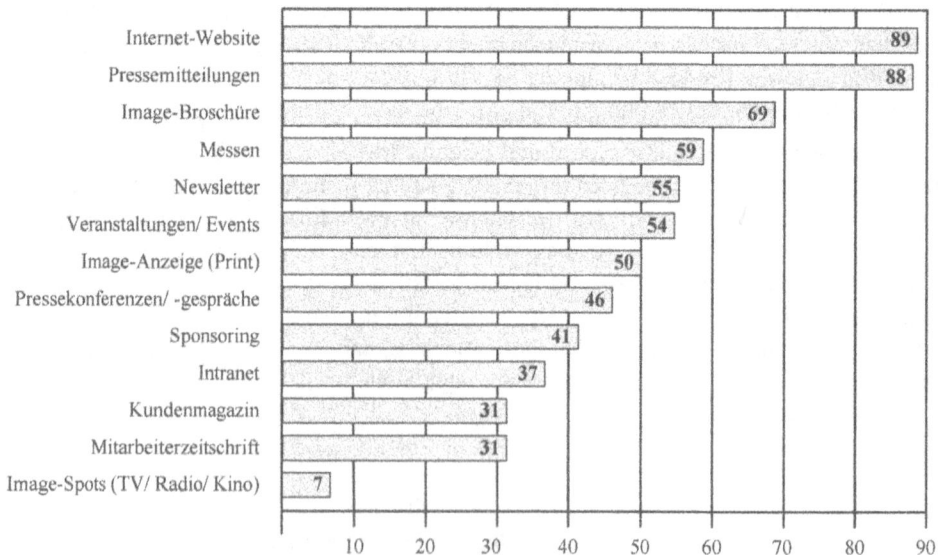

Abb. 8.3   *Einsatz von Kommunikationsinstrumenten in Prozent; Mehrfachnennungen waren möglich*
(Quelle: Bundesverband Deutscher Pressesprecher; com.X Institut (2005), S. 31)

8.3   Corporate Blogging – sinnvoll oder nicht?

Welchen Nutzen hat das Web 2.0 mit seinen Video- und Foto-Communities, mit Wikis, Weblogs, Podcasts und Social-Network-Sites für die Kommunikation kleiner und mittlerer Unternehmen? Ist es bis auf Weiteres irrelevant – so meinen viele unter Verweis auf die vergleichsweise geringen Nutzerzahlen in Deutschland – oder kündigt sich heute schon ein „dramatischer Einfluss" auf die Unternehmenskommunikation an, wie die Gesellschaft für Public Relations Agenturen (GPRA) im Mai 2007 auf ihrer Homepage titelte? Die Wahrheit liegt vermutlich (noch) in der Mitte. Deshalb zunächst ein Blick auf die Verbreitung derjenigen Variante des Web 2.0, die vermutlich für die Public Relations die größte Bedeutung hat – auf das Blogging.

Ein *Weblog* oder *Blog* (Kunstwort aus „Web" und „Logbuch") ist ein Online-Kommunikationsforum, auf dem die unterschiedlichsten Themen behandelt werden. Wichtig dabei ist die Interaktivität; die Leser hinterlassen in aller Regel Kommentare und verweisen auf weitere und ergänzende Beiträge im Web, wodurch ein umfangreiches Netzwerk an Informationen und Meinungen entsteht. Die Gesamtheit all dieser Weblogs bildet die *Blogosphäre.* Sie hat ein immenses weltweites Wachstum und ist damit auf dem besten Weg, ein Massenmedium zu werden. Blogger betrachten ihre Kommunikationsform als eine Form des Grasroot-Journalismus, der eine Gegenöffentlichkeit zu den etablierten Medien entwirft; und dementsprechend wird eine Kommerzialisierung der Blogosphäre, etwa durch Werbung, sehr kritisch gesehen.[32] Gleichwohl gibt es inzwischen vielfältige Weblogs von Medien, von Unternehmen oder Non-Profit-Organisationen; es existieren auch Wissensmanagement-Systeme auf Weblog-Basis. Für die Public Relations haben Weblogs zur Folge, dass sie grundsätzlich in alle drei zentralen Bereiche der Kommunikation („In welchen Öffentlichkeiten wollen wir mit welchen Bezugsgruppen wie kommunizieren?") hineinwirken können: Erstens bildet die Blogosphäre ein neues und weltweites Kommunikationsforum, das zugleich die Meinungsbildung in bestehenden Öffentlichkeiten und damit die Wahrnehmung des Unternehmens verändern kann; zweitens sind Blogger neue Bezugsgruppen, deren Bedeutung für das Unternehmen definiert werden muss; und drittens können unternehmenseigene Weblogs als Kommunikationsinstrument nach innen und nach außen eingesetzt werden.[33]

Nach den Befunden der alljährlich erhobenen ARD/ZDF-Online-Studie nutzt rund zwölf Prozent der über 14-jährigen Gesamtbevölkerung in Deutschland mindestens einmal pro Woche eines der beschriebenen Angebote des Web 2.0 (Abb. 8.4) Das sind etwa 7,5 Millionen Menschen. Unterteilen lassen sie sich in zwei Gruppen: die mit sieben Prozent oder 4,4 Millionen größte davon bleibt unter der Schwelle der fast täglichen Nutzung, die mit fünf Prozent oder 3,1 Millionen kleinere nutzt das Web 2.0 so gut wie täglich.[34] Unter soziodemografischem Aspekt unterscheiden sich diese Web-2.0-User erheblich vom Durchschnitt der Onliner: Es sind erstens überdurchschnittlich viele Männer vertreten, die zweitens deut-

---

[32] Vgl. Jüch; Stobbe (2006), S. 28.

[33] Vgl. Zerfaß (2005b), S. 2f. Jüch; Stobbe (2006), S. 29.

[34] Vgl. Haas; Trump; Gerhards; Klingler (2007), S. 215.

lich jünger als der Durchschnitt der Onliner sind. Drittens ist ihr formales Bildungsniveau extrem hoch (Onliner insgesamt mit Abitur bzw. Studium: 29 Prozent; Web-2.0-Nutzer: über 50 Prozent). Bei der Berufstätigkeit gibt es keine Unterschiede, wohl aber viertens beim Anteil derer, die sich in Ausbildung befinden; er ist bei den Web-2.0-Nutzern hoch. Und auch bei der finanziellen Ausstattung gibt es deutliche Differenzierungen: In der hier erhobenen höchsten Kategorie, das ist ein Haushaltseinkommen von monatlich 3.000 € netto und mehr, sind Web-2.0-Nutzer doppelt so häufig anzutreffen wie die durchschnittlichen Online-Nutzer.[35] Ein einem Wort: Die potenziellen Ansprechpartner für PR-Aktivitäten im Web 2.0 – rund 7,5 Millionen an der Zahl – sind vorrangig unter 30-jährige Männer mit in der Regel hohem Bildungsniveau und überdurchschnittlichem Einkommen, viele von ihnen befinden sich zudem noch in der Ausbildung, sind also Schüler oder Studenten.

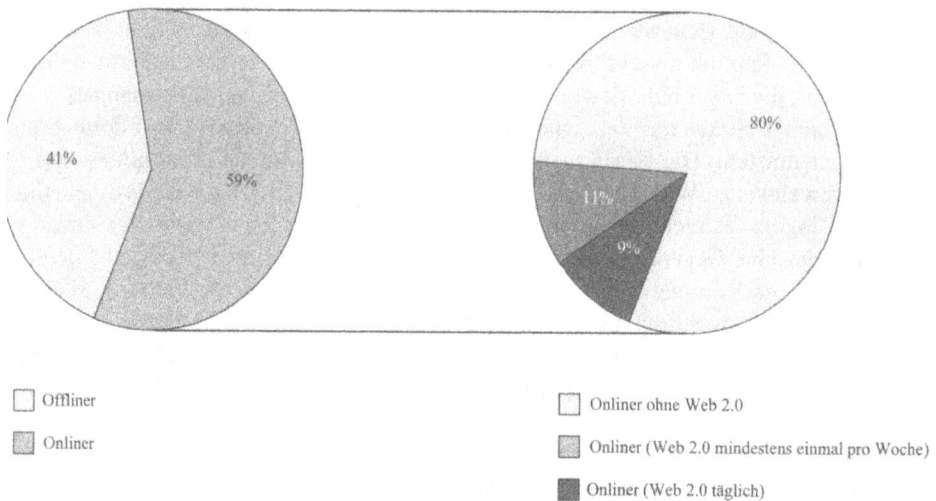

☐ Offliner

▨ Onliner

☐ Onliner ohne Web 2.0

▨ Onliner (Web 2.0 mindestens einmal pro Woche)

■ Onliner (Web 2.0 täglich)

Abb. 8.4   *Online- und Web-2.0-Nutzung in Deutschland 2006; in Prozent*
(Quelle: Haas; Trump; Gerhards; Klingler (2007), S. 217)

Da indessen nicht alle Möglichkeiten des Web 2.0 gleichermaßen genutzt werden, muss dieser Personenkreis mit besonderem Blick auf das hier in erster Linie interessierende Blogging weiter eingegrenzt werden. Das leistet eine auf die ARD/ZDF-Online-Studie aufgesetzte Online-Befragung von Web-2.0-Nutzern, die im Oktober und November 2006 stattfand. Nach diesen Daten liegen bei der Nutzungsfrequenz („mehr als zweimal pro Woche") die Anwendungsfelder Videocommunities und Wiki-Websites mit jeweils 82 Prozent ganz vorn (wobei Mehrfachnennungen möglich waren), gefolgt von Weblogs (58 Prozent), Social-Networking-Sites (51 Prozent), Fotocommunities (40 Prozent) und Podcasts (29 Prozent). In der Konsequenz bedeuten diese Zahlen, dass rund vier Millionen Menschen in Deutschland regelmäßig Weblogs verfassen und lesen – der größere Teil als passiv partizipierende Nutzer, ein kleinerer Teil als aktive Blogger (Abb. 8.5).

---

[35] Haas; Trump; Gerhards; Klingler (2007), S. 216.

Diese Zahlen geben eine erste Antwort auf die Frage, wie sinnvoll Corporate Blogging für kleine und mittlere Unternehmen sein kann. Blogs sollten täglich gepflegt werden; und deshalb muss geklärt sein, ob die dadurch entstehenden Personalkosten in einem vertretbaren Verhältnis zur Zusammensetzung und zur Bedeutung der Zielgruppe stehen.[36] Die zweite Frage lautet: Passen Blogs zur Unternehmenskultur? Auch dies kann von Branche zu Branche variieren; und sicherlich harmonieren ein dezent und stilvoll auftretendes Familienunternehmen mit einer möglicherweise langen Tradition auf der einen und die mitunter recht lässige Sprache der Blogosphäre auf der anderen Seite nicht unbedingt miteinander. Sind allerdings die beiden vorhergehenden Fragen bejaht, dann eröffnet sich ein weites kommunikatives Feld, das von Service-Funktionen über Produkt-Informationen bis hin zur Krisenbewältigung per Blogging reichen kann (Abb. 8.6).

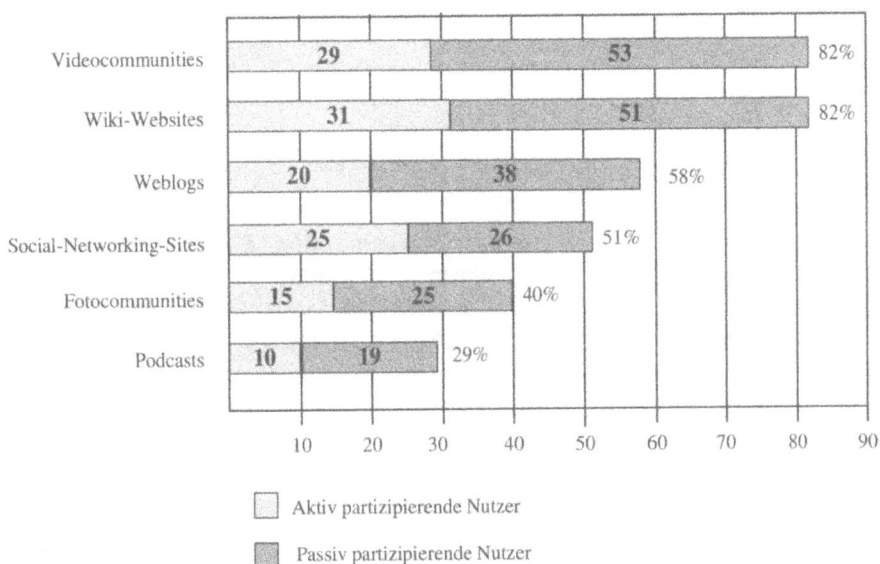

Abb. 8.5   *Anwendungsfelder der Web-2.0-Nutzer in Deutschland 2006 in Prozent; Mehrfachnennungen waren möglich (Quelle: Haas; Trump; Gerhards; Klingler (2007), S. 217)*

Knowledge Blogs können das Wissensmanagement im Unternehmen besonders dann unterstützen, wenn weltweit verstreutes Know-how gebündelt wird. Bei IBM zum Beispiel nutzen über 500 Beteiligte in 30 Ländern ein solches Blog, um Software-Entwicklungen voranzutreiben.[37] *CEO-Blogs* sind Plattformen von Vorständen oder Geschäftsführern, die beispielsweise gegenüber einer breiteren Öffentlichkeit die Geschäftspolitik des Unternehmens erläutern, Branchenthemen kommunizieren und dabei auch frühzeitig Themen besetzen können. Ein besonderer Vorteil ist dabei die Personalisierung. Solche Blogs eignen sich auch für die

---

[36] Vgl. Fischer (2004).

[37] Vgl. Zerfaß (2005b), S. 4f.

	Information	Persuasion			Information	
	Wissen vermitteln	Themen besetzen	Image bilden	Verträge unterstützen	Beziehungen pflegen	Konflikte lösen
Interne Kommunikation	Knowledge Blogs			Collaboration Blogs		
Markt- kommunikation	Service Blogs	CEO Blogs		Product Blogs	Costumer Blogs	Crisis Blogs
Public Relations	Campaigning Blogs					

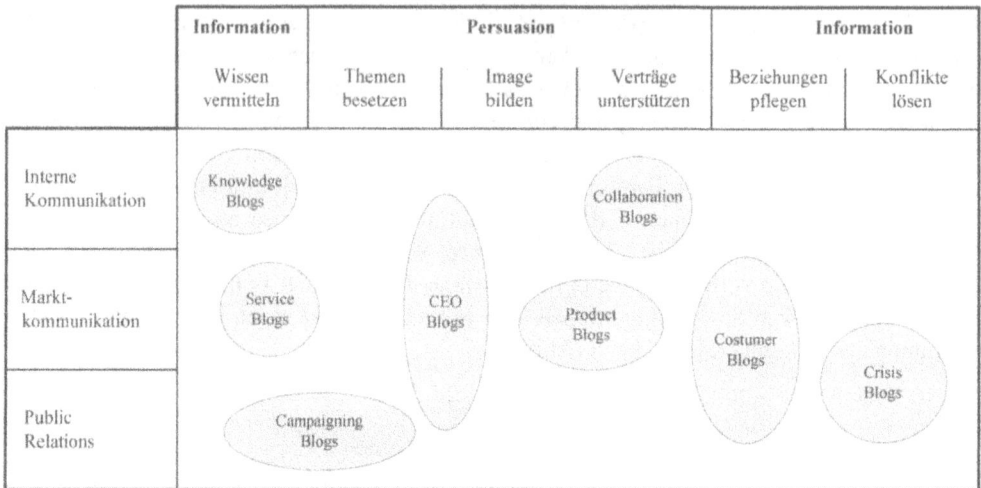

Abb. 8.6   *Einsatzmöglichkeiten von Corporate Blogs (Quelle: Zerfaß (2005b), S. 4)*[38]

interne Kommunikation. *Service-* und *Customer-Relationship-Blogs* geben Produktinforma-
tionen an die Kunden weiter und helfen bei Problemen; die Blogs vermitteln somit Fachwissen. Allerdings nicht ohne Risiko: Denn es ist stets die latente Gefahr vorhanden, dass solche
abgewandelten Formen des Blogging sich zu weit vom Charakter der ursprünglichen Inter-
net-Tagebücher entfernen und somit vom Publikum nicht mehr akzeptiert werden.[39] Und eine
ernsthafte Bedrohung der Reputation des Unternehmens ergibt sich dann, wenn versucht
wird, die Blogosphäre zu täuschen. So wie das jetzt ein Dufthersteller versuchte, der fünf
fiktive Personen schuf, die in prominenten und oft besuchten Blogs dezent für eine neue
Produktlinie warben. Die Betreiber reagierten sofort und schickten dem Unternehmen hohe
Rechnungen für die unerbetene Werbung auf ihren Seiten.[40]

Neue Möglichkeiten bietet die Blogosphäre darüber hinaus für das *Issues Management* eines
Unternehmens. Dieser Ansatz, der in den 1970er Jahren dem Instrumentarium der Public
Relations beigefügt wurde, meint im Kern ein permanentes Monitoring der Öffentlichkeit,
besonders der Medien, wodurch neue Themen und Trends wie zum Beispiel ein sich andeu-
tender Wertewandel, potenzielle Konfliktfelder oder auch Chancen für das Unternehmen
rechtzeitig erkannt werden.[41] Issues Management ist somit häufig eine antizipierende Form
der Krisenkommunikation – für das Unternehmen gefährliche Themen werden erkannt, noch
bevor sie in der öffentlichen Meinung Platz finden. Es ist somit „ein offensives und proakti-

---

[38] In dieser Darstellung wird wiederum die klassische Dreiteilung in interne Kommunikation, Marktkommunikation
und Public Relations verwendet, PR also nur als Kommunikation im gesellschaftspolitischen Umfeld verortet.

[39] Vgl. Jüch; Stobbe (2006), S. 29.

[40] Vgl. Tassidis (2007).

[41] Vgl. Liebl (2000), S. 55ff.

ves Management von Unternehmenskommunikation"[42], das über die oftmals einseitige, von innen nach außen gerichtete Perspektive der traditionellen PR hinausgeht und sie durch eine Outside-In-Perspektive ergänzt. Und zur Umwelt des Unternehmens zählt, vermutlich sogar mit rasantem Wachstum, auch die Blogosphäre – unabhängig davon, ob man die Entwicklung begrüßt oder nicht.

8.4   Corporate Publishing

Die Unternehmenskommunikation spielt bei fast allen Unternehmen eine entscheidende Rolle für den Unternehmenserfolg. Sie dient zum einen dazu, die Zielgruppen mit den Botschaften des Unternehmens bekannt zu machen, und zum anderen kann sie Einstellungen und Verhalten der Kommunikationspartner nachhaltig beeinflussen. Zudem ist es eine wichtige Aufgabe der Unternehmenskommunikation, ein positives öffentliches Image des Unternehmens zu gestalten.[43] Aus Sicht eines Unternehmens haben Images nämlich eine bedeutsame Differenzierungsfunktion. Das Image als subjektives Fremdbild in den Köpfen der Konsumenten wird zum klaren und eindeutigen Identifikationsmerkmal der Unternehmen. So können sich starke Images gerade in homogenen Massenmärkten zu Wettbewerbsvorteilen entwickeln. Die Produkte von Unternehmen mit dem besten Image werden häufig vom Konsumenten als beste Kaufalternative angesehen.[44]

Images sind somit dafür verantwortlich, dass der Konsument bestimmte Unternehmen und Produkte gegenüber anderen vorzieht. Sie führen zu einer großen Attraktivität des Unternehmens, die meist durch emotionale Assoziationen gestärkt wird.[45] Images beeinflussen darüber hinaus das konkrete Erleben eines Meinungsgegenstandes. Hat der Konsument ein positives Image von einem Unternehmen, so wird er auch die Mitarbeiter und den Service positiver erleben als bei einem neutralen oder gar negativen Image.[46] Ein Unternehmen sollte gezielte Imagepolitik betreiben, um eine emotionale Beziehung zum Konsumenten aufzubauen und um dessen Kaufverhalten zu beeinflussen.[47] Aus Sicht des Verbrauchers dienen Images zur Orientierung und zur Entscheidungsfindung innerhalb eines vielfältigen Produktangebots, das Vergleich und Einschätzung der Kaufalternativen immer schwieriger macht.[48] Somit können Images zu zentralen Wettbewerbsvorteilen für das Unternehmen werden, mit denen bestehende Kunden gebunden und neue gewonnen werden können.[49] Um ein derartiges positives Image zu kreieren, bedarf es intensiver Kommunikationsbemühungen, die weit

---

[42] Vgl. Mast (2002), S. 85.

[43] Vgl. Weichler; Endrös (2005). S. 24.

[44] Vgl. Herbst (2003), S. 73.

[45] Vgl. Huber (1990), S. 39.

[46] Vgl. Schulz (1991), S. 36.

[47]   Vgl. Herbst (2003), S. 74.

[48]   Vgl. Huber (1990), S. 25.

[49]   Vgl. Weichler; Endrös (2005), S. 24f.

über Maßnahmen der klassischen Werbung und der klassischen Public Relations hinausgehen. Um mehr Aufmerksamkeit für ihre Kommunikationsmaßnahmen zu generieren, nutzen Unternehmen vermehrt Instrumente des Corporate Publishing.

Corporate Publishing ist somit ein großer Wachstumsmarkt, der für die erfolgreiche Unternehmenskommunikation zusehends relevanter wird. Dies gilt sowohl für Großunternehmen als auch insbesondere für kleine und mittlere Unternehmen. Corporate Publishing ist geeignet, die Bindung ihrer Kunden nachhaltig zu erhöhen, ohne dabei hohe Kosten tragen zu müssen, wie sie beispielsweise durch klassische Werbungen entstehen würden. Dieser Bedeutungszuwachs spiegelt sich in der wachsenden Anzahl externer Corporate Publishing-Dienstleister wider, die Unternehmen entweder bei diesen Kommunikationsleistungen unterstützen oder sogar die komplette Erstellung von Instrumenten des Corporate Publishing übernehmen. Eine Vielzahl der Corporate Publishing-Dienstleister im deutschsprachigen Raum hat sich in der Interessengemeinschaft Forum Corporate Publishing e.V. organisiert. Die Mitglieder bemühen sich um intensive Beobachtungen der Branche und haben zu diesem Zweck zahlreiche Markt- und Brachenanalysen in Auftrag gegeben. Wirtschaftlich unterstützt wird das Forum Corporate Publishing e.V. in diesem Zusammenhang durch die Deutsche Post AG. Sie hat zudem einen Leitfaden erstellt, den Unternehmen zur Konzeption, Erstellung und zum Vertrieb ihrer Kundenzeitschriften nutzen können.[50]

Trotz der eindeutig zunehmenden Bedeutung des Corporate Publishing für den Kommunikationserfolg von Unternehmen haben sich bisher nur wenige Autoren wissenschaftlich fundiert und forschend mit dieser Thematik beschäftigt. Der Großteil der deutschsprachigen Fachliteratur beschäftigt sich lediglich mit Teilaspekten des Corporate Publishing. Es existieren allerdings kaum aktuelle Publikationen, die alle relevanten Aspekte des Corporate Publishing zusammenfassen. Erste Ansätze hierzu liefert Lars Dörfel[51] mit seinem Sammelband „Strategisches Corporate Publishing. Konzepte, Tools und Innovationen". Auch die Sammelschrift „Corporate Media", herausgegeben von Ralf Lehmann,[52] gibt einen sehr umfassenden Überblick über das Corporate Publishing, sowohl intern für Mitarbeiter als auch extern für Kunden und Stakeholder des Unternehmens. Aufgrund des relativ weit zurückliegenden Erscheinungszeitpunkts dieser Publikation handelt es sich keinesfalls um den aktuellen Forschungsstand zu diesem Thema. Gerade Teilgebiete wie Internet, Intranet und die multimediale Möglichkeiten des Corporate Publishing werden nicht berücksichtigt.

Mangelnde Forschungsleistungen im Rahmen des Corporate Publishing können nicht zuletzt auch darauf zurückzuführen sein, dass sowohl in der Wissenschaft als auch in der Praxis Uneinigkeit darüber besteht, welchem Forschungsbereich bzw. welchem Unternehmensbereich das Corporate Publishing zuzuordnen ist. So ist in der unternehmerischen Praxis zu beobachten, dass das Corporate Publishing durch das Marketing abgedeckt wird. Genauso wird es aber auch durch die PR-Abteilungen der Unternehmen durchgeführt. Diese unscharfe Abgrenzung führt gerade in der Forschung dazu, dass sich weder Marketing- noch PR-Wissenschaftler eingehend mit der Thematik des Corporate Publishing beschäftigt haben. In

---

[50]   Vgl. Deutsche Post AG (2007).

[51]   Dörfel (2005).

[52]   Lehmann (1993).

der klassischen Marketingliteratur werden lediglich einzelne Instrumente des Corporate Publishing im Rahmen der Kommunikationspolitik beschrieben, und auch in der klassischen PR-Literatur wird das Corporate Publishing noch nicht als eigenständiger Themenkomplex behandelt.

Ein weiteres Defizit in der aktuellen Forschung ist die einseitige Betrachtung des Corporate Publishing als externe Kommunikationsmaßnahme. Im Fokus der Forschungsbemühungen stehen die externen Kommunikationsinstrumente. Ein weiterer wichtiger Bestandteil des Corporate Publishing sind aber die unternehmensinternen Kommunikationsmaßnahmen wie beispielsweise das Intranet, die Mitarbeiterzeitschrift oder das Inhouse-TV sowie deren vielfältige Anwendungsmöglichkeiten. Denn gerade durch den gezielten Einsatz interner Kommunikationsinstrumente können die Mitarbeiter motiviert werden. Zudem kann eine Identifikation mit dem Unternehmen geschaffen werden, die die Mitarbeiter im Dialog mit dem Kunden weitergeben.[53]

Unternehmen steht generell eine breite Palette an verschiedenen Instrumenten des Corporate Publishing zu Verfügung. Die nachstehende Abb. 8.7 soll zunächst einen Überblick über dieses Instrumentarium geben:

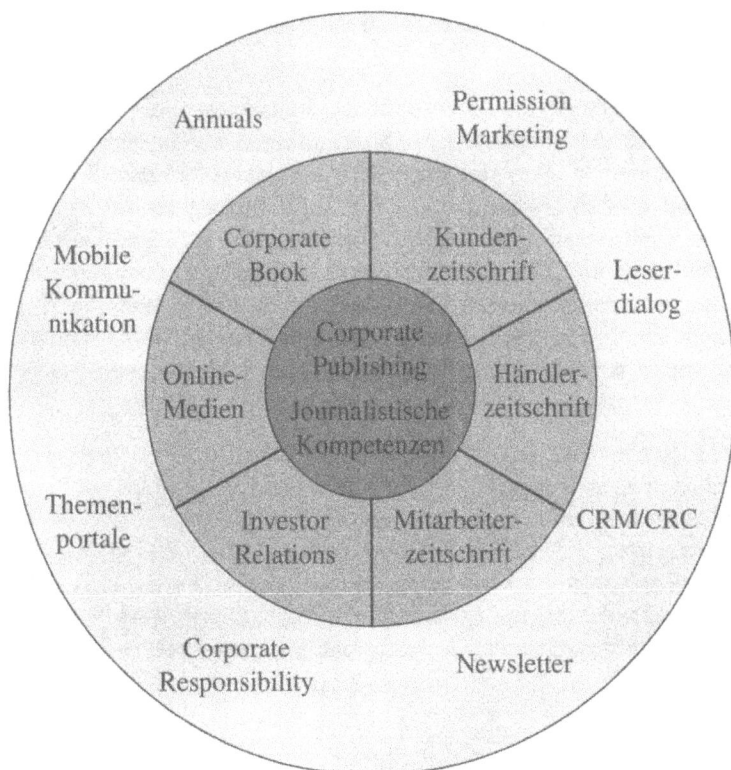

Abb. 8.7   Instrumente des Corporate Publishing (Quelle: Forum Corporate Publishing e. V. (2007))

---

[53]   Vgl. Forum Corporate Publishing e. V. (2002).

Gemäß einer repräsentativen Studie des Forum Corporate Publishing e. V., in der die 400 größten Unternehmen der Schweiz zum Thema Corporate Publishing befragt wurden, zeichnete sich das folgende Bild über die Nutzung von Corporate Publishing-Instrumenten:[54]

- Internet (90 %),
- Mitarbeiterzeitschrift (83 %),
- Intranet (78 %),
- Geschäftsbericht (78 %),
- Kundenzeitschrift (63 %),
- Newsletter (49 %),
- Corporate TV (8 %) und
- Corporate Radio (7 %).

Somit wird deutlich, dass die klassischen Instrumente des Corporate Publishing, wie das Internet, die Mitarbeiterzeitschrift, das Intranet und auch die Kundenzeitschrift, generell sehr intensiv genutzt werden, sei es in großen und umsatzstarken Unternehmen oder auch in kleinen Unternehmen mit geringen Umsätzen. Neuere und technisch komplexere Formen des Corporate Publishing wie das Corporate TV und das Corporate Radio haben noch eine sehr geringe Bedeutung, nicht zuletzt, weil die Produktion dieser Kommunikationsinstrumente relativ hohe Kosten verursacht.

Darüber hinaus wurden die Unternehmen, die an dieser Studie teilnahmen, auch zu den Zielen befragt, die sie mit dem Einsatz des Corporate Publishing verfolgen. Dabei zeichnete sich ab, dass dem Corporate Publishing vor allem eine vertrauens- und imagefördernde Wirkung zugesprochen wird. Außerdem wird es genutzt, um emotionale Wirkungen bei den Kunden auszulösen und dadurch die Kundenbindung zu stärken. Nur sekundär verfolgen Unternehmen mit dem Corporate Publishing das Ziel, neue Kunden zu gewinnen. Zudem zeigte die Schweizer Studie, dass die Unternehmen nur in den seltensten Fällen die Wirkung ihrer Kommunikationsmaßnahmen überprüfen. Diese Tatsache lässt das Fazit zu, dass Corporate Publishing in vielen Unternehmen noch wenig zielgerichtet und nachhaltig durchgeführt wird.[55]

Der Kundenzeitschrift wird generell eine besondere Bedeutung beim Corporate Publishing zuteil. Nicht nur, weil sie von vielen Unternehmen sämtlicher Größenkategorien publiziert wird, sondern auch, weil sie wissenschaftlich wesentlich intensiver betrachtet wurde als die anderen Instrumente des Corporate Publishing. So zum Beispiel durch die Monografie „Kundenzeitschrift" in der Weichler & Endrös[56] einen umfassenden und wissenschaftlich fundierten Überblick zum aktuellen Forschungsstand zum Thema Kundenzeitschrift geben. Zudem werden die wissenschaftlichen Grundlagen durch eine Reihe von praktischen Beispielen illustriert.

---

[54] Vgl. hier und im Folgenden Forum Corporate Publishing e. V. (2002).

[55] Vgl. Forum Corporate Publishing e. V. (2002).

[56] Weichler; Endrös (2005).

Wie schon zu Beginn dieses Kapitels erläutert, sind der Imageaufbau und die Imagepflege zentrale Ziele der Kommunikationsmaßnahmen im Corporate Publishing. Nachhaltige Imagepolitik können Unternehmen besonders gut durch ein kontinuierlich erscheinendes Medium wie die Kundenzeitschrift unterstützen. Denn in der Kundenzeitschrift hat das Unternehmen regelmäßig die Möglichkeit, sich und sein Leistungsportfolio positiv darzustellen. Es ist in diesem Kontext allerdings von entscheidender Bedeutung, dass eine Kunden-zeitschrift nicht zum reinen Selbstzweck erstellt werden kann. Die Inhalte müssen für die Rezipienten informativ und unterhaltsam sein. Außerdem muss die Kundenzeitschrift exklusive Informationen und Angebote für die Kunden bereithalten. Nur dann kann sich dieses Medium in der Konkurrenz mit klassischen Medienprodukten durchsetzen und wird von seiner potenziellen Zielgruppe genutzt.[57]

Die Erstellung von Kundenzeitschriften liegt in der Regel im Verantwortungsbereich der unternehmensinternen PR-Abteilung. Nur selten wird diese Aufgabe dem unternehmensinternen Marketing zugeordnet. Das bedeutet aber nicht, dass die Erstellung der Kundenzeitschrift vollständig durch das Unternehmen selbst vorgenommen wird. Häufig werden einzelne Produktionsbestandteile oder gar die ganze Produktion durch externe Dienstleister wahrgenommen. Die nachfolgende Tab. 8.3 zeigt auf, welche Produktionsstufen vorwiegend intern und welche extern erfolgen und verdeutlicht zudem, dass Kundenzeitschriften in der Mehrheit durch externe Dienstleister produziert werden:

Produktionsort	komplett bzw. über-wiegend intern	komplett bzw. über-wiegend extern
Redaktion	53,8 %	46,2 %
Layout	11,5 %	88,5 %
Fotoproduktion	27,4 %	72,6 %
Druckvorstufe	9,6 %	90,4 %
Druck	1,9 %	98,1 %
Vertrieb	36,5 %	63,5 %

Tab. 8.3   Interne und externe Produktionsstufen von Kundenzeitschriften (Quelle: Weichler; Endrös (2005), S. 31)

Dass die Kundenzeitschrift ein sehr geeignetes PR-Instrument ist, wird nicht zuletzt dadurch deutlich, dass im Zeitraum von 1999 bis 2003 in Deutschland ein kontinuierlicher Anstieg an Titeln zu verzeichnen ist. Waren es im Jahr 1999 noch 2.694 Titel, so ist die Anzahl im Jahr 2003 auf 3.537 Titel gestiegen. Auch die Gesamtauflage von Kundenzeitschriften ist im selben Zeitraum von 377,8 Mio. auf 456 Mio. angestiegen. Kundenzeitschriften sind in der Regel sehr hochwertig, wie Magazine gestaltet. Anders als klassische Magazine enthalten sie

---

[57] Vgl. Weichler; Endrös (2005), S. 27.

allerdings nur in sehr geringem Umfang Anzeigen und Werbung, damit nur die unternehmenseigenen Themen und Anliegen transportiert werden. Darüber hinaus werden durch die Kundenzeitschriften keine Vertriebserlöse erzielt. Vielmehr entstehen durch den Vertrieb zusätzliche Kosten, da die Kundenzeitschriften meist direkt an die Kunden versandt werden. Dies ist zwar relativ kostenintensiv, aber das Unternehmen kann dadurch sicherstellen, dass die Unternehmenspublikation den Kunden direkt in seinem privaten Bereich erreicht und nur sehr geringe Streuverluste entstehen. Kundenzeitschriften refinanzieren sich folglich, wenn überhaupt, nur zu einem sehr geringen Teil, sodass die Kosten durch das herausgebende Unternehmen getragen werden müssen.[58] Diese Tatsache ist für kleine und mittlere Unternehmen besonders negativ, da diese häufig nicht über ausreichend finanzielle Ressourcen verfügen, um eine Kundenzeitschrift zu produzieren.

Zudem steht die Kundenzeitschrift im Mittelpunkt empirischer Forschungsbemühungen. Diese lassen sich nicht zuletzt auch darauf zurückführen, dass dieses Instrument des Corporate Publishing der rein journalistisch geprägten Zeitschrift sehr ähnlich ist und daher mit bereits etablierten Methoden der Journalismusforschung untersucht werden kann. So hat das Forum für Corporate Publishing e. V. eine Studie beim Hamburger Forschungsinstitut MW Research in Auftrag gegeben, um Zielsetzungen, Erfolgs- und Wirkungskontrolle von Kundenzeitschriften zu untersuchen.[59] Mit Hilfe dieses Forschungsansatzes sollte untersucht werden, welche Kommunikationsziele Unternehmen verfolgen und wie diese Ziele erreicht werden. Zudem sollte festgestellt werden, ob die Unternehmen den Kommunikationserfolg ihrer Kundenzeitschriften regelmäßig evaluieren. Untersucht wurden insgesamt 26 Kundenzeitschriften in Deutschland, Österreich und der Schweiz aus den Branchen Finanzen, Automobil, Versicherung, Handel und Verkehr/Touristik.

Fazit dieser Studie ist, dass sich Unternehmen vermehrt auf gesättigten Kommunikationsmärkten bewegen. Sie sehen in den Instrumenten des Corporate Publishing effiziente Kommunikationskanäle, um ihre Kommunikationszielgruppen trotz der ungünstigen Bedingungen zu erreichen. So ist es für Unternehmen besonders wichtig, einen direkten Kontakt zu ihren Kunden zu schaffen und dem Kunden durch das Corporate Publishing diverse Dialogangebote zu offerieren.[60] Hier ist es allerdings besonders wichtig, dass es den Unternehmen gelingt, mit den Corporate Publishing-Instrumenten eine eigenständige Kommunikationsleistung zu bieten, die einen Mehrwert für den Kunden generiert.

Weiterhin wurde deutlich, dass Unternehmen mit der Kundenzeitschrift drei verschiedene Ziele verfolgen:

- journalistische Ziele,
- Kommunikations- und
- Marketingziele.

Diese umfassende Zielsetzung verdeutlicht, dass es nicht möglich ist, das Corporate Publishing entweder dem Unternehmensbereich Marketing oder dem der Öffentlichkeitsarbeit

---

[58] Vgl. Weichler; Endrös (2005), S. 42ff.

[59] Vgl. Forum Corporate Publishing e. V. (2001a).

[60] Vgl. Forum Corporate Publishing e. V. (2001b).

genau zuzuordnen, da sowohl Kommunikations- als auch Marketingziele erreicht werden sollen. Bedingt durch diese Abgrenzungsproblematik im Corporate Publishing tritt der traditionelle Konflikt zwischen Marketing und Öffentlichkeitsarbeit besonders deutlich zu Tage.

Durch die Untersuchungen wurde allerdings auch ein sehr großes Defizit im Bereich der Kundenzeitschrift aufgedeckt: Nur wenige Unternehmen evaluieren nämlich den Kommunikationserfolg ihrer Kundenzeitschriften durch systematische und kontinuierliche Leser-/Kundenbefragungen. Folge dieser mangelnden Evaluation ist, dass die Kundenzeitschriften häufig nicht konsequent genug an den Bedürfnissen der Zielgruppe ausgerichtet werden und somit nicht den gewünschten Nutzen stiften. Außerdem erhalten die Unternehmen keinerlei Informationen über die Wirkung und die Effizienz ihrer Publikationen. Wenn die Kommunikationsverantwortlichen in den Unternehmen als Konsequenz kein Bewusstsein für die Leistung ihrer Kommunikationsangebote haben, so können diese nicht zielgerichtet und effektiv eingesetzt werden. Die Studie kommt zu dem Fazit, dass die Kundenzeitschrift als Unternehmenspublikation besser geplant und an den Kommunikationsbedürfnissen der Zielgruppe ausgerichtet werden muss. Positiv ist an dieser Stelle allerdings festzuhalten, dass die untersuchten Kundenzeitschriften generell über eine sehr hohe journalistische Qualität verfügen und auch optisch sehr gut und ansprechend gestaltet sind. Auf den Leser wirkt diese Unternehmenspublikation generell sehr glaubwürdig und bietet ihm einen hohen Nutzwert.[61]

Bei dem Defizit der Wirkungsforschung beim Corporate Publishing setzt das Forschungsinstitut TNS EMNID ein. Mit dem Instrument „CP Standard" liefert das Marktforschungsinstitut ein Instrument zur Effizienzmessung im Corporate Publishing. „CP Standard" ist ein demoskopisches Instrument, mit dessen Hilfe Unternehmen den Kommunikationserfolg ihrer Kundenzeitschriften direkt beim Leser überprüfen können, indem sie die Erreichung von journalistischen Zielen sowie Kommunikations- und Marketingzielen kontrollieren. Um eine derartige Bewertung zu gewährleisten, greift TNS EMNID auf bewährte Instrumente aus den Bereichen Mediawirkungsforschung, Werbewirkungsforschung und Kundenbindungsforschung zurück. Es handelt sich somit um eine Symbiose aus etablierten und validen Forschungsansätzen. Bisher hat TNS EMNID mit diesem Untersuchungsdesign insgesamt 37 Kundenzeitschriften untersucht. Diese Daten können bei weiteren Untersuchungen auch als Benchmark für die Qualität der Kundenzeitschrift genutzt werden.

Das übergeordnete Ziel der Untersuchung ist die Effizienzmessung und Erfolgskontrolle der Maßnahmen im Corporate Publishing. Zu diesem Zweck misst „CP Standard" die Nutzung und Akzeptanz der Kundenzeitschrift in der Zielgruppe, den Kommunikationserfolg sowie den realisierten Imagetransfer und die positiven Effekte auf die Kundenbindung. In diesem Zusammenhang wird vor allem die emotionale Beziehung zwischen dem Kunden und der Unternehmens-Marke eingehend untersucht. Ein wesentliches Ergebnis ist, dass das Image, das die Kunden von einem Unternehmen entwickeln, generell wesentlich positiver geprägt ist, wenn sie eine Kundenzeitschrift erhalten. Darüber hinaus werden auch die Motivation und das Involvement der Zielgruppe umfassend untersucht.[62]

---

[61] Vgl. Forum Corporate Publishing e. V. (2001a).

[62] Vgl. TNS EMNID (2007).

Generell arbeiten Unternehmen bei ihren Maßnahmen in allen Bereichen des Corporate Publishing, und nicht nur bei der Erstellung von Kundenzeitschriften, häufig mit externen Dienstleistern zusammen. Mehr als die Hälfte der Unternehmen, die in der Studie der Universität Zürich befragt wurden, hat angegeben, dass sie Unterstützung durch externe Grafiker, Werbe- oder PR-Agenturen bei der Erstellung der Kommunikationsmittel in Anspruch nehmen. Journalistische Leistungen werden hingegen weitaus seltener nachgefragt.

Besonders signifikant ist, dass nur sehr wenige Unternehmen (9 Prozent) mit externen Dienstleistern zusammenarbeiten, die Komplettlösungen für das Corporate Publishing anbieten, und somit alle Arbeiten von der Planung bis zur Realisation der Kommunikationsmaßnahmen übernehmen. Bisher sind es ausschließlich sehr große und umsatzstarke Unternehmen, die einen derartigen Full-Service in Anspruch nehmen. Dieses Umfrageergebnis lässt die Hypothese zu, dass kleinere und weniger umsatzstarke Unternehmen die Kosten der Auftragsproduktion nicht tragen können und externe Unterstützung daher nur in den Teilbereichen des Corporate Publishing nutzen, in denen sie selbst keine Kompetenzen haben.[63]

Literatur

Bundesverband Deutscher Pressesprecher; com.X Institut: Mittelstandskommunikation 2005: Wie kommuniziert der deutsche Mittelstand? Ergebnisse der Online-Umfrage unter Kommunikationsverantwortlichen mittelständischer Unternehmen, Powerpoint-Präsentation, 45 Charts. Online unter: www.comx-forschung.de/dl/comx_studie_Mittelstandskongress_November_2005.pdf (zuletzt abgerufen am 5.01.2007).

Bund-Länder-Kommission für Bildungsplanung und Forschungsberatung (Hrsg.): Zukunft von Bildung und Arbeit. Perspektiven von Arbeitskräftebedarf und -angebot bis 2015 (Materialien zur Bildungsplanung und Forschungsförderung 104). Bonn (2002).

Derieth, A.: Unternehmenskommunikation. Eine theoretische und empirische Analyse zur Kommunikationsqualität von Wirtschaftsorganisationen. Opladen (1995).

Dörfel, L. (Hrsg.): Strategisches Corporate Publishing. Konzepte, Tools und Innovationen. Berlin (2005).

Deutsche Post AG: CP Ratgeber – Fakten, Trends und Perspektiven. Konzeption, Herstellung und Vertrieb von Kundenzeitschriften. Online unter: www.deutschepost.de//mlm.html/dpag/images/download/broschueren.Par.0373.File.pdf/cp_ratgeber.pdf (zuletzt abgerufen am 3.06.2007).

Eisenstein, C.: Meinungsbildung in der Mediengesellschaft. Eine Analyse zum Multi-Step Flow of Communication. Opladen (1994).

Fischer, T.: Corporate Blogs – Seifenblase oder Bereicherung? In: Die Gegenwart 40. Online unter: www.neuegegenwart.de/ausgabe40/corporate blogs.htm (zuletzt abgerufen am 24.02. 2007).

---

[63] Vgl. Forum Corporate Publishing e. V. (2002).

Forschungsinstitut für Bildungs- und Sozialökonomie (FiBS): Fachkräftemangel und neue Qualifikationen als Herausforderung für Bildungs- und Beschäftigungssystem (Pressemitteilung via Informationsdienst Wissenschaft vom 5. Februar 2007).

Forum Corporate Publishing e.V.: Quo Vadis Corpoarate Publishing? Online unter: www.forum-corporate-publishing.de/FCP/dasProfil/index_dasProfil. php (zuletzt abgerufen am 3.06.2007).

Forum Corporate Publishing e.V.: Zielsetzungen, Erfolgs- und Wirkungskontrolle von Kundenzeitschriften. Eine Umfrage des Forums für Corporate Publishing e.V. (2001a).

Forum Corporate Publishing e.V.: Corporate Publishing – Response. Dialogverhalten im Corporate Publishing. Eine Umfrage des Forums für Corporate Publishing e.V. (2001b).

Forum Corporate Publishing e.V.: Corporate Publishing in der Schweiz. Instrumente, Strategien und Perspektiven. Eine Studie des Instituts für Publizistikwissenschaft und Medienforschung der Universität Zürich (2002).

Fritz, I.; Klingler, W.: Medienzeitbudgets und Tagesablaufverhalten. In: Media Perspektiven 4 (2006), S. 222-234.

Haas, S.; Trump, T.; Gerhards, M.; Klingler, W.: Web 2.0: Nutzung und Nutzertypen. In: Media Perspektiven 4 (2007), S. 215-222.

Herbst, D.: Wenn Persönlichkeiten wirken: das Image. In: Herbst, D. (Hrsg.): Der Mensch als Marke: Konzepte – Beispiele – Experteninterviews. Göttingen (2003), S. 69-92.

Huber, K.: Image: Global-Image, Corporate-Image, Marken-Image, Produkt-Image, Landsberg am Lech (1990).

Jüch, C.; Stobbe, A.: Blogs: Ein neues Zaubermittel der Unternehmenskommunikation? In: Fachjournalist 2 (2006), S. 27-32.

Kemle, J.: Angst vor der Leere. In: Financial Times Deutschland, Beilage „enable" 3 (2007), S. 22-23.

Kittel, W.: Der Markt der Unternehmensmedien. Von Kundenmagazinen und Mitarbeiterzeitschriften (Mitschnitt eines Beitrags im Deutschlandfunk vom 26.03.2005 in der Reihe „Markt und Medien"). Online unter: www.dradio.de/dlf/sendungen/marktundmedien/360529 (zuletzt abgerufen am 7.01.2007).

Kunczik, M.: Öffentlichkeitsarbeit. In: Wilke, J. (Hrsg.): Mediengeschichte der Bundesrepublik Deutschland, Bonn (1999), Bd. 361, S. 545-569.

Lange, M.: Das Communications Value System der GPRA. In: Pfannenberg, J.; Zerfaß, A. (Hrsg.): Wertschöpfung durch Kommunikation. Wie Unternehmen den Erfolg ihrer Kommunikation steuern und bilanzieren, Frankfurt/M. (2005), S. 199-211.

Lazarsfeld, P. F.; Berelson, B.; Gaudet, H.: The People's Choice. How the Voter Makes Up His Mind in a Presidential Campaign, New York (1948). Dtsch: Wahlen und Wähler. Soziologie des Wahlverhaltens, Neuwied u.a. (1969).

Lautenberg, Ch.; Sass, J.: Internationale Entwicklungen im Kommunikations-Controlling. In: Bentele, G.; Piwinger, M.; Schönborn, G. (Hrsg.), Kommunikationsmanagement (Loseblattsammlung), Neuwied (2006), S. 1-27.

Lehmann, R.: Corporate Media, Landsberg am Lech (1993).

Liebl, F.: Der Schock des Neuen. Entstehung und Management von Issues und Trends. München (2002).

Luhmann, N.: Öffentliche Meinung. In: Langenbucher, W. R. (Hrsg.), Politik und Kommunikation. Über die öffentliche Meinungsbildung. München (1979), S. 29-61.

McLuhan, M.: The Gutenberg Galaxy, Toronto (1962). Dtsch: Die Gutenberg-Galaxis: das Ende des Buchzeitalters. Bonn u.a. (1995).

Mast, C.: Unternehmenskommunikation. Ein Leitfaden. Stuttgart (2002).

Merten, K.: Evolution der Kommunikation. In: Merten, K.; Schmidt, S. J.; Weischenberg, S. (Hrsg.): Die Wirklichkeit der Medien. Eine Einführung in die Kommunikationswissenschaft. Opladen (1994), S. 141-162.

Meyer, H.: Der Studentenberg ruft. In: Die Zeit (8.02.2007), S. 78.

Müller, D.: Pressearbeit im Mittelstand. In: Brauner, D. J.; Leitolf, J.; Raible-Besten, R.; Weigert, M. M. (Hrsg.): Lexikon der Presse- und Öffentlichkeitsarbeit. München, Wien (2001), S. 309-311.

Oberauer, K.: Online-Pressekonferenzen. In: Fachjournalist 16 (2005), S. 18-21.

von Randow, G.: Das Leben im Netz. Noch haben nicht alle bemerkt, wie ein neues Medium die Welt verändert. In: Die Zeit (18.01.2007), S. 1.

Reinberg, A.; Hummel, M.: Die Bildungsgesamtrechnung des IAB. In: Kleinhenz, G. (Hrsg.): IAB-Kompendium Arbeitsmarkt- und Berufsforschung. Beiträge zur Arbeitsmarkt- und Berufsforschung, BeitrAB 250, (2002), S. 491-506. Online unter: http://doku.iab/beitrab/2002/beitr250_803.pdf (zuletzt abgerufen am 27.02.2004).

Reinberg, A.; Hummel, M.: Steuert Deutschland langfristig auf einen Fachkräftemangel zu? (IAB Kurzbericht 9). Online unter: www.iab.de/asp/order/vvzjahr.asp?doktyp=kb&jahr=2003 (zuletzt abgerufen am 27.02.2004).

Rössler, P.: Themen der Öffentlichkeit und Issues Management. In: Bentele, G.; Fröhlich, R.; Szyszka, P. (Hrsg.): Handbuch der Public Relations. Wissenschaftliche Grundlagen und berufliches Handeln. Mit Lexikon. Wiesbaden (2005), S. 361-376.

Scheidt, K.; Thieleke, C.; Merten, K.: Public Relations im dritten Jahrtausend. Online unter: www.lexicom-network.de (abgerufen zuletzt am 21.05.2007).

Schulz, B.: Strategische Planung von Public Relations, Frankfurt/M., New York (1991).

Schuppener, B.; Schuppener, N.: Kommunikationsmanagement – Kommunikation als Wertschöpfungsfaktor. In: Köhler, T.; Schaffranietz, A. (Hrsg.): Public Relations – Perspektiven und Potenziale im 21. Jahrhundert, Wiesbaden (2005), S. 193-199.

Schwarz, K.: Einwanderung und Alterstrukturen der Bevölkerung. In: BiB-Mitteilungen (2001), S. 15-16.

Statistisches Bundesamt (Hrsg.): Im Blickpunkt: Deutschland in der EU 2006, Wiesbaden (2006).

Tassidis, K.: Der neue Duft der Schleichwerbung. Internet-Kampagne für Calvin-Klein-Parfüm löst heftige Debatte aus – Blogger bitten zur Kasse. In: Westfälische Rundschau (13.04.2007), S. Tagesrundschau.

Thomas, T.: Kommunikations-Controlling. Eine Analyse zur Steuerung und Messung des Beitrags der Unternehmenskommunikation zum Unternehmenswert, Bochum, Freiburg (2007).

TNS EMNID: Effizienz-Messung im Corporate Publishing mit CP-Standard. Online unter: www.tns-emnid.com/pdf/cp_standard/TNS_Emnid_CP_Standard. pdf (zuletzt abgerufen am 3.06.2007).

Weichler, K.; Endrös, S.: Die Kundenzeitschrift, Konstanz (2005).

Wirtz, B. W.: Medien- und Internetmanagement, Wiesbaden (2001).

Zerfaß, A.: Unternehmensführung und Öffentlichkeitsarbeit. Grundlegung einer Theorie der Unternehmenskommunikation und Public Relations, Wiesbaden (2004).

Zerfaß, A.: Die Corporate Communications Scorecard. In: Pfannenberg, J.; Zerfaß, A. (Hrsg.): Wertschöpfung durch Kommunikation. Wie Unternehmen den Erfolg ihrer Kommunikation steuern und bilanzieren, Frankfurt/M. (2005), S. 102-112.

Zerfaß, A.: Corporate Blogs: Einsatzmöglichkeiten und Herausforderungen. Online unter: www.zerfass.de/CorporateBlogs-AZ-270105.pdf (zuletzt abgerufen am 3.12.2006).

9 Wissensmanagement in Unternehmensnetzwerken

Andreas Kaiser

9.1   Einleitung

In vielen Unternehmen liegen Schätze verborgen. Diese Schätze können vielfältiger Natur sein: Kundenbeziehungen, Mitarbeiterstruktur, Innovationskultur und vor allem das Wissen in den Köpfen der Mitarbeiter. Teilweise existieren diese Schätze in einem Unternehmen, ohne dass sich das Unternehmen darüber ausreichend bewusst ist.[1]

Die Identifizierung, Erschließung und nachhaltige Nutzung dieser Unternehmensschätze ist Gegenstand des Wissensmanagements, das in immer mehr Unternehmen eingeführt wird. Wissensmanagement ist jedoch nicht neu. Die Weitergabe von Wissen wird praktiziert seit es Menschen gibt. Nur wurde es lange nicht so genannt. Bei der Beschäftigung mit dem Thema ergeben sich verschiedenste Fragestellungen:

- Wie wird Wissen unternehmensintern und unternehmensübergreifend ausgetauscht?
- Was ist eigentlich Wissensmanagement in der heutigen Zeit?
- Wie wird es abgegrenzt zu Informationsmanagement?

Durch die Internationalisierung und Globalisierung finden wirtschaftliche Aktivitäten – und daher auch ein verstärkter Informations- und Wissensaustausch – immer mehr in Netzwerkstrukturen statt. Hierbei kann es sich einerseits um Netzwerke von einzelnen, rechtlich selbstständigen und in der Regel kleineren und mittelständischen Unternehmen handeln oder andererseits auch um Netzwerke innerhalb von größeren Unternehmen.

Die Zusammenarbeit in einem Netzwerk erfordert ein gewisses Maß an Kommunikation und Kooperation. Häufig passiert es jedoch, dass zwischen den einzelnen Netzwerkpartnern Informationen nur unzureichend ausgetauscht werden und dadurch auch Doppelarbeit oder andere Nachteile in der Zusammenarbeit entstehen. Oftmals wissen die einzelnen Netzwerkpartner nichts über die Aktivitäten der anderen Partner.

9.2   Wissen in Unternehmen

9.2.1   Wissenspotenziale

Durch die zunehmende weltweite Technologisierung rückt die Bedeutung des intellektuellen Kapitals, das in den Köpfen der Mitarbeiter schlummert, immer mehr in den Vordergrund. Wissensmanagement ist in vielen Unternehmen zum Schlüsselbegriff geworden, der insbesondere mit den Aktivitäten im Innovationsmanagement in enger Beziehung steht. Das Wissen liegt aber in vielen Unternehmen brach, weil es nicht genügend bewusst gemacht und vernetzt wird.[2]

---

[1] Vgl. Kaiser (2003), S. 27ff.

[2] Vgl. Dittrich u.a. (2003), S. 84ff.

Wissen ist der strategische Wettbewerbsfaktor der Zukunft. Wie eine Studie im deutschsprachigen Raum ergab, liegt bei ca. 80 Prozent der Unternehmen der Anteil des Wissens an der Gesamtwertschöpfung zwischen 60 Prozent und 100 Prozent.[3] Für die Zukunft rechnen acht von zehn Managern sogar noch mit einer Zunahme der Bedeutung von Wissen für den Erfolg eines Unternehmens.

Nicht nur betriebs-, sondern auch volkswirtschaftlich wird die Bedeutung von Wissensmanagement immer wichtiger. Zahlreiche Wissenschaftler sind sich einig, dass die Wissensproduktivität in zunehmendem Maße ein bestimmender Wettbewerbsfaktor für eine Branche oder auch für eine ganze Volkswirtschaft ist. Der Wandel von der Produktions- über die Dienstleistungs- zur Informations- und Wissensgesellschaft wird in diesem Zusammenhang auch mit den Kondratieff-Zyklen genannt. Der russische Volkswirt Nicolai Kondratieff hatte analysiert, dass bei der Entwicklung der Industrienationen in einer Zeitspanne von jeweils 40 bis 60 Jahren Schlüsselinnovationen auftauchten, die jeweils eine wirtschaftliche Wellenbewegung auslösten mit Prosperität, Rezession, Depression und Erholung.[4] Man geht davon aus, dass wir zur Zeit am Beginn eines neuen Kondratieff-Zyklus stehen, in dem nicht mehr Arbeit und Kapital, sondern Informationen und das daraus resultierende Wissen die entscheidenden Produktions- bzw. Wettbewerbsfaktoren sind. Biotechnologie, Nanotechnologie, künstliche Intelligenz und Weltraumwissenschaften sind die neu entstehenden Technologien dieses Zyklus.

9.2.2   Wissensbarrieren

Wissen liegt in Unternehmen meist nicht gebündelt, sondern verteilt vor. Der Wissensvorsprung durch die bessere Nutzung des vorhandenen Wissens und die schnellere Anwendung dieses Wissens stellen klare Wettbewerbsvorteile dar. Wissen fließt, wenn es angewendet wird, und es vermehrt sich, wenn es geteilt wird. Oftmals bauen sich in Unternehmen aber viele (Wissens-)Teilungsbarrieren auf, die eine fließende Nutzung des Wissens erschweren. Diese Teilungsbarrieren können gegliedert werden in (Abb. 9.1):

- organisatorische und hierarchische Barrieren
- geschäftsprozess- und projektabhängige Barrieren
- orts-, zeit- und kulturabhängige Barrieren

Organisatorische und hierarchische Barrieren ergeben sich oft aus den gewachsenen Strukturen eines Unternehmens. Neben der formalen Aufbauorganisation gibt es in nahezu jedem Unternehmen auch eine gewachsene Informationsorganisation, die davon abhängig ist, welche Mitarbeiter untereinander und in welcher Art miteinander kommunizieren. Mitarbeiter, die als „Informationsdrehscheibe" fungieren, müssen nicht zwangsweise eine leitende Stelle haben, sind aber für die Informationsorganisation von entscheidender Bedeutung. Solche „Informationsdrehscheiben" sind oft langjährige Mitarbeiter, die ein gewachsenes Bezie-

---

[3] Vgl. Pawlowsky (1998), S. 124.

[4] Vgl. North (2005), S. 12ff.

hungsnetzwerk aufgebaut haben und das Unternehmen und seine Informations- und Kommunikationskultur recht gut kennen. Dies wird besonders dann auffällig, wenn diese Mitarbeiter aus dem Unternehmen ausscheiden oder in einen anderen Unternehmensbereich wechseln. Solche „Informationsdrehscheiben" können einerseits willkommene Katalysatoren für Informationen sein, andererseits können sie auch im Sinne einer Filterfunktion als Barriere fungieren. Solche Barrieren gibt es in (großen) Kapitalgesellschaften wie auch in (kleinen und mittelständischen) Familienunternehmen. Gerade in Familienunternehmen, vor allem wenn sie patriarchalisch geführt werden, findet man hierarchische Barrieren vor.

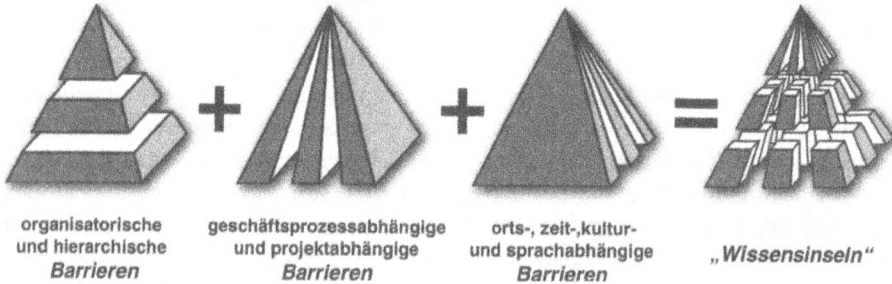

organisatorische   geschäftsprozessabhängige   orts-, zeit-,kultur-
und hierarchische   und projektabhängige   und sprachabhängige   „Wissensinseln"
Barrieren   Barrieren   Barrieren

Abb. 9.1   Wissensbarrieren[5]

Geschäftsprozessabhängige und projektabhängige Barrieren sind häufig in divisional gegliederten Unternehmen vorhanden, die klar nach Produktgruppen gegliedert sind. In parallelen Prozessen, die sich häufig sehr ähneln, werden die gleichen Erfahrungen gemacht ohne dass sich die Akteure austauschen. Das bedeutet, dass nicht aus den Fehlern der Kollegen gelernt werden kann, sondern in den parallelen Prozessen die Fehler gleich mehrfach begangen werden. Ebenso gibt es auch dort häufig Doppelarbeit ohne genügend genutzte Ressourcen, die viel effizienter eingesetzt werden könnten, wenn prozessübergreifend Wissen und Informationen ausgetauscht würden.

Orts-, zeit- und kulturabhängige Barrieren befinden sich vorwiegend in größeren Unternehmen oder Unternehmensnetzwerken, die global an mehreren Standorten operieren. Die unterschiedlichen Zeitzonen in den Wirtschafträumen der Welt sind schon eine natürliche Barriere in der Kommunikation und im Austausch von Wissen. Wenn in Amerika der Tag beginnt, endet er in der Regel in Asien. Globale zeitgleiche Kommunikation wie z.B. Video- oder Telefonkonferenzen finden daher meist für Amerikaner morgens, für Europäer mittags und für Asiaten abends statt.

Die unterschiedlichen Kulturen und die zugrunde liegenden Wertesysteme in den verschiedenen Ländern der Welt können ebenfalls eine Barriere im Wissensaustausch darstellen. Kulturunterschiede müssen aber nicht auf den Kulturen unterschiedlicher Länder basieren. Sie können – und das passiert nicht selten – auf den verschiedenen Unternehmenskulturen im gleichsprachigen Land basieren. Jedes Unternehmen hat seine eigene Kultur, die unter anderem durch die Branche, die Unternehmensgröße oder die Unternehmensstruktur geprägt ist.

---

[5] In Anlehnung an Probst u.a. (2006), S. 160.

Insbesondere bei Unternehmensfusionen oder -übernahmen treten diese Unterschiede zutage und wirken stark als Kommunikationsbarrieren. Ein großer Teil der Unternehmenszusammenschlüsse scheitert genau aus diesem Grund. Die Synergieeffekte werden nicht erreicht.

Ein anderer Ansatz von Barrieren bzgl. der Teilung des Wissens beschreibt die Problematik aus dem Zusammenspiel von Technik, Organisation und den Menschen in einem Unternehmen. Mit diesen drei Gestaltungsdimensionen kann ein Unternehmen beschrieben oder modelliert werden. Das gute Zusammenspiel dieser drei Aspekte ist für das Wissensmanagement von großer Bedeutung.[6]

Zwischen den Dimensionen Technik und Organisation wird als Barriere oft der fehlende (technische) Wissensaustausch innerhalb oder zwischen Unternehmen genannt. Ebenso sind fehlende Mechanismen zur Wissensakquisition, -speicherung und -transfer dafür verantwortlich. Ein fehlendes Schnittstellenmanagement sorgt für Doppelarbeit und andere Ineffizienzen. Der Aspekt der geschäftsprozess- und projektabhängigen Barrieren spielt diesbezüglich mit hinein.

Die Daten und Informationen in einem IT-System sind nur so gut, wie sie gepflegt werden. Daher sind inkonsistente Daten ein Indikator für das mangelnde Zusammenspiel zwischen Menschen und den Informations- und Kommunikationssystemen. Ebenso ist eine starre Wissensaufbereitung nicht förderlich.

Unternehmen spüren den Verlust von Wissen am stärksten bei Personalfluktuation. Das bedeutet, dass wissenserhaltende Organisationsstrukturen und Abläufe nicht zum Handling der Ressource Personal passen oder gar ganz fehlen. Wissen wird häufig auch als persönliches Eigentum angesehen, das es zu verteidigen gilt. Die Art und Weise, wie mit Informationen und Wissen umgegangen wird, das heißt die Informations- und Kommunikationskultur eines Unternehmens, ist ein starker Indikator für einen erfolgreichen oder erfolglosen Einsatz von Wissensmanagement.

9.2.3   Agieren in Netzwerken

Die Geschichte von Netzwerken ist so alt wie die menschliche Geschichte selbst. Bereits im Altertum existierten Zusammenschlüsse von Menschen in Netzwerken. Der Grund für das Agieren in Netzwerken ist in der Erkenntnis des Menschen zu sehen, in der Verbindung mit anderen Menschen mehr erreichen zu können als alleine. Netzwerke bestanden und bestehen in vielfältigen Ausprägungen. Familie, Freundeskreis, religiöse Gemeinschaften sind Beispiele für Netzwerke. Auch im ökonomischen Umfeld existieren Netzwerke wie z.B. durch langjährige Zulieferer-Kunden-Beziehungen.

Netzwerke lassen sich hinsichtlich ihrer räumlichen Reichweite unterscheiden. Die Spannweite reicht von regionalen bis zu globalen Netzwerken. Darüber hinaus unterscheiden sich Netzwerke in ihren Zielsetzungen. Einige Netzwerke zielen auf soziale oder politische Fragestellungen, während ökonomische Netzwerke primär auf wirtschaftliche Austauschprozes-

---

[6] Vgl. Pawlowski (1998), S. 88ff.

se abzielen.[7] In der Regel haben die Netzwerke gemein, dass die Wissensbasis der einzelnen Akteure erweitert wird. Komplementäre Kompetenzen ergänzen einander und können gegebenenfalls auch einen Ressourcenmangel ausgleichen. Synergieeffekte entstehen unter anderem durch Größen-, Spezialisierungs- und Kostenvorteile. Es gilt offensichtlich, dass 1+1 größer als 2 ist.

Bei ökonomischen Netzwerken wird unterschieden in externe Netzwerke, die aus rechtlich selbstständigen Unternehmen bestehen und interne Netzwerke innerhalb von (größeren) Unternehmen. Kleinere und mittelständische Unternehmen schließen sich zusammen, um beispielsweise im Rahmen der Forschung und Entwicklung enger zusammen zu arbeiten oder gemeinsam Kundenaufträge abzuarbeiten. Bei größeren Unternehmen hingegen können sich Netzwerke aus Unternehmensakquisitionen ergeben, wenn z.B. neue Standorte zum Unternehmen kommen oder auch aus gewachsenen Strukturen entstehen, wenn ein Unternehmen sich aus Kapazitätsgründen erweitert. Ein Unternehmen, das vielleicht bisher zentral geführt und im Rahmen einer Dezentralisierung in kleinere operative Einheiten aufgeteilt wurde, agiert dann als internes Netzwerk dieser einzelnen Einheiten.

9.2.4   Netzwerkbeziehungen

In größeren Unternehmen, die bislang eher zentral organisiert und geführt wurden, werden strategische und auch Wissensziele zentral verfolgt und organisiert. In vielen Firmen haben durch die Einführung von dezentralen Strukturen die einzelnen Unternehmenseinheiten mehr Kompetenzen und Verantwortlichkeiten bekommen. Diese kleineren Unternehmenseinheiten nutzen dann oft die gewonnenen Freiheiten, um ihre individuellen Teilziele und Teilstrategien zu verfolgen. Hierbei lässt sich dann häufig feststellen, dass diesen „Fürstentümern" ihre eigenen Ziele wichtiger sind als die des „Königreiches". Übergeordnete Bereiche haben dann die Aufgabe dafür zu sorgen, dass auch die Interessen des übergeordneten Bereiches (Konzerns) gewahrt werden. Dies kann dann häufig zu Interessenskonflikten führen, wenn die Teilbereichsziele mit denen des Konzerns nicht übereinstimmen. Ebenso ist auch ein gewisser „Geschwisterneid" unter den „Fürstentümern" festzustellen, beim „König" besser dazustehen, indem unter anderem wichtige Informationen oder Wissen zurückgehalten werden.

Um die übergeordneten Ziele in Unternehmen oder eines Netzwerkes wahrzunehmen werden im Rahmen des Wissensmanagements häufig Stabsfunktionen eingesetzt, um den Wissensaustausch zwischen den Teilbereichen zu organisieren und auch zu fördern. Der übergeordneten Stelle ist es daher wichtig, dass Wissen ausgetauscht wird. Die Stabsstellen haben dann die Aufgabe, beratend oder auch richtungsweisend auf die Teilbereiche einzuwirken, um den Wissensaustausch im Sinne des größeren Ganzen zu verstärken. Hierbei tritt dann häufig das Dilemma auf, dass den Teilbereichen aufgrund der Dezentralisierung Verantwortlichkeiten gegeben wurden, sie aber Ihre Aktivitäten an den Gesamtzielen auszurichten haben. Wenn

---

[7] Vgl. VDI (2004), S. 8f.

die Stabsstellen dann – im Auftrag der Konzernleitung – die Einhaltung der Gesamtwissensziele einfordern und nicht mit bestimmten Richtungs- und Entscheidungskompetenzen ausgestattet sind, kommt es zu Spannungen. Die Stabsstellen fühlen sich oft in dieser Dreiecksbeziehung mit den Teilbereichen und der Konzernleitung als „zahnlose Tiger".

9.3   Management des Wissens

9.3.1   Wissenstransfer

Wissen wird von Nonaka und Takeuchi unterscheiden in zwei Arten von Wissen – implizites und explizites Wissen.[8] Explizites ist als Verstandeswissen (Geist) eher digitales Wissen. Implizites dagegen ist Erfahrungswissen (Körper) und analog. Zwischen diesen beiden Wissenstypen gibt es Austausch- und Wandlungsprozesse.

Wird implizites zu implizitem Wissen, so geschieht dies durch *Sozialisation* des Wissens. Auszubildende zum Beispiel arbeiten mit Meistern zusammen und erlernen das handwerkliche Wissen nicht durch Sprache, sondern durch Beobachtung, Nachahmung und Praxis. *Externalisierung* wird der Prozess von implizitem zu explizitem Wissen genannt. Es bedarf der Form von Metaphern, Analogien und Modellen. Nur auf diese Weise lässt sich implizites Wissen ausdrücken. Die am häufigsten betrachtete Form der Wissensweitergabe ist die *Kombination*, bei der explizites Wissen mit explizitem Wissen vernetzt wird. Hier werden Informationen über verschiedene Medien wie Internet oder andere vernetzte Systeme kommuniziert. *Internalisierung* beschreibt den Vorgang bzw. die Wandlung von explizitem zu implizitem Wissen. Durch „learning by doing" wird Know-how internalisiert. Es handelt sich dabei um den Lernprozess an sich.

Die Unterscheidung und Beschreibung von Wissen mit den Begriffen von explizitem und implizitem Wissen ist aus Sicht des Autors eher unscharf, da im Allgemeinen in der Literatur meist nur von Wissen gesprochen wird und die Unterscheidung ausbleibt. Die Bezeichnung von implizitem Wissen als *Wissen* und von explizitem Wissen als *Information* trifft die Sache anschaulicher.

Insbesondere die Wandlungsprozesse Externalisierung und Internalisierung können hiermit besser beschrieben werden. Während die Wandlungsprozesse Sozialisierung und Kombination eher auf der Ebene des Individuums oder der Gruppe ablaufen, findet auf Unternehmensebene bzw. auf der Ebene der Unternehmensinteraktion eher die Externalisierung und Internalisierung statt.[9]

---

[8] Vgl. Nonaka; Takeuchi (1997), S. 73ff. Wilkesmann; Rascher (2005), S. 15f.

[9] Vgl. Nonaka; Takeuchi (1997), S. 86f.

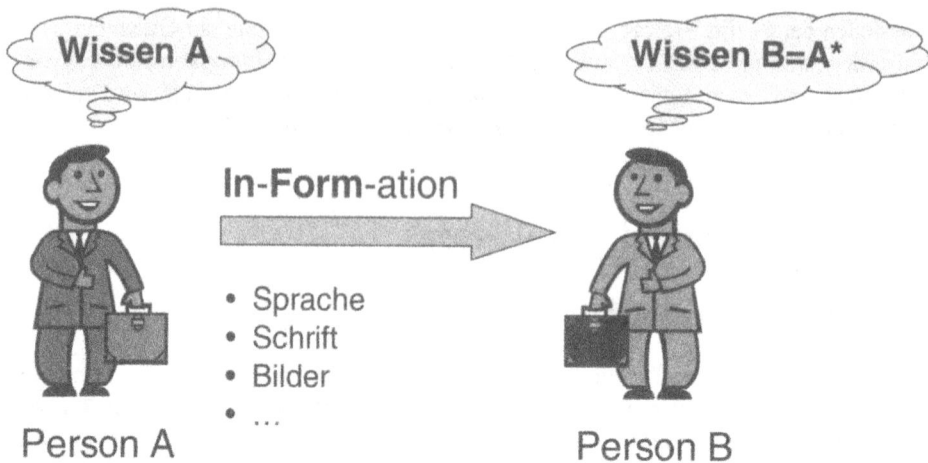

Abb. 9.2 *Wissenstransfer*

Wird Wissen von einer Person A zu einer Person B mittels irgendwelcher Medien weitergegeben, so finden sich genau diese beiden Prozesse wieder (Abb. 9.2). Person A äußert das (implizite) Wissen und bringt es in eine Form: Sprache, Schrift oder Bild. Es wird somit eine *In-Form-ation*, das heißt explizites Wissen, daraus. Die das Wissen aufnehmende Person internalisiert diese Information zu (implizitem) Wissen durch aktive Aufnahme. Das ist gewissermaßen der Lernprozess. Das Wissen von der Person B unterscheidet sich jedoch von dem Wissen der Person A, da das (implizite) Wissen immer im persönlichen Erfahrungszusammenhang zu sehen ist.

9.3.2 Erfolgsfaktoren alternativer Implementierungsansätze

Es scheint, als ob dem Thema Wissensmanagement das gleiche Schicksal wie anderen Managementthemen widerfährt – so z.B. Total Quality Management, Lean Management, Business Process Reengineering etc. Ist Wissensmanagement auch nur wieder eine von diesen Modeerscheinungen im Management? Nachdem in vielen Unternehmen Wissensmanagement mit mehr oder weniger Erfolg und vor allem mit relativ teuren EDV-Systemen eingeführt worden ist, herrscht zur Zeit eher Ernüchterung bezüglich der Erfolge. Es zeigt sich, dass die Firmen unterschiedlich damit umgehen. Einige Unternehmen stoppen die Wissensmanagementprojekte und buchen die Aktivitäten als Modewelle ab. Andere forschen tiefer nach den Gründen des Misserfolgs und suchen nach Verbesserungsstrategien. Letztere kommen dann schnell zur Erkenntnis, dass mit EDV-Systemen das Thema nicht erschlagen werden kann, sondern dass interne Prozesse und vor allem die Unternehmenskultur die wesentlichen Erfolgsfaktoren für Wissensmanagement sind.

Viele Unternehmen und Organisationen, die mit dem Thema Wissensmanagement bislang gescheitert sind, haben versucht, in erster Linie eine technische Lösung für diese Aufgabenstellung zu finden, indem Computersysteme und -netzwerke mit unterschiedlichsten Soft-

ware-Lösungen installiert wurden – wie z.B. Intranets und Datenbanken mit vielen Anwendungsmöglichkeiten. Mehr oder weniger wurden dann noch Anstrengungen unternommen,
die Mitarbeiter zu schulen und zu motivieren, diese Systeme zu nutzen oder gar ihr Wissen
und Informationen beizusteuern. Die Aspekte der Veränderung der Aufbau- und Ablauforganisation sowie die notwendigen Veränderungen in der Kommunikations- und Informations-
kultur bleiben – wenn überhaupt – eher unterrepräsentiert. Dieses Ungleichgewicht hat dann
meist dazu geführt, dass die IT-Systeme zum Wissensmanagement nicht akzeptiert und angewendet wurden.

Um Wissensmanagement ganzheitlich in Unternehmen einführen zu können, sind die Aspekte Mensch (Unternehmenskultur), Organisation (Aufbau- und Ablauforganisation) und Technik (IT-Strukturen) zu beachten und gleichberechtigt und balanciert zu bearbeiten (Abb. 9.3).
Diese drei Dimensionen im Wissensmanagement haben einen unterschiedlichen zeitlichen
Umsetzungshorizont und Konkretisierungsgrad. Kultur ist eher „analog" zu sehen und Veränderungen bedürfen meist mehrerer Jahre. (IT-)Technologie dagegen ist meist „digital" und
relativ kurzfristig umsetzbar. Diese Tatsachen mögen auch Gründe dafür sein, dass viele
Unternehmen und Organisationen zunächst auf die Technik gesetzt haben, da dieser Aspekt
greifbarer und schneller umsetzbar war. Die organisatorischen Aspekte wurden dann anschließend betrachtet und umgesetzt und schließlich auch die kulturellen Aspekte. Zum erfolgreichen Management des Produktionsfaktors „Wissen" gehört allerdings mehr, als nur
die Einführung von Informations- und Kommunikationstechnologien.[10]

Abb. 9.3 *Dimensionen im Wissensmanagement*

---

[10] Vgl. Pawlowski (1998), S. 88ff.

Für einen „Königsweg" im Wissensmanagement ist genau die entgegengesetzte Reihenfolge sinnvoll. Zunächst sind die kommunikations- und informationskulturellen Aspekte zu analysieren und zu gestalten. Es gilt, Antworten auf folgende Fragen zu finden: Wie wollen Unternehmen und Organisationen intern und extern kommunizieren und Wissen austauschen? Welche Werte spielen dabei ein Rolle? Was ist dem Unternehmen wichtig? Wie kann und soll Wissensmanagement in der Unternehmensstrategie verankert werden und in welcher Weise wird das im Unternehmen im Rahmen des Unternehmensleitbildes kommuniziert? Erst dann gilt es, die sich daraus ergebenden Veränderungen der Aufbauorganisation (Struktur) und Ablauforganisation (Prozesse) zu gestalten. In diesem Zusammenhang können dann auch die technologischen Systeme (Technik) integriert werden, wenn z.B. geänderte Prozesse den Einsatz von Technik sinnvoll und möglich machen.

Die Elemente Mensch, Technik und Organisation sollten nicht getrennt voneinander im Wissensmanagement-Konzept berücksichtigt werden, sondern integriert wie Zahnräder ineinander greifen. Verbindendes Element hierbei ist die Unternehmenskultur. Neben einer wissensorientierten Unternehmenskultur, die zu den wichtigsten Erfolgsbedingungen im Wissensmanagement zählt, nennen Davenport und Prusak folgende Erfolgsfaktoren:[11]

- technische und organisatorische Infrastruktur
- Unterstützung durch das Top-Management
- richtiges Maß an Prozessorientierung
- Klarheit in Vision und Sprache
- wirksame Motivationshilfen
- bestimmtes Maß an Wissensstruktur
- multiple Kanäle für den Wissenstransfer

Zu den wichtigsten Elementen einer wissensorientierten Unternehmenskultur zählt eine positive Einstellung zum Wissen und die Vermeidung von wissenshinderlichen Barrieren in der Kultur. Mangelndes Vertrauen ist eine solche Barriere, die durch den Aufbau von guten Beziehungen und persönliche Begegnungen bewältigt werden kann. Die Schaffung einer gemeinsamen Grundlage für das Wissensmanagement durch Ausbildung, Teambildung oder systematischen Arbeitsplatzwechsel kann die Barrieren durch unterschiedliche Kulturen oder Sprachen beseitigen. Dies gilt insbesondere beim Wissensaustausch in Unternehmensnetzwerken.

Der Umgang mit Fehlern ist kulturell ein ganz wichtiger Aspekt. Ob Fehler als Quelle für ein Lernpotenzial gesehen werden oder „bestraft" werden, hat ganz wesentliche Auswirkungen auf den Umgang mit Wissen. Im ersten Fall wird Wissen gerne geteilt und ausgetauscht, weil ein Vorteil für alle Beteiligten gesehen wird. Im zweiten Fall wird Wissen oft zurückgehalten, um einen persönlichen Vorteil bewahren zu können. Die Gestaltung von Anreizsystemen ist daher ein wichtiger Bestandteil bei der Implementierung von Wissensmanagement. Hierbei geht es aber primär nicht nur um finanzielle Anreize, sondern auch um Anerkennung und Statusgewinn für die Wissensträger. Siemens hat mit dem System ShareNet ein weltweites Informations- und Kommunikationssystem geschaffen und bei der Einführung und Durch-

---

[11] Vgl. Davenport; Prusak (1999), S. 195ff., 292ff.

führung eine Reihe von sehr unterschiedlichen Anreizsystemen zur Anwendung kommen lassen.[12]

9.3.3 Wissensorientierte Unternehmensführung

Beim Wissensmanagement in Unternehmen und Organisationen geht es nicht nur darum, einen Wissensaustausch zwischen Mitarbeitern zu erreichen, sondern auch ganz besonders um die Vernetzung von Teams, Gruppen, Abteilungen oder ganzen Unternehmensteilen. Wissensmanagement hat daher einen wichtigen strategischen Aspekt. Wie für andere Bereiche des Managements ist aus den Wissenszielen eine Strategie abzuleiten, wie die Ziele optimal erreicht werden können.[13] Eine Wissensstrategie muss beinhalten, wie folgende Aspekte bearbeitet werden:

- Identifizierung von kritischem Wissen
- Effiziente Vermittlung und Verteilung von Wissen
- Zugriff auf vorhandenes Wissen
- Optimale Nutzung vorhandener Wissensquellen
- Sicherung des Wissens vor unbefugtem Zugriff
- Dokumentation und Institutionalisierung von Wissen
- Entsorgung von unbrauchbarem Wissen
- Förderung des Wissenstransfers zwischen Individuen, Gruppen und der Organisation

North spricht in diesem Zusammenhang vom Reifegrad wissensorientierter Unternehmensführung und hat das anhand der Wissenstreppe anschaulich dargestellt und die Begriffsdefinition über das Wissen hinaus bis zum Zusammenhang mit der Wettbewerbsfähigkeit beschrieben (Abb. 9.4).[14]

Unternehmen, die sich im ersten Reifegrad befinden, haben in der Regel nur IT-Systeme implementiert. Begleitende organisatorische Maßnahmen oder Anreizsysteme zur Förderung des Wissensaustausches sind gar nicht oder nur ansatzweise vorhanden. Durch verstärkten Informationsaustausch erreichen die Unternehmen in bestimmten Punkten Effizienzsteigerungen.

Beim zweiten Reifegrad werden schon mehr die Begriffe Wissen und Können integriert. Diese Unternehmen haben erkannt, dass der technische Aspekt beim Wissensmanagement nicht ausreicht, sondern auch bestimmte Rahmenbedingungen geschaffen werden müssen, um den Wissensaustausch im Unternehmen zu fördern.

Unternehmen des dritten Reifegrades haben eine professionelle Wissensorganisation abteilungsübergreifend eingeführt. Sie haben Wissensmanagement in die Geschäftsprozesse integriert, verfügen über eine durchgängige Informations- und Kommunikationsstruktur sowie

---

[12] Vgl. Wilkesmann; Rascher (2005), S. 40ff.

[13] Vgl. Lüthy (2002), S. 281.

[14] Vgl. North (2005), S. 32ff.

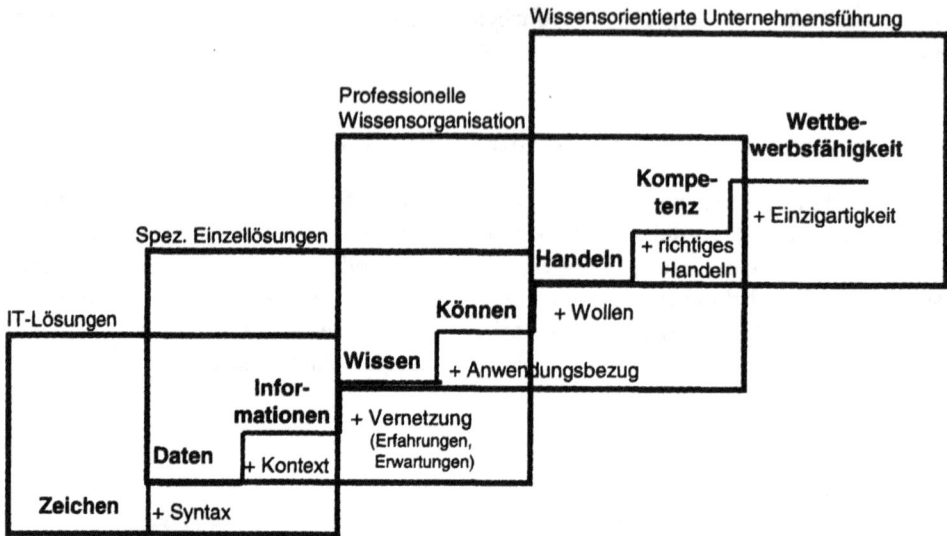

Abb. 9.4   Reifegrad wissensorientierter Unternehmensführung[15]

über Anreizsysteme für die Mitarbeiter und Nutzenmessungen des Wissensmanagements. Der Austausch von Wissen wird über „Communities of Practice" bzw. Kompetenzzentren unterstützt.

Der vierte Reifegrad entspricht einer wissensorientierten Unternehmensführung. Für Unternehmen, die diesen Reifegrad erreicht haben, ist Wissensmanagement ein fester und integrierter Bestandteil der eigentlichen Unternehmensführung. Dies ist gewissermaßen ein Idealzustand. Eine vertrauensvolle Unternehmenskultur, die von Führungskräften vorgelebt und eingefordert wird, kennzeichnet diesen Reifegrad.

9.4   Organisation des Wissens in Netzwerken

9.4.1   Kollektives Wissen

Wissen vermehrt sich, wenn es geteilt wird, oder es wird sogar zusätzliches Wissen erzeugt. Das bedeutet, ein gutes Zusammenspiel von Individuen im Rahmen einer Gruppe oder eines Teams ist förderlich im Sinne des Wissensmanagements. Gruppen können als formelle oder informelle Allianzen von Mitarbeitern angesehen werden. Im Rahmen verschiedener Managementansätze wie Lean Production, Total Quality Management etc. sind die Möglichkeiten der gemeinsamen Nutzung von kollektivem Wissen und von dezentralem Wissensaufbau

---

[15] Vgl. North (2005), S. 36.

bekannt geworden.[16] Vom Grundsatz her gilt Gleiches auch für Unternehmen oder deren Netzwerke. Die Netzwerkpartner fungieren als Individuen im Netzwerk und daher gelten die gleichen Gesetzmäßigkeiten. Das gilt für Netzwerke innerhalb von Unternehmen wie auch für unternehmensübergreifende.

Wenn Partner in einem Netzwerk organisiert und verbunden sind, dann haben sie Zugang auf das kollektive Wissen, was größer ist als die Summe des Wissens aller Einzelelemente des Netzwerkes. Aus der Verbindung kann sich Wissen komplementär ergänzen und sich so zu einem umfassenderen Bild zusammenfügen. Das Ziel von vernetzten Wissensinseln im Unternehmen oder einem Unternehmensnetzwerk wird erreicht, in dem systematisch die aufgezeigten Wissensbarrieren abgebaut bzw. überwunden werden und somit das Netzwerk Zugang zu „seinem kollektiven Wissen" erhält (Abb. 9.5).

Eine bekannte Art des Wissensaustausches und der Wissensgenerierung – abteilungs- oder unternehmensübergreifend – sind die Communities of Practice (CoP). Solche Wissensgemeinschaften sind Personengruppen, die über einen längeren Zeitraum bestehen und Interesse an einem gemeinsamen Thema haben. Die Mitarbeit in einer solchen Gruppe ist in der Regel freiwillig.[17] Innerhalb solcher Gruppen gibt es typischerweise mehrere Schichten in Abhängigkeit von Intensität der einzelnen Mitglieder. Es gibt Community Leader oder Koordinatoren sowie eine Kerngruppe, die die Community zum Laufen bringen und am Leben erhalten. Der größere Teil der Mitglieder sind meist solche, die mehr oder weniger regelmäßig in der Community mitarbeiten. Ohne eine Kerngruppe ist eine solche Zusammenarbeit aber meist nicht von langer Dauer.

Abb. 9.5   *Vernetze Wissensinseln im Unternehmensnetzwerk*

---

[16] Vgl. North (2005), S. 108ff.

[17] Vgl. Probst u.a. (2006), S. 168ff., North (2005), S. 154ff.

Neben den (freiwilligen) Communities of Practice gibt es auch von der Organisation festgesetzte Netzwerkstrukturen – insbesondere in dezentralen Unternehmen. Die einzelnen Netzwerkpartner sind angehalten, ähnlich wie bei den CoP wissensorientiert zusammen zu arbeiten. In der Zusammenarbeit werden Wissensmärkte geschaffen, auf denen sowohl Käufer (Nutzer) als auch Verkäufer (Anbieter) von Wissen auftreten. Ähnlich wie an der Börse treten auch noch Wissensmakler auf, die eine Verbindung zwischen den Käufern und Verkäufern herstellen. In Unternehmen verhalten sich ca. 10 Prozent der Manager aus allen Bereichen in Unternehmen wie Wissensmakler. Ein florierender Wissensmarkt wirkt sich belebend aus. Mitarbeiter oder Netzwerkpartner erkennen, dass ihr Wissen gefragt ist und Nachfragern nach Wissen und Informationen kann geholfen werden. Eine klassische Win-Win-Situation. Gute Wissensmärkte fördern daher die Motivation, stärken den Zusammenhalt unter den Netzwerkpartnern und führen zu reicheren Wissensbeständen.[18]

Einer der zentralsten Aspekte im Wissensmanagement beschäftigt sich mit der Frage, wie neues Wissen im Unternehmen generiert werden kann. Dieses Thema wird häufig auch im Zusammenhang mit organisationalem Lernen diskutiert.[19] Probst u.a. beschreiben das im Rahmen der Wissensentwicklung, die neben den Bausteinen Wissensziele, Wissensbewertung, Wissensidentifikation, Wissenserwerb, Wissensverteilung, Wissensnutzung und Wissensbewahrung ein Kernprozess des Wissensmanagements ist.[20] Auch in Unternehmensnetzwerken geht es also nicht nur darum, Wissen zu teilen bzw. auszutauschen, sondern auch zu schaffen bzw. zu generieren.

9.4.2   Netzwerkstrukturen

Bei Unternehmensnetzwerken kann es sich um Netzwerke von rechtlich selbstständigen Unternehmen wie auch um Netzwerke innerhalb von größeren Unternehmen handeln. Der wesentliche Unterschied besteht neben der rechtlichen Autonomie in der Tatsache, dass es in der Regel in einem internen Unternehmensnetzwerk eine koordinierende Stelle (Stabsfunktion) oder Headquarter gibt.

Beim Wissensmanagement im Rahmen von Unternehmensnetzwerken wird angestrebt, innerhalb des Netzwerkes alle Netzwerkpartner auf einem standardisierten und gleichen Wissens- und Informationsniveau zu halten. Darüber hinaus soll insbesondere im Sinne von Produkt- und Prozessentwicklungen über diese (virtuelle) Zusammenarbeit neues Wissen generiert werden.

Beim Aufbau von Wissensnetzwerken ist zunächst darauf zu achten, dass eine bestimmte Beziehungsebene aufgebaut wird. Diese wird unterstützt, wenn die Netzwerkpartner sich persönlich kennen, z.B. durch eine gemeinsame Kick-off-Veranstaltung oder durch regelmäßige persönliche Treffen. Eine weitere wichtige Grundlage ist ein gemeinsames Verständnis

---

[18] Vgl. Davenport; Prusak (1999), S. 70ff., S. 107ff.

[19] Vgl. Lehner (2000), S. 177ff.

[20] Vgl. Probst u.a. (2006), S. 27ff.

über die auszutauschenden Inhalte und Regeln im Austausch von Wissen und Informationen. Zu den Regeln gehören auch finanzielle Vereinbarungen zwischen den Netzwerkpartnern. Ein gemeinsames Verständnis beinhaltet auch, die gemeinsamen Ziele durch die Anwendung von Wissensmanagement im Netzwerk klar darzustellen und zu kommunizieren. Schließlich ist eine bestimmte Vertrauensbasis überhaupt erst der Grundstein für eine solche Zusammenarbeit.[21]

Ähnlich wie bei den Communities of Practice gibt es in Netzwerken eine Art Kerngruppe und meistens auch einen Netzwerkmanager oder Leader. Dieser kann institutionalisiert sein oder auch nur informell fungieren. Eine weitere Unterscheidung besteht bzgl. der Integration in das Netzwerkgefüge. Das bedeutet, dass der Netzwerkmanager entweder integriert ist – also Netzwerkpartner ist – oder extern arbeitet im Sinne eines Beraters. Vorteile eines internen Netzwerkmanagers sind die kurzen Entscheidungswege, meist eine schnelle Umsetzung und die Nähe zum „Problem". Nachteilig kann sein, dass es durch Arbeitsüberlastung zeitliche Engpässe geben und der interne Netzwerkmanager seine Aufgaben neben seinem Tagesgeschäft nur unzureichend wahrnehmen kann. Ein externer Netzwerkmanager ist in der Regel unabhängig, hat allerdings meist keine vergleichbare „Problemnähe" und es kann ein relativ großer Organisationsaufwand entstehen.[22]

9.5   Wissen international vernetzen – ein Beispiel

9.5.1   Ausgangssituation und Zielsetzung

Im Folgenden wird in einem Praxisbeispiel aufgezeigt, wie Wissensmanagement in einem Unternehmensnetzwerk ein- und umgesetzt wurde. Es handelt sich um ein produzierendes Unternehmen in der Automobilzulieferindustrie, das in elf europäischen Ländern Produkte entwickelt, produziert und vertreibt. Darüber hinaus bietet das Unternehmen technische Trainings und Seminare für die Anwendung dieser Produkte und der eingesetzten Technologie an.

Das hier dargestellte Unternehmen war in der Vergangenheit zentral organisiert (Abb. 9.6). Die Geschäftsverantwortung für alle Produkte lag zentral im Firmenhauptsitz in Süddeutschland. Aufgrund von Managemententscheidungen wurde das Unternehmen sukzessive umstrukturiert und dezentral organisiert in einer klassischen divisionalen Organisationsform. Um nahe am Kunden zu sein und den Kompetenzen an den Standorten in den elf europäischen Ländern gerecht zu werden, wurde das Unternehmen in kleinere Organisationseinheiten in der Größe von kleinen bzw. mittelständischen Unternehmen (KMU) aufgeteilt, die jeweils die volle unternehmerische Verantwortung haben. Diese sogenannten Kompetenz-Zentren (Center of Competence) verfügen über alle Funktionen eines Unternehmens wie z.B. Entwicklung, Produktion, Vertrieb, Controlling, Qualitätswesen etc. Den Center of Compe-

---

[21] Vgl. VDI (2004), S. 17ff.

[22] Vgl. VDI (2004), S. 36.

tence (CoC) sind neben den genannten Funktionen am Standort zusätzlich Produktionswerke auch an anderen Standorten im Unternehmen zugeordnet, an denen andere Kompetenz-Zentren ihren Standort haben. So entstand aus einer zentralen Organisation ein dichtes europäisches Netzwerk aus Kompetenz-Zentren und Produktionswerken.[23]

Es lässt sich leicht vorstellen, dass diese Unternehmensorganisation einen höheren Abstimmungs- und Kommunikationsbedarf hat, als die ehemalige zentrale Organisationsform. Um diesem Bedarf gerecht zu werden, wurde für die Entwicklungs-, die Produktions-, die Logistikleiter sowie Trainings- und Seminarleiter jeweils einmal im Jahr ein europäisches Treffen organisiert, auf dem aktuelle Themen besprochen und Best Practices zu verschiedenen Themen vorgestellt wurden. Es zeigte sich jedoch sehr schnell, dass ein einmaliges Treffen pro Jahr nicht ausreicht, um eine enge Zusammenarbeit zu gewährleisten. Die Spezialisten in den einzelnen Disziplinen wie Entwickler, Qualitätsmanager oder auch Trainer, die zuvor auch räumlich eng zusammen gearbeitet hatten, waren nun in Europa verstreut und standen vor der Herausforderung, auch im Tagesgeschäft ihr Wissen und ihre Erfahrung teilen zu können. Es zeigte sich hierbei oft, dass die „linke Hand nicht wusste, was die rechte Hand tut".

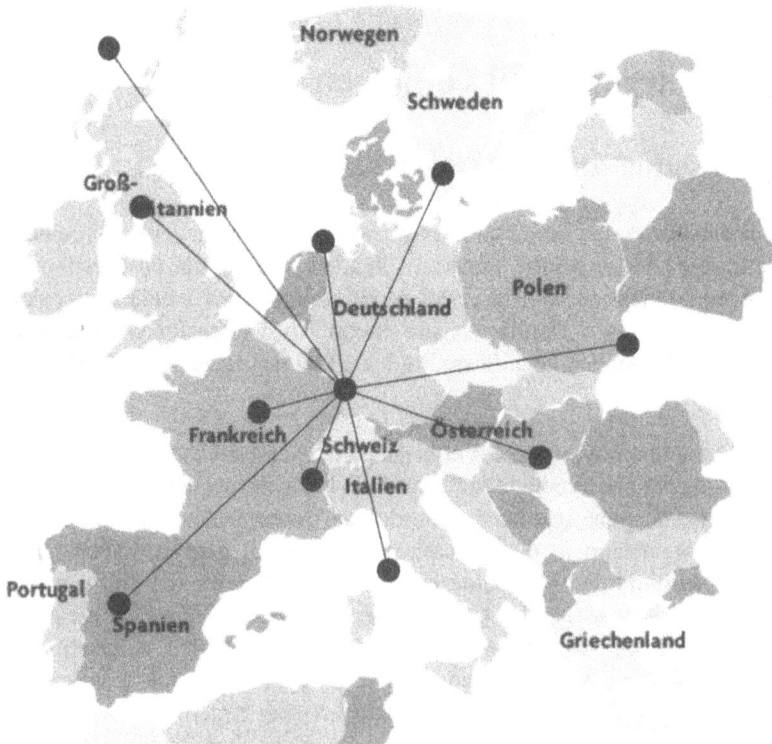

Abb. 9.6   *Unternehmensnetzwerk*

---

[23] Vgl. Dittrich u.a. (2003), S. 134f.

Um die Spezialisten in Europa gut zu vernetzen war ein Wissens- und Kommunikationssystem notwendig, das die Mitarbeiter im Tagesgeschäft nutzen können. In diesem System sollten Produktunterlagen, Trainings- und Schulungsunterlagen sowie andere Dokumente abgelegt werden, die von anderen Netzwerkpartnern genutzt werden können. Ziel war es, europaweit einheitliche Unterlagen zur Verfügung zu haben, um einerseits einen bestimmten Standard gewährleisten zu können und andererseits Doppelarbeit zu vermeiden.

9.5.2   Aspekte des Wissensnetzwerkes

Um ein solches Wissensnetzwerk zu starten und ins Leben zu rufen, war es notwendig, von Beginn an die Nutzung eines solchen Systems attraktiv zu machen. Anfangs sind meist nur wenige Dokumente in einem solchen System vorhanden. Daher ist die Attraktivität, mit dem System zu arbeiten, nur begrenzt und kann sich schnell verlieren. Es war wichtig, möglichst schnell viele qualitativ hochwertige Informationen im System zur Verfügung zu stellen. Um dies zu gewährleisten, hat das beschriebene Unternehmen zunächst mit einem großen Redaktionsteam von zentraler Seite aus viele Dokumente überarbeitet, das heißt in die englische Sprache übersetzt und standardisiert, und dann in das System eingestellt. Nach einer gewissen Anlauffrist sollten dann die Inhalte auch dezentral, das heißt aus den Center of Competence bereitgestellt werden. Denn es war beabsichtigt, ein Collaboration System zu installieren und kein reines Dokumentenmanagementsystem.

Da viele Dokumente bisher meist nur in der Landessprache verfasst waren, war es notwendig, ein Konzept für die Sprachenverwaltung zu erstellen und einzuführen. Das Konzept beinhaltete die Vorgabe, das aus Standardisierungsgründen zunächst alle Unterlagen mindestens in Englisch – als gemeinsame Netzwerksprache – im System zu hinterlegen sind. Zusätzlich können die Unterlagen bei Bedarf in die verschiedenen Landessprachen übersetzt und ebenfalls abgelegt werden.

Die Anschubaktivitäten von zentraler Seite zeigten ebenso, dass es auch hinsichtlich der Finanzierung des Systems sinnvoll war, zunächst über eine zentrale Anlauffinanzierung das System lauf- und lebensfähig zu machen. Nach der Anlaufphase sollte die Finanzierung teilweise oder ganz dezentral erfolgen. Hierbei sind sowohl regelmäßige Pauschalbeiträge denkbar wie auch nutzungsabhängige Entgelte. Im Rahmen der finanziellen Fragen war auch zu klären, ob und in welcher Art finanzielle Anreizsysteme für die Nutzer angeboten werden.

Die Frage bzgl. zentral oder dezentral trat auch hinsichtlich der Datenhaltung auf. Im vorliegenden Beispiele entschied sich das Unternehmen für eine rein zentrale Datenhaltung, da dies der IT-Strategie des Unternehmens entspricht. Die einzelnen Netzwerkpartner sind über Standleitungen mit dem System verbunden.

Wie bereits erwähnt, ist für den erfolgreichen Einsatz von Wissensmanagement die Implementierung und der Betrieb eines Wissensmanagementsystems zwar notwendig, aber nicht hinreichend. Geeignete Organisationsstrukturen und die Einbindung in die Unternehmensstrategie und Unternehmenskultur sind ebenso wichtig. Das beschriebene Unternehmen hatte vor dem Start dieses Projektes zunächst mit den Führungskräften die strategische Bedeutung dieses Wissensmanagement-Netzwerkes beraten und gemeinsam im Rahmen eines Business-Planes verabschiedet. Erfolgreiche Wissensmanagement-Projekte bedürfen der Unterstützung durch das Top-Management. Um dies zu untermauern, wurden mit den Top-Managern Zielvereinbarungen für die Implementierung und Nutzung des Systems vereinbart. Der Netzwerk-Manager als Promotor des Wissensnetzwerkes im Top-Management achtet auf die Umsetzung und Einhaltung dieser Zielvorgaben.

9.5.3   Netzwerkorganisation

Die Struktur der Netzwerkorganisation und die entsprechenden Verantwortlichkeiten sind in der Abbildung 9.7 zu sehen. Mehrere Content Experten (CE), das heißt Spezialisten zu einem bestimmten Thema, die an verschiedenen Standorten des Netzwerkes arbeiten, und ein Content Coordinator bilden ein Center of Competence (CoC). Dieses Center of Competence ist verantwortlich für die netzwerkweite Standardisierung und Weiterentwicklung der Produkte und Dokumente.

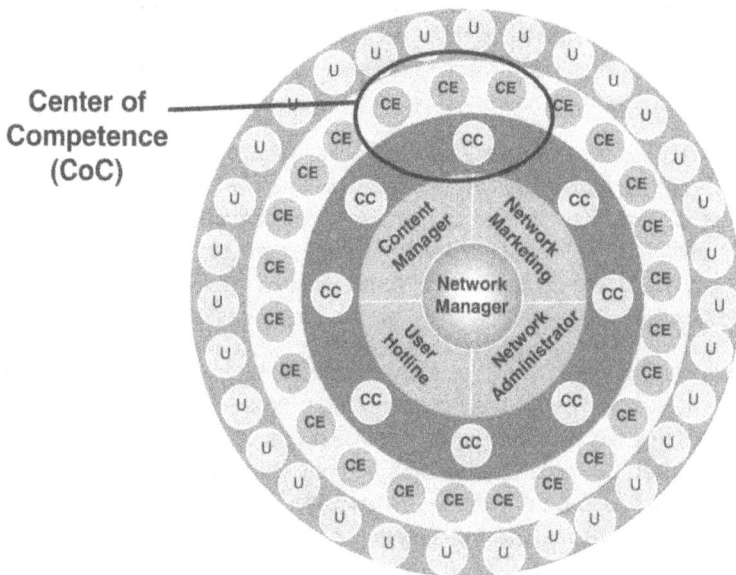

User (U)	Content Expert (CE)	Content Coordinator (CC)	Content Manager (CM)
nutzt Inhalte und gibt Feedback und Ideen	verantwortlich für Erstellung und Pflege von Unterlagen	verantwortlich für Produkte im Center of Competence	verantwortlich für Qualitätssicherung, Standardisierung
Network Administrator	Network Marketing	User Hotline	Network Manager
verantwortlich für Benutzerverwaltung und IT-Standards	verantwortlich für interne Promotion u. Anreizsysteme	verantwortlich für Service-Level des Systems	verantwortlich für Zielvereinbarungen u. Strategie

Abb. 9.7   Organisation des Wissensnetzwerkes

- User: Die Anwender des Systems in den europäischen Landesgesellschaften nutzen die Inhalte und geben Feedback zu den Produkt- oder Schulungsunterlagen hinsichtlich Qualität und/oder Verwertbarkeit.

- Content Expert: In den Landesgesellschaften gibt es lokale Redakteure, die sich inhaltlich mit den Produkten und Inhalten der Unterlagen auskennen und dezentral aus ihrem Center of Competence Inhalte in das System laden.

- Content Coordinator: Der Content Coordinator hat gewissermaßen eine Produktmanager-Funktion. Er leitet das standortübergreifende Center of Competence und ist für die Koordination der Content Experten und der Arbeit zu den Produkten verantwortlich.

- Content Manager: Dies ist eine Stabs- oder Assistenzfunktion für den Netzwerk Manager. Der Content Manager ist verantwortlich für die Qualitätssicherung der Inhalte im Wissensnetzwerk und liefert Unterstützung für die Standardisierung und möglicherweise auch Modularisierung der Produkte.

- Network Administrator: Dies ist die Funktion eines Webmasters, der für alle IT-relevanten Standards und für die Benutzerverwaltung verantwortlich ist.

- User Hotline: Um eine reibungslose Nutzung des Systems rund um die Uhr gewährleisten zu können, ist die Einrichtung einer Hotline sinnvoll. Diese Mitarbeiter können den Nutzern schnell konkrete Hinweise bei Problemen geben oder schnellen Support veranlassen. Sie sollten sowohl inhaltliche wie auch technische Hilfeleistung geben können.

- Network Manager: Der „Leiter" des Wissensnetzwerkes ist in der Regel auch der Promotor seitens des Top-Managements und genießt Unterstützung der Unternehmensleitung zur Wahrung seiner Aufgabe. Er ist verantwortlich für die Zielvereinbarungen und die Umsetzung der Strategie bzgl. des Wissensnetzwerkes. Darüber hinaus ist er Ansprechpartner für Fragen betreffend der Organisation und der finanziellen Vereinbarungen.

9.5.4   Kulturwandel

Das Unternehmen befindet sich auf der Reifegradskala bzgl. einer wissensorientierten Unternehmensführung von North auf der Stufe vom zweiten zum dritten Reifegrad. Die Schaffung eines einheitlichen Informations- und Kommunikationssystems und die Bildung der Center of Competence sind eindeutige Indikatoren hierfür.

Mit der Einführung dieses Wissensnetzwerkes hat in dem beschriebenen Unternehmen bereits nach relativ kurzer Zeit ein Umdenkungsprozess stattgefunden und sich damit einhergehend der Beginn eines Kulturwandels vollzogen. In der Vergangenheit liefen alle wichtigen Informationsströme aus den Landesgesellschaften in die Zentrale und wieder zurück. Nach der Dezentralisierung sind die einzelnen Center of Competence zu selbstständigen eigenverantwortlichen Partnern in einem Netzwerk geworden. Die Zentrale fungiert nun als Headquarter und versteht sich in diesem Netzwerk als Service-Dienstleister und ist verantwortlich für die Funktionen Network Administrator, Network Marketing, User Hotline und Content

Manager. Die Center of Competence haben im Rahmen der Zielvereinbarungen weitgehende Autonomie, werden aber auch bzgl. der Kooperation innerhalb und außerhalb des Kompetenz-Zentrums gemessen. Somit operieren die Center of Competence wie Schiffe in einem größeren Flottenverband. Die Leiter dieser Zentren als „Kapitäne" ihrer Schiffe navigieren autonom und nutzen sowie stärken den „Flottenverband", dessen „Admiral" der Netzwerkmanager ist, durch Kooperation und Wissensaustausch.

9.6   Fazit und Ausblick

Kleine und mittelständische Unternehmen schließen sich zu Kooperationsnetzwerken zusammen. Aber auch in größeren Unternehmen sind Netzwerkstrukturen zu finden. Durch Dezentralisierung von ehemals zentral organisierten Unternehmen oder durch Fusionen und Akquisitionen von Unternehmen ergeben sich Netzwerke auch innerhalb eines Unternehmens. Der Wissensaustausch innerhalb des Netzwerkes kann den Netzwerkpartnern einzeln aber auch als Ganzes zu mehr Wettbewerbsfähigkeit verhelfen.

Es ist davon auszugehen, dass sich im wirtschaftlichen Umfeld zunehmend mehr Netzwerkstrukturen bilden. Agieren in Netzwerken wird einen wesentlichen Anteil an der zukünftigen Wirtschaftsleistung haben, nicht nur für Unternehmen, sondern auch für einzelne Personen oder Gruppen, die im Rahmen von Projekten in und für Unternehmen zusammenarbeiten. Da der Anteil der „Wissensarbeit" weiter zunehmen wird, ist eine Beschäftigung mit Wissensmanagement in (Unternehmens-)Netzwerken nachhaltig sinnvoll.

Literatur

Davenport, T. H.; Prusak, L.: Wenn Ihr Unternehmen wüsste, was es alles weiß. Landsberg am Lech (1999).

Dittrich, K.; Eckardt, B.; Kaiser, A.: Potenzialorientierte Innovationsstrategie in der Unternehmensgruppe Freudenberg. In: Kohlgrüber, M.; Schnauffer, H.-G.; Jaeger, D. (Hrsg.): Das einzigartige Unternehmen. Berlin (2003).

Dittrich, K.; Eckardt, B.; Jaeger, D.; Kaiser, A.: Chancen nutzen durch Stärkung der eigenen Stärken. In: FB/IE 52 (2003) 2, S. 84-89.

Kaiser, A.; Eckardt, B.; Jaeger, D.; Dittrich, K.: Erinnerung an die Zukunft: Auf der Suche nach ungenutzten Potenzialen. In: Wissensmanagement (7/2003), S. 27-29.

Lehner, F.: Organisational Memory. München, Wien (2000).

Lüthy, W.: Wissensmanagement: Erfahrungen und Erkenntnisse. In: Lüthy, W.; Voit, E.; Wehner, T. (Hrsg.): Wissensmanagement – Praxis. Zürich (2002).

Pawlowsky, P.: Wissensmanagement. Wiesbaden (1998).

Probst, G.; Raub, S.; Romhardt, K.: Wissen managen. Wiesbaden (2006).

Nonaka, I.; Takeuchi, H.: Die Organisation des Wissens. Frankfurt/M. (1997).

North, K.: Wissensorientierte Unternehmensführung. Wiesbaden (2005).

VDI: Innovationsnetzwerke. Düsseldorf (2004).

Wilkesmann, U.; Rascher, I.: Wissensmanagement. Mering (2005).

10 Wissensbewertung in der Theorie und Praxis

Konzepte und Methoden zur Messung
einer immateriellen Ressource

Gerrit Fischer

10.1   Einleitung

Die Bedeutung des Wissensmanagements in der heutigen Unternehmenslandschaft ist mittlerweile unumstritten. Was als Trend in den neunziger Jahren des zwanzigsten Jahrhunderts
begann hat sich mittlerweile in vielen Unternehmen als feste Größe etabliert.[1] Von kleineren
Einzelmaßnahmen bis hin zur kompletten Umstrukturierung haben die meisten Unternehmen
mittlerweile Berührungspunkte mit Wissensmanagement gefunden.

- Doch wie erfolgreich sind die Umstrukturierungsmaßnahmen auf Dauer?
- Und wie und wo muss ein (Wissens)Manager steuernd eingreifen, um das „Schiff auf
  Kurs zu halten"?

Die Grundlage der Antworten auf beide Fragen stellt die Bewertung des Wissens dar. Nicht
umsonst sagt eine alte Management-Weisheit: „Was man nicht messen kann, kann man auch
nicht managen!". Dies führt zu den Fragen, wie die Ressource „Wissen" sinnvoll und zielgerichtet bewertet werden kann, und welche Hilfsmittel existieren, die nicht nur in der Theorie
schlüssig, sondern auch von praktischem Nutzen bei dieser Aufgabe sind.

Um genau diese Fragen zu beantworten, möchte dieser Beitrag einen kurzen Überblick über
die Schwierigkeiten bei der Bewertung des Wissens, theoretische Methoden sowie praktische
Beispiele liefern. Auch wird darauf eingegangen, was praktisch machbar ist und welche
Ansätze nur in der Theorie ihre Daseinsberechtigung genießen. Beispiele praktisch umge-
setzter Wissensbewertungsansätze sollen dabei genau so aufgezeigt werden wie theoretische
Konzepte, die entweder für die Wissensbewertung nicht geeignet oder noch nicht instrumen-
talisiert worden sind, aber interessante Ansätze für die Zukunft darstellen.

10.2   Hintergrund

10.2.1   Bedeutung und Einordnung der Wissensbewertung in
den Wissensmanagementprozess

Warum genau ist die Bewertung des Wissens ein so zentrales Thema im Wissensmanagementprozess? Der Kreislauf des Wissens nach Probst u.a. gibt schnell Aufschluss über diese
Frage.

Die Rückkopplung des Kreislaufes, die in Form eines Feedbacks der Wissensbewertung zur
Anpassung der Wissensziele stattfindet, ist der zentrale Steuerungsprozess. An dieser Stelle,
und nur an dieser Stelle, kann der gesamte Prozess neu ausgerichtet und den Umweltbedingungen und inneren Einflüssen des Unternehmens angepasst werden.

---

[1] Laut Lew Platt z.B. (ehemaliger CEO von Hewlett-Packard), *„lebt und stirbt das Unternehmen mit dem intellektuellen Kapital".*

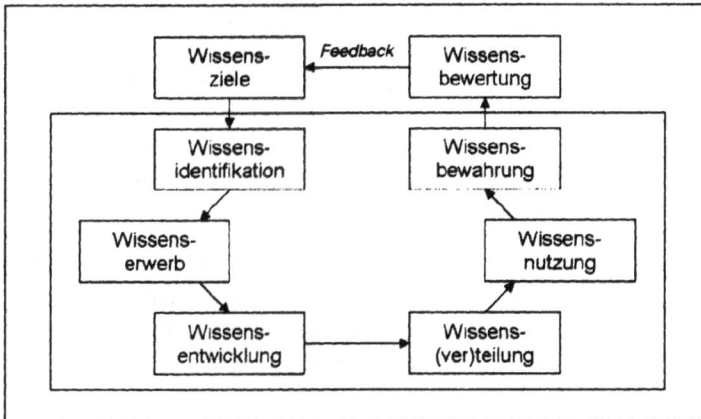

Abb. 10.1 Bausteine des Wissensmanagements[2]

Der Kreislauf besagt, dass sich das zu identifizierende Wissen aus den Wissenszielen ergibt. Es bildet die Grundlage zur Auswahl des zu erwerbenden und entwickelnden Wissens, welches in den nächsten Bausteinen verteilt, genutzt und bewahrt werden soll. Die Auswahl und Festlegung der Ziele gibt also im Prozess die Richtung so vor, dass die weiteren Schritte logische Konsequenzen ohne große Handlungs- und Änderungsspielräume sind.

Wie aber definiert ein Unternehmen seine Wissensziele und somit den Rahmen des gesamten Wissensmanagements?

Zuerst muss ein Unternehmen seine Strategie festlegen. Diese ergibt sich aus der Kultur und Philosophie sowie den Kernkompetenzen in Relation zu den Bedürfnissen des Marktes. Ein Unternehmen, welches hochinnovativ am Markt auftreten will und sich selbst als Innovationsführer versteht, wird andere Ziele verfolgen als ein Unternehmen, welches viel Wert auf Tradition und Beständigkeit legt. Ein Beispiel hierfür sind Direktbanken wie die Comdirect Bank AG vs. traditionellere Banken wie die Deutsche Bank AG.

Ebenso muss ein Unternehmen seine Ausrichtung ständig überprüfen und den heutzutage oft vorherrschenden, schnell wechselnden Umweltbedingungen und Kundenbedürfnissen anpassen, um profitabel am Markt agieren zu können. Ein Beispiel hierfür ist die Ruhrkohle AG, die sich im Laufe der letzten Jahrzehnte vom Bergbauunternehmen kontinuierlich zu einem weltweit agierenden Montan-, Energie- und Chemieunternehmen gewandelt hat und wandeln musste, um am Markt überleben zu können, und ab 2008 unter dem Namen Evonik Industries AG tätig sein wird.[3]

Liegt eine Unternehmensstrategie vor, leitet sich daraus einerseits das benötigte Wissen ab, welches zur Erreichung der strategischen Ziele notwendig ist, andererseits aber auch die Wissensziele selbst, die dieses Unternehmen verfolgen wird. Viele Unternehmen konzentrie-

---

[2] Eigener Entwurf in Anlehnung an Probst; Raub; Romhardt (2003), S. 32.

[3] Für weitere Informationen: http://www.rag.de bzw. http://www.evonik.de.

ren dabei viele Ressourcen auf die Festlegung der allgemeinen Strategie, ohne aber konkrete Wissensziele zu formulieren. Sind diese aber im Rahmen der strategischen Ausrichtung einmal definiert bedürfen sie einer ständigen Kontrolle. Jedes Unternehmen steht also vor der Herausforderung herauszufinden, in wie weit die bisherigen Wissensziele erreicht wurden und realistisch in den vorgegebenen zeitlichen und ressourcenbedingten Rahmen erreicht werden können. Sollten hier Diskrepanzen zwischen Ist- und Soll-Werten auftreten müssen die Ziele unter Umständen korrigiert und angepasst werden.

Die Bewertung des Wissens bedeutet also nicht unbedingt, Wissen quantifizierbar zu machen um einen „Preis" oder einen „Wert" des Wissens zu erhalten, sondern viel mehr die Aufgabe, die Erfüllung und Erreichbarkeit von Wissenszielen zu bestimmen, um diese, wenn nötig, anzupassen und somit den gesamten Prozess iterativ zu verbessern.

10.2.2   Besondere Schwierigkeiten beim Bewerten von Wissen und Übersicht über bestehende theoretische Methoden

Wissen zählt neben Firmen- und Markennamen, Kundenbindungen sowie Patenten und Schutzrechten zu den immateriellen Vermögensgegenständen. Im Gegensatz zu anerkannten und verbreiteten Bewertungsinstrumenten für materielle Vermögensgegenstände ist die Auswahl eines geeigneten Verfahrens, welches ein zugleich Nutzen bringendes und objektives Ergebnis liefert, für die immaterielle Gruppe schwieriger.

Die Bewertungsmethoden von intellektuellem Kapital (gleich immaterielles Vermögen) im Wissensmanagement lassen sich in vier explizite Bereiche kategorisieren:

1. Market Capitalisation Methoden (MCM)

2. Return on Assets Methoden (ROA)

3. Direct Intellectual Capital Methoden (DIC)

4. Scorecard-Methoden (SCM)

Wichtig dabei ist die Unterscheidung in monetäre und nicht monetäre Methoden sowie danach, ob eine Betrachtung nur unternehmensganzheitlich oder nach Komponenten erfolgt.

Die erste Gruppe von Methoden, die **Market Capitalisation Methoden**, basiert auf einer monetären Bewertung der immateriellen Vermögensgegenstände, wobei das Ergebnis nur auf ganze Unternehmen bezogen ist und nicht einzelne Komponenten bewerten kann. Die Funktionsweise dieser Verfahren soll hier am Beispiel des von J. Tobin in den Fünfziger Jahren des zwanzigsten Jahrhunderts aufgestellten Faktors q erläutert werden.[4]

---

[4] Vgl. Gehrke (1994), S. 15.

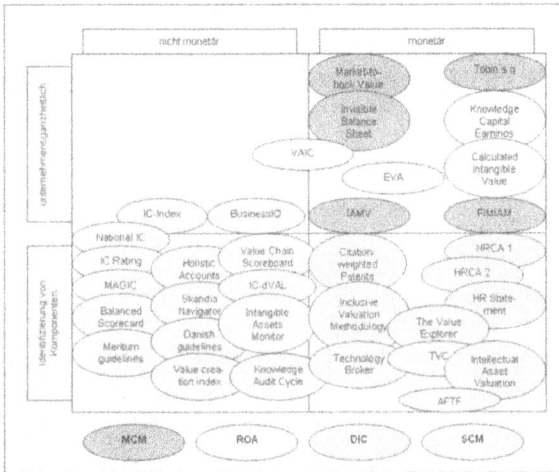

Abb. 10.2 Modelle zur Messung immaterieller Wirtschaftsgüter[5]

Tobins q misst den Quotienten vom Marktwert eines Unternehmens zu den Reproduktionskosten, die als Wiederbeschaffungskosten der Vermögensgegenstände definiert sind. Das Verfahren zeigt also eine Diskrepanz zwischen dem Wert des Unternehmens, welches es an den Kapitalmärkten erzielt, und der Summe der Einzelwerte aller materiellen Vermögensgegenstände auf. Diese Diskrepanz stellt den Wert der immateriellen Vermögensgegenstände dar. Wie alle Verfahren dieser Gruppe ist das Ergebnis stark abhängig von Faktoren, die keine Dependenz mit der Wissensbasis des Unternehmens besitzen aber den Kapitalmarktwert stark beeinflussen können. Auch gibt das Ergebnis keine Rückschlüsse auf einzelne Komponenten eines Unternehmens. Selbst der gesamte Wert des Unternehmenswissens (seine Wissensbasis) ist schwer bis unmöglich abgrenzbar vom Wert der restlichen immateriellen Vermögensgegenstände.

Die **Return on Assets Methoden** beschreiten einen anderen Weg, kommen aber ebenfalls zu monetären, unternehmensganzheitlichen Ergebnissen. Stellvertretend soll hier die Knowledge Capital Earnings Methode kurz vorgestellt werden.[6]

Diese Methode unterteilt die Einnahmen eines Unternehmens in direkt aus den Buchwerten stammende Einnahmen und Einnahmen aus der immateriellen Basis des Unternehmens. Besitzt ein Unternehmen 1 Mrd. € in finanziellen Buchwerten, die branchenweit mit 4,5 Prozent jährlich verzinst werden, sowie 2 Mrd. € in physischen Buchwerten mit einer branchenweiten Verzinsung von 7 Prozent, so müssten Jahresgewinne von 45 Mio. € aus den finanziellen Buchwerten sowie 140 Mio. € aus den physischen Buchwerten, also insgesamt 185 Mio. € zu erwarten sein. Hat dieses Unternehmen im letzten Jahr aber 485 Mio. € Ge-

---

[5] Eigener Entwurf in Anlehnung an http://www.sveiby.com/Portals/0/articles/IntangibleMethods.htm [Stand: 19.09.07].

[6] Vgl. http://www.sveiby.com/Portals/0/articles/IntangibleMethods.htm [Stand: 19.09.2007].

winn gemacht, so ist die Differenz von 300 Mio. € dem immateriellen Vermögen zuzuschreiben. Bei einer branchenweiten Verzinsung dieser Vermögensgegenstände von 10 Prozent würde dies ein Ergebnis von 3 Mrd. € für das immaterielle Vermögen dieses Unternehmens ergeben.

Auch hier ist der direkte Anteil des Wissens an diesem Wert nur schwer bis unmöglich zu ermitteln und auch hier können keine einzelnen Komponenten des Unternehmens bewertet werden.

Die **Direct Intellectual Capital Methoden** quantifizieren das immaterielle Vermögen durch die Bewertung der einzelnen Komponenten. Eine Methode aus diesem Bereich ist die TVC (Total Value Creation). Dabei werden abgezinste, prognostizierte Cashflows bestimmt, um zu quantifizieren, wie sich verschiedene Einflüsse auf die geplanten Aktivitäten auswirken. Es werden also verschiedene Szenarien entwickelt, die mit Hilfe der Cashflows verglichen werden. Komponenten, die in einem Szenario vorhanden sind, im anderen aber nicht, können dann durch die Differenz der Cashflows quantifiziert werden.[7] Alle Direct Intellectual Capital Methoden sind zur Bestimmung monetärer Ergebnisse von Komponenten des intellektuellen Kapitals kreiert. Allerdings sind die Ergebnisse oft angreifbar, da die monetäre Bewertung von immateriellen Elementen grundsätzlich nur subjektiv erfolgen kann.

An den bisherigen Beispielen zeigen sich die Schwierigkeiten bei der Bewertung des Wissens. Einerseits ist es nur sehr schwer von anderen Komponenten der immateriellen Wirtschaftsgüter abzugrenzen und so direkt zu bewerten. Auch können viele Methoden nur ganzheitlich ein Unternehmen bewerten, statt individuell auf einzelne Komponenten einzugehen. Des Weiteren führen teils subjektive Faktoren, teils objektiv messbare Faktoren, die aber keinen kausalen Zusammenhang mit dem Wissen teilen, dazu, dass das Ergebnis keine direkten Rückschlüsse für die Wissensbewertung zulässt. Die bis hierhin vorgestellten Methoden können also mehr als theoretische Grundlagen angesehen werden. Um als praktisch einsetzbare Bewertungsverfahren zum Einsatz zu kommen, fehlen aber sowohl der direkte, nachvollziehbare Bezug der Eingangsgrößen zum zu bewertenden Wissen als auch objektive, beständige Kriterien, die eine Bewertung über einen längeren Zeitraum sinnvoll erscheinen lassen.

Wie in Kapitel 10.2.1 aufgezeigt besteht die Hauptaufgabe der Wissensbewertung aber nicht in der Ermittlung und Festlegung eines monetären Wertes des Wissens, sondern darin, zu ermitteln, in wie weit die vorgegebenen Wissensziele erreicht wurden. Dieser Aufgabe entsprechen weitestgehend die Scorecard Methoden, die im nächsten Kapitel ausführlich vorgestellt werden.

---

[7] Vgl. http://www.sveiby.com/Portals/0/articles/IntangibleMethods.htm [Stand: 19.09.2007].

10.3 Praktikable Bewertungsmethoden für die Ressource Wissen

10.3.1 Scorecard Methoden

In Kapitel 10.2 wurden die Bewertungsverfahren in vier Gruppen aufgeteilt. Eine dieser Bewertungsgruppen sind die Scorecard Methoden, die hier als praktikable Lösung zur Wissensbewertung ausführlich vorgestellt werden sollen.

Zu den Scorecard Methoden gehören neben der relativ bekannten Balanced Scorecard, weitere, weniger verbreitete Methoden, wie z.B. der Business IQ oder der Intangible Asset Monitor. Eine spezielle Form der Scorecard, die firmenspezifisch aufgestellt wurde, ist der Navigator des Unternehmens Skandia, der neben der Balanced Scorecard hier thematisiert wird. Ebenfalls soll in diesem Kapitel ein neuer Ansatz zur Wissensbewertung aufgezeigt werden.

Die Scorecard Methoden heben sich inhaltlich von den drei vorigen Gruppen stark ab. Einerseits konzentrieren sich die Methoden gezielt auf Zielerreichungsgrade, statt zu versuchen Wissen zu quantifizieren (was, wie gezeigt wurde, nicht oder nur sehr schlecht funktionieren kann). Andererseits zielen Scorecard Methoden darauf ab, einzelne Komponenten eines Unternehmens zu bewerten und so eine realistische Grundlage zu liefern, an Hand derer ein Unternehmen seine Wissensziele in verschiedenen Bereichen gegebenenfalls anpassen kann.

10.3.1.1 Balanced Scorecard

Die Balanced Scorecard ist wohl das bekannteste und am häufigsten genutzte Instrument aus diesem Bereich der Wissensbewertungsansätze. Ursprünglich 1992 von Robert S. Kaplan entwickelt, um die Leistungsfähigkeit und Effektivität eines Unternehmens zu veranschaulichen, eignet sie sich auch, um Wissen zu bewerten.[8]

Im Grundgedanken teilt die Balanced Scorecard ein Unternehmen in fünf Bereiche auf:

- Vision und Strategie
- Finanzielle Perspektive
- Kundenperspektive
- Perspektive auf interne Geschäftsprozesse
- Lern- und Entwicklungsperspektive (Potenzialperspektive)

Der Bereich Vision und Strategie nimmt dabei eine Sonderstellung ein. Er stellt das zentrale Element dar, auf das die anderen vier Bereiche Einfluss nehmen. Dieser Bereich ist sowohl Ausgangs- als auch Endpunkt in der Betrachtungsweise. Die Vision eines Unternehmens gibt die langfristigen strategischen Ziele vor (siehe Kap. 10.2.1). Diese sind später die Grundlage für die operativen (Wissens)Ziele der einzelnen Bereiche.

---

[8] Vgl. Kaplan; Norton (1997), S. 7ff.

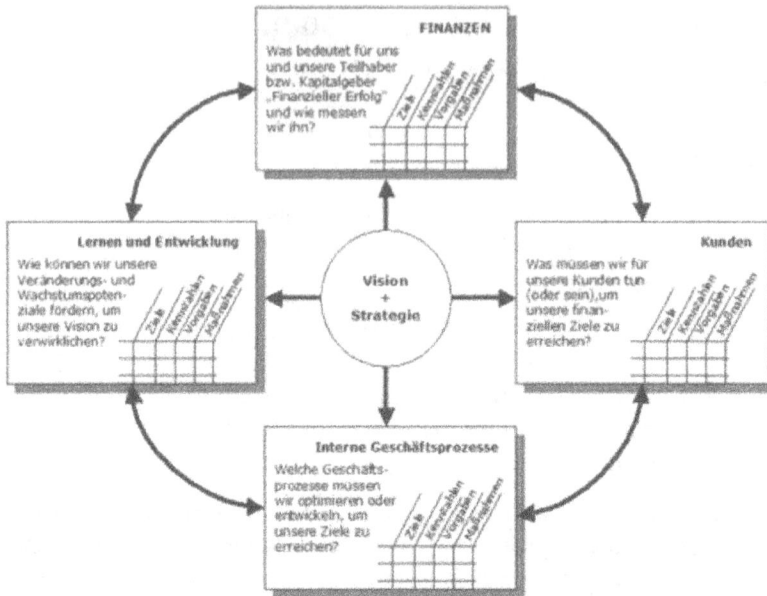

Abb. 10.3 *Balanced Scorecard nach Kaplan; Norton*[9]

Die vier Bereiche unterteilen sich jeweils in vier Abschnitte:

- Strategische Ziele
- Messgrößen (auch Kennzahlen genannt)
- Operative Ziele (auch Vorgaben genannt)
- Initiativen (auch Maßnahmen genannt)

Jedem Bereich werden Ziele zugeordnet, die es gilt anzustreben. Zur Kontrolle der Zielerreichung werden Kennzahlen festgelegt, die bestimmte Vorgaben erhalten, die notwendig sind um die festgesetzten Ziele zu erreichen. Um diese Vorgaben zu erfüllen, werden als letzter Schritt Maßnahmen festgehalten, deren Ergebnis es sein soll, die definierten Ziele in der vorgegebenen Zeit zu realisieren.

Wird der Bereich Finanzperspektive betrachtet so könnte ein Ziel sein, eine hohe Umsatzrendite zu erreichen. Als Kennzahlen ergeben sich dann automatisch die der Umsatzrendite und ihre Bestandteile (im ersten Schritt Gewinn und Umsatz). Als Vorgabe kann festgelegt werden, dass eine jährliche Umsatzrendite von 12 Prozent zu erreichen ist. Maßnahmen hierzu könnten z.B. eine Preiserhöhung bei gleich bleibendem Absatz oder eine Senkung der Herstellkosten bei gleich bleibenden Verkaufspreisen sein. Somit ist ein Ziel in diesem Bereich definiert und durch Kennzahlen, ihre Vorgaben sowie den benötigten Maßnahmen festgelegt worden.

---

[9] Vgl. Kaplan; Norton (1997), S. 76.

Im Bereich Kundenperspektive könnte als Ziel die Marktführerschaft bei der Kundenzufriedenheit ausgewählt werden. Kennzahlen hierfür wären die Kundenzufriedenheit inkl. aller Kennzahlen, die zur Berechnung notwendig sind, sowie die Ergebnisse einer Konkurrenzanalyse des relevanten Marktes. Diese geben die Vorgaben zur Zielerreichung vor (da der beste Konkurrent in diesem Bereich „geschlagen" werden soll). Mögliche Maßnahmen zur Steigerung der Kundenzufriedenheit können dazu passend aus einem breiten Spektrum von Managementmaßnahmen in diesem Segment ausgewählt werden.

Die Prozessperspektive hat häufig Prozessverbesserungen (z.B. kürzere Durchlaufzeiten) zum Ziel. Passend zu den Zielen werden auch hier Kennzahlen (z.B. durchschnittliche Durchlaufzeit) mit ihren Vorgaben sowie zielführende Maßnahmen definiert.

Der letzte Bereich befasst sich mit der Steigerung des Unternehmenspotenzials. Hierunter fällt auch die Steigerung der Wissensbasis der Organisation. Auch oft beschrieben als die „weichen Faktoren" eines Unternehmens befasst sich der Kern mit dem Lernen und Weiterbilden des Unternehmens und seiner Mitarbeiter. Die Bewertung ist also letztendlich eine Bewertung des Wissens. Dieser Vorgang soll in zwei Beispielen verdeutlicht werden, die in die Balanced Scorecard eingetragen werden können:

Im ersten Fall möchte ein Unternehmen den Ausbildungsstand seiner Mitarbeiter erhöhen (Ziel). Als Zielgröße gilt hier der Anteil an Facharbeitern in Verhältnis zum Gesamtpersonal (Kennzahl). Dieser Anteil soll in den nächsten drei Jahren kontinuierlich von 10 auf 15 Prozent gesteigert werden (Vorgaben). Mögliche Maßnahmen wären:

- Einstellung qualifizierter Facharbeiter
- Weiterbildung vorhandener Mitarbeiter zu Facharbeitern
- Ausbildung von neuen Facharbeitern mit späterer Übernahme nach der Ausbildungszeit

Eine zweite Möglichkeit in diesem Bereich wäre der bessere Zugang zu Informationen für die Mitarbeiter des Unternehmens (Ziel). Dieser wird festgehalten über die Anzahl der ans Intranet angeschlossenen PCs pro Mitarbeiter sowie über die Anzahl neuer Beiträge im Intranet pro Tag (Kennzahlen). Die Anzahl der PCs pro Mitarbeiter soll von 0,4 auf 0,6 erhöht werden, die Anzahl der neuen Beiträge von 40 auf 70 täglich. Hierfür könnte das Unternehmen folgende Maßnahmen einleiten:

- Anschaffung neuer PCs
- Anschluss bestehender PCs an das Intranet
- Einstellung neuer Mitarbeiter zur Dateneingabe
- Aufgabenverteilung der Dateneingabe auf bestehende Mitarbeiter

Diese beiden Beispiele zeigen, dass obwohl Wissen nicht explizit genannt wird, die Balanced Scorecard im Bereich Potenzialperspektive eine Wissensbewertung an Hand von Zielerreichungsgraden durchführen kann (sowohl der Ausbildungsstand als auch der Informationszugang geben Rückschlüsse auf die vorhandene Wissensbasis und ihre Veränderung über die Zeit). Die Balanced Scorecard versteht sich nach Kaplan; Norton nur als Grundgerüst, das von jedem Unternehmen individuell auf seine Bedürfnisse angepasst werden muss. Dabei ist das Prinzip sehr flexibel (es können z.B. weitere Bereiche hinzugefügt werden) und bietet im Bereich Lern- und Wachstumsperspektive auch Platz für eine Wissensbewertung.

10.3.1.2 Skandia Navigator

Eine weitere Scorecard, die sich mit Wissen und seiner Bewertung befasst, ist der Navigator des Finanzdienstleisters Skandia.[10] Eingeführt im Jahr 1994, um Investoren neben den finanziellen Kennzahlen weiteren Aufschluss über das Unternehmen aufzuzeigen, befasst er sich hauptsächlich mit der Bewertung des Humankapitals.[11]

Grundlage ist die Differenz zwischen Markt- und Buchwert (siehe Kap. 10.2.2 Market Capitalisation Methoden), die der Navigator als intellektuelles Kapital bewerten soll. Da im Jahre 1994 der Marktwert des Unternehmens den Buchwert bei weitem überstieg sollte so aufgezeigt werden, dass neben den materiellen Buchwerten weitere Assets vorhanden sind, die den hohen Kurs der Aktie rechtfertigen. Auch wenn Skandia intellektuelles Kapital nicht mit Wissen gleichsetzt, ist eine Bewertung des Humankapitals – als einer der weiteren Assets – immer auch eine Bewertung des Wissens. Eine genauere Betrachtung der Relevanz der Ergebnisse des Navigators für die Ressource Wissen folgt im weiteren Verlauf dieses Kapitels.

Der Navigator ist eine speziell auf Skandia angepasste Version der Balanced Scorecard. Neben den bekannten Bereichen Finanzen, Kunden, Prozesse sowie Erneuerung & Entwicklung ist mit dem Bereich Mitarbeiter (Human Focus) ein fünfter hinzugekommen. Je nach Unternehmensbereich werden verschiedene Bereiche mit Hilfe von Kennzahlen bewertet. So tauchen in diesem Schema etwa weiche Faktoren wie Durchschnittsalter der Mitarbeiter oder durchschnittliche Dauer der Betriebszugehörigkeit auf. Inwieweit diese Faktoren Rückschlüsse auf die Wissensbasis geben, ist nur sehr schwer interpretierbar (bedeutet ein höheres Durchschnittsalter direkt ein gesteigertes Wissen der Mitarbeiter oder ist nicht viel mehr eine gesunde Mischung von „Alten Hasen" und „Jungen Wilden", die sich gegenseitig ergänzen, optimal? Bedeutet eine höhere Anzahl an Weiterbildungstagen im Jahr direkt, dass die Weiterbildungsmaßnahmen auch zu einer Verbesserung der Fähigkeiten der Mitarbeiter geführt haben?).

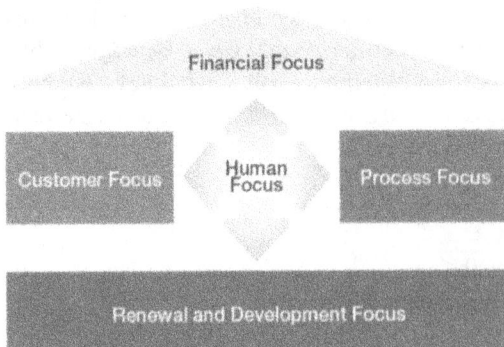

Abb. 10.4 Aufbau des Skandia Navigators[12]

---

[10] Vgl. Erdmann (2003), S. 122ff.

[11] Die Ergebnisse werden mittlerweile sogar halbjährlich als „Balanced Report on Intellectual Capital" veröffentlicht.

[12] Vgl. http://www.skandia.com/en/includes/documentlinks/annualreport1998/e9712Human.pdf [Stand: 19.09.2007].

Noch einmal soll hier kurz auf den Unterschied von intellektuellem Kapital und Wissen eingegangen werden. Viele der Faktoren des Navigators von Skandia bewerten ersteres sehr gut. Inwieweit Rückschlüsse aus den Ergebnissen auf das Wissen zulässig sind, muss im Einzelfall betrachtet werden. Eine klare begriffliche Abgrenzung, um Missverständnissen vorzubeugen, ist hier von zentraler Bedeutung. Auch die Grundannahme, die Differenz von Marktwert zu Buchwert erklären zu wollen, spricht gegen eine direkte Wissensbewertung, da im Marktwert andere Faktoren einen viel größeren Einfluss als das Wissen haben (z.B. Image, Gewinnerwartung, allgemeine wirtschaftliche Lage etc.).

Ebenso sei angemerkt, dass der Skandia Navigator speziell für das Unternehmen entwickelt und zugeschnitten wurde. Eine direkte Übertragung auf andere Unternehmen ist nicht oder nur bedingt von Erfolg gekrönt.

10.3.1.3   Neuer Ansatz zur Wissensbewertung

Um dem späteren Ausblick ein wenig vorzugreifen, soll hier nun kurz auf die Zukunft der Wissensbewertung eingegangen werden. Trotz aller theoretischen Versuche, Wissen monetär zu quantifizieren wird es wohl auch in Zukunft keine praktikable Methode geben, einzelne Wissenskomponenten in €-Beträgen auszudrücken. Der Trend über Zielerreichungsgrade eine Bewertung und Rückkopplung im Wissensmanagementprozess durchzuführen wird sich in den nächsten Jahren fortsetzen. Um einen kurzen Ausblick auf mögliche zukünftige Verfahren zu geben, soll hier nun ein neues Konzept zur Wissensbewertung vorgestellt werden. Wie auch der Skandia Navigator beruht es auf dem Prinzip der Scorecards, versucht aber die Umsetzung so allgemein zu halten, dass eine einfache Nutzung und Adaption in verschiedenen Unternehmen unterschiedlicher Branchen und Größen ermöglicht wird.

Das Wissen eines Unternehmens teilt sich in diesem Konzept in fünf Bereiche auf, die im Folgenden als Knowledge Based Areas (KBAs) bezeichnet werden. Diese fünf Bereiche decken den Wissensfluss im Unternehmen ab. Eingehendes Wissen ins Unternehmen wird in der KBA „Beschaffung" zusammengefasst und deckt Wissen über Lieferanten aber auch z.B. Stakeholderwissen ab, welches ins Unternehmen einfließt. Im Unternehmen teilt sich das

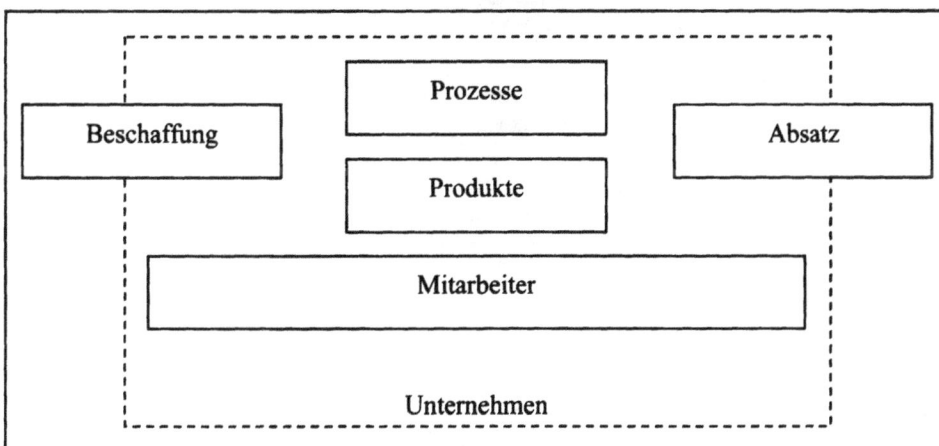

Abb. 10.5 Die fünf Knowledge Based Areas (KBAs)

Wissen dann in die beiden KBAs „Prozesse" und „Produkte" auf, je nach Zugehörigkeit. Die Kernfrage hierbei ist, ob das Wissen intern benötigt wird, um die Prozesse im Unternehmen zu unterstützen oder ob sich das Wissen auf die Produkte bezieht, die extern vermarktet werden sollen. Auf der Ausgangsseite steht die KBA „Absatz", in der alles Wissen über den Absatzmarkt, seine Mechanismen aber auch über Vertriebspartner gesammelt wird. Als Querschnittsfunktion mit Berührungspunkten zu allen vier vorigen KBAs liegt die KBA „Mitarbeiter".

Der Prozess die KBAs nun mit Inhalt zu füllen folgt folgendem Ablauf:

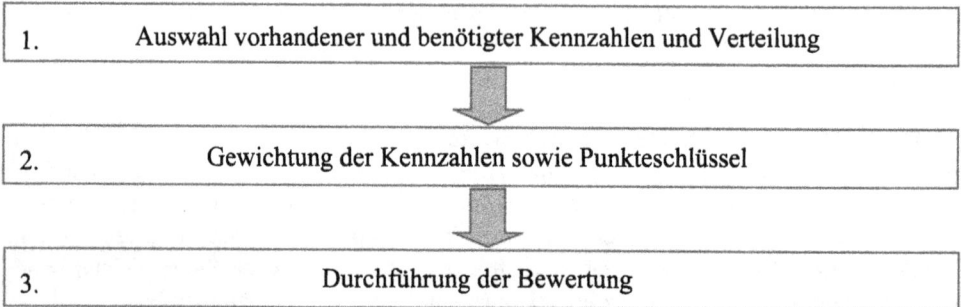

1.	Auswahl vorhandener und benötigter Kennzahlen und Verteilung

2.	Gewichtung der Kennzahlen sowie Punkteschlüssel

3.	Durchführung der Bewertung

Abb. 10.6 Ablauf des Bewertungskonzeptes

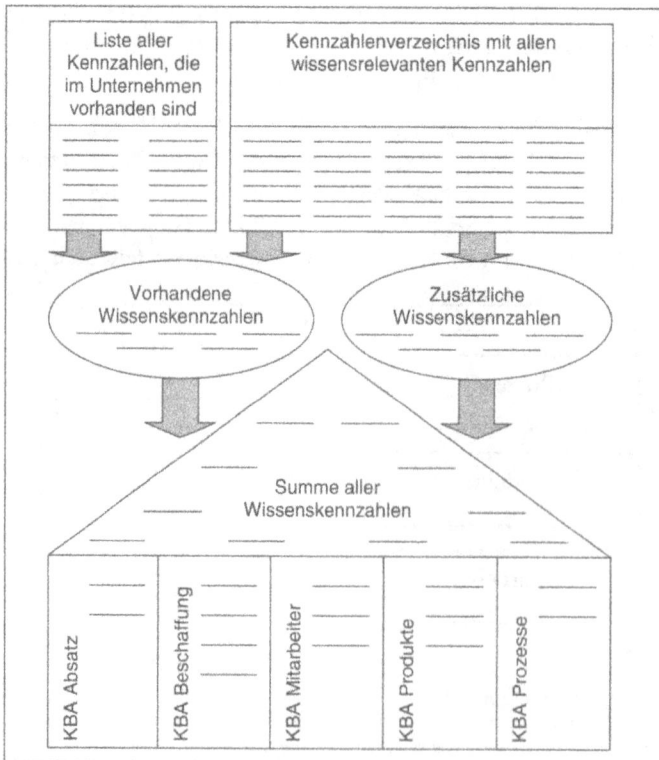

Abb. 10.7 Schritt 1: Auswahl der Kennzahlen und Verteilung auf die KBAs

Im ersten Schritt werden die vorhandenen Kennzahlen, die das Unternehmen im bestehenden Controlling in festen zeitlichen Abständen bestimmt, analysiert und bei Eignung zur Wissensbewertung weiterverwendet. Dieser Pool wird aufgefüllt mit weiteren Kennzahlen, die aus einem Wissenskennzahlenverzeichnis entnommen werde, so dass im Gesamten ein System entsteht, das alle fünf KBAs sinnvoll abdeckt.

Der zweite Schritt besteht in der Gewichtung der Kennzahlen (wie groß jeweils der Einfluss auf das Gesamtergebnis der KBA ist) sowie einem festzulegenden Punkteschlüssel, um die jeweilige Ausprägung einer Kennzahl in eine Punktevergabe auf einer Skala von eins bis hundert zu transformieren.

Der letzte Schritt beinhaltet die praktische Umsetzung des Kennzahlensystems. Der gesamte Prozess wird im Folgenden grafisch dargestellt.

In Abb. 10.7 ist zu erkennen, wie am Anfang eine Liste aller vorhandenen Kennzahlen im Unternehmen erstellt wird. Im Abgleich mit den nutzbaren Kennzahlen aus dem Verzeichnis werden so diejenigen ausgewählt, die für das spätere Wissenskennzahlensystem nützlich sind. Hinzu kommen weitere Kennzahlen aus dem Verzeichnis, die sicherstellen, dass alle KBAs ausreichend abgedeckt sind. Die Summe dieser beiden Gruppen ergibt das Wissenskennzahlensystem, das daraufhin auf die fünf KBAs verteilt wird.

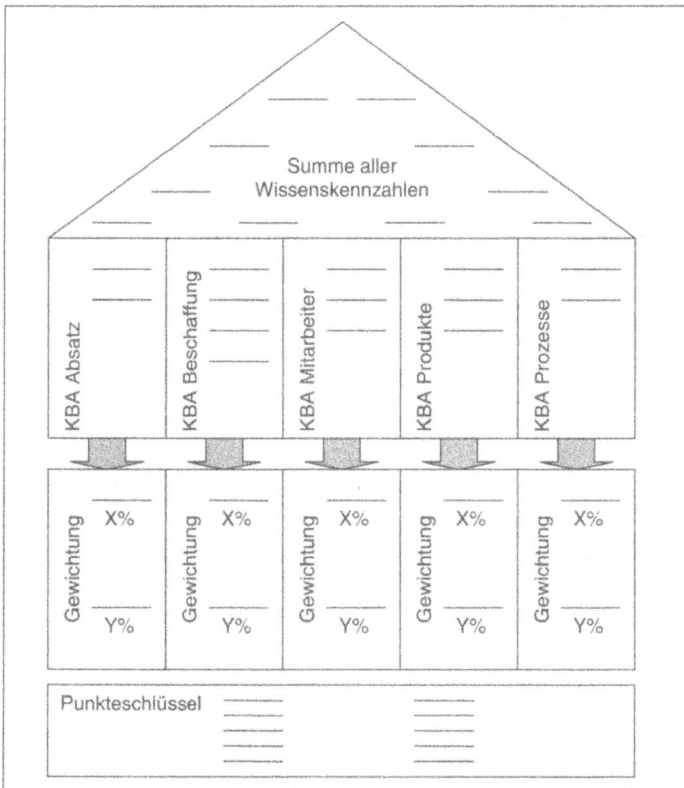

Abb. 10.8 Schritt 2: Gewichtung der Kennzahlen und Punkteschlüsselverteilung

Abb. 10.8 startet mit der Summe aller Wissenskennzahlen, also am gleichen Punkt, wo Abb. 10.7 endete. Nach der Verteilung auf die KBAs findet die Gewichtung innerhalb jeder KBA statt. KBA Absatz erhält später ein Ergebnis, in das Kennzahl 1 z.B. mit 60 Prozent einfließt, Kennzahl 2 mit 40 Prozent. Der Punkteschlüssel vereinheitlicht die Kennzahlen, um diese später zu einem Gesamtergebnis pro KBA zusammenfassen zu können. Z.B. könnte eine Kennzahl „Kundenzufriedenheitsgrad" direkt von Prozent in Punkte umgerechnet werden (0 Prozent entspricht 0 Punkte, 100 Prozent entsprechen 100 Punkte), während bei Schulungstagen pro Mitarbeiter und Jahr 100 Punkte für zehn Schulungstage im Durchschnitt stehen könnten, und null Punkte für keine Schulungstage.

Im dritten und letzten Schritt wird das System iterativ angewendet. In festen Zeitabständen (z.B. pro Quartal) werden die neuen Werte der Kennzahlen eingegeben und das Ergebnis überprüft. Je nach Abweichung kann dann eine Anpassung der Ziele vorgenommen werden. Der einheitliche festgelegte Ablauf bei der Ein- und Durchführung dieser Methode, eine schnelle Übersicht des Ist-Zustandes über die KBA-Ergebnisse sowie die standardisierten Abläufe, die jedes Unternehmen mit kleinen Anpassungen sofort nutzen kann, sind die Vorteile dieser Methode.

10.4   Fazit und Ausblick

Der Artikel hat aufgezeigt, warum die Wissensbewertung ein wichtiger Schritt im gesamten Wissensmanagementkonzept darstellt. Ebenso wurden die Schwierigkeiten aufgezeigt, die beim Versuch entstehen, Wissen als Teil der immateriellen Wirtschaftsgüter zu bewerten. Daraus ergab sich der Schluss, dass viele theoretische Bewertungsmethoden nur unzureichend in der Praxis anwendbar sind. Oft ist das Ergebnis nicht mehr kausal in Zusammenhang mit den eigentlichen Realitäten im Wissensbereich eines Unternehmens zu setzen oder die Ergebnisse sind unzureichend. Der Hauptgrund unzureichender Ergebnisse ist dabei die nur ganzheitliche Bewertung der Unternehmen, die nicht auf Komponenten aufschlüsselbar ist. Dadurch fehlen wichtige Informationen, um gezielt steuernd in den Kreislauf eingreifen zu können.

Die Methoden, die bislang den größten Erfolg und Nutzen erzielten, kamen aus der Gruppe der Scorecard Methoden. Dabei wurde in dem Artikel exemplarisch auf zwei der größten Scorecards eingegangen (die Balanced Scorecard sowie der Skandia Navigator) und der Nutzen und die Vorgehensweise erläutert. Abschließend wurde ein neuer Ansatz vorgestellt, der ebenfalls auf gleichen Ausgangsbedingungen basiert. Zum momentanen Zeitpunkt scheint diese Richtung für die praktische Nutzung im Unternehmen die richtige zu sein, um sinnvolle Ergebnisse zu erhalten, die als Grundlage den Managementprozess in diesem Bereich unterstützen können.

In Zukunft werden mit hoher Wahrscheinlichkeit weitere Konzepte und Instrumente entwickelt werden, die ebenfalls auf dem Grundgedanken der Scorecards beruhen. Dabei wird es standardisierte Instrumente geben, die von vielen Unternehmen mit geringem Aufwand übernommen werden können (wie die Balanced Scorecard) aber auch individuelle Verfahren, die speziell auf ein Unternehmen angepasst sind und somit auch genauere Ergebnisse produzieren (siehe Skandias Navigator). Ob es in Zukunft gänzlich andere Verfahren zur Wissensmessung und -bewertung geben wird, die praktisch nutzbare Ergebnisse liefern, kann heute noch nicht gesagt werden. Zum jetzigen Zeitpunkt sieht es eher nicht danach aus.

Literatur

Erdmann, M.-K.: Supply chain performance measurement. Lohmar (2003).

Gehrke, N.: Tobins q. Wiesbaden (1994).

Kaplan, R. S.; Norton, D. P.: The balanced scorecard. Stuttgart (1997).

Probst, G.; Raub, S.; Romhardt, K.: Wissen managen. Wiesbaden (2003).

Skandia: http://www.skandia.com/ [Stand: 19.09.2007].

Sveiby Knowledge Associates: http://www.sveiby.com [Stand: 19.09.2007].

Über die Autoren

Sabrina Bauerdick
doziert an der Business and Information Technology School (BiTS) in den Fachgebieten Marketing und Management von Medienunternehmen. Nachdem sie die Studiengänge Medienmanagement und Betriebswirtschaftlehre an der BiTS abgeschlossen hatte, verbrachte sie ein Gastsemester an der Harvard University. Aktuell promoviert sie an der Westfälischen Wilhelms Universität in Münster im Fachbereich Kommunikationswissenschaft zum Thema „Personalorientiertes Qualitätsmanagement in den Redaktionen von Medienunternehmen.

Henning Dröge
(geb. 1981) studierte Betriebswirtschaftslehre an der Business and Information Technology School (BiTS) in Iserlohn sowie an der University of Queensland in Brisbane (Australien) mit Studienschwerpunkten in den Fächern Unternehmensführung, Logistik, Controlling und Informationsmanagement. In den folgenden zwei Jahren war er als Mitarbeiter im internen Consulting eines führenden Armaturen-Herstellers tätig und betreute dort Projekte in Deutschland, USA und Spanien. Seit September 2006 promoviert er an der ESADE Business School – University Ramon Llull in Barcelona am Lehrstuhl für Operations Management und Innovation über das Innovationsmanagement in Dienstleistungsunternehmen. Henning Dröge wird als Stipendiat von der spanischen Landesregierung unterstützt und ist Träger des IBM Ph.D. Fellowship Awards.

Dipl. Kfm. Gerrit Fischer

ist selbstständiger Unternehmensberater für Betriebswirtschaft, Mitgründer und Geschäftsführer des IFWM – Institut für Wissensmanagement an der Business and Information Technology School (BiTS) in Iserlohn und an selbiger Fachhochschule auch Dozent für die Bereiche Wissens- und Innovationsmanagement sowie kundenorientierte Unternehmensführung. Nach dreijährigem Maschinenbaustudium an der RWTH Aachen bis zum Vordiplom erwarb er seinen Abschluss in Betriebswirtschaft 2006 an der BiTS in Iserlohn. Zur Zeit (Anfang 2008) betreut er als Projekte die Einführung eines ERP-Systems in einem mittelständischem Handwerksbetrieb sowie das Innovationsprojekt eines neuen Mobilitätskonzeptes auf Basis eines Elektro-KFZ.

Hans-Jürgen Friske

vertritt als Professor die Fachgebiete Journalistik und Public Relations an der Business and Information Technology School (BiTS) in Iserlohn, wo er zudem als Prodekan für den Studiengang Communication & Media Management verantwortlich ist. Nach dem Studium der Politikwissenschaft, Publizistik und Geschichte promovierte er an der Universität Münster zum Dr. phil.; anschließend war er als Redakteur für die Westfälische Rundschau (Dortmund) tätig. Seit 2000 ist er Mitherausgeber eines Informationsdienstes zum demographischen Wandel (www.alter-und-forschung.de).

Dagmar Hildebrand

(geb. 1982) studierte Betriebswirtschaftslehre an der Business and Information Technology School (BiTS) in Iserlohn sowie an der University of Stirling (Schottland) mit den Schwerpunkten Unternehmensführung und -entwicklung, Marketing und Controlling. Während dieser Zeit absolvierte sie in Deutschland und Südafrika Praktika in der Textil-, IT- und Beratungsbranche sowie im Handel. Seit September 2006 ist sie wissenschaftliche Mitarbeiterin der ESADE Business School – University Ramon Llull in Barcelona (Spanien) und promoviert am Lehrstuhl für Personalwirtschaft über Teams in Innovationsprojekten.

Wolfgang Jaspers

vertritt als Professor an der Business and Information Technology School (BiTS), Iserlohn das Fachgebiet Unternehmensführung und -entwicklung und ist als Prodekan und Studiengangsleiter für den Fachbereich Betriebswirtschaftlehre verantwortlich. Nach seinen abgeschlossenen Studiengängen der Betriebswirtschaftlehre und der Wirtschaftsinformatik promovierte er an der TU-Darmstadt zum Dr. rer. pol. Nach vierjähriger Tätigkeit bei Deloitte Consulting gründete Wolfgang Jaspers 1994 die Unternehmensberatung DR. JASPERS CONSULTING, deren Beratungsschwerpunkte die Bereiche Geschäftsprozessoptimierung und Inventurmanagement sind. Wolfgang Jaspers ist zudem Geschäftsführer des im Jahre 2005 gegründeten und an der BiTS angesiedelten IFWM – Institut für Wissensmanagement, das die Einführung von Wissensmanagement in KMUs zur Aufgabe hat.

Andreas Kaiser

studierte Maschinenbau und Wirtschaftswissenschaften an der RWTH Aachen. Anschließend promovierte er am Institut für Technologiemanagement an der Universität St. Gallen in der Schweiz bei Prof. Dr. Günther Schuh. Zu Beginn seiner beruflichen Tätigkeit war Andreas Kaiser mehrere Jahre Projektleiter und Produktmanager in einem Software- und Beratungsunternehmen. Bei einem namhaften Konzern in der Automobilzulieferindustrie bearbeitete er als Projektleiter u.a. ein großes Projekt zur informationstechnischen Vernetzung von internationalen Standorten und leitete anschließend vier Jahre die Abteilung Knowledge Management im gleichen Konzern. Seit 2004 ist er als Unternehmensberater tätig und seit 2006 als Dozent für Wissens- und Innovationsmanagement an der Business and Information Technology School (BiTS) in Iserlohn.

Dipl.-Kauffrau (FH) Corinna Klebon

hat Betriebswirtschaftslehre an der Business and Information Technology School in Iserlohn mit den Schwerpunkten Unternehmensführung und Personalmanagement studiert. Im Rahmen Ihrer Diplomarbeit beschäftigte sie sich ausführlich mit dem Thema „Ideenmanagement". Nachdem sie als Referentin vielseitige Erfahrungen in der operativen Personalarbeit eines namhaften Automobilzulieferers sammelte, ist Frau Klebon seit Oktober 2007 als Referentin mit Schwerpunkt Personalentwicklung bei einem global operierenden Mittelstandsunternehmen tätig.

Martina Stangel-Meseke

ist Professorin für Psychologie an der Business and Information Technology School (BiTS) in Iserlohn. Sie leitet dort als Dekanin den Fachbereich Business Psychology. Ihre Forschungsschwerpunkte liegen im Bereich der Personalauswahl (insbesondere genderfaire Personalauswahl) und der Lernfähigkeitsdiagnostik von Mitarbeitern (Lernpotenzial-Assessment Center). In der Lehre vertritt sie die Fächer Psychologische Diagnostik und Evaluation sowie Organisationspsychologie. Nach verschiedenen wissenschaftlichen Funktionen an den Universitäten Bochum und Wuppertal habilitierte sie sich an der Universität Konstanz. 1999 gründete sie die Unternehmensberatung t-velopment in Dortmund, in der sie als geschäftsführende Gesellschafterin mit den Schwerpunkten Personalauswahl und Personalentwicklung tätig ist. 2005 erhielt sie unter t-velopment für das Projekt „Genderfaire Personalauswahl" eine Auszeichnung von dem Ministerium für Wirtschaft und Arbeit NRW und dem Ministerium für Gesundheit, Soziales, Frauen und Familie NRW für die Entwicklung einer innovationsorientierten und qualitativ hochwertigen Dienstleistung im Ruhrgebiet. Seit 2003 engagiert sie sich in Vorträgen und Verbänden (so dem Verband Deutscher Unternehmerinnen) für die Förderung von Frauen in Führungspositionen.

Anna Westerink

studiert „Business and Management Studies" an der Business and Information Technology School (BiTS), Iserlohn und hat 2007 ein Semester an der University of New South Wales (UNSW) in Sydney, Australien absolviert. Seit 2005 ist sie am IFWM – Institut für Wissensmanagement, Iserlohn tätig. Zu ihren Aufgabengebieten gehört die Einführung von Wissensmanagement in KMUs. Aktueller Tätigkeitsschwerpunkt ist die „Darstellung der Zusammenhänge zwischen Wissensmanagement und dem demographischen Wandel", das auch Thema ihrer Abschlussarbeit ist.

Prof. Dr. Axel Wullenkord (Jahrgang 1961)
Nach seinem Studium der Betriebswirtschaftslehre war Axel Wullenkord zunächst Assistent am Lehrstuhl für Controlling an der Universität Dortmund (Prof. Dr. Thomas Reichmann). Nach der Promotion zum Dr. rer. pol im März 1995 wurde er Assistent des Vorstandsvorsitzenden eines börsennotierten Handelskonzerns und in der Folge Chief Financial Officer (CFO) der Hagenuk GmbH, Kiel. Anschließend war Axel Wullenkord in unterschiedlichen kaufmännischen Leitungsfunktionen bei der mg technologies AG in London, Frankfurt am Main und Düsseldorf, zuletzt als Vorsitzender der Geschäftsführung (CEO) eines Joint Ventures von SAP, Deutsche Bank und mg technologies ag. Axel Wullenkord hält eine Professur für Bilanzierung und Finanzmanagement an der Business and Information Technology School (Bits) Iserlohn und ist Leiter des AdminiStraight Instituts, Essen. Das Admini Straight Institut hat sich zum Ziel gesetzt, eine führende Forschungseinrichtung zum Thema „Verwaltungskosten und -effizienz" zu werden.

Wissen optimal darstellen

Wolfang G. Stock, Mechtild Stock
Wissensrepräsentation
Informationen auswerten und bereitstellen
2008 | 441 S. | Flexcover
€ 36,80 | ISBN 978-3-486-58439-4

Wissensrepräsentation ist die Wissenschaft, Technik und Anwendung von Methoden und Werkzeugen, Wissen derart abzubilden, damit dieses in digitalen Datenbanken optimal gesucht und gefunden werden kann. Sie ermöglicht die Gestaltung von Informationsarchitekturen, die – auf der Grundlage von Begriffen und Begriffsordnungen arbeitend – gestatten, Wissen in seinen Bedeutungszusammenhängen darzustellen. Ohne elaborierte Techniken der Wissensrepräsentation ist es unmöglich, das »semantische Web« zu gestalten.

Das Lehrbuch vermittelt Kenntnisse über Metadaten und beschreibt eingehend sowohl dokumentarische wie bibliothekarische Ansätze der Inhaltserschließung (Thesauri und Klassifikationssysteme), Bemühungen der Informatik um Begriffsordnungen (Ontologien) als auch nutzerkonzentrierte Entwicklungen im Web 2.0 (Folksonomies). Es geht um das Auswerten und Bereitstellen von Informationen bei Diensten im World Wide Web, bei unternehmensinternen Informationsdiensten im Kontext des betrieblichen Wissensmanagement sowie bei fachspezifischen professionellen (kommerziellen) Datenbanken.

Das Buch richtet sich an Studierende der Informationswissenschaft, Informationswirtschaft und der Wirtschaftsinformatik an Hochschulen im deutschsprachigen Raum wie auch an Studierende des Bibliothekswesens. Darüber hinaus finden auch Wissensmanager und Informationsmanager in der Unternehmenspraxis wertvolle Hinweise.

150 Jahre
Wissen für die Zukunft
Oldenbourg Verlag

Bestellen Sie in Ihrer Fachbuchhandlung oder direkt bei uns: Tel: 089/45051-248, Fax: 089/45051-333
verkauf@oldenbourg.de

Oldenbourg

Neue Impulse für die Personalarbeit

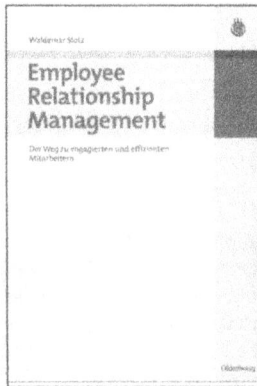

Waldemar Stotz
Employee Relationship Management
Der Weg zu engagierten und effizienten
Mitarbeitern
2007. XV, 212 Seiten, gebunden
€ 34,80, ISBN 978-3-486-58208-6

Der Hinweis auf die Bedeutung der Mitarbeiter als
strategischer Erfolgsfaktor fehlt seit Jahren in keinem Geschäftsbericht und in keinem Personalma-
nagement-Buch. Wie allerdings die international
anerkannte Gallup-Studie zeigt, beträgt der Anteil
der Mitarbeiter mit hoher emotionaler Bindung an
ihre Aufgabe und an ihren Arbeitgeber in Deutschland nur rund 13%. Aufgrund der Arbeitsmarktsi-
tuation verbleiben sie jedoch mangels
Alternativen in ihren Unternehmen. Die bisher
spärliche Literatur zu diesem Thema und die Unternehmenspraxis erheben die „Mitarbeiterbin-
dung" zum Ausweg aus dieser Misere.

Mit seinem Blick über den Zaun zum Anfang der
1980er entwickelte Customer Relationship Management (CRM) geht der Autor einen neuen Weg.
Die Adaption dieser Erkenntnisse und Erfahrungen
kann in einer Zeit, in der Mitarbeiter zunehmend
als interne Kunden bezeichnet werden, überraschend schnell zu engagierten und effizienten
Mitarbeitern führen.

Ein Buch für Manager, Mitarbeiter und Studierende der Personalwirtschaft.

Waldemar Stotz berät und konzi-
piert Praxislösungen im Themen-
gebiet Employee Relationship
Management. Seit 2004 ist er
Dozent für Human Resources
Management an Hochschulen in
Deutschland und der Schweiz.

Oldenbourg

Die richtige Entscheidung
im Personalbereich

Wilhelm Schmeisser
Finanzorientierte Personalwirtschaft
2008 | 347 S. | broschiert
€ 29,80 | ISBN 978-3-486-58485-1

In der tagtäglichen personalwirtschaftlichen Praxis
stehen betriebswirtschaftliche Kalküle an, die danach
fragen, was entscheidungsorientiert besser oder
schlechter für ein Unternehmen und seine Belegschaft
ist. Derartige Modelle und Rechenwerke findet man in
Personallehrbüchern jedoch fast nie.
Das vorliegende Lehrbuch liefert Methoden für eine
auf rechnerischen Argumenten basierende Entscheidungsfindung im personalwirtschaftlichen Bereich.
Die finanzorientierte Personalwirtschaft bedient sich
der klassischen Instrumente, Techniken, Kennzahlen
und Daten des Rechnungswesens, der Kosten- und
Leistungsrechung sowie der betriebswirtschaftlichen
Steuerlehre, um diese auf personalwirtschaftliche
Entscheidungskalküle anzuwenden. Der Ansatz
berücksichtigt zudem den rechtlichen Rahmen, der
durch Tarifrecht, das Betriebsverfassungsgesetz, das
Mitbestimmungsgesetz usw. abgesteckt ist.

**Das Buch richtet sich an Studierende der Wirtschafts-
wissenschaften und an Praktiker im Personalwesen.**

Professor Dr. Wilhelm Schmeisser ist Professor an der
FHTW Berlin für BWL, insbesondere Finanzierung und
Investition sowie Unternehmensführung und Direktor
des Kompetenzzentrums »Internationale Innovations-
und Mittelstandsforschung«, Berlin;
www.mittelstandsforschung-berlin.de .

Oldenbourg

150 Jahre
Wissen für die Zukunft
Oldenbourg Verlag

Bestellen Sie in Ihrer Fachbuchhandlung oder
direkt bei uns: Tel: 089/45051-248, Fax: 089/45051-333
verkauf@oldenbourg.de

Steuern sparen leicht gemacht

Gerhard Dürr
Das Steuer-Taschenbuch
Der Ratgeber für Studierende und Eltern
2008. XII, 169 Seiten, Broschur
€ 16,80
ISBN 978-3-486-58409-7

Alles rund um das Thema Steuern – für Studierende und Eltern.

Die eine kellnert, der andere jobbt in einem Unternehmen oder an der Hochschule, wieder andere absolvieren Praktika in den Semesterferien. Nahezu jeder Studierende tut es – er arbeitet parallel zu seinem Studium.
Sobald der akademische Nachwuchs einer bezahlten Tätigkeit nachgeht, muss er sich an steuerliche Spielregeln halten.

Dieses Steuer-Taschenbuch macht den Studierenden fit für das Leben als Steuerzahler und gibt auch den Eltern nützliche Tipps: Der Autor erklärt die steuerlichen Grundbegriffe sowie die Steuerberechnung und -erhebung verständlich. Neben der Besteuerung von Studentenjobs thematisiert er sogar Schenkungen und Erbschaften.

Kurzum: Alles Wissenswerte zum Thema Steuern und viele Steuerspar-Tipps für Studierende und deren Eltern.

Gerhard Dürr ist im Bereich kaufmännische Bildung tätig. Er ist Lehrbeauftragter an mehreren Hochschulen und Autor verschiedener Lehrbücher.

Oldenbourg